Ivar Lissner:
So lebten die römischen Kaiser
Macht und Wahn der Cäsaren

Deutscher
Taschenbuch
Verlag

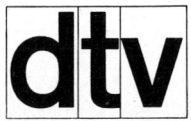

Von Ivar Lissner
ist im Deutschen Taschenbuch Verlag erschienen:
So habt ihr gelebt (1242)

Ungekürzte Ausgabe
1. Auflage Mai 1977
2. Auflage Juni 1978: 15. bis 20. Tausend
Deutscher Taschenbuch Verlag GmbH & Co. KG,
München
© 1969 Walter-Verlag AG, Olten · ISBN 3-530-52704-1
Umschlaggestaltung: Celestino Piatti
Gesamtherstellung: C.H. Beck'sche Buchdruckerei,
Nördlingen
Printed in Germany · ISBN 3-423-01263-3

Das Buch

Viereinhalb Jahrhunderte umspannt diese Geschichte von Aufstieg, Größe und Untergang des römischen Kaisertums – einer Zeit triumphaler Machtentfaltung, grandioser technisch-planerischer und kultureller Leistungen, doch auch beispiellosen Abgleitens in wüste Verrohung und Verfall. Ein nahezu unabsehbarer Zug strahlender wie düsterer Herrschergestalten zieht an uns vorüber: Mit rätselvoller Gesetzlichkeit folgen »Schreckens-« auf »Segenskaiser« und umgekehrt, lösen weise, gütige Staatslenker und terroristische Tyrannen, geniale Heerführer und heimtückische Streber, ausschweifende Lüstlinge, unfähige Phantasten einander ab. Dahinter und dazwischen die weniger spektakuläre, oft mühevolle Alltagsrealität des Volkes, der Soldaten, der »niederen Stände«. So werden die viereinhalb Jahrhunderte cäsarischer Macht und cäsarischen Wahns zum Spiegelbild alles Menschlichen schlechthin, bis in seine Abgründe, sein Unmenschliches und auch seine Trivialität hinein. – Nur wenigen Autoren gelingt es, so wie Ivar Lissner Historie lebendig, spannungsvoll und dabei unterhaltsam zu vermitteln, ohne sich ins Fragwürdige romanhafter Ausschmückung zu verlieren. Lissners Darstellungen basieren auf gesicherten Forschungsergebnissen. Immer aber wird das tradierte Material zu anschaulichem Leben erweckt. »Wer sich als Nichthistoriker über die Welt der römischen Kaiser ein klares, auf den neuesten Forschungen fußendes Bild machen will, greift zu diesem Buch.«
(Die Tat, Zürich)

Der Autor

Ivar Lissner, 1919 in Riga geboren, studierte Sprachen, Jura, Geschichte und Völkerkunde in Berlin, Göttingen, Erlangen, Lyon und an der Sorbonne. Er unternahm über siebzehn Jahre ausgedehnte Reisen in alle Welt, die ihn ebenso auf die Inseln der Südsee wie an die Eismeerküste Nordkanadas führten. Er war ständiger Mitarbeiter von ›Paris Match‹ und seit 1949 Chefredakteur der deutschen Zeitschrift ›Kristall‹. Er starb 1967. Seine Bücher wurden Welterfolge.

Inhalt

»Ich aber habe nicht eine unbekannte und unbeglaubigte, bloß von anderen entlehnte Geschichte, sondern das, was noch meinen Lesern in frischem Andenken ist, mit aller Wahrheitsliebe und Genauigkeit zusammengetragen.«

Herodian, Kaisergeschichte I, I.

»Daher habe ich mich entschlossen, kurz über das Ende des Augustus, dann über die Regierung des Tiberius und seiner Nachfolger zu berichten, ohne Haß und ohne Liebe – ›sine ira et studio‹.«

Tacitus, Annalen I, I.

Es hat mich immer interessiert, daß Julius Cäsar schwarze, lebhafte Augen besaß. Er litt unter seiner Glatze, kämmte daher die Haare vom Hinterkopf nach vorn und trug fast immer den Lorbeer oder den goldenen Königskranz.

Kleopatra war ein Mädchen ohne jede Niedrigkeit, keine Schönheit, aber bestechend durch ihr feines Betragen, ungemein sprachgewandt und liebenswürdig. Der Umgang mit ihr hatte einen außerordentlichen Reiz.

Steif, ernst, düster und schweigsam schritt der schreckhafte, argwöhnische, krankhaft ängstliche Kaiser Tiberius durch seine Gärten auf Capri. Der uralte Mann war sehr grausam. Wie erschreckend deutlich wird sein Charakter, wenn man etwas über seine Gesten erfährt. Mit einem Finger pflegte der Linkshänder einen festen Apfel zu durchbohren; doch wenn er sich unterhielt, was selten vorkam, vollführte er mit seinen Fingern gewisse gezierte Bewegungen. Diese hinterlistig mordende Majestät, dieser ängstliche Mensch mit den großen Augen war nicht irrsinnig, wohl aber vom Gefühl inneren Elends an den Rand des Wahnsinns getrieben.

Kaiser Claudius war merkwürdig flüchtig und abwesend, unüberlegt, entrückt, so vergeßlich und zerstreut, daß er nach der auf seinen Befehl erfolgten Ermordung der Messalina fragte: »Warum kommt die Kaiserin nicht zu Tisch?« Und Nero schrieb recht gute Gedichte – mit eigener Hand, wie wir wissen. Denn es gibt einen Augenzeugen, der die vielen verbesserten Originalblätter tatsächlich gesehen hat.

Alle diese Einzelheiten sind uns von römischen und griechischen Historikern genau überliefert. Aber die Zeit verwischt. Die Dichter, die Schriftsteller, die ewigen Romantiker und Phantasten späterer Jahrhunderte, sie haben alles zermahlen, zerbröckelt, aufgeweicht und vernebelt, so daß die hochinteressanten Gestalten der römischen Kaiserzeit leblos in unserer Vorstellung umhertaumeln.

Ich habe dieses Buch nach antiken Quellen geschrieben. Ich habe die faszinierenden Gestalten der römischen Kaiserzeit aus diesen alten Quellen wieder neu erstehen lassen, Faser um Faser. Ich hoffe, daß sie leben.

Auch die moderne wissenschaftliche Literatur wurde herangezogen. Die Einzeldarstellungen und textkritischen Arbeiten der Gelehrten aller großen Kulturländer haben unser Wissen zwar erheblich erweitert, aber auch die alten ehrbaren Quellen viel zu ungestüm angegriffen. Bis zur Mitte des 19. Jahrhunderts nahm man die Porträts der großen klassischen Biographen und die Darstellungen der alten Historiker gläubig hin. Erst unsere unschöpferische, dafür um so kritischere Zeit hat versucht, die großartigen psychologischen Bilder eines Tacitus, eines Sueton und eines Plutarch von der geschichtlichen Wirklichkeit zu trennen. Das Sezieren Lebendiger ist freilich immer gefährlich. Roms Klassiker haben uns kaum etwas Totes hinterlassen; dafür gebührt ihnen große Achtung.

Vergangenes und Gegenwärtiges sind geheimnisvoll verbunden. Nur Gott, der über der Zeit steht, weiß, daß es kein Gestern, kein Heute und kein Morgen gibt, daß unser Zeitbegriff eine Täuschung ist, weil wir sterblich sind, weil unser Leben einen Anfang und ein Ende hat, und daß wir alle Zeitgenossen jenes Kaisers Tiberius sind, unter dessen Regierung der Nazarener gekreuzigt wurde. Wir sind Zeitgenossen auch der Menschen, die 1000 Jahre nach uns leben werden – und die, haben sie nur die Möglichkeit, Christus wieder ans Kreuz schlagen werden.

Vergangenes und Gegenwärtiges sind fest mit Ketten aneinander gefesselt. Doch wir kennen unsere Ketten nicht. Wir wissen nicht, daß wir die Last von Jahrtausenden auf unserem Rücken tragen, daß spätere Generationen all unser Tun und Denken mittragen müssen. Sie werden stöhnend an unseren verlorenen und gewonnenen Kriegen tragen, an unserer Atombombe, an unseren guten wie schlechten Romanen und Bühnenstücken, an unseren Wissenschaften, an unseren klugen wie an unseren dummen Gedanken. Leider messen wir alles Alte mit den unzurei-

Dieses durchfurchte Gesicht eines Römers aus der republikanischen Zeit zeigt, wie naturalistisch und lebensecht die Römer in der Plastik »schilderten«. Man hatte sich vom Idealisieren der Griechen weit entfernt. Die Skulptur stammt aus dem 2. Jahrhundert v. Chr.

chenden Maßstäben unserer Zeit. Wir sind taub für die Lehren der alten Geschichte, weil wir niemals lernen, daß das Leben gar nicht so viel Neues bringen kann, daß entweder jede oder keine Generation an einer »Zeitwende« steht und daß alles schon einmal da war.

Die meisten heutigen Menschen haben Hemmungen, ein griechisches oder römisches Werk zur Hand zu nehmen. Vor Dingen, die sie nicht auf den ersten Blick verstehen, empfinden sie eine tiefe, fast abergläubische Scheu. Die sogenannte moderne Literatur umschifft die alten Quellen wie gefährliche, unerforschbare Abgründe unbekannter Ozeane. So setzen sich durch alle historischen Romane und Geschichte erzählenden Bücher unserer Tage die gleichen Fehler fort und fort. Die Gestalten werden fadenscheiniger, oder sie werden zu pomphafter Größe aufgeblasen. Jeder fügt etwas hinzu, und schließlich wird aus einem fast schwachsinnigen, von Weibern und Freigelassenen gegängelten Claudius ein erst von der modernen Psychologie erkanntes kompliziertes, »an sich gutes« Wesen.

Daß Cäsar schwarze, lebhafte Augen besaß, berichtet Sueton. Dieser ausgezeichnete Gelehrte lebte um 75 bis 140 n. Chr., war in Rom geboren, stammte aus vornehmem Hause, studierte die Rechte und wurde von Kaiser Trajan in sein persönliches Gefolge aufgenommen. Er war dann Sekretär des Kaisers Hadrian und hatte als Vorsteher der kaiserlichen Kanzlei Zutritt zu den Archiven. Er muß eine erstaunliche Fülle an Quellenmaterial studiert haben, Geschichtswerke, Tatsachenberichte, Lebensbeschreibungen, Kaiserreden, Briefe, Senatsprotokolle, Anekdotensammlungen. Wer in seiner ›Vita Caesarum‹ liest, rudert in einem kleinen Boot wie auf einem Meer des Wissens und ungemein treffender Charakterisierungen. Nirgends stößt man auf künstliche Verzierungen, die eigentümliche Wirklichkeit der Imperatoren sieht uns lebendig an.

Von Tacitus bis Ammian nahm die römische Geschichtsschreibung immer mehr biographische Form an. Römische Biographie zeigt nicht das Werden einer Persönlichkeit, sie zeigt das Sein. Sie kommt – so glaube ich – der Wahrheit recht nahe. Eine Persönlichkeit kann besser aus ihrer Familie und aus ihrem ursprünglichen Charakter verstanden werden als aus ihrer Entwicklung, da die Charakteranlagen eine unveränderliche Größe sind: »das Gesetz, nach dem du angetreten«. Die antike Biographie gibt daher ein recht objektives Bild von den Herren des Imperiums. Die alten Historiker und Biographen haben sich nicht immer an die genaue Reihenfolge der Ereignisse gehalten. Sie schildern auch politische Geschichte nur so weit wie notwendig. Das ist keine Schwäche, keine Einseitigkeit, wie die kritischen Historiker des 19. Jahrhunderts meinten. Ein Sueton verzeichnet zwar ausgewählte Tatsachen, nie aber entstellt er den Geist der Menschen und ihre seelische Atmosphäre. Sueton hat Nero als Dichter erkannt, und er berichtet von Vespasian, daß dieser Kaiser selbst ein gerechtes Todesurteil nur unter Tränen und Seufzern vollziehen ließ. Solche Einzelheiten scheinen mir unbezahlbare Schätze zu sein und wiegen doch wahrlich einige Daten und Zahlen auf.

Tacitus wuchs unter Nero heran, reifte unter Kaiser Domitian zum Mann und erlebte nach dem Ende dieser beiden Tyrannen die besseren und freieren Zeiten unter Nerva und Trajan, unter denen er hohe Staatsämter erhielt. Er war ein sensibler Mensch und litt an seiner Zeit. So alterte er früh, zog sich schließlich ganz in sein geistiges Leben zurück und wurde spät, mit 41 Jahren, Historiker. Sehnsüchtig sah er auf die Freiheit der Republik zurück, also die Zeit vor Augustus. Das Kaiserregime, das »Prinzipat«, wie die Römer es nannten, sicherte wohl den Frieden. Aber so viel Macht in der Hand *eines* Mannes mußte den moralischen Sinn auch des erfahrensten Herrschers vernebeln und die Beherrschten zur Liebedienerei verleiten. In Rom, so meinte Tacitus, werfe sich alles der Knechtschaft in die Arme, Konsuln, Senatoren, Ritter. Gerade die Angesehensten seien die Heuchlerischsten.

Tacitus, dieser Erzrömer, lebte etwa von 55 bis 120 n. Chr. Für mich ist er der größte Historiker, der jemals durch dieses verwirrende Theater, das wir menschliche Geschichte nennen, geschritten ist. Er ist so bedeutend, daß es fast scheint, als könne kein moderner Wissenschaftler die Magie seiner Methode entschlüsseln. Aber auch ihn greift man an. Man wirft ihm »Freiheiten« vor, »Geringschätzung der Tatsächlichkeiten«, ja, mir kommt es so vor, als verüble man ihm einfach seine Genialität. Da aber alle Fakten nur Stückwerk sind, da das Leben der einzelnen Menschen wie das Leben der Völker aus unendlich feinen und mannigfachen Mosaiksteinen zusammengesetzt ist, so wollen wir auf die schöpferische Zugabe eines so hellwachen Kritikers, wie es Tacitus war, nicht verzichten. Es gibt ein sachliches, ein »typologisches« Ergänzen, das keineswegs freie Erfindung ist.

Tacitus schreibt überaus persönlich, kurz, aber immer intensiv. Mit einem Federstrich kann er charakterisieren. Seine Bilder sind von packender Deutlichkeit, leidenschaftlich und faszinierend. Schreckenerregende Gestalten tauchen auf, Tiberius, Seianus, die junge Agrippina, Nero. Wie ungeheuer anziehend wirken die dunklen Ahnungen dieses Historikers, der uns die eindrucksvollsten Bilder der Antike über die Germanen hinterlassen hat. Reine Kunst? Nun, das Künstlerische ist immer Merkmal der antiken Historie. Auch die moderne exakteste Geschichtsschreibung hat unsichtbare Mängel, kann nicht mehr die Wirklichkeit treffen, wenn sie nur noch Wissenschaft und gar nicht mehr Kunst ist. Daß die innere Wahrheit auf Kosten der äußeren Wahrheiten vertieft werden kann, das habe ich bei Tacitus gelernt.

Auch Sallust ist kein »pathologischer Fall«, sondern ein überaus unparteiischer und lebendiger Historiker. Zweifellos stand dieser Plebejer und Verehrer der Revolutionszeit viel zu sehr über der Sache, zweifellos lag ihm die Krankheit des römischen Volkes viel zu sehr am Herzen, als daß er nur geschrieben hätte, »um seine eigenen Laster zu verdrängen«.

Als Goethe Plutarch las, meinte er von den so glänzend geschilderten Gestalten, man spüre, daß sie doch alle Menschen gewesen seien. Und Plutarch selber sagt, Tugend oder Laster leuchteten nicht immer gerade aus den berühmtesten Taten hervor. Bei ihm wie bei Horaz finden wir die subtilsten Angaben über Kleopatra. Wir wollen doch wissen, wie diese Frau wirklich war, das Produkt einer korrupten Welt, dabei furchtlos und sehr gut erzogen, eine Europäerin, keine Ägypterin. Da scheinen mir die drei Worte des Horaz, »non humilis mulier« – »Weib ohne Niedrigkeit«, viel spannender als große ersonnene Romane.

Ich glaube, die Menschen unserer Zeit wünschen sich nicht nur den historischen Roman, ich glaube, sie hungern wieder nach präzisen Kenntnissen, nach wirklich genauen Angaben über diese oder jene große Gestalt der Vergangenheit, nur kennen sie nicht die Schiffe, die zu diesen Schatzinseln fahren. So haben die vollendeten Sprachkünstler des Hochlateins, Cicero und Horaz, der lebensvolle Cäsarianer Sallust, der emsige, neugierige Kaiserbiograph Sueton, das historische Genie Tacitus, der Bithynier Cassius Dio und der Alexandriner Herodian, so haben Lactantius, aus dessen Schriften schon die Feuergarben späterer Scheiterhaufen zu flackern scheinen, und Eusebius, der sein letztes Buch in Treue dem Kaiser Constantin auf die Gruft legte – so haben sie alle mittelbar, aber hoffentlich streng und aufmerksam meine Feder geführt. Der Sinn dieses Buches ist, Cäsaren, Barbaren und Christen in einer gern entstellenden Zeit dergestalt zu lassen, wie sie vielleicht tatsächlich waren, so daß sie vor uns stehen, einen Augenblick nur, lachend, ernst und düster, so wie Schicksal und Charakter es ihnen bestimmten.

Eine längst versunkene Welt?

Schon um 500 v. Chr. blickte diese Wölfin rätselhaft erregt in die Ewigkeit. Zur Zeit des Marius und des Sulla stand sie bereits auf dem Kapitol in
Rom. Cicero berichtet, sie sei 65 v. Chr., vom Blitz getroffen, von ihrer
Basis gestürzt. Tatsächlich fand man an der Bronze Spuren einer Beschä-
digung durch Blitzschlag. Wahrscheinlich wurde das Kunstwerk – jetzt
im Kapitolinischen Museum zu Rom – im Auftrag der damaligen etruskischen Herrscher von einem italischen Meister geschaffen. Die Zwillinge
– Romulus und Remus – sind eine viel spätere Zutat der Renaissance.

Keineswegs!

Die Geschichte des Altertums ist unsere Geschichte. Wir sind nicht Kinder unserer Zeit. Alles, was wir tun, alles, was in uns ist, und alles, was wir besitzen, kommt aus dem Kulturkreis des Mittelmeeres und wurde uns von Rom übergeben: unsere Religion wie die Idee unseres Staates, unsere Verwaltung und Jurisprudenz, unsere Kirche wie unser Rittertum, unsere höfischen Sitten und unsere Ehrbegriffe, unsere Kleidung, unsere Kunst, Astronomie und Medizin, mathematische und physikalische Gesetze, unser Verhältnis zum Sport und unsere Auffassung von Liebe, Ehe und Kindererziehung, unsere Schönheitsbegriffe, unsere Monatsnamen, unser Sonntag als Ruhe im Staat und viele hunderttausend Dinge mehr, die das gewaltige Buch unseres Wertsinns füllen würden. Das ist die Kultur des Abendlandes. Ihr sind wir verhaftet.

Die römische Geschichte ist die Geschichte einer Stadt und eines ursprünglichen Bauernvolkes. Aus ihrer staatsformenden Energie haben Rom und die Römer das größte Weltreich des Altertums hervorgebracht. Die Geschichte dieses Weltreiches ist die bedeutendste Lehrmeisterin der Menschheit. Denn wir können sein Werden, sein ganzes Sein und sein Vergehen in allen Einzelheiten bis zum Untergang verfolgen.

Da in der Kaiserzeit ein einziger Mann das Schicksal des ganzen Reiches in die Hand nahm, da ein einzelner im Brennpunkt allen Lebens, aller Beachtung, ja meist auch allein an dem Altar der Religion stand, erkennt man an der Geschichte der einzelnen Herrscher deutlich Roms Verfall. Nicht nur geriet Rom mit jedem Schritt nach Osten tiefer in die Welt der asiatischen Reitervölker, sondern im großen und ganzen wurden auch die Kaiser immer orientalischer, immer fremder.

Alle Vergrößerung, alle Verbreitung, alle Vermassung führt notwendig zur Auflösung. Die besten kulturellen Güter, sollen sie auf ihrer Höhe bleiben, können nur von einer kleinen gebildeten Schicht getragen werden. Jede Anpassung an den Geschmack der Masse, jede Vereinfachung, jede Vergröberung des geistigen Lebens führt zwangsläufig zur Schwächung der Substanz.

Kultur ist ein schwieriges Kind. Sie gehorcht niemals vielen, noch läßt sie sich künstlich ernähren. Sie läßt sich nicht abkaufen. Sie läßt sich aber auch nicht verbieten. Gerade in Zeiten der Tyrannei flackern die Flämmchen des Geistes immer wieder heimlich und um so lebendiger! Kultur ist ein schwieriges

Kind ... Sie muß sorgsam gehegt werden. Und wenige kennen das Geheimnis.

Roms größter Stilist, Politiker und Jurist, Cicero, der trockene, etwas langweilige Pompejus, der Rom eine Welt zu Füßen legte, das umfassendste Genie der Antike, Cäsar, der große, im Alter einsame Staatsformer Augustus, Caligula, bei dessen Herannahmen man flüsterte: »Die Ziege kommt«, Seneca, Roms unsterblicher Philosoph, den Nero küßte und dann umbrachte, die Kaiser Vespasian und Titus, Trajan, Roms bester Offizier, Hadrian und Gallienus, die Griechenlandverehrer, Marc Aurel, der in einsamen Nächten am Rande der Barbarenwelt um den Frieden seiner Seele rang, der gefährliche Punier Septimius Severus, der gespensterhaft tanzende Elagabal, die jungenhaft reitende Königin Zenobia und ihr Besieger Aurelian, Diocletian, der organisierende Titan, und Constantin, der erste christliche Kaiser der Welt – sie alle sollen ganz nah an uns herantreten, so daß wir den Atem einer großen, verklungenen Welt spüren.

Und ahnst du es nicht auch? Durch irgendeinen Ort des römischen Weltreiches bist auch du schon einmal gegangen, in einem früheren Leben vielleicht oder im Traum ... Du standest im Gewimmel der Menschen und sahst wohl den Augustus. Du grüßtest einen staubigen Legionär, der mit der Einfalt aller Generationen mutig in den Tod ging ... Du sahst Gefangene, die man in die Sklaverei führte oder den Tieren in der Arena zum Zerreißen hinwarf. Du jubeltest damals ... Auch das ist deine Schuld, an der du trägst! Du standest in einer der engen Gassen Roms, sahst, wie andere in schwankenden Sänften getragen wurden, hörtest die Kupferschmiede hämmern, die Bettler schreien und die Fuhrwerke rattern ... Vom Tiber her tönte das Rufen der Schiffszieher ...

Große, prahlende, stolze, verkommene römische Welt, voll von trügerischem Glanz! Wir wollen noch einmal deine Cäsaren sehen, die gottähnlichen Herren des Imperiums, ehe deine Macht vergeht, ehe dein Reichtum in alle Winde flieht, ehe wir so alt und unwissend werden, daß wir glauben: Es war ja alles nur ein Märchen!

»Diese Vorgänge zeigten auch dem einfältigsten Römer, daß man nur einen Wechsel der Tyrannis, keine Befreiung von ihr zu erwarten hatte. Marius war von Anfang an hart und grausam und hat – zur Macht gelangt – diese natürlichen Anlagen nur noch verschärft. Sulla, von Jugend an ein Freund von Scherz und Lachen, dabei weichmütig, legte sich später erst aufs Morden und erfüllte mit Hinrichtungen ohne Maß und Zahl die Stadt.«

Plutarch, Sulla, 29.

Im Jahre 113 v. Chr. näherte sich ein merkwürdiges Volk von Norden her den Alpenpässen, ein Volk, von dem die damalige Welt nur wenig wußte. Es war das Volk der Kimbern, das auf der »Kimbrischen Halbinsel«, also in Holstein, Schleswig und Jütland, beheimatet war.

Der griechische Geograph Strabo berichtet von großen Sturmfluten, die an den Küsten der Nordsee ganze Landschaften wegrissen und die Menschen zwangen, auszuwandern. Später schloß sich diesen Germanen der verwandte Stamm der Teutonen an, der wahrscheinlich im nordöstlichen Deutschland an der Ostseeküste beheimatet war. Die Kimbern stießen an der Donau auf die Kelten, die sie eine Zeitlang aufhielten. Aber die Schranke wurde durchbrochen, und nun wanderte das unstete Volk mit Weib und Kind und seiner Habe weiter nach Süden, um sich eine neue Heimat zu suchen. Ihr Haus war der Karren, mit einem Lederdach überspannt, unter dem Frau, Kind und selbst der Haushund Schutz fanden.

Mit Staunen betrachteten die Südländer diese fremden, hohen und schlanken Gestalten mit den tiefblonden Locken und den hellblauen Augen, ihre stattlichen, robusten Frauen, ihre Kinder mit dem »Greisenhaar«: So sahen die Italiker die Flachsmähnen der Jungen aus dem Nordland.

Die Kimbern hatten die »modernen Waffen« der Kelten nachgeahmt, kämpften also nicht mehr nur mit Schwert, Dolch und Schild, sondern mit reichgeschmückten Kupferhelmen, mit der »Materis«, einer eigentümlichen Wurfwaffe, mit Reiterei und in einer Schlachtordnung, deren vorderste Reihe in gefährlichen

Gefechten durch Stricke von Leibgürtel zu Leibgürtel auf Leben und Tod verbunden war.

Die Sitten dieser Germanen waren recht rauh. Sie verschlangen das Fleisch roh, ihre Frauen kämpften nicht selten mit, ihr Heerkönig war nicht nur der tapferste, sondern auch der hochgewachsenste Mann. Tag und Ort des Kampfes wurden vorher mit dem Feind ausgemacht. Vor Beginn der Schlacht forderten einzelne Gegner einander zum Zweikampf heraus. Eingeleitet wurde der Kampf durch Verhöhnungen des Feindes, durch schreckerregenden Lärm, durch das Schlachtgebrüll der Männer und durch das Pauken der Frauen und Kinder auf die straffgespannten ledernen Wagendächer. Auf dem »Felde der Ehre« zu sterben, schien dem Kimber der einzig würdige Tod, und nach dem Sieg brachte man Geräte, Pferde und Gefangene den Schlachtgöttern als Opfer dar. Priesterinnen, Frauen in weißen Leinengewändern, vollzogen diese Opfer und deuteten aus dem rinnenden Blut der geschlachteten Gefangenen die Zukunft.

Langsam schoben sich die Wagenburgen über Ströme und Gebirge wie eine Meereswoge gegen die südlichen Völker. Oft aber rasten sie wie der Blitz heran und verschwanden, ehe der Feind sich sammeln konnte.

Unweit von Noreia, im heutigen Kärnten, kam es 113 v. Chr. zur ersten großen Schlacht. Nur ein Unwetter rettete die römische Armee vor der vollständigen Vernichtung.

Acht Jahre später erlitten die Römer bei Arausio, dem heutigen Orange am Ufer der Rhone, eine furchtbare Niederlage. Zwei römische Armeen, rund 80 000 Mann, wurden vernichtet. Es war eine Katastrophe, die selbst dem Blutbad, das Hannibal bei Cannae anrichtete, gleichkam. Im Jahre 103 v. Chr. einigten sich Kimbern, Teutonen und helvetische Stämme, um auf verschiedenen Wegen nach Italien einzufallen. Bei Aquae Sextiae, 25 Kilometer nördlich von Marseille, kam es 102 v. Chr. zur Schlacht. Aber in der Hitze Südfrankreichs brach zum erstenmal die Leibermauer der Teutonen. Sie wurden auseinandergesprengt, gefangen und getötet. Unter den Gefangenen war auch ihr König Teutobod. Die germanischen Frauen wehrten sich verzweifelt auf ihren Karren, denn sie wußten, was ihnen bevorstand, wenn sie in Gefangenschaft gerieten: ewige Sklaverei.

Ein Jahr später wurden auch die Kimbern von den Römern bei Vercellae in Oberitalien geschlagen. Als Zeitpunkt für die Schlacht hatte man den 30. Juli des Jahres 101 v. Chr. vereinbart – die Römer schrieben das Jahr 653 nach der Gründung Roms

Gaius Marius, 156–86 v. Chr., siebenmal römischer Konsul, war ein glänzender Feldherr, aber ein unfähiger Staatsmann. Er starb wie ein gehetzter König Lear.

– und als Ort das Raudische Feld, eine weite Ebene, auf der die überlegenen römischen Reiter sich vorteilhaft bewegen konnten. Die Kimbern wurden vollständig vernichtet. Wer fiel, hatte Glück. Wer auf dem Sklavenmarkt in Rom verkauft wurde, mußte sein Leben lang den römischen Haß und die Peitsche spüren.

Die große Menschenlawine, die 13 Jahre lang von der Donau bis zum Ebro, von der Seine bis zum Po alle südlichen Nationen beunruhigt hatte, lag jetzt unter der Erde oder unter dem Sklavenjoch. Das heimatlos gewordene Volk der Kimbern war aufgerieben.

Wer aber war der Mann, der für Rom die Schlachten von Aquae Sextiae und Vercellae gewann?

Gaius Marius war der Sohn eines armen Taglöhners auf dem Felde. Er wurde im Dorf Cereatae, im heutigen Casamare, geboren, das von Marius seinen Namen ableitet: »Haus des Marius«. Er trat ins römische Heer ein, fiel in Spanien durch Tapferkeit im Gefecht auf, wurde bald Offizier und kam mit ehrenvollen Kriegswunden und Orden nach Rom. Er trachtete danach, über ein politisches Amt einen höheren militärischen Rang zu erlangen, aber ohne Geld und ohne Verbindungen war das in Rom nicht möglich. Da lernte er – er war schon 40 Jahre alt – ein Mädchen aus dem adligen Geschlecht der Julier kennen, einer der vornehmsten Familien Roms, keine Geringere als die Tante des Julius Cäsar.

Mit dieser Heirat begann die große Karriere des Marius. Im Jahre 108 v. Chr. wurde er zum Konsul gewählt. Zwei Jahre später schlug er den nordafrikanischen König Jugurtha. In einem Triumphzug, wie Rom ihn noch nicht erlebt hatte, führte er den gefesselten Numidier und dessen zwei Söhne durch die Straßen der Weltstadt, vorbei am Hohngelächter und an den Schmährufen der Römer. Übrigens wurde König Jugurtha später im Gefängnis unter dem Kapitol, dem sogenannten »Carcer Mamertinus«, erdrosselt. Wieder zwei Jahre später wurde Marius mit dem Oberbefehl gegen die Kimbern und Teutonen beauftragt, und schließlich sehen wir ihn als »Retter des Vaterlandes« erneut im Triumph durch die Straßen Roms ziehen, als die germanischen Stämme geschlagen waren. Marius stand auf der Höhe seines Ruhms. Fünfmal war er zum Konsul gewählt worden. Er hatte das ganze römische Heer reorganisiert. Roms Armeen waren vorher aristokratisch und bürgerlich gegliedert, nach Herkunft und Vermögen. Alle diese Unterschiede hob Marius auf; Soldat konnte nur werden, wer römischer Bürger aus Italien war.

Marius war der Erste Mann in Rom. Er hatte das Land gerettet. Sein Name wurde überall gepriesen. Die Vornehmen mußten ihn anerkennen. Beim Volk war er beliebt, denn er kam ja aus dem Volk. Dem Bauernsohn wurde ganz schwindlig ob all der Lobpreisungen, der Herrlichkeit, der taumelnden Begeisterung des Volkes. Der Liebling der Römer sollte nun auch zeigen, daß er sich auf dem gefährlichen politischen Marmor Roms zu bewegen verstand.

Rom war reich. Rom war verwöhnt. Rom wußte sich elegant zu kleiden. Die Römer waren großartige Redner. Die Vornehmen hatten gute Manieren und verstanden es, gut zu leben. Rom war der Mittelpunkt der Welt!

Und nun begann etwas Furchtbares, etwas völlig Unerwartetes, etwas, womit der Bauer Marius nie gerechnet hatte: Der Friede war plötzlich da! Es war wie verhext, weit und breit im riesigen Reich kein Feind, keine Bedrohung. Die drei südlichen Halbinseln Europas, Spanien, Italien, Griechenland, der Norden Afrikas und große Teile Kleinasiens, alles wurde von Rom beherrscht. Das ganze Mittelmeer, die damalige Welt, hatte sich beruhigt. Nur Marius blieb rauh und laut, sein Blick war wild, als sähe er noch immer anstürmende Libyer, Kimbern und Teutonen vor sich. Er paßte so gar nicht in den Kreis der wohlerzogenen und parfümierten Staatsmänner Roms. Er blieb Landsknecht. Nachts schlich er sich zu etruskischen Wahrsagern. Er befolgte deren seltsame Ratschläge, aber er befolgte nicht die verfassungsmäßige Etikette.

Im Triumphgewand erschien er plötzlich im Senat. Man lachte schallend, und die Kunde verbreitete sich im Nu durch ganz Rom. Im Vergleich zu den Männern des Senats war er arm. Noch schlechter, er war genügsam, haßte Bestechungen und Intrigen. Ja, selbst diese »Untugend« übertraf der wackere Marius: Er hatte einen schlechten Koch. Und das war immer noch nicht alles. Marius redete wie ein Bauer, nur lateinisch. Sprach man griechisch in seiner Gegenwart, so schwieg er betreten und verbat sich solche ihm unverständliche Unterhaltung. Wie die meisten vornehmen Römer langweilte er sich bei griechischen Schauspielen tödlich. Aber im Gegensatz zu den feinen Herren und Damen gab er das zu. Um sich vor den empfindlichen Sticheleien und dem noch unangenehmeren Mitleid seiner Kollegen zu retten, griff er zum Becher. Der Konsul Marius trank!

Aus seiner Unsicherheit heraus ließ sich Marius in innerpolitische Intrigen einspannen. Am 10. Dezember des Jahres 100 v. Chr. kam es schließlich in Rom auf dem großen Markt zu einer Schlacht, zum ersten Bürgerkrieg. Marius spielte eine klägliche Rolle, er versagte vollständig. In dem Mann, der sechsmal Konsul geworden war, sah niemand mehr den siegreichen Feldherrn. Marius reiste in den Osten. Als er nach Rom zurückkehrte, öffnete er sein schönes Haus. Er wollte jetzt Feste und vornehme Gesellschaften geben. Doch Marius blieb allein. Tag um Tag hoffte er, daß der schreckliche Friede endlich ein Ende nehmen würde. Aber der Friede blieb tief und anhaltend.

Im Jahre 91 v. Chr. erhob sich das Land Italien gegen die Hauptstadt Rom. Die Italiker hatten schon seit langem römisches Bürgerrecht verlangt. Doch der eingebildete römische Pöbel wollte davon nichts wissen. Da erhoben sich die Landstädte zum Kampf gegen Rom. Man nannte diese Erhebung den »Krieg der Verbündeten«. Auch hier zeigte sich Marius lahm und unentschlossen. Im Jahre 89 wurde allen Italikern das römische Bürgerrecht zugesprochen. Seitdem gibt es keine römische Geschichte mehr, sondern »italische Geschichte«.

In Rom aber erhob sich ein neuer Mann, Lucius Cornelius

Sulla. Sulla wurde im Jahre 88 Konsul und erhielt den Oberbefehl gegen einen gefährlichen Orientalen, gegen Mithradates, König von Pontos in Nordkleinasien. Mithradates war wohl persischer Herkunft. Sein Land Pontos, in der heutigen Türkei, grenzte an das Schwarze Meer, das griechisch Pontos Euxeinos hieß.

Der ehrgeizige Marius stand nun plötzlich im Schatten von Sulla. Nach all seinen Siegen, so dachte er, hätte doch er das Kommando gegen Mithradates erhalten müssen. Aufstand in Rom! Sulla ist auf seinem Feldzug, und Marius reißt in Rom die Macht wieder an sich. Als Sulla zurückkehrt, irrt er heimlich durch Roms Straßen. Schließlich geht er direkt zu Marius, und Marius, gutmütig wie er ist, läßt Sulla ungeschoren Rom verlassen. Jetzt sammelt Sulla ein Heer in Süditalien, rückt gegen Rom, nimmt die Stadt, die wehrlos ist, ohne Schwertstreich, und Marius wird geächtet.

In Ostia geht Marius auf ein Schiff, um nach Afrika zu segeln. Ungünstiger Wind und Mangel an Verpflegung zwingen das Schiff, an der italischen Küste wieder zu landen. Wie König Lear durchzieht der geächtete Marius hungrig das einst von ihm beherrschte Land. Schließlich wird der alte Mann von den Häschern Sullas gegriffen. Im Strandsumpf von Minturnae, bis zum Gürtel im Schlamm steckend, den Kopf unter einem Schilfhaufen verbergend, finden ihn seine Verfolger.

Marius liegt im Gefängnis und wartet auf seine Hinrichtung. Ein Kimber, ein Sklave, soll ihn töten. Als dieser jedoch in die funkelnden Augen seines einstigen Besiegers sieht und Marius den Germanen mit seiner mächtigen Stimme anbrüllt, sinkt dem Kimber das Messer aus der Hand. Roms Beamte erfahren, daß der Sklave mehr Ehrfurcht vor dem einstigen Sieger hat als die Bürger der Stadt. Beschämt befreien sie Marius von seinen Fesseln, setzen ihn auf ein Schiff und senden ihn auf die Insel Ischia.

Sulla feiert indessen in Asien Sieg um Sieg gegen Mithradates. Diesen Mithradates – er lebte von 132 bis 63 v. Chr. – wollen wir einen Augenblick lang betrachten.

Mithradates war der gefährlichste Gegner der Römer im Osten. Er hatte die Länder Kleinasiens erobert und stieß dabei schließlich auf römischen Widerstand. In Ephesus befiehlt er 88 v. Chr., alle Italiker in Kleinasien zu ermorden. 80000 bis 100000 Menschen büßen ihr Leben ein. Mithradates schlägt die Römer, wo er sie trifft. Seine Generäle erobern schließlich Athen. Im

23

Jahre 84 trifft Mithradates endlich den Gegner, der ihm gewachsen ist: Sulla siegt! Und Mithradates muß die ungeheure Buße von 2000 Talenten zahlen, eine Summe von 9 Millionen Goldmark. Er hat ganz Kleinasien verloren.

Im Jahre 74 bricht der Krieg erneut aus. Wieder hat Mithradates Kleinasien erobert. Jetzt tritt ihm ein anderer römischer Feldherr entgegen, der berühmte Lucullus, der so gut zu essen liebte, ein genialer Koch, der die Kirsche nach Europa brachte und außerdem der glänzendste Feldherr seiner Zeit war. Mithradates muß nach Armenien fliehen. Aber der zähe Orientale rafft sich noch einmal auf. Dreimal schlägt er die Römer. Der große Pompejus besiegt ihn im Jahre 66. Gleichwohl ist Mithradates auf die Dauer nicht zu besiegen. Wieder erholt er sich und bereitet nun einen Feldzug gegen Rom vor. Da erhebt sich sein Sohn gegen ihn. Erst jetzt gibt Mithradates auf. Er will sich vergiften. Da das Gift nicht wirkt, läßt er sich von einem Sklaven niederstechen.

Dieser Mithradates erscheint uns wie eine Märchenfigur, grausam, selbstherrlich, gewalttätig, unbezwingbar. Schon seine Mutter hatte das erkannt und versuchte ihn zu töten. Mithradates floh ins Gebirge und lebte dort als Jäger. Später warf er seine Mutter ins Gefängnis, tötete seine jüngeren Brüder, einige seiner Söhne und schließlich auch die Mutter. Mithradates sprach 22 Sprachen fließend. Er setzte Preise aus für die größten Dichter des Landes – aber auch für die stärksten Esser. Orientalischer Tyrann, lebte er ständig in asiatischer Tyrannenangst. Er sah in jedem einen vermeintlichen Mörder. Und um nicht vergiftet zu werden, gewöhnte er sich systematisch an die gebräuchlichsten Gifte. Darum mißlang ihm auch der erste Selbstmordversuch. Er tötete seine Schwester, mit der er verheiratet war. Übrigens auch die, mit der er nicht verheiratet war. Damit sein Harem nicht in die Hände seiner Feinde fiel, brachte er alle seine Konkubinen um.

Um die Griechin Monime hatte Mithradates einst mit 5000 Goldstücken geworben. »Sende mir ein Diadem«, so teilte sie ihm mit, »und mache mich damit zur Königin, sonst bleibe ich zu Hause, in Milet.« Mithradates schickte das Diadem, und die schöne Monime verweinte den Rest ihres Lebens als Königin hinter Haremsgittern. Als der König ihr zu sterben befahl, versuchte sich Monime mit dem Diadem zu erdrosseln. Es riß. »Elender Tand«, schrie sie, »nicht einmal dazu bist du nutze.« Darauf ließ sie sich erstechen.

Lucius Cornelius Sulla, 138–78 v. Chr., zügellos im Genuß, mordlustig, ein blutbeflecktes Ungeheuer. Dabei war der Diktator ein Staatsmann ersten Ranges.

Dem Feldherrn Lucullus war der Tod des Mithradates gar nicht recht. Er hätte seine Beute gerne lebend durch die Straßen Roms gezerrt, so wie vorher Marius den König Jugurtha.

Kehren wir zurück zu Marius und Sulla. Kaum hatte Sulla Italien verlassen, um gegen Mithradates zu kämpfen, erschien Marius im Jahre 87 wieder in Rom. Er sah furchtbar aus: wild sein Haar, lang sein Bart, sein Geist nur von Rachegedanken erfüllt. In Rom regierte damals der Konsul Cinna mit harter Hand. Ein Volksaufstand vertrieb ihn aus der Stadt. Cinna verbündete sich mit Marius und zog mit einer Armee als Rachegott wieder in Rom ein. Mit glasigen Augen, verwildert, mit Lumpen auf dem Leib, ging Marius durch die Straßen und ließ jedem, dessen Gruß er nicht erwiderte, den Kopf abschlagen. Dann trank er wie ein Besessener. Er fieberte jetzt, und im Trunk, im Delirium, starb dieser entthronte Besieger so vieler Völker. Drei Wochen vorher war er zum siebten Male Roms Konsul geworden, diesmal von eigenen Gnaden. Er starb am 13. Januar 86 v. Chr., ein großer Soldat – aber ein jämmerlicher Politiker.

Drei Jahre später kam Sulla aus dem Orient zurück. Auch ihn hatte man geächtet. Wie früher Athen, ließ auch Rom gern seine großen Staatsmänner fallen, wenn sie außer Landes waren. Rom hatte auch alle Angehörigen des Sulla umgebracht, seinen Besitz beschlagnahmt und ihn selbst zum öffentlichen Feind erklärt.

Kaum aber hatte Sulla italischen Boden betreten, brach der Bürgerkrieg aus. Ganze Legionen gingen zu ihm über. Und nun nahm Sulla Rache. Im Orient, vielleicht von Mithradates, hatte er gelernt, wie man so etwas macht. Mit kalkweißem Gesicht, aus dem unheimlich hektische rote Flecken leuchteten, spielte er den Henker. Er war ein großer Schauspieler und spielte seine Rolle gespenstisch gut. Öffentliche Anschläge auf dem Forum machten die Namen der Männer bekannt, die allnächtlich umgebracht wurden. Man nannte diese Anschläge »Proskriptionen«. 12 000 Mann, die in der Festung Praeneste bei Rom Widerstand leisteten, ließ dieser römische »Iwan der Schreckliche« umbringen. Der Besitz der Hingerichteten wurde versteigert, die Sklaven zu Freien gemacht. Komödianten, Sänger, leichte Mädchen bedachte er sinnlos mit Geschenken. Dann lud er ganz Rom zum Trinken ein und zum Schlemmen. Was das Volk nicht verzehren konnte, wurde in den Tiber geworfen. Merkwürdig bleibt, daß dieser Sulla Rom eine erstaunlich gute neue Verfassung gab und daß er das Gerichtswesen neu organisierte. Sulla hatte sich zum Diktator auf unbegrenzte Zeit ernannt. Eigentlich war er Roms erster »Kaiser«. Er hat den Weg zum späteren Cäsarentum bereitet.

Der Pöbel von Rom liebte Blut. Sulla zwang Kriegsgefangene, öffentliche Schlachten auszutragen. Eine vornehme Dame, Valeria, berührte während eines solchen Volksfestes die Toga des Diktators. Während die Gefangenen in der Arena starben, flirtete Sulla mit Valeria. Sie wurde seine fünfte Frau. Er war 58 Jahre alt.

Eines Tages hatte Sulla von all diesem Treiben genug. Allein und ohne Schutz zog er sich zurück, setzte sich auf sein Landgut Puteoli, dem heutigen Pozzuoli, und fürchtete nicht im geringsten, ermordet zu werden. Er amüsierte sich dort mit Schauspielern und besonders mit Schauspielerinnen. Er dichtete und schrieb seine Memoiren.

Aber dieses Glück war ihm nur ein Jahr lang vergönnt. Dem leicht erregbaren, jetzt kranken Mann platzte eine Ader. Wurde er beweint?

Rom ordnete für ihn ein großartiges Staatsbegräbnis an. Sein Leichnam wurde im Beisein einer riesigen Menschenmenge verbrannt. Seine Grabinschrift hatte er sich selber vorher meißeln lassen: »Ich habe immer meinen Freunden alles Gute vergolten und meinen Feinden alles Schlechte.«

Das letztere stimmt!

»Denn noch nie hatte ein Römer neben der Besiegung eines so furchtbaren Feindes [Mithradates] zugleich so viele und so große Völker unterworfen und die Grenzen des Römischen Reiches bis an den Euphrat hinausgesteckt.«
Appian über Pompejus in ›Römische Geschichte‹, XII [Krieg der Römer mit Mithradates], 116.

»Pompejus siedelte die Seeräuber, die bis dahin ganz anders gelebt hatten, in Städten an. Er machte auch den Tigranes, den er im Triumphzug hätte zeigen können, zu seinem Bundesgenossen. Er sagte dazu, ihm liege mehr an der Ewigkeit als an einem einzigen Tage.«   *Plutarch, Vergleich des Agesilaos mit Pompejus.*

700 000 Menschen lebten in Rom im Jahre 106 v. Chr. Ein Gewirr von engen Gassen war diese Stadt, mit vier- oder fünfstöckigen Mietshäusern. So eng waren die Gassen, daß man sich von Fenster zu Fenster die Hand reichen konnte. Die schlecht gelüfteten Häuser bildeten Brutstätten für Krankheiten jeder Art. Und wie überall in Großstädten bis auf den heutigen Tag war der Mensch im Grunde einsam. Die Mieten waren hoch. Man lebte zusammengepfercht in einer Stadt, die damals viel kleiner war als das heutige Rom. Aber vom Tempeldach auf dem Kapitol, vom Burgberg Roms, war die Weltstadt schön anzusehen. Immer mehr Marmorbauten ragten aus dem Grau der Gassen empor. In den Tempeln und Tempelhöfen standen die Statuen, die Rom in der ganzen Welt zusammengestohlen hatte: Hunderte von Bronzestandbildern, herrliche Marmorskulpturen.

Zwischen diesen heiligen Kunstschätzen spazierten neben den Römern kopfschüttelnd Griechen, die hier auf Schritt und Tritt Wiedersehen mit ihren Göttern feierten. Sie waren erbeutet, geraubt, entführt. Unsere modernen Taucher photographieren gesunkene römische Schiffe, die praktisch altgriechische Museen sind.

Mächtige Lagerspeicher gab es in Rom, in denen sich Salz, Korn und Wein stauten. Bedeutende Vorräte an ägyptischem Papier wurden gehalten. Trotzdem kam es vor, daß man in Rom auf Wachs schreiben mußte, wenn es in Ägypten nicht regnete und die Papyrusernte schlecht ausfiel.

Während der Regenzeit watete man durch die engen Gassen im Wasser. Unter den Stadtmauern brodelte es in Abzugskanälen. Selbst Kloaken gab es in Rom, und in keinem Hause fehlte die Latrine. In vornehmen Häusern sowie später im kaiserlichen Palast waren diese geheimsten Throne – die Vorgänger des WC – im Halbkreis angeordnet, so daß man sich gut unterhalten konnte. Aquädukte, die berühmten römischen Wasserleitungen, führten täglich 290000 Kubikmeter Trink- und Badewasser in das Innere Roms. Öffentliche Brunnen und Badewannen gab es an jeder Straßenkreuzung.

Die Gallier hatten die Hose nach Italien gebracht, die Germanen den Pelz. Im übrigen trugen alle Römer die farbige Tunika, vornehme Bürger darüber die weiße Toga, Sandalen und Militärstiefel, die die Zehen jeweils frei ließen. Man mußte sich also täglich einige Male die Füße waschen, eine fast heilige Zeremonie.

»Warum werden so viele Römer krank?« fragen die alten Schriftsteller. Man litt an Schlafmangel. In der Stadt herrschte ein unbeschreiblicher Betrieb und Lärm: das Schreien der Platzmacher für die Vornehmen, die nur mit großen Gefolgen durch die engen Gassen wandelten, das Gedränge der Fußgänger, der Lärm der Karren, die Lastenschlepper, die Träger der Sänften, ihr wippendes Stangenwerk, das ständig Verkehrsstockungen verursachte, und Händler, die laut ihre Waren anpriesen. Märkte gab es in Rom, auf denen Fische, Wild, Geflügel, Früchte und Delikatessen aus der ganzen Welt gehandelt wurden.

Draußen, 20 Kilometer von Rom entfernt, lag der Hafen Ostia. Von der Insel inmitten der Einfahrt ragte später der berühmte »Pharos« in den Himmel, der Leuchtturm, den Kaiser Claudius im Jahre 48 n. Chr. errichten ließ, ein gigantischer Quaderbau von vier Stockwerken, drei quadratischen, das oberste rund. Dieser Leuchtturm war dem auf der Insel Pharos bei Alexandria nachgebildet, der vom Architekten Sostratos von Knidos um 280 v. Chr. erbaut war und 3½ Millionen Mark an Baukosten verschlungen hatte. Der alexandrinische Leuchtturm fiel erst im 14. Jahrhundert einem Erdbeben zum Opfer. Übrigens konnte man in Frankreich, in Boulogne, noch im 17. Jahrhundert einen Leuchtturm des Kaisers Caligula bestaunen. Er ist auf alten Stadtbildern zu sehen. Der römische Leuchtturm in La Coruña in Spanien, im Jahre 100 n. Chr. errichtet, ist ununterbrochen bis auf den heutigen Tag in Betrieb. 45 Leuchtturmwärter haben sich von damals bis heute im Dienst abgelöst! Und jeder war rund 40 Jahre im Dienst. So gesehen, liegen die Tage des römischen Imperiums gar nicht weit zurück ...

Im Jahre 106 v. Chr. wurden zwei berühmte Männer geboren: Cicero, Roms bedeutendster Redner und Anwalt, und Gnäus Pompejus, der Sohn einer plebejischen Familie. Der Geburtstag des Pompejus ist der 29. September. Er war ein »Waage-Mensch«, in dessen Leben Glück und Unglück gleich verteilt waren.

Wenn man die Büste des Pompejus betrachtet, so muß man dem deutschen Historiker Theodor Mommsen recht geben, der ihn einen »durchaus gewöhnlichen Menschen« nannte, so etwas wie einen »tüchtigen Wachtmeister«. Aber er war dennoch viel mehr. Er wurde der mächtigste Mann der Welt, freilich nur für kurze Zeit.

Pompejus war ein sehr tüchtiger Soldat und doch kein übermäßig begabter Stratege. Immer ging er mit ungewöhnlich großer Vorsicht zu Werke. Er griff nur entscheidend an, wenn er seiner Sache ganz sicher war.

Uneigennützig, ehrlich, anhänglich, dabei kühl und leidenschaftslos war dieser eckige, etwas steife und ungelenke Haudegen. Ungelenk eigentlich nur im privaten Auftreten. Im Feld war er ein sehr gewandter Reiter und Fechter. Er war weniger Bauer, weniger ungeschlacht als der grobe Marius. Aber eines hatte er mit Marius gemein: Er war ein miserabler Politiker. Marius erscheint uns sinnlicher und leidenschaftlicher, Pompejus war etwas langweilig, trocken, würdevoll, förmlich und bieder.

Pompejus war im Felde beliebt, weniger in der Stadt. Draußen in der Welt benahm er sich freundlich gegen alle, die mit ihm zu tun hatten, und bemühte sich, jede Bitte zu erfüllen, die an ihn herangetragen wurde. In Rom dagegen hatte er mit den gewöhnlichen Bürgern nicht gern zu tun, mied, wenn irgend möglich, das Forum und nahm sich fremder Angelegenheiten nur widerwillig an, schon um die ganze Energie auf seine eigenen Pläne zu konzentrieren. Er konnte sich bis zu hinreißender Beredsamkeit steigern und wirkte wohl als Erscheinung und als Mensch sehr gewinnend. Pompejus soll schön gewesen sein, wenn uns auch die von ihm erhaltenen Skulpturen ein nicht eben anmutiges Antlitz zeigen. Eine Hetäre namens Flora erinnerte sich noch im Alter mit großem Vergnügen ihres Umgangs mit Pompejus. Der Grieche Plutarch berichtet uns von diesem Mädchen wohl etwas leichter Moral: »Sie ist, wenn er mit ihr die Liebe gepflogen, nie ungebissen davongekommen.« Die schöne Flora war dabei so berühmt, daß man sie malen ließ und ihr Porträt in den Tempel hängte.

Pompejus war das Schwert.

Doch nun kommen wir zum Geld.

Marcus Licinius Crassus war schon rein äußerlich die Verkörperung des Geldes. Crassus heißt »der Dicke«, und dieser hatte noch den Beinamen »Dives«. Er war also der »dicke Reiche«. Diese beiden Beinamen führten bereits sein Vater und ältere Vorfahren. Der Reichtum lag wohl in der Familie, aber »dick« war Crassus sicher nicht, denn er war kein Schlemmer und hatte wenig Freude an Leckereien. Er war neun Jahre älter als Pompejus, geistig nicht sehr begabt, literarisch völlig unbelastet, militärisch eine Null. Dafür aber war er rührig und beharrlich wie kaum einer seiner Zeit. Er war ein großer Spekulant. Er »roch« sozusagen das Geld. Die Güter, die Sulla konfiszierte, kaufte Crassus zu Schleuderpreisen auf. Er betrieb Baugeschäfte, großartig in der Architektur, vorsichtig in der Kalkulation. Er war ein gerissener Bankier. Wer in Rom Geld brauchte, ging zu Crassus, der Senator wie der Richter. Überhaupt nahm sich Crassus gern fremder Rechtsangelegenheiten an, bestach das Gericht und kassierte dann vom zufriedenen Klienten. Testamentsurkunden, auf denen Crassus' Name zu finden war, waren grundsätzlich gefälscht. Dabei führte dieser eigentümliche Mensch selber ein bürgerlich einfaches Leben.

Kurz vor seinem Tode betrug das Vermögen des Crassus 170 Millionen Sesterzen, rund 34 Millionen Goldmark! Er war damals der reichste Mann im römischen Weltreich. Als guter Menschenkenner versäumte er keine Gelegenheit, seine Beziehungen auszudehnen. Jeden interessanten Bürger Roms nannte er beim Gruß mit Namen. Er war ungemein liebenswürdig, schien sehr menschenfreundlich und war den ganzen Tag auf den Beinen, um die Geschäfte irgendwelcher Leute zu erledigen. Wenn es um Geld ging, bohrte sich sein kommerzieller Sinn in das langweiligste und langwierigste Geschäft. Auf jede Sache bereitete er sich gründlich vor, schon deswegen, weil er schwerhörig war. Halb Rom war ihm verschuldet. Geld lieh er »ohne Zinsen« mit dem Vorbehalt, die Höhe der Rückforderung selbst festsetzen zu dürfen. So wurden die einflußreichsten Männer der Stadt von ihm abhängig. Parteien kannte er nicht, denn politische Bindungen sind bis auf den heutigen Tag für jeden Finanzmann störend. Wer zweckdienlich, wer zahlungsfähig erschien, dem borgte er.

Dennoch entwickelte er allmählich politischen Ehrgeiz, nicht einer Idee nachgehend, sondern eben den Weg des geringsten Widerstandes wählend, gestützt auf sein Geld, seine Beziehungen und Intrigen. Immer eifersüchtig auf Pompejus, ließ sich Crassus dies doch nicht anmerken. Als glänzender Kaufmann und lebende Bank in allen Gassen war er seinem viel größeren Zeitgenossen nur dann überlegen, wenn sich beide in Rom aufhielten. War Pompejus aber draußen in der Welt, so hatte der abwesende Feldherr seiner Erfolge wegen in Rom viel mehr Ansehen und Macht als Crassus.

Im Jahre 82 v. Chr. sehen wir den 24jährigen Pompejus auf den Trümmern von Karthago stehen. Er lacht, als die Soldaten seines Heeres wie besessen zu graben beginnen, Schutt beseitigen, suchen. Sie wollen die Schätze der alten Phönizierstadt finden, Gold unter den Trümmern. Dann, als die Soldaten wissen, daß hier nichts zu holen ist, setzt Pompejus sie gegen Domitius Ahenobarbus ein und gewinnt die nordafrikanischen Schlachten in 14 Tagen. Mit seinem Heer kommt Pompejus nach Rom. Im Triumph will er in die Stadt einmarschieren, mit einem Gespann von Elefanten im Stadttor Roms erscheinen. Aber das Tor ist zu eng. Sulla, Roms Konsul, begrüßt den jetzt 26jährigen Pompejus mit dem Beinamen »der Große«.

Als Pompejus 30 Jahre alt ist, entsendet ihn der römische Senat nach Spanien als Prokonsul gegen den Marius-Anhänger Sertorius. Sertorius, intelligent und wagemutig, kennt jeden Hügel, jeden Fluß, jede Ecke Spaniens. Einen außerordentlich geschickten Guerillakrieg führt er gegen Pompejus. Seine Anhänger nennen ihn »den modernen Hannibal«. Sertorius hatte in Spanien eine römische Exilregierung gebildet. 72 v. Chr. wird er während eines Banketts ermordet. Pompejus besiegt den Mörder Perperna und erobert die spanische Provinz. Elf Jahre hatte Sertorius Rom widerstanden.

Inzwischen ist in Rom eine Revolte ausgebrochen. Kriegsgefangene Ausländer, Sklaven, die man zu Fechtern oder Gladiatoren ausgebildet hat, erheben sich unter Führung eines gewissen

Jahrhunderts vor Christus. Die über metergroße Bronzestatue befindet sich jetzt im Thermenmuseum zu Rom. Die Gladiatoren trugen lederne, durch Metall verstärkte Handriemen, um die Wirksamkeit der Schläge zu erhöhen.

Spartakus. Dieser Spartakus war im Jahre 73 v. Chr. aus der Sklaverei ausgebrochen, sammelte seine Leidensgenossen aus den Gladiatorenkasernen und besetzte den Vesuv. Er schlug verschiedene römische Heere und drang bis zum Fuß der Alpen vor. Hier schlossen sich ihm Gallier an, um bald wieder abzufallen. Dafür gewann er immer mehr Sklaven, mit denen er plünderte, alles niederbrannte, mordete. Schließlich stand er mit 120000 Mann vor Rom.

Crassus, inzwischen Prätor geworden, erhält jetzt das Oberkommando gegen den Sklavenaufstand des Spartakus. Er schlägt die Revolte, die Italien drei Jahre lang in Angst und Schrecken gehalten hat, nieder. 6000 Kreuze läßt er errichten, eine Allee des Grauens, denn an diese 6000 Kreuze werden 6000 gefangene Sklaven geschlagen. Crassus, der bedeutendste Sklavenhändler Roms, verstand sich auf Sklavenbehandlung. Seine privaten Sklaven behandelte er dagegen nicht schlecht, wie uns Plutarch berichtet.

Pompejus ist jetzt 35 Jahre alt. Er will Konsul werden. Der Senat zögert. Da tut sich der »Degen« mit dem »Dicken« zusammen, das Schwert mit dem Geld. Und der ängstliche, an Crassus verschuldete Senat kann nun nicht widerstehen: Geld und Armee, das sind überzeugende Argumente. Pompejus und Crassus werden im Jahre 70 die beiden Konsuln Roms. Crassus ist der immer eifersüchtige Teil dieser Ehe, der weniger populäre, der militärisch viel unbegabtere. Als Pompejus den Auftrag erhält, das Mittelmeer von Piraten zu säubern – ein Auftrag, den er in 40 Tagen glänzend erledigt –, bemüht sich Crassus, den Einfluß des Pompejus zu mindern, und tut sich mit Julius Cäsar zusammen.

Pompejus aber hat draußen in der Welt militärische Erfolge wie kaum ein Feldherr vor ihm. Er jagt Mithradates, den König von Pontos, bis hinter den Kaukasus und erobert Syrien, Palästina und Armenien. Der ferne Euphrat, der Fluß, in dessen Nähe einst der Turm von Babylon gebaut wurde, wird östliche Grenze des römischen Weltreiches.

Pompejus besaß die hervorragende Gabe, genau zu wissen, wann man haltmachen muß. Er konnte glänzend warten und nutzte dabei seine Zeit, gründete Kolonien, band Provinz um Provinz fester an Rom, baute Städte, organisierte den ganzen Osten. Er marschierte nicht sinnlos in Weiten, die für Rom keine Bedeutung haben konnten. Er hatte nie Ziele, die in märchenhaften Entfernungen lagen, wie der Nordwesten Indiens, den Alexander erreichte. Aber er geriet auch nicht in Gefahren wie Makedoniens größter Feldherr der Antike in Gedrosien oder wie Napoleon nach Moskau. Fremde feindliche Völker in fernen Ländern konnten dem Pompejus kaum gefährlich werden. Verwundbar wurde er erst in der Heimat, in Rom, durch Römer, durch römischen Neid und römischen Ehrgeiz. So trug der große Pompejus sein Schicksal in sich, in seinem eigenen Charakter und im Charakter seines Volkes.

Hätte es keinen Cicero gegeben, so wäre die Verschwörung des Catilina wahrscheinlich gelungen, aber in dem großen Schattenreich menschlicher Vergangenheit untergegangen. Nur die Gegnerschaft eines Cicero hat dem Catilina und seiner Bande zu weltgeschichtlicher Bedeutung verholfen.　　　*Der Verfasser.*

»Ist aber mein Schicksal durch mein gegenwärtiges Unglück auf immer entschieden, dann, mein teures Leben, habe ich keinen anderen Wunsch mehr, als Dich noch einmal zu sehen und in Deinen Armen zu sterben.«
　Cicero in einem Brief an seine Gattin Terentia, 59 v. Chr.

Sechs Jahre lang war Pompejus von Rom abwesend, in den Jahren 67 bis 62 v. Chr. Während dieser Zeit gärte in Rom fast ununterbrochen die Verschwörung, geisterte heimlich die Unruhe, wurden Revolution und Umsturz geplant. Es war die Zeit des langsamen Untergangs der Römischen Republik. Die ganze von Cäsar so besonnen angezettelte, so mühsam vorbereitete und schließlich so kühn ausgeführte Staatsumwälzung ließ jetzt ihre ersten frechen Anzeichen erkennen.

Rom war Republik. Diese Republik begann mit dem Sturz der etruskischen Fremdherrschaft um das Jahr 510 v. Chr. und währte rund 480 Jahre lang, bis 30 v. Chr., als die eigentliche Kaiserzeit mit dem Prinzipat des Octavian begann. Das sind die »offiziellen« Daten. Aber schon Cäsar hatte die Republik gestürzt.

Die Zeit des Untergangs der Römischen Republik ist einer der interessantesten Abschnitte menschlicher Geschichte, weil vier große Männer gleichzeitig lebten: Pompejus, Cäsar, Cato und Cicero.

Rom war jetzt wie ein kämpfendes Schiff im Sturm. Wer dem Volk Festspiele bieten konnte, wer bei den Abstimmungen geschickt bestach, der kam zur Macht. Durch immer neuen Glanz und immer neue Volksbelustigung suchte einer den anderen zu überbieten. Die höchsten wie die niedrigsten Schichten der römischen Gesellschaft waren sittlich verwahrlost. Der Zinswucher blühte. Die großen Vermögen wurden zerrüttet. Das Eigentum wechselte schnell und unverdient. Es bildete sich ein großes Sklavenproletariat und ein Proletariat der Freien. Es wurden Parolen laut, nur der Arme sei in der Lage, den Armen zu verstehen. Man kam auf den Gedanken, daß die Masse der Armen vielleicht genauso gut wie die Oligarchie der Reichen eine selbständige Macht bilden könne. Warum sollte man nicht den Tyrannen spielen, statt sich tyrannisieren zu lassen? Wie immer, wurde diese eigentümliche Bewegung auch von einigen Kreisen der vornehmen Jugend geschürt. Elegant, mit duftenden Haarlocken und modischen Stutzbärten, tanzte man lustig zum Zitherspiel und saß von früh bis spät beim Becher.

Fast jeder war verschuldet. Wer durch Müßiggang, Verschwendung und Liederlichkeit verarmte, stimmte laut in den Ruf, alle Schulden aufzuheben. Äckerverteilung unter alle armen

Der Mund der Wahrheit [Bocca della Verità]. Diese antike Marmorscheibe befindet sich im Säulengang der Kirche Santa Maria in Cosmedin zu Rom. Beim Schwören sollen die Römer ihre Rechte in den »Mund der Wahrheit« gelegt haben. Kam die Hand unversehrt heraus, dann war der Schwur echt.

Bürger! Das erschien jetzt vielen die einzige Parole der Hoffnung.

Während der große Pompejus den Orient erzittern ließ, während Rom vier asiatische Provinzen gewann, wurde die Republik im Innern durch tausend heimliche Anschläge untergraben. Die Guten mußten alles befürchten, und die Schlechten konnten jetzt alles erhoffen. Die ganze römische Gesellschaft, ja auch das Land weit über Rom hinaus war durch eine gewaltige Verschwörung bedroht. Etwas Gefährliches schwelte und giftete untergründig und noch geheim: die berühmt gewordene Verschwörung des Catilina.

Catilina war eigentlich nicht mehr und nicht weniger als ein äußerst gerissener Verbrecher. Er hatte es allerdings bis zur Prätur gebracht und wurde sogar Statthalter der Provinz Afrika. Er entstammte einem patrizischen Geschlecht. Sein Urgroßvater war während der Feldzüge gegen Hannibal ein tapferer Krieger gewesen, wurde 27mal verwundet, ein Ritter mit Eisenhand wie Götz von Berlichingen.

Aber der Nachkomme schlich oder hastete durch Rom, bleich und scheu, sehr oft verwahrlost und völlig betrunken. Bald schien er unglaublich träge, bald sah man ihn fliehenden Schrittes seinen unheimlichen Geschäften nacheilen. Schon in seiner Jugend hatte er sich den sullanischen Terroristen angeschlossen und seinen Namen mit Blut und Scheußlichkeiten besudelt. Später verliebte er sich in Aurelia Orestilla, »an der außer ihrer Gestalt niemand je etwas Lobenswertes entdeckte« [Sallust]. Um sein Haus für die sittenwidrigste Hochzeit Roms freizumachen, ermordete Catilina seinen Sohn.

Hunger, Frost, Mangel an Schlaf konnten ihm nichts anhaben. Er war tückisch, ein Meister der Heuchelei und Verstellung, redegewandt, aber wenig einsichtsvoll. Alle verkommenen, liederlichen jungen Männer, alle, die ihren Besitz, ihr väterliches Gut durch Laster, Prasserei und Spiel verjubelt hatten, waren seine Spießgesellen. Wüstlinge, Ehebrecher, Mörder, Tempelräuber aller Länder, notorisch Meineidige, Verbrecher, die schon überführt waren, und solche, die den Richter noch fürchteten, sie alle wollten durch Umsturz wieder zu Geld und Ansehen kommen.

Catilina selber handelte teils aus pathologischer Maßlosigkeit, teils aus gekränktem Ehrgeiz, teils aus der Verwegenheit, die durch viele Mißerfolge und Geldmangel ausgelöst wird, teils aus Groll gegen die Verachtung der Gesellschaft. Er war ein fast krankes Opfer seiner unheimlichen Vergangenheit. Er besaß auch – vielleicht vom Urgroßvater her – einigen Mut, etwas militärisches Talent, die Menschenkenntnis des unglaublich schnell denkenden Betrügers, die Energie des fanatischen Spielers und Verbrechers und die teuflische Fähigkeit, Unreife oder Schwache zur Verzweiflung zu bringen und ihnen dann zu »helfen«, indem er sie zu Spießgesellen seiner düsteren Taten machte.

Catilina hatte sich schon zweimal um das Konsulat bemüht, in den Jahren 65 und 64, war aber beide Male gescheitert. Ein Anschlag zur Ermordung der Konsuln von 65, der das Fanal für einen Putsch sein sollte, war mißlungen. Nun, im Jahre 63, wurde er von dem größten Redner der damaligen Zeit wie der römischen Geschichte überhaupt blockiert, von Marcus Tullius Cicero. Nach dieser Wahlniederlage rüstete Catilina zur großen heimlichen Verschwörung für den Herbst des gleichen Jahres. Am 28. Oktober 63, am Jubiläumstag zu Ehren von Sullas Sieg, sollte losgeschlagen werden.

Ziel der Revolution war der Sturz der bestehenden Regierung. Hinter der Revolution standen die Führer der demokratischen Partei, und man gab vor, gegen die gesprengte Nobilität, gegen die Reste der Aristokratenwirtschaft, aufzubegehren. Nun hatten aber im Kampf gegen die Aristokratie die Demokraten längst gesiegt, und so gab es eigentlich kaum mehr etwas zu beseitigen. Es mußte also noch ein anderes heimliches Ziel geben, etwas, das den Aufrührern, hinter denen auch der junge Cäsar stand, viel wichtiger war. Dieses Wichtigere war der drohende Schatten des Pompejus. Wenn Pompejus aus dem Orient wiederkehrte, dann mußte man mit einer Militärdiktatur rechnen, und dieser drohenden Militärdiktatur suchten sich die Demokraten zu entwinden. Nach außen priesen sie den abwesenden Feldherrn Pompejus als das Haupt und den Stolz ihrer Partei. Nach außen putschte man gegen die Nobilität. Aber heimlich, völlig im Dunkeln, wollte man sich der Regierung bemächtigen, um ein Gegengewicht gegen Pompejus auf die Beine zu stellen. Dazu brauchte man eine Revolution, deren letztes Ziel der Sturz des Pompejus war. Um diese Revolution zu bewirken, arbeitete die Verschwörung in Rom vom Jahre 66 bis zum Jahre 62 fast ohne Unterbrechung.

Der zähe Kampf des Cicero gegen Catilina ist eines der spannendsten Dramen menschlicher Geschichte. Dieses Drama, dieses Spiel »Fuchs gegen Schlange«, ist deshalb so fesselnd, weil wir es durch die Briefe und Reden des Cicero genau verfolgen können. Cicero war Roms bedeutendster Gerichtsredner. Gegen Catilina wurde er im Jahre 63 zum Konsul gewählt. Im Jahre 62 vereitelte er Catilinas erneute Bewerbung, entlarvte die Verschwörung, zwang Catilina zum Verlassen Roms, enthüllte die Umtriebe der Gefolgsleute des Catilina und erwirkte durch seine großartigen Reden die Hinrichtung von fünf Catilinariern. Catilina selber fiel schließlich, von seinen Feinden gestellt, mit 3000 Anhängern in der Schlacht bei Pistoria nördlich von Florenz.

Rom war von einer großen Gefahr befreit. Bei dem Mann aber, der Catilina stürzte, wollen wir ein wenig verweilen. Denn auf seinem Geist und der von ihm verfeinerten Sprache beruhen zum großen Teil die Grundlagen der europäischen Bildung.

Marcus Tullius Cicero war am 3. Januar des Jahres 106 v. Chr. zu Arpinum, zwischen Rom und Neapel, von seiner Mutter »leicht und ohne Schmerzen« zur Welt gebracht worden. Er studierte in Athen und auf der Insel Rhodos, den damaligen Zentren der Bildung, und verliebte sich in jede Wissenschaft. Er scheute keinen Lehrer und keinen Unterricht, und er hegte auch eine heimliche Liebe zum Dichten. Der große Demosthenes war sein Vorbild. 48 Reden des Cicero sind verlorengegangen. Die 58 Reden aber, die uns von ihm erhalten sind, stellen weder ein Buch der Gerechtigkeit dar, noch geben sie je dem Angegriffenen eine Chance. Cicero häufte Anklage auf Anklage, Beschuldigung auf Beschuldigung, brachte Berge von Argumenten gegen seine Gegner vor, arbeitete mit feinster Ironie, mit attischem Witz, mit guten wie mit schlechten Mitteln, alles in den Dienst seiner außergewöhnlichen Beredsamkeit stellend, einer Redekunst, die Roms Sprache, das Latein, maßgeblich für alle Zeiten beeinflußte und sie zur klassischen Sprache machte.

Außerdem war Cicero immer glänzend über seine Gegner informiert. Und weil ein Geheimnis selten ein Geheimnis bleibt, wenn es eine schöne Frau erfährt, war es im Falle des Catilina die edle Dame Fulvia, die alles ausplauderte.

Fulvia war eine vornehme Römerin mit lockerem Lebenswandel. Curius, frech, sittenlos und lasterhaft, ein Mitverschworener des Catilina, liebte sie heiß und bedachte sie mit Geschenken, bis er völlig ruiniert war. Da die Gunst der Fulvia aber nur für handfeste Geschenke und Gold zu haben war, begann Curius – nun unglücklich verliebt – ihr von seinen großen Aussichten zu erzählen, wie er bald zu sehr viel Geld und Wohlstand kommen werde. Zuerst machte er nur vage Andeutungen, dann wurde er – von Liebesverlangen getrieben – konkreter, und schließlich verlor er im Rausch seiner Vorstellungen alle Hemmungen. Er bedrohte sie mit dem Schwert, versprach ihr goldene Berge und benahm sich wie toll. So entlockte die emsige Fulvia dem armen Curius nach und nach das ganze Geheimnis der Verschwörung. Und da sie eben nicht unbedingt verschwiegen war, liefen in Rom dumpfe Gerüchte über gefährliche Aufstände um, die jahrelang nicht verstummten. Immer brauchte die Fulvia Geld. Ihr Wissen war kostbar und ließ sich gut umsetzen. Für Geld deckte sie darum den Mittelsmännern des Cicero die gefährlichen Pläne des Catilina auf. Auch Curius wurde leicht gewonnen, und so flossen die Nachrichten ziemlich zuverlässig und sehr beständig.

Wer in die Mühle einer Ciceronischen Anklage geriet, hatte meist wenig Hoffnung, aus diesem reißenden Strom unbeschadet wieder herauszukommen. »Quo usque tandem« – »Wie lange noch«? Diese berühmten Anfangsworte seiner ersten Rede gegen Catilina haben bis auf unsere Tage ihren Klang behalten: »Wie lange noch, Catilina, willst du unsere Geduld mißbrauchen? Wie lange noch soll dein wütendes Tun uns Hohn sein? Wann wirst du aufhören, dich mit deiner zügellosen Frechheit großzutun?«

Aus den Reden Ciceros, Gipfel lateinischer Stilkunst, ist das Genie erkennbar, der Politiker und Jurist. Seine Briefe offenbaren Eitelkeit, Ruhmsucht, einen schwankenden Mut, von der Zuversicht im Glück bis zur zaghaften Unentschlossenheit und gänzlichen Mutlosigkeit im Unglück. Die meisten Briefe sind an Atticus gerichtet, der sich 23 Jahre lang – von 88 bis 65 – in Athen aufhielt, wo er den sullanischen Verfolgern entging. Atticus war ein geschickter Kaufmann, Finanzier und Verleger. Er besaß Ländereien in Epirus, förderte die Künste und hatte praktischen Sinn; er war immer hilfsbereit und viel weltgescheiter als der etwas romantisch veranlagte Cicero. Atticus verwaltete Ciceros Finanzen, gab dessen Schriften und Briefe heraus, beriet seinen Freund ein Leben lang und war wie ein ruhiges Meer, in dem sich alle Ströme der Nöte, Ängste, Hoffnungen, Leidenschaften und Freuden seines genialen Schützlings ungehemmt ergossen.

Viele seiner Briefe diktierte Cicero seinem Sekretär und Freund Tiro. Dabei pflegte er auf und ab zu gehen. Er diktierte so schnell, daß Tiro – selber hochbegabt – eine Kurzschrift erfand. Auch die Reden Ciceros konnte Tiro auf diese Weise mitschreiben. Die lateinische Stenographie wurde später nach Tiro »Notae Tironianae« genannt. Noch die Mönche des Mittelalters gebrauchten sie. Übrigens war Tiro zuerst Sklave gewesen, wurde dann aber wegen seiner Begabung von Cicero freigelassen; er

schrieb auch ein Werk über den Gebrauch und den Sinn der lateinischen Sprache.

Cicero wußte genau, daß er als eines der seltenen Genies in die Geschichte der Menschheit eingehen werde. Er schrieb an Atticus: »Sobald ich mit der Geschichtsdarstellung meines Konsulats fertig bin, werde ich sie Dir schicken, auch hast Du noch eine in Versen zu erwarten. Denn da ich mich nun einmal selber loben will, so soll es auf jede mögliche Art geschehen. Wenn die Welt etwas Größeres aufzuweisen hat, so soll sie es preisen und nicht tadeln. Aber in Wirklichkeit geht es bei dem, was ich schreibe, nicht um eine Lobrede, sondern um einfache historische Wahrheit.« Das war unglaublich kühn. Aber es war auch echt erfühlt und zeigt, wie erstaunlich klar der Genius seinen eigenen Wert erkannt hatte, seine Größe und Bedeutung – weit über seine Zeit hinaus.

Ciceros Briefe offenbaren uns einen liebenswürdigen, lebhaften Geist, unerschöpflichen Reichtum an Abwandlungen ein und desselben Gedankens, sie sprühen Geist, Witz, Spott, Ironie, Schwermut und Grazie. Sie konfrontieren uns unmittelbar mit den Sorgen und der Geschäftigkeit eines intensiv arbeitenden Mannes, eines an seinen Kindern hängenden Vaters und eines Gatten, der mit seiner heißblütigen, eifersüchtigen und energischen Frau nur im größten eigenen Unglück glücklich wurde. Sie, Terentia, brachte 120000 Denare in die Ehe und dazu noch eine Erbschaft von 90000 Denaren. »Von diesem Vermögen lebte er auf eine anständige und weise Art in Gesellschaft gelehrter Griechen und Römer, die seinen Umgang genossen«, sagt

Plutarch. Außerdem besaß Cicero ein schönes Gut bei Arpinum, zwei Meiereien bei Neapel und bei Pompeji, eine Reihe schöner Landhäuser – wahrscheinlich 18 – in verschiedenen Gegenden Italiens. Die Häuser waren mit Galerien und Statuen, mit geschmackvollen Decken und Säulen, mit geheizten Bädern, Ankleidezimmern und Schwitzkammern ausgestattet. Hier gab es Ställe für das Geflügel, Lustwäldchen, kleine Kanäle und künstliche Teiche. Den Atticus bittet Cicero, ihm die »Megarischen Statuen und Hermen« zu schicken. »Ich erwarte sie mit großer Ungeduld. Was Du von dieser Art findest, was Dir eines Platzes in meiner Akademie wert erscheint, schick es mir ohne Bedenken und verlaß Dich auf meine Kasse. Ich mache auf alles Jagd, was zur Verschönerung meines Gymnasions beitragen kann.« Am meisten schätzte Cicero seine Villa in Tusculum, die vorher dem Diktator Sulla gehört hatte. Tusculum lag nahe bei Frascati, 22 Kilometer südöstlich von Rom.

Eine ganze Bibliothek von rhetorischen und philosophischen Werken verfaßte dieser erstaunliche Mann: Bücher über den Redner und über die Kunst zu reden, über die beste Staatsform, über die Gesetze, über die Pflichten, über die Natur der Götter, über das Alter, über das Schicksal, über die Freundschaft und vieles andere. In seinem 52. Lebensjahr schrieb er die Bücher über den Staat. Das sechste dieser Bücher ist ›Der Traum des Scipio‹ und handelt über das Leben nach dem Tode. Man hielt die Erde damals für eine Scheibe. Aber Cicero schildert sie – wie vor ihm schon Plato – als eine Kugel: »Denn die Menschen sind unter der Bestimmung geschaffen, daß sie diese Kugel bewohnen, die du hier mitten im Weltraum erblickst, die Kugel, die man Erde nennt ... Die Gestirne und Sterne, die kugelförmig und rund sind, werden von göttlichem Geist beseelt. Sie vollziehen ihre Kreise und Umläufe mit bewunderungswürdiger Schnelligkeit ... Die Massen der runden Sterne aber übertrafen die Größe der Erde. Die Erde selbst kam mir so klein vor, daß mich ein Gefühl der Scham überfiel über all unser Tun, das doch gleichsam nur einen Punkt der winzigen Erde berührt.«

Als der römische Senat am 5. Dezember des Jahres 63 v. Chr. von Cicero berufen wurde, über das Schicksal der verhafteten Catilinarier zu beraten, beantragte der für das nächste Jahr vorgesehene Konsul Junius Silanus die Todesstrafe. Alle anwesenden früheren Konsuln stimmten diesem Antrag zu. Nur Cäsar, der damals schon zum Prätor bestimmt war, erklärte sich gegen die Todesstrafe, aber für lebenslängliche Haft und brachte zündende, einleuchtende Gründe für seine weise Milde vor. Stand er nicht selbst ganz heimlich, ganz unsichtbar hinter dem Plan der Verschwörung? Silanus und andere Freunde Ciceros wollten schon Cäsar beipflichten, als Marcus Porcius Cato so nachdrücklich für den Tod der Catilinarier eintrat, daß alle Geister schwankend wurden. Meisterhaft beleuchtet der römische Historiker Sallust die gegensätzlichen Reden Cäsars und Catos vor dem Senat.

Dieser Cato, ein Urenkel des Karthagohassers, war ein merkwürdiger Kauz. Mommsen nennt ihn »den Don Quichotte der Aristokratie« und »einen Wolkenwandler im Reich der abstrakten Moral.« Aber Mommsen hat ihn wohl zu schlecht beurteilt. Cato war grundehrlich, Stoiker und altrömischer Prinzipienreiter, äußerst konservativ, langsam im Denken, ein Musterbürger, der in der sündigen Hauptstadt umherwandelte und allen unablässig den Tugendspiegel vorhielt. Immer ging er zu Fuß, stets ohne Hemd – wie Romulus, der legendäre Gründer Roms. Überhaupt sehnte sich dieser Musterbürger laut und beharrlich nach der guten alten Zeit und wurde, obwohl er immer mit einem Buch in der Hand spazierenging, nicht immer ernst genommen. Nur einmal konnte man seine Ehrlichkeit sehr gut gebrauchen. Als nämlich das reiche Cypern im Jahre 58 zur römischen Provinz gemacht werden sollte, schickte man Cato zur Einrichtung der Verwaltung dorthin. Er war der einzige, von dem man wußte, daß er sich dabei nicht bereichern würde.

Nachdem der strenge Cato den Senat beschworen hatte, den Tod über die Häupter der liberalen oder sogar anarchistischen Verschwörer zu verhängen, wurde Cicero gehört. Er hielt die letzte seiner berühmten Catilinarischen Reden, ein wahres Meisterstück psychologischer Beeinflussung. Er gab sich in dieser Rede den Anschein vollkommener Unparteilichkeit und brachte durch ständiges Lavieren seine Zuhörer genau dorthin, wohin er wollte: Der Senat beschloß die Todesstrafe. Cicero holte höchstpersönlich mit einem Gefolge von Freunden und Bürgern den ersten Verschwörer – Lentulus Sura – aus dem Gewahrsam vom Palatinischen Hügel und brachte ihn durch die Straßen Roms in den Kerker zu den Scharfrichtern, die den unglücklichen Rebellen in einen engen Keller – das Tullianum – hinabließen, wo er mit einem Strick erdrosselt wurde. Dieser Keller war seit uralten Zeiten, seit König Servius Tullius, für diese Art von Exekution bestimmt. Das nämliche Schicksal ereilte auch die anderen verurteilten Verschwörer noch in derselben Nacht des 5. Dezember 62.

Diese Tat, die Republik vor der Verschwörung gerettet zu haben, erschien Cicero als die größte Tat seines Lebens. In einem Triumphzug wurde er damals nach Hause geleitet. Die Straßen Roms waren erleuchtet. Die Menge jubelte ihm zu. Aus allen Fenstern, von allen Dächern rief man seinen Namen und pries ihn als den Bewahrer und Retter Roms.

Aber Cicero mußte seine Tat bald bitter büßen. Als er am letzten Tage des Jahres, so wie es üblich war, sein Konsulat mit einer Rede vor der Volksversammlung beschließen wollte, wurde ihm durch den Tribun Metellus Nepos sofort das Wort abgeschnitten. Ein Mann, der römische Bürger ungehört habe hinrichten lassen, dürfe auch nicht für sich selbst reden. Cicero hatte nur noch Zeit, zu schwören, daß er Rom und die Republik vor dem Untergang gerettet habe. Er bewies in diesem Augenblick seine große Geistesgegenwart. Das Volk jubelte. Aber Cicero wurde aus Rom verbannt.

Seine Frau Terentia scheint ihn wenigstens zweimal entscheidend beeinflußt zu haben. Ihre Halbschwester, Fabia, war eine Vestalin und mußte darum in unbedingter Keuschheit leben. Als man diese Tempeljungfrau heimlicher Beziehungen zu Catilina verdächtigte, sah Terentia in der Beseitigung des Catilina eine Möglichkeit, den Skandal zu ersticken. Darum redete sie ihrem Mann zu, gegen Catilina vorzugehen.

Ähnlich verhielt es sich mit Clodius. Terentia glaubte, dessen Schwester Clodia habe es auf ihren Mann abgesehen und wolle Cicero heiraten. Eifersüchtig wie sie war, hetzte sie ihren Mann auf, gegen Clodius als Zeuge aufzutreten. So wurde Clodius Ciceros bitterster Feind und bewirkte schließlich die Verbannung des größten Redners von Rom. Die Häuser Ciceros ließ Clodius verkaufen oder verbrennen.

Cicero war maßlos enttäuscht. Er machte sich Vorwürfe über Vorwürfe und schrieb rührende Briefe der Liebe und Anerkennung an seine Terentia. »Kummervolle, an Leib und Gemüt leidende und geschwächte Frau! Ohne Dich zu leben! Wie kann ich das? Hab' ich Dich bei mir, so werde ich mich nicht für ganz verloren halten.« Und später: »Ich las nicht ohne bittere Tränen, wie man Dich gewaltsam aus dem Tempel der Vesta herausholte, wie man Dich auf den öffentlichen Marktplatz vor die Tribunen führte. Oh, mein Leben, meine einzige Liebe!«

Schon 16 Monate später rief Pompejus den Cicero aus der

Verbannung zurück. Da klingt es plötzlich ganz anders in Ciceros Briefen: »Die Liebe meines Bruders und meiner Tochter entschädigt mich für alles. Das übrige, das mich plagt, ist von merkwürdiger Art.« Das »übrige« war Terentia. Mit 59 Jahren ließ sich Cicero von ihr scheiden. Er glaubte plötzlich, sie sei in Geldsachen ungenau. Vielleicht hatte er vergessen, welch ungeheures Vermögen sie ihm einst in die Ehe einbrachte. Er heiratete seine junge Dienerin Publilia. Aber dann geschah etwas Furchtbares: Seine Tochter Tullia starb. Cicero jagte Publilia davon. Er war über den Verlust des abgöttisch geliebten Kindes fassungslos. Publilia hatte das Mädchen nie geliebt ... Das Leben erschien ihm nur noch wie ein trauriger Schatten. »Eine Tochter – und was für eine Tochter! Wie anhänglich war sie an ihren Vater! Wie klug! Wie sanft, wie sittsam, wie liebenswürdig in ihrem ganzen Wesen! *Mein* Gesicht, *meine* Sprache, *mein* Sinn!« Cicero hatte das an seinen Bruder Quintus geschrieben. Er konnte den Tod der »Tulliola« – so nannte er sie – nicht verschmerzen. Er schloß sich in Astura ein, verbrachte Tage und Nächte allein in einsamen Wäldern. Gibt es ein Leben nach dem Tode? Er hatte über diese Frage schon früher nachgedacht. Und wenn es ein Leben im Jenseits gab, konnte man den Menschen, den man liebte, dort wiedersehen? Cicero fand keine Antwort auf diese letzte und wichtigste Frage des Seins, des Vergehens und der Ewigkeit. Er plante, seiner Tochter einen Tempel zu bauen, eine Stätte für ihre unsterbliche Seele. Er fand endlich Trost im Schreiben, Ruhe in seinem schönen Werk ›Über die Tröstung‹. Zwei Jahre später, mit 64, erlag er dem Haß des Antonius, dessen Gewaltmaßnahmen er in seinen Philippischen Reden scharf angegriffen hatte. Er hatte Cäsar, Pompejus und Cato überlebt. Aber wie? Ihm schien, er habe immer nur gearbeitet, sich abgemüht, gesorgt. »Du ermahnst mich – wie so oft – zum Ehrgeiz und zur Arbeit«, schrieb er einst an seinen Bruder, »ich will tun, was ich kann. Aber wann soll ich *leben?*« Jetzt war es vorbei. Jetzt wollte er nie mehr in seinen herrlichen Gärten wandeln, nie mehr dichten, nie mehr philosophieren ... Jetzt war die Reihe an ihm. Jetzt mußte er selber sterben. Er sah dem Tod tapfer ins Auge, so wie es sich für einen großen Philosophen geziemt. Er war im letzten Augenblick nicht feige.

Plutarch tut ihm Unrecht, wenn er meint, der alte Mann hätte sich vor seinen Mördern, die der Natur ja nur ein wenig zuvorkamen, nicht verstecken sollen. Nein, Cicero versteckte sich nicht. Er wollte sich zwar in einer Sänfte zur See tragen lassen, wollte vor seinen Feinden fliehen, aber als er spürte, daß man ihn einholte, ließ er die Sänfte absetzen, hielt seinen Kopf heraus, und dieser beste Kopf Roms fiel unter den Schwertstreichen der Mörder am 7. Dezember 43 v. Chr. Vielleicht ahnte Cicero im letzten Augenblick doch, daß er seine geliebte Tulliola nun wiedersehen würde. Wovor sollte er sich da noch fürchten?

»Meine Cornelia, Du hast bisher nur eine Seite des Lebens gekannt, das Glück. Das hat Dich vielleicht getäuscht, weil es mir
länger als gewöhnlich treu geblieben ist. Da wir aber Menschen
sind, müssen wir auch das Unglück ertragen.«
          Pompejus zu seiner fünften Frau, nach Plutarch.

Kehren wir zu Pompejus zurück. Im Sommer des Jahres 62
v. Chr. zog er – nach sechsjähriger Abwesenheit – langsam aus
dem Osten nach Italien. Dieser Rückmarsch mit dem siegreichen
Heer in die Heimat war eine einzige Schau der Pracht, der
Schenkungen an Städte und des Jubels vieler Völker. Erst Ende
62 landete Pompejus in Brundisium. Er hatte den Großbau des
Römischen Reiches in Asien vollendet und zunächst gegen alle
Gefahren abgesichert. Seine Übergriffe in die Sphäre der Parther
bildeten allerdings den Keim späterer Vergeltungsunternehmen
aus dem Osten. Aber Pompejus hatte viele Länder erobert, alte
Städte zerstört, neue – Nikopolis, Megalopolis, Ziela, Diopolis,
Pompeiopolis – gegründet, Könige entthront und erhoben. Es
hat selten einen Feldherrn gegeben, der, mit so großen Vollmachten betraut, so vorsichtigen und sparsamen Gebrauch davon
machte. Das Maßhalten des Pompejus beruhte wohl nicht – wie
Mommsen meint – auf Mangel an Sicherheit und Initiative. Vielmehr war Pompejus – wenn auch nur als Feldherr und Stratege
– außerordentlich weise und umsichtig, jede kleinste Bewegung
seines Feindes scharf und aufmerksam beobachtend, meist vorsichtig und langsam, selten schnell zuschlagend, oft mit geradezu
asiatischer Geduld operierend, als Taktiker selten durchschau-
bar, als Reiter und Soldat fast 30 Jahre lang unermüdlich im Felde
für Rom kämpfend.
   Dennoch pries die vornehme Gesellschaft in Rom den General
Lucullus, er sei der eigentliche Unterwerfer des Orients. Pompejus habe ihn nur abgelöst, um ihn zu verdrängen und die Sieges-
lorbeeren zu ernten. Das war eine böswillige Entstellung. Denn
als Pompejus den Oberbefehl übernahm, waren alle früheren
Erfolge des Lucullus zunichte, war alles pontische Land verloren. Pompejus drängte den damals gefährlichsten Gegner Roms,

Mithradates, bis in die unerreichbaren Tiefen Asiens; Pompejus trieb ihn mittelbar zum Selbstmord, wenn auch Pharnakes – der Sohn des Mithradates – der eigentliche Todbringer seines 80jährigen Vaters wurde. Im Gegensatz zu den Vornehmen pries das gewöhnliche Volk in Rom den Pompejus laut und überschwenglich. Man steigerte ihn zum Überhelden – und Pompejus ließ sich feiern.

Das Leben ist ein Pfad im Gebirge. Es endet selten auf dem höchsten Gipfel. Plutarch sagt ganz richtig, es wäre ein Glück für Pompejus gewesen, wenn er jetzt – auf dieser Höhe eines Alexander – sein Leben beschlossen hätte.

Im Jahre 61 v. Chr. bewegte sich der größte Triumphzug, den das Weltreich je erlebt hatte, durch die Gassen Roms. Pompejus wurde als Eroberer von drei Erdteilen gefeiert, von Europa [Spanien], Afrika und Asien. Es war eine Sensation nie gesehenen Formates. Gefangene fernster Länder, Schätze von unerhörtem Glanz, fünf Söhne und zwei Töchter des großen Mithradates, der Judenkönig Aristobul, der armenische Königssohn Tigranes nebst Gemahlin und Tochter, Geiseln der Albaner, Iberer und des Königs von Nordsyrien, Olthaces, der Befehlshaber der Kolchier, die Herren der Kilikier, königliche Frauen der Skythen und Menander, der Reitergeneral des Mithradates, Millionen und aber Millionen in mächtigen Truhen, Siegeszeichen, das alles wurde durch die Straßen Roms geschleppt. Auf Tafeln, die vorausgetragen wurden, waren die Völker und Länder aufgezeichnet, über die Pompejus gesiegt hatte. Da sah man auch ein Bild des sterbenden Mithradates, umringt von den Mädchen, die »freiwillig« mit ihm sterben mußten. 1000 Burgen, über 900 große Städte hatte er erobert. Den öffentlichen Schatzkammern lieferte er geprägtes Geld, silberne und goldene Gefäße im Werte von 20000 Talenten ab, ungefähr 600000 Goldmark. Schlicht und prunklos fuhr Pompejus inmitten dieses gigantischen Triumphzuges durch Rom. Er soll aber das damals 260 Jahre alte Obergewand des großen Alexander getragen haben, das man unter den Schätzen des Mithradates fand.

Und das Volk? Es tat, was es bei solchen Gelegenheiten immer tut: Es jubelte.

Man schrieb das Jahr 593 nach der Gründung Roms, also 61 v. Chr. Es war der 28. September, Vorabend des 45. Geburtstages des Welteroberers. 22 Könige hatte er besiegt. Ihm zu Ehren schlug Rom Münzen. Wer könnte solche Höhe ertragen?

Langsam beginnt der Absturz, die Tragödie, die Verwirrung.

Gnäus Pompejus lebte von 106 bis 48 v. Chr. Er war der Besieger von drei Erdteilen, sein Leben lang Soldat, fünfmal verheiratet. Er war ein außerordentlich weiser und vorsichtiger Feldherr, hatte aber nicht das Glück, wie Alexander, auf dem Gipfel seines Ruhms zu sterben, sondern wurde von Cäsar besiegt.

30 Jahre lang stand Pompejus ununterbrochen draußen im Felde. 30 Jahre war er heimatlos. Er kann jetzt nicht mehr schlafen. Aus unruhigen Träumen schreckt er auf. Er sieht sterbende orientalische Könige, anstürmende Reiterei, brennende Städte. Die Vornehmen Roms spotten ein wenig. Sie geben Pompejus lächerliche Spitznamen. Ja, sie können Größe nicht vertragen. Sie haben Humor, und sie neigen ein wenig zum Sarkasmus.

Pompejus aber wünscht sich nichts sehnlicher als Ruhe. Er möchte endlich ein friedliches Familienleben führen. Er sehnt sich danach, mit seiner Frau zu leben. Und da begeht er einen großen Fehler: Er entläßt seine Armee. Daraufhin lehnt der Senat es ab, seine Verwaltungsmaßnahmen in Asien zu bestätigen, seinen Soldaten das versprochene Siedlungsland zu schenken.

In dieser Zeit schließt Pompejus einen Freundschaftsbund mit Julius Cäsar. Cäsar, 42 Jahre alt, ist ein einflußreicher Politiker, ein glänzender Redner, Anwalt und Offizier aus der stolzen Patrizierfamilie der Julier, die Könige und Götter ihre Ahnen nennen. Um diesen Freundschaftsbund zu besiegeln, heiratet Pompejus die einzige Tochter des Cäsar, die 23jährige bildschöne Julia.

Zweimal so alt wie Julia war Pompejus. Nur sechs Jahre währte seine Ehe mit dieser anmutigen Cäsarentochter. Sie starb in der Blüte ihrer Jugend, mit 29 Jahren. Auch das einzige Kind aus dieser Ehe starb. Die Glücksschale des waagegeborenen Pompejus neigte sich mehr und mehr.

Aber noch sind wir im Jahre 59 v. Chr. Pompejus, Cäsar und Crassus bilden das erste Triumvirat. »Triumvirat« bedeutet »Drei-Männer-Herrschaft«. Pompejus war der Feldherr, Cäsar

der Politiker, Crassus der Kapitalist. Jetzt erhielten Pompejus'
Veteranen die versprochenen Grundstücke. Seine Asienpolitik
wurde sanktioniert. Pompejus selbst wurde Herr über den größten Teil des Römischen Reiches. Cäsar erhielt nur die Statthalterschaft über Illyrien und Gallien, Sprungsteine für seine spätere
Macht.

Während Cäsar Gallien unterwarf, 58 bis 51 v. Chr., versuchte
Crassus Persien zu erobern, wurde aber gefangengenommen und
getötet. Die Perser kamen auf eine grausame Idee der Rache: Sie
gossen flüssiges Gold in die Kehle des Crassus, des größten
Sklavenhändlers von Rom.

Nach dem Tode der Julia wurde die Kluft zwischen Cäsar und
Pompejus immer größer. Auf Anregung des Pompejus befahl der
Senat Cäsar, seine Provinzen in Gallien aufzugeben und sein
Heer zu entlassen. Cäsar aber überschritt den Rubikon, die
Grenze zwischen Italien und Gallien. »Die Würfel sind gefal-
len«, rief er aus. Er wurde Herr von Rom, von ganz Italien.

Pompejus floh in den Osten, wurde bei Pharsalus in Thessalien
geschlagen, wurde von Cäsar verfolgt und versuchte, sich nach
Ägypten zu retten. Der ägyptische Hof hatte von der Katastrophe von Pharsalus erfahren und schickte sich an, Pompejus an
der Landung zu hindern. Aber der Hofmeister des ägyptischen
Königs verfiel auf eine bessere List: Man schickte einen General
zum Schiff des Pompejus und lud diesen ein, zum König Ägyptens zu kommen. Da das Wasser seicht war, bestieg Pompejus die
ägyptische Barke.

Als er an Land gehen wollte, wurde er hinterrücks erstochen
– unter den Augen seiner fünften Gattin und seines Sohnes, die
vom Deck ihres Schiffes den Mord mitansehen mußten. Pompejus zog mit beiden Händen die Toga über seinem Gesicht zusammen. Er sagte kein Wort. Er hielt es für unwürdig zu klagen. Nur
einen tiefen Seufzer stieß er aus. Es war der 28. September des
Jahres 48 v. Chr., der gleiche Tag, an dem Pompejus 13 Jahre
vorher als Triumphator in Rom eingezogen war. Auf einer Düne
am Strand endete der Mann, der ein Menschenleben lang »der
Große« genannt wurde, der Rom die Welt zu Füßen gelegt hatte
und Schätze ohnegleichen.

Nicht lange danach, immer noch Pompejus verfolgend, traf
Cäsar in Ägypten ein. Man brachte ihm das abgeschlagene Haupt
des Pompejus, das Haupt seines Schwiegersohnes und einstigen
Freundes.

Cäsar wandte sich tief erschüttert ab. Er weinte.

»Ein Orkan peitschte das offene Meer. Cäsar warf sich in einen Fischerkahn. Der Schiffer wollte im Sturm umkehren. Cäsar sagte: ›Habe Mut! Du fährst Cäsar und sein Glück!‹ «

Plutarch, Cäsar, 38.

»Nicht einmal in den Provinzen waren die Ehefrauen sicher vor ihm.« *Sueton, Kaiserviten, 50.*

»Du hast doch keinen Grund, einen so jungen Menschen töten zu lassen«, sagten einige Römer zum Diktator Sulla. Sulla antwortete ihnen, sie hätten wohl wenig Verstand, wenn sie in diesem Knaben Cäsar keine Gefahr sähen.

Cäsar war einer der vornehmsten Jünglinge Roms aus dem adligen Geschlecht der Julier, ein Star im Modeleben der Weltstadt. Der Junge rezitierte, er deklamierte, er hatte Umgang mit Literaten, er dichtete, und die hübschen Mädchen von Rom waren freigebig mit Liebesbeweisen. Kaum ein Jüngling sonst wußte sich so geschickt zu frisieren. Kaum einer kannte die Geheimnisse der römischen Toilettenweisheit besser als er. Aber dieses Leben kostete Geld, viel Geld, und der junge Cäsar gab so viel aus, daß er immer borgen mußte, um seine Schulden zu bezahlen. Er war leichtsinnig, aber er war auch klug. Nur die Götter wissen, wie er sich bei diesem Leben die körperliche Frische erhielt. Er fischte, er ritt, er schwamm.

Sein Vater war früh gestorben. Er liebte seine würdige Mutter Aurelia. Theodor Mommsen sagt, Cäsar sei ein leidenschaftlicher Mensch gewesen, denn ohne Leidenschaft gibt es keine Genialität. Aber seine Leidenschaft sei nie mächtiger gewesen als er.

Mit 17 Jahren verlobte sich Cäsar mit Cossutia, der Tochter eines sehr reichen Mannes. Bald löste er diese Verbindung und heiratete die schöne Cornelia, die Tochter des Cinna.

Das Leben ist schön. Rom ist herrlich. Cäsar ist jung. Aber er hat doch gehört, was Sulla sagte. Er weiß von Sullas Haß. So treibt er sich heimlich im Lande herum. Er wird krank. Er läßt sich jede Nacht in ein anderes Haus tragen. Und die Soldaten des

Sulla, die ihm immer auf der Spur sind, nehmen ihn schließlich in seinem Versteck fest. Cäsar besticht sie, flieht zur Küste, reist nach Bithynien zum König Nikomedes. Man beschuldigte ihn, er habe sich dort den Begierden des Königs überlassen.

Aber bald ist er wieder auf dem Meer und wird von Seeräubern gefangen. Cäsar lacht. Er lacht die Seeräuber aus, denn sie fordern nur 20 Talente als Lösegeld – rund 90 000 Goldmark. Cäsar höhnt: Als wüßten die nicht, wen sie da gefangen haben! Er bietet ihnen 50 Talente an, schickt seine Begleiter in verschiedene Städte, um das Geld heranzuschaffen, und lebt indessen im großen Stil unter den Seeräubern. Wenn er sich zur Ruhe legt, herrscht er sie an, still zu sein. Die Räuber müssen sich wie seine Leibwache benehmen. Und er scheint ihr Herr zu sein. Er scherzt mit ihnen, er spielt mit ihnen, liest ihnen Spottgedichte vor, lacht sie aus und droht ihnen, sie einmal aufzuhängen.

Das Lösegeld trifft ein. Cäsar ist frei. Er bemannt einige Schiffe, fährt gegen die Seeräuber aus, fängt die meisten von ihnen und betrachtet ihr Gold als seine Beute. In Pergamos macht er seine Scherze wahr: Er läßt alle Seeräuber ans Kreuz schlagen.

Wieder in Rom – sein Verfolger Sulla ist inzwischen gestorben –, stellt Cäsar seine glänzende Beredsamkeit bei gerichtlichen Verteidigungen unter Beweis. Er ist höflich. Er ist freundlich, zuvorkommend im Benehmen gegen jedermann. Er erwirbt sich bald die Liebe und Zuneigung des Volkes. Über die Gastmähler, die er gibt, spricht ganz Rom. Sein Ansehen im Staate wächst, und schließlich scheint es sogar, als wolle Cäsar diesen Staat stürzen.

Der große Redner Cicero verglich Cäsars politische Fähigkeiten mit der lächelnden Stille des Meeres. Er hielt sie für verdächtig und gefährlich. Er sah hinter der Maske der Freundlichkeit und Heiterkeit nicht nur den vornehmen Charakter Cäsars. Er witterte auch die tyrannischen Absichten. »Wenn ich sehe«, sagt Cicero, »daß sein Haar immer so kunstvoll zurechtgelegt ist, wenn ich sehe, daß er sich nur mit einem Finger kratzt, so erscheint es fast, als ob ihm der Umsturz der römischen Verfassung überhaupt nicht in den Sinn kommen könnte.«

Cäsar kann sich bald in Rom Dinge leisten, die ein anderer nicht wagen würde. Der Schwester seines Vaters, Julia, der Gattin des Marius, hält er auf dem Markt eine großartige Leichenrede. Die Bilder des verstorbenen geächteten Marius stellt er öffentlich aus. Das Volk jubelt, zeigt seine Sympathie durch lautes

Händeklatschen und Beifallsrufe. Einer älteren Frau eine öffentliche Leichenrede zu halten, das war in Rom üblich. Aber einer jungen Frau?

Als Cornelia, Cäsars Gattin, im Alter von 29 Jahren stirbt, erweist er ihr diese Ehre. Das Volk ist gerührt. Und als er bald darauf die Pompeja heiratet, bleibt ihm die Gunst der Masse erhalten. Er wirbt, er buhlt um das Volk. Bald beträgt seine Schuldenlast 1300 Talente, eine Riesensumme von rund 6 Millionen Goldmark.

Der Pontifex maximus von Rom, ein gewisser Cäcilius Metellus Pius, ist gestorben. Sogleich bewirbt sich Cäsar um diesen Posten des obersten Tempelherrn, der die Aufsicht über Religion und Kultus zu führen hat. Es ist ein harter Kampf, denn es gibt noch andere Aspiranten. Als Cäsars Mutter, Aurelia, ihren Sohn weinend bis an die Tür begleitet, sagt er: »Heute wirst du, liebe Mutter, deinen Sohn entweder als Pontifex maximus oder als Verbannten wiedersehen.« Cäsar wird gewählt. Er ist jetzt 39 Jahre alt.

Cäsar will Prätor werden, einer der beiden höchsten Gerichtsbeamten von Rom. Aber es ist nicht leicht, in Rom Karriere zu machen. Jeder wirbt, so gut er kann, um den Pöbel. Cato schlägt dem Senat vor, unter das Volk Getreide zu verteilen, und so sinkt Cäsars Ansehen, denn mit den Riesenausgaben des Senats kann er nicht mithalten. Hier in Rom gewinnt nur der, der dem Volk mehr bietet.

Und noch eines kommt dazu, ein Vorfall, der Cäsars Ansehen mindert: Da ist ein ausschweifend frecher Beau in Rom, Publius Clodius, ein Mann von vornehmer Geburt und dazu noch reich. Dieser Clodius liebt Pompeja, Cäsars Gattin. Und Pompeja ist nicht einmal ganz abgeneigt. Aber ihre Zimmer stehen ständig unter der Aufsicht der gestrengen und tugendhaften Aurelia, der Mutter des Cäsar. Aurelia setzt den Schäferstunden der Verliebten unüberbrückbare Schwierigkeiten entgegen.

Die Römer hatten eine Göttin, Bona Dea, zu deren Ehre alljährlich ein Frauenfest gefeiert wurde, bei dem kein Mann zugegen sein durfte. Clodius, bartlos, mädchenhaft schön, schlich sich, als Harfenspielerin verkleidet, in Cäsars Haus. Ziemlich lange irrte er unter Vermeidung der erleuchteten Räume im weitläufigen Gebäude herum, bis eine Sklavin der Pompeja ihn an seiner männlichen Stimme erkannte. Mutter Aurelia brach sofort die Feier ab, bedeckte die Heiligtümer und warf den Clodius hinaus. Ganz Rom sprach am nächsten Morgen

Gaius Julius Cäsar, 100-44 v. Chr. Der Historiker Theodor Mommsen sagt: »Jedem nicht ganz unfähigen Forscher ist das Bild Cäsars mit denselben wesentlichen Zügen erschienen. Und doch ist es anschaulich wiederzugeben noch keinem gelungen. Das Geheimnis liegt in der Vollendung Cäsars. Menschlich wie geschichtlich steht Cäsar an dem Punkt, in dem die großen Gegensätze des Daseins sich ineinander aufheben.« Die Skulptur entstand erst nach dem Tod.

von diesem Skandal. Cäsar ließ sich von Pompeja scheiden. Die Sache kam vor ein Gericht, und hier verhielt sich Cäsar dem Clodius gegenüber erstaunlich freundlich. Er sagte, ihm sei von der Schuld des Mannes nichts bekannt. Man fragte ihn, warum er sich dann von seiner Frau getrennt habe. Cäsar antwortete: »Weil ich verlange, daß meine Frau nicht einmal in einen Verdacht kommt.«

Cäsar erhielt als Statthalter die Provinz Spanien. Als er abreisen wollte, schlugen seine Gläubiger Lärm. Daraufhin wandte sich Cäsar an den reichen Crassus, den reichsten Mann unter den Römern, und dieser bezahlte die dringlichsten Schulden. Als Cäsar in Spanien die Geschichte Alexanders des Großen las, kamen ihm Tränen in die Augen. Seine Freunde fragten ihn nach dem Grund. »Meint ihr nicht«, sagte Cäsar, »ich hätte Ursache zum Traurigsein, da Alexander in meinem Alter schon über so viele Völker herrschte, ich aber noch gar nichts Großes und Rühmliches getan habe?«

In Spanien war Cäsar ungewöhnlich erfolgreich. Nach Rom zurückgekehrt, versöhnte er Pompejus und Crassus. Er gab seine Tochter Julia dem Pompejus zur Frau und heiratete selber zum drittenmal: Diesmal ist es Calpurnia, die Tochter des Piso.

Im Jahre 59 v. Chr. erhielt Cäsar von der römischen Volksversammlung und vom Senat die Statthalterschaft über Gallien, also das heutige Frankreich, Belgien und Holland sowie Oberitalien nördlich des Po. Man gab ihm vier Legionen, rund 24 000 Mann. Seine Regierungszeit war zunächst auf fünf Jahre befristet, die Cäsar später um weitere fünf Jahre verlängern ließ.

Zweifellos war Cäsar vom Studium der Feldzüge Alexanders des Großen wie auch anderer bedeutender Feldherren zutiefst beeindruckt. Sicher hatte er große Eroberungspläne, die er freilich dem immer ängstlichen Senat vorerst verschwieg. In seinem eigenen Werk ›Über den gallischen Krieg‹ rechtfertigt er seine Eroberungspolitik vor den Römern und ist immer bestrebt, zu beweisen, wie ein glücklich vollendetes »Defensiv«-Unternehmen ihn zwingt, ein neues zu beginnen.

Zuerst unterwirft Cäsar die Helvetier. Dann trifft er auf den König der Sueben, den Germanen Ariovist. Dieser Ariovist ist eigentlich die erste geschichtlich greifbare Gestalt des Germanentums, und wir verdanken unsere Kenntnisse über ihn fast ausschließlich den eindrucksvollen Schilderungen des Cäsar.

Nach endlosen Feldzügen hatte Ariovist Absichten auf Gallien. Zwischen Besançon und Schlettstadt wurde er im Jahre 58

v. Chr. von Cäsar geschlagen. Ariovist entkam über den Rhein und starb bald darauf an den im Kampf gegen Cäsar erlittenen Verletzungen.

Cäsars nächstes Ziel war das heutige Belgien, und es gelang ihm, den ganzen Norden Galliens zu unterwerfen.

Ja, er ging noch weiter! Zweimal überquerte er den Ärmelkanal – 55 und 54 v. Chr. –, setzte nach England über, begnügte sich aber damit, den König der Kelten tributpflichtig zu machen, »denn bei diesem armseligen und dürftigen Volk fand sich gar nichts zu holen, was der Mühe wert gewesen wäre« [Plutarch]. Die »frühen Engländer« haben übrigens niemals die von Cäsar geforderten Tribute bezahlt.

Cäsar versuchte nicht, die Länder östlich des Rheins, also das heutige Deutschland, zu erobern, obwohl er den Fluß zweimal – 55 und 53 v. Chr. – überschritt, um seine Macht zu zeigen. Der Rhein wurde damals zur Grenze zwischen Galliern und Germanen, zwischen römischer Herrschaft und dem noch dumpfen Ringen der »Barbaren« um eine höhere Gesittung.

Dieses Haltmachen, diese Fähigkeit, stehenzubleiben, wenn das gesteckte Ziel erreicht war, scheint mir den eigentlichen Kern der Genialität Cäsars zu bilden. An der Themse wie am Rhein ging Cäsar aus eigenem Willen zurück [Mommsen]. Wenn immer er erkannte, daß das Schicksal sich erfüllt hatte, wußte er dieser inneren Stimme zu gehorchen.

Darin erscheint Cäsar größer als Alexander und Napoleon. Alexander war gezwungen, am Schwarzmeerfluß Hypanis abzuziehen. Napoleon kehrte vor Moskau um, weil er umkehren mußte. Alexander wie Napoleon zürnten dem Geschick. Cäsar dagegen wußte jede Schlacht mit seinem Sieg abzubrechen. Er tat immer nur so viel, wie sein Glück ihm erlaubte, und war mit diesem Glück zufrieden.

Ein Adliger des keltischen Stammes der Arverner in Mittelgallien, Vercingetorix, sammelte die Gallier zu einem großen nationalen Aufstand gegen Cäsar und die römische Herrschaft. Mit außerordentlicher Tapferkeit trotzte er in der Bergstadt Gergovia, seiner Heimat, allen Angriffen Cäsars, der damals in größte Gefahr geriet. Schließlich schloß aber Cäsar Vercingetorix in Alesia ein, und der gallische Held mußte sich ergeben. Im Jahre 46 v. Chr. wurde er im Triumphzug als Gefangener durch Rom geführt und im Carcer Mamertinus enthauptet.

In der Vorstellung der Franzosen ist Vercingetorix noch heute ein Nationalheld, wie etwa Arminius für die Deutschen. Und so

Die Via Appia, die Straße von Rom durch Kampanien, ist nach Appius Claudius Caecus benannt, der 312 v. Chr. die 165 Kilometer lange Strecke von Rom bis Capua baute. Sie war die berühmteste Verkehrsader. Am Rande der Appia erbauten die Römer mächtige Gräber.

wie diese dem Cheruskerfürsten im Teutoburger Wald ein Denkmal errichteten, so ehren die Franzosen über den Trümmern von Gergovia und in Alesia ihren Vercingetorix.

Sieben Jahre lang hatte Cäsar in Gallien Krieg geführt. Der griechische Geschichtsschreiber Plutarch meint, Cäsar habe als Stratege alle anderen römischen Feldherren, die vor ihm lebten, übertroffen – die Fabier, die Scipionen, die Meteller, einen Sulla, einen Marius, einen Lucullus, ja selbst den großen Pompejus. Cäsar habe riesige Gebiete erobert. Er habe auch die meisten Schlachten geführt und die größte Zahl von Feinden besiegt. 800 Städte habe Cäsar im Sturm erobert, 300 Völker habe er unterworfen. Er habe sich mit 3 Millionen Menschen geschlagen und über 1 Million getötet oder gefangen.

Cäsar ging jeder Gefahr mutig entgegen und drückte sich vor keiner Schwierigkeit oder Strapaze. Er verachtete den Tod und setzte durch die Zähigkeit seiner Konstitution jeden in Erstaunen. Er war hager, hatte eine weiße Hautfarbe und wirkte geradezu bleich. Außerdem litt er, was wenig bekannt ist, an Epilepsie. Den Kriegsdienst faßte er als eine Art Gesundheitskur auf. Durch Gewaltmärsche, sehr einfache Kost und steten Aufenthalt unter freiem Himmel wollte er sich von den epileptischen Anfällen heilen. Meist schlief er in Wagen oder in Sänften. Tags inspizierte er Kastelle, Lager und Städte. Immer saß ein Sekretär neben ihm, der auch während der Reise nach seinem Diktat schrieb. Hinter ihm stand gewöhnlich ein einzelner Soldat, mit einem Schwert bewaffnet.

Cäsar reiste mit solcher Geschwindigkeit, daß er von Rom bis zur Rhone nicht mehr als acht Tage brauchte. Wenn er ritt, legte er die Hände auf dem Rücken zusammen und ließ das Pferd in schnellem Trab laufen. Während der Feldzüge übte er sich, auch beim Reiten Briefe zu diktieren, und beschäftigte damit zwei oder noch mehr Schreiber. »Schriftliche Unterredungen« hielt er für zeitsparend, denn er meinte, lange Unterhaltungen seien lästiger als kurze Briefe. Wir sehen also, daß Cäsar zwischen seinem 43. und 50. Lebensjahr ein ganz anderer Mann war als der verwöhnte, dichtende Jüngling von 20 Jahren.

Er hatte zwar immer noch Liebesabenteuer und Erfolge bei Frauen, aber er spielte mit ihnen und ließ sie nie Einfluß auf seine Entschlüsse gewinnen. Mit dem Lorbeerkranz deckte er sorgfältig seine Glatze. Er blieb wohl zeitlebens etwas eitel.

Vielleicht war Cäsar eines der umfassendsten Genies, die je gelebt haben: ein vollendeter Staatsmann, ein Feldherr, der seine militärischen Maßnahmen immer den großen Zielen der Politik unterordnete, ein Schriftsteller von außerordentlicher Lebendigkeit und Einfachheit im Ausdruck – darin Churchill ähnlich –, ein geborener Herrscher, der alle zu bezaubern verstand, den primitiven Bürger, den derben Unteroffizier, die vornehmen Damen Roms, die Prinzessinnen Ägyptens und Mauretaniens, den tapferen Kavalleriegeneral und den listigen Bankier.

Alle Historiker, alle Schriftsteller, alle Dichter, die sich um die Erfassung dieser Vollkommenheit bemüht haben, versagen wohl in einem: den geheimnisvollen Glanz dieses Mannes zu erfassen, seine unerhört positive Ausstrahlung in allen Taten, in allen Werken und seiner Persönlichkeit selbst.

CÄSAR
Was ist Glück?

»Als man am Tage vorher beim Abendessen davon sprach, welcher Tod wohl der beste sei, rief Cäsar mit lauter Stimme: ›Der
unerwartete!‹«   *Plutarch, Cäsar, 63.*

Wie sich Genie und Glück verbinden, das werden die kleinen
Geister dieser Erde nie begreifen. Wie eine strahlende Sonne, wie
ein vom Glück Verfolgter ging Cäsar über diese Erde, die Millionen anderen Menschen grau und düster erscheint. Doch das war
nicht Glück. Dieses Glück schmiedete sich Cäsar selber. Und er
wußte es zu halten.

Cäsar nennen wir ihn. Aber die Römer sprachen seinen Namen
»Kaisar« aus. Sein Eigenname wurde zum höchsten Herrscherti-
tel aller Völker. Crassus hatte im Krieg gegen die Parther den
Tod gefunden. Wer stand Cäsar noch im Wege? Da war nur noch
Pompejus, sein großer Rivale, der Feldherr, der durch seine
asiatischen Siege Cäsar im Ruhm fast noch übertraf.

Rom war wie ein Schiff ohne Steuermann. Hier herrschte fast
Anarchie. Wer auf den öffentlichen Märkten Tische aufstellte
und das Volk bewirtete, hatte recht. Der Senat war bestechlich.
Die Verfassung war brüchig, und die Rednertribünen waren nur
allzuoft von Blut besudelt: Dauerredner verließen die Tribünen
nicht selten als Leichen.

In Rom bemühte sich Pompejus, zu verhindern, daß Cäsar im
Jahre 48 v. Chr. wieder zum Konsul gewählt würde. Als Cäsar
am Rubikon stand, verfiel er in tiefes Nachdenken. Er stellte
lange Überlegungen an, ob er einen Gewaltstreich gegen Rom,
gegen den Senat, gegen Pompejus wagen sollte. Er überschritt
den Rubikon und wurde innerhalb von 60 Tagen ohne Blutvergießen Herr von ganz Italien.

Dann beginnt die Verfolgung. Cäsar verfolgt seinen einstigen
Schwiegersohn, den Mann, der ihm einst die Steigbügel zum
Ruhm gehalten hatte. In der Schlacht bei Pharsalus am 9. August
48 v. Chr. entscheidet sich das Schicksal zugunsten von Cäsar.
Pompejus wird vernichtend geschlagen.

Cäsar landet in Alexandria und spielt nun die Rolle eines
Gottes, der in ein merkwürdiges Chaos hineingeschritten ist.

Hier in Ägypten regierte der Minister des Königs, ein Entmannter namens Potheinos. König und Königin waren Ptolemäus Dionysos und seine Schwester Kleopatra. Nach ägyptischer Sitte waren die Geschwister verheiratet, aber Ptolemäus war erst zehn Jahre alt, und Kleopatra war sechzehn. Der Vormund und Minister Potheinos hatte Kleopatra aus dem Lande vertrieben. Kleopatra saß in Syrien und plante, ihre königlichen Rechte mit Waffengewalt wiederzuerobern.

Der hinterlistige Potheinos war von Cäsars Ankunft wenig entzückt. Er hatte schon den Befehl zur Ermordung des Pompejus gegeben, und nun schmiedete er Anschläge auf Cäsar. Cäsar wußte das und war so vorsichtig, sich nicht mehr zur Ruhe zu legen. Er verbrachte die Nächte bei Festgelagen und Lustbarkeiten. Der Vater des zehnjährigen Königs schuldete Cäsar 17$^1/_2$ Millionen Drachmen, und Cäsar forderte jetzt zum Unterhalt seiner Truppen 10 Millionen zurück. Potheinos riet Cäsar, doch Ägypten lieber zu verlassen und seinen großen weltweiten Unternehmungen nachzugehen. Cäsar antwortete, er benötige nichts weniger als den Rat der Ägypter. Statt zu verschwinden, ließ er heimlich die verbannte Kleopatra holen.

Das ungewöhnlich reizvolle – wenn auch wahrscheinlich nicht schöne – Mädchen nahm nur einen Sizilianer namens Apollodoros mit, stieg in ein kleines Boot und legte in der Abenddämmerung nahe des königlichen Palastes an. Um unentdeckt zu Cäsar zu gelangen, versteckte es sich in einem Bettsack – nicht in einem Teppich! – und Apollodoros schnürte ihn mit Riemen zu. Dann trug der brave Sizilianer das verheißungsvolle Bündel zu Cäsar.

Man kann sich denken, wie hingerissen der alte harte Krieger Cäsar beim Anblick des ägyptischen Kindes war. Plutarch meint wörtlich: »Ihr Umgang und ihre Reize machten auch sonst großen Eindruck auf Cäsar.« Cäsar söhnte Kleopatra mit ihrem Bruder aus, und Kleopatra hatte natürlich bei Cäsar dafür gesorgt, daß sie nun an der Regierung teilnehmen durfte. Es folgte ein feierliches Mahl, das die Versöhnung besiegeln sollte.

Cäsars Barbier, ein Sklave, der ängstlichste Mann im Heerlager, ein Leisetreter und Türhorcher, entdeckte einen Anschlag, den Potheinos und dessen Feldherr Achillas auf Cäsars Leben vorhatten. Cäsar stellte Wachen um den Saal, räumte Potheinos aus dem Weg, konnte aber den Achillas nicht mehr fassen. Achillas verwickelte daraufhin Cäsar in einen Krieg. Die Ägypter verstopften alle Kanäle und Wasserleitungen, so daß Cäsars Truppen zu verdursten drohten. Dann versuchte Achillas, Cä sars Flotte zu entführen. Cäsar ließ ein Feuer legen. Vom Seearsenal griff es um sich und erfaßte auch die berühmte Alexandrinische Bibliothek.

Daß diese Bibliothek damals, im Jahre 47 v. Chr., verbrannte, ist eines der tragischsten Ereignisse der Kulturgeschichte der Menschheit. Denn sie enthielt 400000 Papyrusrollen, einen Schatz, der uns die vorchristliche Geschichte und Kultur vieler Jahrhunderte und wahrscheinlich Jahrtausende aus dem Dunkel des Altertums bis in unsere Zeit hinübergerettet hätte.

Cäsar selber geriet während dieser Wirren in große Lebensgefahr. Die Schlacht tobte bei der durch ihren Leuchtturm berühmten Insel Pharos, und hier sprang Cäsar vom Damm in ein Boot, um seinen Truppen zu Hilfe zu kommen. Von allen Seiten jagten Schiffe der Ägypter heran. Um ihnen zu entgehen, stürzte sich Cäsar ins Meer und entkam schwimmend. Dabei hielt er in der einen Hand wichtige Papiere, die er durch den Hagel der Geschosse in Sicherheit brachte. Auch der junge König hatte sich inzwischen auf die Seite des Achillas geschlagen. Cäsar rückte gegen ihn an und besiegte die Ägypter. Wahrscheinlich ertrank der Knabenkönig im Nil.

Nunmehr ließ Cäsar Kleopatra als Königin in Ägypten zurück und reiste nach Syrien. Kleopatra bekam bald danach einen Sohn, den die Alexandriner folgerichtig »Cäsarion« nannten. Danach schlug Cäsar den Pharnakes, den Sohn des Mithradates, im Jahre 47 bei Zela, südlich vom Schwarzen Meer. Um diesen Sieg so eilig wie möglich nach Rom zu melden, schrieb er an seinen Freund Aminitus: »Ich kam, sah und siegte.« Cäsars Sieg gegen Pharnakes war das Werk einer einzigen kurzen Stunde.

Wie glänzend Cäsar Schicksalsschläge zu parieren wußte, welch ein Genie er im Improvisieren war und wie unabhängig er sich von dem hielt, was man gemeinhin Glück nennt, zeigt sein afrikanischer Winterfeldzug in den Jahren 47 und 46.

Was aber ist denn eigentlich Glück? Ist es nicht einfach dieses: Das Rechte tun im rechten Augenblick?

Gerade der Feldzug in Afrika beweist, wie Cäsar trotz ständiger Schicksalsschläge und unter ungünstigsten Voraussetzungen mit einem vollkommenen Sieg nach Hause zu kommen verstand.

In Afrika hatte sich eine Hochburg der republikanischen Opposition gebildet. Hier fanden sich alle Cäsar- und Tyrannengegner zusammen, die bei Pharsalus zersprengte Armee, die Besatzungstruppen von Dyrrhachium [Durazzo], Kerkyra und dem Peloponnes, die Reste der illyrischen Flotte. Hier war der Ober-

Kannte das alte Rom Lampen? Dies ist eine praktische Tischlampe aus dem ersten vorchristlichen Jahrhundert. Links ragte der Docht hervor, durch die Öffnung rechts konnte man den Docht mit einem Haken anheben und Öl nachfüllen. An dem Henkel hängte man das Lämpchen an Ständer, die mehrere solcher Ölleuchten tragen konnten und so Kandelaber bildeten.

feldherr Metellus Scipio, Schwiegervater des Pompejus, mit seinem Unterfeldherrn Petreius, hier war auch der politische Führer der cäsarfeindlichen republikanischen Opposition, Marcus Cato, der Mann, der »lieber die Republik von Rechts wegen zugrunde gehen ließ, als sie auf irreguläre Weise zu retten« [Mommsen]. Hier hatten sich die beiden Söhne des Pompejus, Gnäus und Sextus, eingefunden sowie der tüchtige Offizier Labienus, früher Cäsars bester Mann in Gallien, der dann zu seinen Gegnern übergegangen war. Alles in allem hatten die letzten unnachgiebigen Pompejaner zehn Legionen gesammelt. Dieser gefährlichen Koalition gehörte vor allem auch der wütende Afrikanerkönig Juba an, der jede Cäsar-Sympathie mit Ausrottung ahndete.

Cäsar zieht seine Truppen in Süditalien zusammen, um den

Sprung nach Afrika zu wagen. Aber die Legionen begehren auf. Sie sind nach den endlosen Feldzügen verzagt. Sie sind unzufrieden. Sie hatten sich größere Belohnungen und Vorteile versprochen. Sie verweigern den Gehorsam. Noch mehr, sie ziehen in Rotten, wild und ohne jede Zügelung, nach Rom. Sie wollen es ihrem Cäsar in das Angesicht sagen. Offiziere, die solche meuternden Haufen aufhalten wollen, werden von der Soldateska sofort erschlagen.

Und dann sind die Legionäre in Rom. Dann stehen sie vor Cäsar, der ohne Ankündigung plötzlich vor ihnen erscheint. Cäsar ist völlig ruhig. »Was wollt ihr?« Der Feldherr fragt es gelassen, ohne im geringsten aus der Fassung zu geraten, ohne jede sichtbare Erregung. Die Legionäre geben vor, ihre Entlassung zu wünschen. Sie wissen, Cäsar braucht sie jetzt, braucht sie dringender denn je für sein Afrikaunternehmen. Und sie wissen, er kann sie jetzt nicht gehen lassen. Also wird er allen ihren Forderungen nachkommen. Jetzt, so meinen sie, sei für sie der Augenblick des Erntens da.

Cäsar läßt sich auf nichts ein. Er antwortet nur kurz. »Ihr habt recht, Quiriten«, sagt er völlig unerwartet, »ihr seid durch schwere Kriege und Verwundungen erschöpft. Ihr könnt gehen.«

Quiriten nennt er sie, Mitbürger, nicht Kameraden, als ob sie schon aufgehört hätten, Soldaten zu sein, als ob sie schon Zivilisten wären! Nach seinem nächsten Siege, nach seinem Triumph, würden auch sie – mit den siegreichen Soldaten! – Geschenke und Äcker erhalten. Am Triumph selbst aber würden sie ja wohl nicht teilnehmen können, erklärt Cäsar. »Ich brauche euch also nicht mehr. Ich entlasse euch. Und eure Belohnungen erhaltet ihr ohne Abzug.«

Einen Augenblick sind die Soldaten stumm. Dann bitten sie, bei ihm bleiben zu dürfen.

Wenn man das liest, kann man nicht recht verstehen, warum die aufgewiegelten Legionäre sich so schnell beruhigen ließen. Aber es waren nicht die Worte Cäsars, die wirkten. Es war etwas ganz anderes, etwas, das nach fast zwei Jahrtausenden nur noch schwer erkennbar wird: Wieder einmal hatte die außergewöhnliche Persönlichkeit seine Soldaten fasziniert und gepackt. Wieder standen sie ergriffen vor ihm, beschämt, unentschlossen, Werkzeuge in des Zauberers Hand. Mommsen sagt: »Ein größeres psychologisches Meisterstück kennt die Geschichte nicht.«

Das eigentliche Kriegsunternehmen in Afrika war eine einzige Kette von Schicksalsschlägen mit nur einer Ausnahme: der

Schlacht bei Thapsus, dem Endkampf, dem allein entscheidenden Treffen, das Cäsar wie immer gewann!

Am 25. Dezember 47 setzte er nach Afrika über. Äquinoktialsturm! Seine Flotte verliert sich in den windgepeitschten Wogen. Landung mit nur 3000 Mann, zumeist Rekruten, in Hadrumetum [Sousse]. Beim Betreten des Ufers stolpert Cäsar und fällt hin. Die Truppen erstarren in abergläubischem Schrecken. Cäsar spürt das sofort. Er tut, als habe er sich absichtlich auf den Boden geworfen. »Ich fasse dich, Afrika!« ruft er. Die restlichen Schiffe kommen schließlich an. Aber nur mit Mühe und unter Verlust entzieht Cäsar seine Legionen einem Überfall des Labienus. In solcher Lage hat Cäsar erstaunlich gute Nerven, bewundernswerte Geduld. Zug um Zug sammelt er Vorteile für seine Seite, immer der entscheidenden Schlacht aus dem Wege gehend. Er mobilisiert gätulische Hirtenstämme gegen Juba. Er gewinnt mauretanische Könige zu einem Bündnis. Er hetzt die einheimische Bevölkerung der afrikanischen Küste gegen die Republikaner auf. Er wirbt mit Erfolg um die Städte und ihre Bürger. Er bemächtigt sich der für eine eventuelle Flucht günstig gelegenen Hafenplätze Ruspina [Monastir bei Sousse] und Kleinleptis. Hier verschanzt er sich. Er übt die schwierige Kunst des Abwartens mit unterlegenen Streitkräften. Er denkt an alles. Als das Pferdefutter ausgeht, läßt er Seetang sammeln. Als die Soldaten nicht wissen, wie sie den feindlichen Kriegselefanten beikommen sollen, läßt er Zirkuselefanten aus Italien kommen! Er gewöhnt seine jüngeren Soldaten an den afrikanischen Kleinkrieg. Tägliche Manöver! Er zeigt sich als der große Meister im Zögern, in der Ruhe, im Hinhalten. Fast vier Monate lang versteht er es, hier abzuwarten – bis seine Veteranenlegionen eintreffen, kriegsgewohnte, harte Männer.

Und dann, nahe der vom Feinde besetzten Seefestung Thapsus, lockt Cäsar genau im rechten Augenblick seinen Gegner in eine tödliche Falle. Am 7. Februar des Jahres 46 v. Chr. stand Scipio mit seiner Armee nur anderthalb Kilometer entfernt auf der engsten Stelle des Isthmus vor Thapsus, das offene Meer in der einen Flanke, eine Lagune in der anderen. Cäsars Veteranen waren kaum zu halten. Der Feldherr selber galoppierte ihnen voran gegen den Feind – man bedenke, nach so vielen Siegen, aber auch Kriegen, und im Alter von 54 Jahren! Seine Veteranen richteten ein unheimliches Morden in den Reihen des Gegners an und töteten auch schnell einige eigene Offiziere, mit denen sie längst abrechnen wollten. Cäsars Sieg war vollkommen.

Der feindliche Oberbefehlshaber, Metellus Scipio, nahm sich das Leben, als seine fliehende Flotte gestellt wurde. König Juba hatte sich selber ein dramatisches Ende ausgedacht: In seiner Stadt Zama wollte er sich auf einem riesigen Scheiterhaufen mit allen seinen Schätzen, mit allen seinen Bürgern und mit seiner Familie verbrennen. Aber die Leute von Zama hatten wenig Lust, dieses Tummelfest des Todes mitzuspielen. Sie schlossen die Stadttore, als ihr König anrückte. Nach einem prunkvollen Gelage forderte der wilde Monomane den Petreius zum Zweikampf um den Tod heraus. Aber nicht er, sondern Petreius fiel, und Juba – verwundet – ließ sich von einem Sklaven erstechen. Labienus und die Söhne des Pompejus entkamen nach Spanien.

Der Tod des Cato in Utica bedeutete das geistige Ende des Bürgerkrieges, das Ende der Auseinandersetzung zwischen den Kräften der Republik und Cäsar. Dieser unbeugsame Cato starb für eine Idee, starb für die Republik, starb als Märtyrer. Schon um den Vorteil des Ruhmes der Milde hätte Cäsar ihn allzugern begnadigt. Aber Cato, dieser wahre Freund der Freiheit, fühlte, daß Cäsars Mitleid ihm die Tür zur Unsterblichkeit für immer verschließen würde. Seinem Sohn riet er, zu Cäsar zu gehen. »Warum tust du nicht dasselbe?« fragte der Sohn. »Ich wurde in einer Zeit geboren«, antwortete Cato, »als man noch frei handeln und frei sprechen durfte; ich kann mich auf meine alten Tage nicht so schnell an Knechtschaft gewöhnen; du aber bist ein Kind dieser Zeit und mußt dich mit dem Geist deines Jahrhunderts befreunden!« Cato, der größte Republikaner seiner Zeit, las Platos Schrift ›Über die Seele‹, stieß sich um Mitternacht den Dolch in den Leib und riß sich die Eingeweide heraus, als man ihn verbunden hatte. So scheiterte selbst Cäsars Genie an der Festigkeit dieses konservativen Menschen des Herrenstandes von Rom, dieses Stoikers und Idealisten. »Er hat mir nicht einmal den Ruhm gegönnt, ihn weiter leben zu lassen«, sagte Cäsar ärgerlich.

Aber die Monarchie war geschmiedet. Und Cäsars Triumph in Rom – nach so vielen Kriegen – war der Triumph des Verteidigers und Vergrößerers des Weltreiches, nicht der Triumph eines Siegers im Bürgerkrieg. Ein Tag des Festes galt Gallien, einer Ägypten, einer war für Pontus und einer für Afrika. Im Triumphzug wurden – außer der großen Beute – die Gefangenen mitgeführt: Prinzessin Arsinoe aus Ägypten, der jugendliche Prinz Juba aus Numidien, der berühmte Vercingetorix, einstiger Held und Führer der Gallier. Dann folgte Cäsar selber und die Wagen mit dem Gold, dem Lohn für die Legionäre: 5000 Denare für jeden Legionär, 10000 für jeden Zenturio!

Cäsar wurde zum Diktator auf zehn Jahre gewählt, dann auf Lebenszeit als »dictator perpetuus«.

Die mörderische Schlacht bei der Stadt Munda in Spanien gegen Pompejus' Söhne wurde für Cäsar so gefahrvoll, daß er am Ende sagte, er habe oft um den Sieg, jetzt aber zum erstenmal um sein Leben gekämpft. Dies war die letzte Schlacht, die Cäsar schlug.

Die Römer hatten sich an Cäsars Triumphe gewöhnt. Der Triumphator war jetzt unumschränkter Herrscher, und Rom stand unter dem Joch seiner Launen. Man hoffte in Rom, unter der Alleinherrschaft eines Mannes endlich Erholung von den Bürgerkriegen und von allen Schwierigkeiten zu finden. Dies war der Grund, warum man Cäsar jetzt gerne zum Diktator auf Lebenszeit ernannte. Da die unumschränkte Gewalt nun auch auf unumschränkte Zeit an Cäsar überging, wurde dieser wirklich zum Tyrannen und Diktator.

Aber dann begann ein groteskes Spiel der Beweihräucherung des Mannes, der durch das Übermaß von Ehren langsam, aber sicher lächerlich gemacht werden sollte. Durch Übertreibungen, durch merkwürdige und sogar anstößige Heldenverehrung wurde Cäsar selbst in den Augen der gutmütigen Bürger zu einer verhaßten Figur. Am wildesten gebärdeten sich seine Feinde in Lobhudeleien und Preisungen.

Cäsar ließ die gestürzte Bildsäule des Pompejus wieder aufrichten. Einige seiner Freunde rieten ihm, er solle sich doch eine Leibwache zulegen. Cäsar antwortete: »Es ist besser, einmal zu sterben, als immer den Tod erwarten zu müssen.« Austeilung von Getreide an das Volk, Feste, Kolonien für die Soldaten, das alles warf Cäsar dem Volke als Köder hin. Dabei schmiedete er gewaltige Pläne. Er wollte seine Kriegserfolge übertreffen. Gegen die Parther wollte er ziehen. Er wollte zum Kaukasus vordringen, um das Schwarze Meer wandern und in Skythien eindringen. In einem großen Bogen gedachte er über Germanien und Gallien dann wieder Italien zu erreichen, alle Länder zu erobern bis dorthin, wo die Ozeane »die Grenze der Welt« bilden.

Cäsar plante, die Landenge bei Korinth zu durchstechen. Ach, was gab es noch zu tun bei soviel Macht! Was lohnte sich noch, als Herr der Welt zu unternehmen? Der Tiber sollte eingedämmt werden: Cäsar gedachte ihn umzuleiten und bei Terracina ins

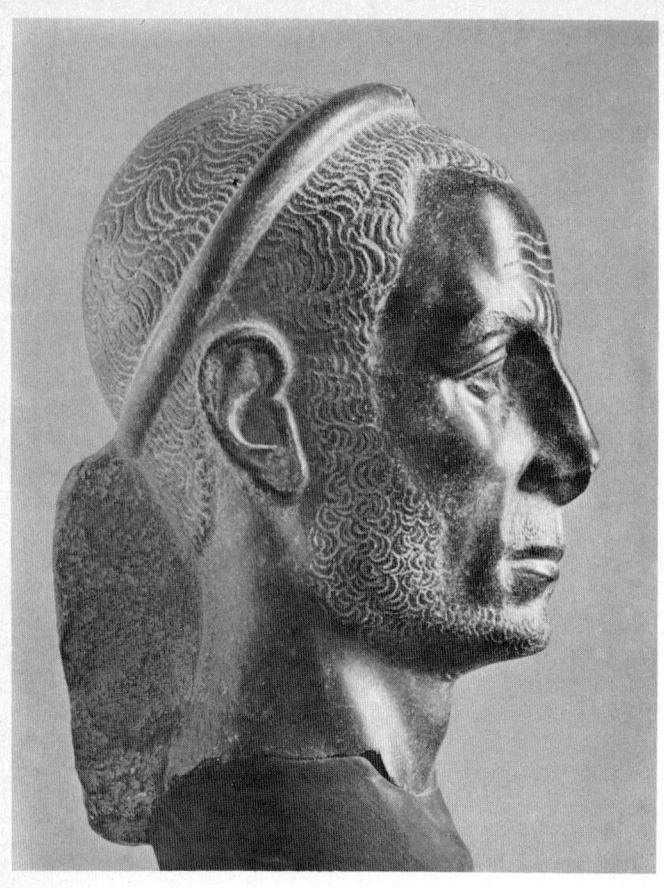

Diese ägyptische Basaltplastik des Julius Cäsar läßt besonders deutlich
das Ekstatische der Persönlichkeit erkennen, den Leiden und Sorgen
verschweigenden Mund, die Hagerkeit des früh Gealterten. Fast kann
man hier die dunklen, lebhaften Augen erraten, die uns die Münzbilder
noch deutlicher offenbaren. Ungeheure Energie drückt das Antlitz aus,
gezügelt durch Verstand.

Meer abfließen zu lassen. Ein großartiges Projekt schwebte ihm vor, die Entwässerung der Pontinischen Sümpfe. Dämme wollte er am Meer errichten lassen, den Hafen von Ostia von gefährlichen Klippen und Untiefen befreien, Häfen und Ankerplätze anlegen. Die größten Philosophen und Mathematiker seiner Zeit zog er heran, um eine neue Zeiteinteilung zu schaffen. Er führte für das ganze Römische Reich das Sonnenjahr ein, den Julianischen Kalender, der sich die Welt eroberte und mit einer Abänderung durch Papst Gregor XIII. im Jahre 1582 bis heute gilt. Aber auch das schien Cäsar nicht genug.

König wollte er werden, der größte König der Welt. Aber das Volk meuterte. Cäsars maßloses Streben säte überall Haß. Als ihm im Senat wieder einmal einige übertriebene Ehrenbezeugungen erwiesen wurden, als man ihn als König grüßen wollte, stand Cäsar von der Rednertribüne nicht auf, sondern meinte, man solle die Ehrenbezeugungen zurückschrauben. Aber auch das war dem Senat wie dem Volk nicht recht. Man war gekränkt. Cäsar ging nach Hause, legte die Toga ab und rief seinen Freunden zu, er wolle jedem, der es wünsche, die Kehle hinhalten. Dann entschuldigte er sich wieder: die Krankheit, die Epilepsie! Wer mit diesem Leiden behaftet sei, gerate leicht in geistige Verwirrung, wenn er stehend zum Volk reden müsse. Jede Erschütterung, jede heftige Bewegung ließen ihn jetzt schwindlig werden. Cäsar wollte sich entschuldigen, aber ein Schmeichler, Cornelius Balbus, meinte: »Vergiß doch nicht, daß du Cäsar bist. Du mußt dich als höheres Wesen verehren lassen.«

Cäsar saß auf einem goldenen Stuhl, geschmückt mit Triumphgewändern. Man überreichte ihm einen Lorbeerkranz mit einem Diadem. Schwaches, dumpfes Händeklatschen von wenigen dazu bestellten Personen. Als Cäsar das Diadem ausschlug, klatschte ihm das Volk lauten Beifall. Man bot ihm noch einmal das Diadem an. Wieder lehnte Cäsar ab. Wieder klatschte die Menge. Cäsar stand unwillig auf und befahl, den Kranz auf das Kapitol zu tragen.

Heimlich aber hefteten seine Gegner an die Cäsarstatue Diademe an. Zwei Volkstribunen mußten sie wieder entfernen. Die Männer, die Cäsar als König begrüßten, ließ der Diktator selber ins Gefängnis werfen. Das Volk begleitete die Verurteilten mit lautem Jubel bis zum Kerker.

Marcus Brutus war ein Feind der Tyrannei. Cäsar hatte ihn bei Pharsalus, wo Brutus für Pompejus kämpfte, begnadigt. Brutus genoß bei Cäsar besonderes Vertrauen. Er war Prätor und sollte auf Cäsars Wunsch Konsul werden. Wenn Brutus sich morgens auf seinen Richterstuhl setzen wollte, fand er dort Zettel: »Du schläfst, Brutus!« oder »Du bist nicht Brutus.«

Cassius, der die Verschwörung gegen Cäsar anstiftete, erkannte, daß man Brutus gewinnen könne, denn Brutus war ehrgeizig. Einmal sagte Cäsar: »Mir will die Blässe des Cassius gar nicht gefallen.« Als man dem Cäsar den Antonius Dolabella verdächtig machen wollte, sagte der Diktator: »Vor wohlbeleibten Herren ist mir nicht bange, eher vor jenen mageren und blassen.« Er meinte damit Cassius und Brutus.

Der Geograph Strabo berichtet, man habe unheimliche Zeichen gesehen: Feuermenschen! Als Cäsar opferte, fand er im Opfertier kein Herz. Ein Wahrsager warnte ihn, er solle sich am 15. März vor einer großen Gefahr hüten. Am Morgen dieses Tages grüßte Cäsar den Wahrsager auf dem Weg zum Rathaus: »Nun, der 15. März ist da.« Der Wahrsager antwortete: »Ja, er ist da, aber noch nicht vorüber.«

Als man am Tage vorher beim Abendessen davon sprach, welcher Tod wohl der beste sei, rief Cäsar mit lauter Stimme: »Der unerwartete.« Darauf ging er zu seiner Gemahlin und legte sich zur Ruhe. In der Nacht sprangen alle Türen und Fenster des Schlafzimmers auf. Seine Frau Calpurnia seufzte und redete im Schlaf. Am Morgen beschwor Calpurnia den Cäsar, nicht auszugehen und die Sitzung des Senats zu verschieben. Cäsar war besorgt. Er hatte bei seiner Frau noch nie einen Hang zum Aberglauben bemerkt.

Er beschloß, die Sitzung des Senats absagen zu lassen. Ein Günstling Cäsars machte die Prophezeiung und die Wahrsagungen lächerlich. Er faßte Cäsar bei der Hand und zog ihn fort. Ein fremder Sklave wünschte Cäsar eilig zu sprechen. Es gelang ihm nicht. Er wandte sich an Calpurnia: Er habe Cäsar Dinge von größter Wichtigkeit zu melden. Ein gewisser Artemidoros steckte Cäsar sogar einen Zettel zu, der die ganze Verschwörung aufgedeckt hätte. Cäsar nahm das Schreiben und übergab es einem Bedienten. Artemidoros trat ganz nahe an Cäsar heran: »Lies dieses, Cäsar, eilig und schnell.« Cäsar nahm den Brief, wurde aber durch die drängende Menge verhindert, ihn zu lesen.

Der Senat hatte sich in dem Prachtgebäude, das Pompejus dem Theater angebaut hatte und wo auch eine Bildsäule des Pompejus stand, versammelt. Cassius sah zur Skulptur des Pompejus auf und rief die Gestalt unhörbar um Beistand an. Als Cäsar den Saal betrat, stand der Senat ehrerbietig auf.

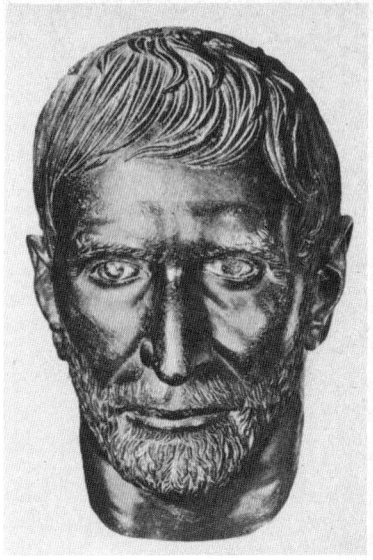

*Der sogenannte Brutus zu
Rom ist nicht Cäsars Mörder,
sondern Lucius Junius Brutus, der erste Konsul der Römischen Republik um 510
v. Chr. Weil dieser Brutus
den tyrannischen Tarquinius
stürzte, tötete sein Nachkomme Marcus Junius Bru-
tus den Cäsar. Der Beiname
Brutus bedeutet »der
Schwerfällige«, »der Gefühl-
lose«, »der Dummkopf«.
Vom Adjektiv »brutus«
kommt auch das Wort »bru-
tal«. Bronzebildnis, 32 cm.*

Ein gewisser Tullius Cimber überreichte Cäsar ein Gesuch für
seinen verbannten Bruder und folgte ihm bittend bis an den
Stuhl. Cäsar setzte sich und schlug das Gesuch rundweg ab.
Tullius faßte Cäsars Toga mit beiden Händen und zog sie ihm
vom Halse. Der Volkstribun Casca brachte ihm mit dem Dolch
eine erste Wunde am Hals bei. Das Eisen saß nicht tief, denn
Cascas Hand zitterte. Cäsar entwand ihm den Dolch: »Verruch-
ter Casca, was tust du?«

Jetzt zog jeder der Verschworenen eine Waffe. Cäsar war von
allen Seiten umringt. Er wich den auf Gesicht und Augen geziel-
ten Dolchstößen aus. Wie ein gefangenes Tier wand er sich unter
den Händen seiner Mörder. Aber sie hatten ausgemacht, daß
jeder an dem Mord teilnehmen sollte. Brutus versetzte ihm einen
Stich in den Schoß. Cäsar warf sich laut schreiend von einer Seite
auf die andere. Als er jedoch Brutus mit dem Schwert erblickte,
zog er seine Toga über dem Kopf zusammen und ließ sich ohne
Widerstreben töten. Er lag nahe beim Sockel der Bildsäule des
Pompejus, die von seinem Blut bespritzt wurde. Es schien, als
hätte Pompejus selber Rache an seinem einstigen Freund genommen. An 23 Wunden starb Roms größter Feldherr und
Staatsmann.

71

Der allmächtige Schutzgeist, der immer über Cäsars Leben gewaltet hatte, folgte ihm auch nach seinem Tode als Rächer des Mordes. In allen Ländern, auf allen Meeren spürte er die Mörder auf. Sie alle starben eines gewaltsamen Todes oder nahmen sich das Leben. Brutus, von Octavian und Antonius bei Philippi besiegt, floh auf eine steile Höhe und stieß sich das Schwert in die Brust.

»Solchen Eindruck machten ihr Anblick und ihre Worte, daß sie den kältesten Mann, den ärgsten Weiberfeind, in ihre Netze zog.«   *Cassius Dio, Römische Geschichte, Buch 42, Kap. 34.*

»Der nähere Umgang mit ihr hatte einen unwiderstehlichen Reiz, und ihre Gestalt, ihre einnehmende Unterhaltung, ihre feinen Sitten, ihr ganzes Betragen machten immer tiefen Eindruck.«   *Plutarch, Marcus Antonius, Kap. 27.*

Nach dem Tod von Cäsar mußten seine Mörder bald erkennen, daß sie zwar den Mann, nicht aber seine Volkstümlichkeit getötet hatten. Und noch mehr: Auch der Boden, der die Diktatur eines Cäsars ermöglicht hatte, blieb unverändert fruchtbar für Cäsarentum und Alleinherrschaft. Die Dolche eines Cassius und eines Brutus, die flammenden Reden eines Cicero, der Haß und Widerstand eines Cato hatten am Lauf der Geschichte so gut wie nichts geändert.

Es ist nicht weise, einen Diktator umzubringen. Es ist besser, ihn selber scheitern zu lassen!

14 Jahre nach Cäsars Tod begann die Ära der mächtigen Cäsaren, die Zeit der römischen Kaiser, der großen Alleinherrscher, der launischen, oft lasterhaften Lenker der Welt. Antonius und Octavian waren die großen Anwärter auf die Macht.

Marcus Antonius hatte Cäsar in Gallien gedient. Er war Konsul im Schatten der Cäsarischen Diktatur. Jetzt war er der prominenteste Mann Roms, denn es war ihm gelungen, Cäsars Veteranen und das Volk für Cäsar und gegen seine Mörder einzunehmen.

Octavian war erst 18 Jahre alt. Cäsar hatte ihn adoptiert, zum Erben seines ungeheuren Vermögens und zum Vollstrecker seines politischen Vermächtnisses eingesetzt. Dieser Octavian wurde »Gaius Julius Cäsar Octavianus« genannt. Es gehörte Mut dazu, das Erbe eines Cäsar anzunehmen. Bald sehen wir Marcus Antonius und Octavian im Kampf gegen die Mörder Cäsars, Cassius und Brutus. Bei Philippi [42 v. Chr.] werden sie geschlagen. Wir sehen Marcus Antonius als Herrscher über den

Marcus Antonius war ein hochbegabter Mensch, der an seiner Leidenschaft zugrunde ging. Er herrschte im Orient für Rom. Er lebte von 83 bis 30 v. Chr. und war der Kleopatra verfallen.

Osten des Römischen Reiches, während Octavian an der Spitze von Spanien, Italien, Afrika und Gallien steht. Marcus Antonius ist zufrieden. Und zufrieden ist auch Octavian.

Solche Teilung der Welt birgt immer Gefahren in sich. Die Feindschaft von Cäsar und Pompejus war noch allen in frischer Erinnerung. Pompejus hatte die Tochter des Cäsar geheiratet, und doch wurden die beiden großen Römer tödliche Feinde. Marcus Antonius und Octavian wollten es besser machen. Aber Ehrgeiz und Ehrgeiz sind schlechte Bundesgenossen. Hier liegt der große Konflikt.

Marcus Antonius war, wie man so sagt, eine großartige Erscheinung: Er hatte breite Schultern, eine kräftige Nase, Männlichkeit und Entschlossenheit in jeder Bewegung, eine Gestalt wie der griechische Held Herakles. Er war ein Rauhbein ersten Ranges, ruhmredig, spottlustig, immer zum Trinken aufgelegt, mutig und kühn in der Schlacht und doch immer die Vorsicht eines guten Feldherrn wahrend.

Seine Soldaten liebten ihn, denn er sprach gern mit ihnen,

setzte sich an ihre Tische, trank mit ihnen und beschenkte sie. Er war überaus freigebig. Alles Sparen war ihm verhaßt, und kleine Leute waren ihm unsympathisch. Wer ihm Beschwerden vortrug, den warf er hinaus. Und wer Sorgen hatte, den wollte er gar nicht erst anhören.

Dafür aber hatte er es mit den Frauen. Die Nächte verbrachte er bei Festessen, Theaterspiel, mit Komödianten und Spaßmachern, mit losen Mädchen und vor allem mit der freigelassenen Sklavin Kytheris, die durchaus keinen guten Ruf genoß. Tags aber schlief er oder ging taumelnd mit schwerem Kopf umher. Die lasterhafte Kytheris ließ er sich immer in einer Sänfte nachtragen, wenn er durch die Städte zog. In Hainen und an schönen Flüssen ließ er Zelte aufschlagen und Mahlzeiten auf goldenen Geschirren reichen. Vor seinen Wagen ließ er gelegentlich Löwen spannen, und die Wohnungen ehrsamer Männer und Frauen wies er den Dirnen und Zitherspielerinnen, die er gerade schätzte, als Quartier an. Seine dritte Frau, Fulvia, hatte durchaus das Temperament und genügend Energie, selbst einen so schwierigen Mann wie Marcus Antonius zu beherrschen. Aber Antonius war nur selten in Rom. In Asien praßte er mit Flötenspielern, Tänzern, mit Gauklern und üblem Gelichter so frech und schamlos, daß ganz Rom davon sprach.

Antonius war leichtsinnig und sorglos, aber auch sehr vertrauensselig. So schlich sich das tollste Gesindel an seinen Hof und regierte seine gutherzige Einfalt. Er lachte gern über andere, und er ließ sich auch gern selber auslachen, in dem Glauben, die Scherze seiner angeblichen Freunde seien nicht ernst gemeint. Seine Schmeichler aber mischten geschickt etwas Freimütigkeit in ihre falschen Reden, so daß Antonius sie für Männer hielt, »die die Wahrheit sagten« und »die ein offenes Wort riskierten«.

Mit seinem Charakter eines honigtrunkenen Bären wäre Antonius vielleicht ganz gut durch das Leben gekommen, wenn nicht das Schicksal ein großes Unglück über ihn verhängt hätte: die Liebe zu Kleopatra. Denn das, was gut und einsichtig an ihm war, wußte Kleopatra vollständig zu ersticken.

Antonius befindet sich in Tarsus, Kilikien, nahe der türkischen Mittelmeerküste, und bereitet sich auf einen Zug gegen die Parther – die Perser – vor. Er befiehlt Kleopatra, sofort zu ihm zu kommen. Er will sie vernehmen, weil sie angeblich den Mörder Cäsars, Cassius, mit Geld und Soldaten unterstützt haben soll.

Kleopatra ist nicht mehr das kleine Mädchen von 16 Jahren, das sich einst zu Cäsar bringen ließ. Sie erinnert sich gut an ihre

Wirkung. Sie weiß, wie Cäsar ihr verfiel, und hofft, mit Antonius noch leichter fertig zu werden. Sie ist jetzt 24 Jahre alt. Der Verstand der schönen ägyptischen Königin ist viel reifer. Ja, sie hat jetzt ihre höchste Blüte erreicht. Sie packt sehr viele Geschenke, Geld und Schmuck zusammen, setzt aber die größte Hoffnung auf sich selbst, ihren Zauber und ihre Reize.

Antonius ist ungeduldig. Er fordert Kleopatra auf, die Reise zu beschleunigen. Kleopatra läßt dieses Mahnen völlig kalt. Sie lacht. Sie liegt unter den purpurnen Segeln an Deck ihres Prunkschiffes. Die silbernen Ruder werden im Takt von Zithern, Flöten und Schalmeien bewegt.

Kleopatra hat sich geschmückt, so wie man damals Aphrodite malte. Knaben fächeln ihr Kühlung. Ungemein schöne Sklavinnen, gekleidet wie Nereiden und Grazien, stehen an den Steuerrudern und an den Schiffstauen. Tausende von Räucherkerzen senden ihren Duft an die Ufer des Flusses, auf dem das Märchenschiff sich landeinwärts bewegt. Und von der Mündung bis zum Ziel begleiten Scharen von Menschen diese »ägyptische Sensation«.

Antonius sitzt auf dem Marktplatz und hält Gericht. Aber das ganze Volk läuft aus der Stadt. Antonius ist allein. Als er von der Ankunft des Schiffes hört, läßt er Kleopatra zum Abendessen einladen. Kleopatra bittet, Antonius möge doch lieber zu ihr kommen.

Und Antonius kommt. Er ist geblendet von der Pracht des Schiffes. Kleopatra hat Zehntausende von Lichtern anzünden lassen, die in Ornamenten und in Zirkeln angeordnet sind.

Am folgenden Tage macht sie bei Antonius einen Gegenbesuch. Doch der Prunk, den Antonius in Eile zu entfalten versucht, ist etwas bescheiden ausgefallen. Antonius macht sich über den Mangel an Geschmack selber lustig. Kleopatra erkennt an den Scherzen des Antonius gleich, daß sie es nicht mit einem kultivierten Mann wie Cäsar zu tun hat. Sie ist unbefangen und dreist.

Es ist interessant, abseits vom Labyrinth der Biographien, Romane, Dramen und romantisch verklärten Spätschilderungen die wahre Kleopatra und ihr Verhältnis zu Antonius allein aus den antiken Quellen herauszuschälen. Danach war Kleopatra weder ungewöhnlich schön, noch schien sie auf den ersten Blick begehrenswert. Der nähere Umgang mit ihr aber hatte – wie Plutarch ausdrücklich bemerkt – einen unwiderstehlichen Reiz. Die einnehmende Art ihrer Unterhaltung, ihr wohlerzogenes,

Diese Plastik der Kleopatra im Britischen Museum zu London dürfte der Wirklichkeit am meisten entsprechen. Die berühmte Frau sieht hier ihren zuverlässigen Bildern auf der Bronzemünze aus Alexandria und auf der Silbermünze aus Ascalon äußerst ähnlich. Aber weil das Diadem im Haar fehlt und weil die Frisur ein wenig abweicht, ist es nicht sicher, daß wir die letzte Kleopatra vor uns haben.

feines Betragen, ihre Gestalt, das alles war bestechend. Ihre Stimme war sehr angenehm, und sie beherrschte ungewöhnlich viele Sprachen: Äthiopisch, Troglodytisch, Hebräisch, Arabisch, Syrisch, Medisch, Parthisch und ganz gewiß Latein und Ägyptisch. Plutarch betont, daß die ptolemäischen Könige, die vor ihr in Ägypten regierten, sich nicht einmal die Mühe nahmen, Ägyptisch zu verstehen.

Kleopatra war ihrer Abstammung nach Makedonierin, und ihre Muttersprache war höchstwahrscheinlich Griechisch. Der Begründer ihres Herrscherhauses, der Ptolemäischen Dynastie, war einer der sieben Leibwächter Alexanders des Großen gewesen.

Da die Könige Ägyptens meist aus Geschwisterehen hervorgingen, wird sich das ptolemäische Herrscherhaus seit seinem Bestehen im Typ rein makedonisch erhalten haben. Wir müssen uns daher Kleopatra als eine Frau von weißer Hautfarbe vorstellen, als eine Europäerin, die nicht dunkelhäutig war wie ihre ägyptischen Untertanen.

Antonius hatte Kleopatra nach Tarsus kommen lassen, um sie zu maßregeln. Jetzt ließ er sich von ihr nach Alexandria mitnehmen, gab sich wie ein müßiger Jüngling dem Spiel hin und der Lust und ließ die Zeit, das kostbarste aller Güter, leichten Herzens verstreichen. Sie begründeten in Alexandria so etwas wie den ersten Existentialistenklub, den »Kreis der unnachahmlich Lebenden«. Tag für Tag gaben sie sich nur ihren Gelüsten und ihrem Appetit hin und taten alles das, was ihnen in den Sinn kam. Der Koch briet nacheinander acht wilde Schweine, denn jedes Gericht sollte die höchste Vollkommenheit erreichen, und er wußte nicht genau, wann die Liebenden plötzlich zu speisen wünschten.

Kleopatra wich weder tags noch nachts von Antonius' Seite. Sie scherzte, erfand immer neue Vergnügen, wußte zu schmeicheln und zu grollen. Sie spielte mit dem Römer Würfel, leistete ihm beim Zechen, bei der Jagd, ja sogar bei den Waffenübungen Gesellschaft.

Betrunken taumelte Antonius nachts als Namenloser vor den Türen und Fenstern einfacher Leute und spielte ihnen kleine böse Streiche. Kleopatra hing, als Sklavin verkleidet, an seinem Arm, strolchte mit ihm durch die Straßen und klatschte voll Freude in die Hände, wenn ihr Held unerkannt eine Tracht Prügel bezog. Den Alexandrinern machte die lustige Art des Feldherrn und Eroberers Vergnügen, und sie stellten mit Eitelkeit fest, daß Antonius sich den Römern von seiner ernsten Seite zeigte, ihnen aber in der amüsanten komischen Maske.

Um Kleopatra zu imponieren, befahl Antonius Tauchern, unter Wasser Fische an seine Angel zu hängen, und zog dann triumphierend zwei oder drei Fische auf einmal heraus. Die junge Königin beauftragte ihrerseits Taucher und ließ dem Geliebten einen eingesalzenen Hering an die Angel hängen. Antonius glaubte, einen guten Fang getan zu haben. Lautes Gelächter. Kleopatra spottete: »Laß, Imperator, uns Könige angeln, und fang du Städte und Länder!«

»Gerade die Römer, die Kleopatra gesehen hatten, bedauerten Antonius, denn sie wußten, daß Kleopatra weder schöner noch jünger war als die betrogene Gattin Octavia.«

Plutarch, Marcus Antonius, Kap. 57.

Trunken vom Rausch des Glücks, verbrachte Antonius die schönsten Tage seines Lebens in Kleopatras Armen zu Alexandria.

In Rom saß indessen Fulvia, seine dritte Frau, ehrgeizig, ungeduldig, voller Sorgen. Es gab damals noch keine Zeitungen. Aber der Küstenklatsch blühte, und die wartende Fulvia hatte längst erfahren, wie glücklich sich Marcus Antonius an Kleopatras Seite fühlte.

Wie ihr Gemahl, so war auch Fulvia zum dritten Male verheiratet. Häusliche Angelegenheiten interessierten sie wenig. Ihre Liebe galt dem großen politischen Spiel, und sie war gewohnt, selbständig zu handeln, ja, zu befehlen und Blut zu sehen. Einen gewöhnlichen Mann zu beherrschen hielt sie für ein Backfischspiel. Sie wollte Regenten regieren und über Feldherren kommandieren. Man spottete in Rom, Kleopatra sei der Fulvia das Lehrgeld schuldig, das Lehrgeld für die Gewöhnung des Antonius an Weiberherrschaft. Plutarch meint, Kleopatra habe Antonius von Fulvia schon völlig gezähmt und abgerichtet übernommen. Fulvia hatte Antonius aber auch immer tapfer zur Seite gestanden, vielleicht nicht nur aus Liebe, sondern auch aus Machthunger. Zudem galt sie in Rom als eine Schönheit.

Ganz auf sich gestellt und ohne daß ihr Mann Antonius davon wußte, entfesselte sie in Rom einen Volksaufstand, warb Truppen an und führte sie mit dem Schwerte in der Hand gegen Octavian. Den großen Rivalen zu beseitigen, allein über Marcus Antonius und die Welt zu herrschen, das war das Ziel dieser machtgierigen Amazone. Vielleicht trieb sie auch gekränkter Ehrgeiz, vielleicht die Hoffnung, Antonius durch Unruhen in Italien aus Kleopatras Umklammerung zu lösen. Aber Fulvia scheiterte. Eifersucht und Schmerz warfen sie auf das Krankenlager, und auf der Reise zu Antonius starb sie.

Octavia, die Schwester des Octavian, heiratete 41 v. Chr. Marcus Antonius, der sie mit Kleopatra betrog. 32 v. Chr. ließ Antonius sich scheiden.

Antonius ging nach Italien. Er wie auch Octavian gaben sich den Anschein, als ob nichts geschehen sei. Man war so freundlich wie zuvor. Alle Schuld am Zerwürfnis hatte Fulvia mit ins Grab genommen. Marcus Antonius und Octavian wollten sich wirklich vertragen. So heiratete Antonius die Schwester des Octavian. Sie hieß Octavia und war jetzt 30 Jahre alt. Ihr erster Gatte, Gaius Marcellus, war kurz vorher gestorben. Octavia war ungemein schön. Und sie war klug. Octavian mußte sie sehr geliebt haben. Er hoffte jetzt zuversichtlich, daß ihre Verbindung mit Antonius glücklich sein würde, zum Segen für Rom und die Welt.

Aber der Mann, dem Octavian seine Schwester als Gattin gab, war durchaus kein idealer Ehepartner. Er hatte das »Rauschgift« Kleopatra genossen und war auf dem besten Wege, ihm zu verfallen. Auch in Rom stritt er seine Verbindung mit Kleopatra nicht ab, betonte allerdings, daß er ja nicht mit ihr verheiratet sei. Noch war seine Vernunft größer als seine Leidenschaft. Und die Ehe mit Octavia war tatsächlich drei Jahre lang sehr glücklich. Antonius nahm seine Frau nach Griechenland mit, auf seine Feldzüge gegen die Parther, und Octavia hielt die Freundschaft zusammen, die Freundschaft zwischen ihrem Bruder und ihrem Mann.

Dann aber brachte Antonius seine Frau nach Italien, überließ sie und seine Kinder dem Schutz seines Schwagers Octavian und segelte selber nach Asien zurück. Schon auf See, auf der Fahrt nach Syrien, erwachte in ihm wieder die alte Liebe zu Kleopatra.

Er rief. Und sie kam. Sie kam nach Syrien, und gleich bei ihrer Ankunft machte er ihr großartige Geschenke. Er legte ihr ganze Länder zu Füßen und so herrliche Inseln wie Zypern.

Rom war entsetzt. Man wußte zwar, daß Antonius nicht nur Länder verschenken, sondern auch erobern konnte. Aber Rom war gekränkt über das Motiv. Die Römer fanden es schändlich, Teile ihres Weltreiches als Gebinde der romantischen Gelüste eines alternden, liebestollen Feldherrn zu verlieren. Wieder war Kleopatra das Tagesgespräch in Rom.

Als Antonius von Kleopatra geborene Zwillinge als seine Kinder anerkannte – er nannte den Sohn Alexandros und die Tochter Kleopatra – und als er diesen Kindern noch die Beinamen »Sonne« und »Mond« gab, da wollte der Klatsch in den Gassen der Tiberstadt kein Ende nehmen. Jeder bedauerte die unglückliche schöne Octavia. Aber Antonius versuchte sich zu verteidigen: Die Größe des Römischen Reiches offenbare sich nicht in dem, was man erobere, sondern in dem, was man verschenke. Roms Macht werde durch große Nachkommenschaft und durch viele Könige für die Ewigkeit gesichert. Im übrigen habe auch Herakles den Weiterbestand seines Geschlechtes nicht nur durch die ihm angetraute Frau garantiert.

Octavia machte einen letzten verzweifelten Versuch, ihre Ehe mit Antonius zu retten und den Bruch zwischen ihm und ihrem Bruder zu verhindern. Sie reiste selber zu ihrem Gatten, aber in Athen erreichte sie ein Brief ihres Mannes mit dem Befehl, dort zu bleiben.

Kleopatra erkannte die Gefahr. Sie sah, daß Octavia es mit ihr aufnehmen wollte. Sie fürchtete die Würde und das Ansehen dieser Frau, sie fürchtete ihre Schönheit. Sie tat jetzt, als ob sie hoffnungslos in Antonius verliebt sei. Sah Antonius sie an, so steigerte sie sich in eine Art Verzückung. Ging er, so sah sie ihm sehnsuchtsvoll und niedergeschlagen nach. Alles war Theater. Sie tat, als ob sie weinte, und wischte die Tränen schnell ab, als wolle sie Antonius nichts merken lassen, wenn er verstohlen zu ihr hinblickte.

Antonius dachte an einen Feldzug gegen die Parther. Aber Kleopatra hielt ihn mit tausend Fesseln, mit allen Liebeskünsten 5000 Jahre alter ägyptischer Erfahrung und makedonischen Instinktes. Weinend warf sie dem Antonius vor, Octavia hänge nur an ihm aus politischem Interesse, ihres Bruders und der Römer wegen. Sie selber dagegen, Königin eines so großen Volkes, stehe vor aller Welt als Geliebte da. Sie könne dieses Los gut tragen, solange sie in seiner Gesellschaft sei. Eine Trennung aber würde sie nicht überleben.

Antonius konnte von nun an keinen Plan mehr fassen, ohne daran zu denken, daß Kleopatra vor Kummer sterben würde. Unter dieser seelischen Belastung führte er seinen ganzen Partherkrieg, ein Unternehmen, das schwieriger und gefährlicher war als alles, was römische Feldherren zuvor begonnen hatten. Er verfügte zwar über eine gewaltige Streitmacht. Ganz Asien war in Furcht. Aber der Feldherr handelte in allen Dingen mit Rücksicht auf Kleopatra. Um mit ihr den Winter zu verleben, eröffnete er den Feldzug zu früh und zu ungünstiger Jahreszeit. Er eilte jetzt ständig, handelte überstürzt, sah nicht nach vorn, sondern schaute dauernd ängstlich zurück nach seiner Liebe. Er dachte mehr an die herrlichen Teppiche und Kissen des Schlafgemachs, an den Zauber der ägyptischen Königin, an ihre Tränen, an ihre weiche, betörende Stimme.

In Rom befahl Octavian seiner Schwester, der Schande ein Ende zu machen und in eine eigene Wohnung zu ziehen. Doch Octavia blieb im Hause des Antonius, sorgte nicht nur für ihre Kinder, sondern auch für die der Fulvia. Sie unterstützte die Freunde des Antonius, sie blieb ihm treu und ergeben. Antonius aber lohnte ihr dieses Verhalten schlecht.

Auf einer Bühne von Silber stellte er in Alexandria zwei Throne auf, den einen für sich selber, den anderen für Kleopatra. Er erklärte Kleopatra zur Königin von Ägypten, Zypern und dem östlichen Teil Nordafrikas. Cäsarion, Kleopatras Sohn aus der Verbindung mit Cäsar, machte er zum Mitregenten. Alexandros, der Sohn des Antonius und der Kleopatra, erhielt Armenien, Medien und das Partherreich. Seinen zweiten Sohn von Kleopatra machte er zum König von Phönizien, Syrien und Kilikien. Kleopatra selber durfte von nun an, sooft sie vor dem Volke erschien, die Kleidung der heiligen Isis anlegen und wurde »Neue Isis« genannt. Das alles war schön und herrlich – wenn auch nicht sehr charaktervoll. Aber dann kam der entscheidende Schlag: Der Partherkrieg scheiterte!

Octavian führte ständig Klage vor dem Senat in Rom. Die Römer bedauerten jetzt nicht mehr nur Octavia, sondern auch Antonius. Sie kannten Kleopatra: Sie weilte ja zu Lebzeiten von Cäsar und als Cäsar starb in Rom. Sie hatten sie mit eigenen

Wahrscheinlich kannte Kleopatra diesen Bau. Der Tempel von Edfu ist uns besser erhalten als irgendein anderer Tempel Ägyptens. Ptolemäus III. Euergetes I. hatte ihn 237 v. Chr. begonnen, Ptolemäus XII. Neos Dyonysos, der Vater der berühmten Kleopatra, führte den Bau zu Ende.

Augen gesehen, sie wußten, daß sie weder schöner war als Octavia noch jünger noch besser. Immer mehr Beschuldigungen wurden in Rom gegen Kleopatra vorgetragen: Marcus Antonius habe ihr die Bibliothek von Pergamos mit 200 000 Werken geschenkt, und in Gegenwart vieler Personen habe er seiner Geliebten kniend die Füße gerieben. Endlich beschloß der Senat, Kleopatra den Krieg zu erklären und den Mann seiner Ämter zu entheben, der seine Regierung einem Weibe abgetreten hatte. Octavian glaubte, Antonius sei durch Gift und Liebestränke um seinen Verstand gekommen.

Kaum war die Kriegserklärung ausgesprochen, da erschienen auch schon die Wahrsager, Sterndeuter und Eingeweidebeschauer und sahen düstere Zeichen, düster für Antonius. Pisaurum, eine von Antonius angelegte Stadt am Adriatischen Meer, das heutige Pesaro, nicht weit von Rimini, wurde durch ein Erdbeben vernichtet. An einer Bildsäule des Antonius in Alba trat tagelang Schweiß hervor, der auch dann nicht versiegte, wenn man ihn abwischte. Antonius hielt sich in Patrai, an der Einfahrt zum Korinthischen Meerbusen, auf. Hier schlug der Blitz in den Heraklestempel ein, und das Heiligtum verbrannte. In Athen wurde die Skulptur des Dionysos vom Sturmwind erfaßt und ins Theater geschleudert. Derselbe Sturmwind warf die Kolosse des Eumenes und Attalos, auf denen Antonius' Name stand, zu Boden.

Bei Actium, an der epirischen Küste, kam es zwischen den Flotten des Antonius und des Octavian zur Seeschlacht. Es war der 2. September des Jahres 31 v. Chr. Während dieses Gefechtes sah Antonius das Schiff der Kleopatra davonsegeln. Da vergaß er alles, ließ seine Truppen im Stich und jagte der Frau nach, die ihn in diesem Augenblick ein Weltreich kostete.

Als Kleopatra die Standarte des Antonius am Mast sah, ließ sie das Schiff herankommen. Antonius wurde an Bord genommen. Ohne Kleopatra zu sehen, ging er zum Vorschiff, setzte sich still hin und stützte den Kopf in beide Hände.

Grollte er Kleopatra? Schämte er sich vor ihr?

Drei Tage saß er so allein am Bug. Erst als das Schiff bei Tainaron– Kap Matapan an der Südspitze des Peloponnes – anlegte, brachten die Zofen der Kleopatra eine Unterredung zwischen Antonius und ihr zustande.

Bei Actium leistete die Flotte des Antonius dem Octavian noch lange heldenhaften Widerstand. Schließlich gab sie den aussichtslosen Kampf auf. Antonius schickte Kleopatra nach Ägypten voraus. Er selbst überließ sich ganz der Einsamkeit. Ängstlich, bekümmert, jetzt alles andere als ein Held, trieb er sich in Gesellschaft von zwei Freunden herum. Er wollte sich das Leben nehmen, wurde aber von seinen Freunden nach Alexandria geleitet.

Hier mußte er erkennen, daß Kleopatra aus ganz anderem Holz war als er. Sie besaß noch Wagemut und Unternehmungsgeist. Damals gab es noch keinen Suezkanal. So versuchte Kleopatra, ihre Flotte über die Landenge ziehen zu lassen, über den Dünensand in das Rote Meer. Von dort aus wollte sie lossegeln, sich in einem fernen Land neuen Boden suchen, irgendwo, wohin ihr Octavian und Rom nicht folgen konnten und wo sie sicher war, nicht in Sklaverei zu geraten.

Da aber die Araber gleich die ersten Schiffe verbrannten, die mühsam auf das Land gezogen wurden, und weil Antonius irrtümlich glaubte, seine Landtruppen bei Actium seien noch beisammen, gab Kleopatra ihr Vorhaben auf und verstärkte ihre Grenzgarnison.

Antonius baute sich bei Pharos auf einem Damm, der in die See führte, ein vom Meer umgebenes Haus. Hier wollte er wie der menschenfeindliche Timon von Athen, müde aller Treulosigkeit und Mißgunst, ein einsames Leben führen. Doch Kleopatra holte ihn in ihr alexandrinisches Schloß zurück.

Die beiden lösten den »Kreis der unnachahmlich Lebenden« auf und begründeten einen neuen Klub, den »der zusammen Sterbenden«. Viele Freunde, die mit Antonius und Kleopatra gemeinsam in den Tod gehen wollten, trugen sich ein. Inzwischen aber lebte man in Lust, Trinkgelagen und Freuden.

Kleopatra sah klar voraus, was kommen mußte. Sie begann, sich mit unheimlichen Experimenten zu befassen. Sie wollte wissen, welches Gift auf schmerzloseste Weise den Tod herbeiführt. So stellte sie Versuche mit zum Tode verurteilten Verbrechern an und erprobte an diesen die Wirkung der verschiedensten Gifte. Dabei erkannte sie, daß die schnell tötenden Gifte große Schmerzen bereiten, die langsam wirkenden dagegen angenehmer zu sein schienen. Von den Verbrechern ging sie zu Tieren über. Sie hetzte Giftschlangen auf Säugetiere, und zwar täglich.

Schließlich fand sie heraus, daß nur der Biß der Natter Betäubung brachte, unüberwindlichen Schlaf, etwas Schweiß auf dem Gesicht, dann eine Ohnmacht. Sie ging bei ihren Versuchen so weit, daß sie die Opfer dieser Ohnmacht wieder zu entreißen suchte. Zufrieden stellte sie fest, daß ihre »Versuchskaninchen« unwillig wurden, wenn man sie in dieser Vorstufe des Todes störte.

Welche Natternart aber versprach einen so milden Tod?

Nattern töten mit Nervengift, Vipern und Ottern mit Blutgift. Das Nervengift führt zu Lähmungserscheinungen, zu Kurzatmigkeit und schließlich zum Tode durch Atemlähmung. Blutgifte verursachen ein viel schmerzvolleres Ende. Daher glauben wir, daß Kleopatra für ihr Vorhaben die sehr bissige und giftige Levanteotter wählte. Ihr Gift ist Nervengift.

War diese Schlange Kleopatras großes Geheimnis? Aus den Körben der Schlangenbeschwörer von Kairo richtet die Levanteotter noch heute ihr unheimliches Fragezeichen auf.

Kleopatra war bereit.

Das listigste Spiel mit dem Tode, das die Welt je gesehen hat, konnte beginnen.

»Ich weine nicht, weil ich dich verliere. Ich werde ja bald zu dir
kommen. Aber daß ich, ein großer Feldherr, von einem Weibe an
Mut überboten werde, das tut weh.«

Plutarch, Marcus Antonius, Kap. 76.

Der Sommer des Jahres 30 v. Chr. war für Kleopatra wie für
Antonius eine Zeit voller Sorgen und Ängste. In den glühenden
Straßen Alexandrias drohte die Gefahr. Man war in Untergangs-
stimmung.

Von Syrien her rückte Octavian gegen Ägypten an, Octavian,
der Sieger von Actium, dem Kleopatra und Antonius an Streitkräften kaum mehr etwas entgegenzusetzen hatten.

Es scheint, als habe Kleopatra in diesen Wochen vor der Katastrophe heimlich Gesandte an Octavian geschickt. Kleopatra
erhielt wohl auch von Octavian die Zusicherung, daß er sie
schonen würde, wenn es ihr gelänge, Antonius aus dem Wege zu
räumen. Octavian sandte einen sehr gescheiten Mann namens
Thyrsos zu ihr, und dieser junge Feldherr führte recht geschickte
Verhandlungen mit der von ihrer Schönheit und ihren Reizen
überzeugten Frau.

In seiner Verzweiflung, in seiner Einsamkeit war Antonius
jetzt eifersüchtiger denn je. Er ließ den Thyrsos beobachten. Er
ließ ihn gefangennehmen und auspeitschen. Dann sandte er ihn
zu Octavian zurück mit einem Brief. Er, Antonius, sei jetzt in
seinem Unglück ohnehin sehr reizbar. Thyrsos habe ihn durch
sein Benehmen beleidigt. »Wenn es Dich nun verdrießt, daß ich
Deinen Gesandten auspeitschen ließ, so hast Du ja meinen freigelassenen Hipparchos dort. Den kannst Du an den Armen aufhän-
gen und auspeitschen lassen, damit wir quitt sind.« Man muß
wissen, daß Hipparchos einer der ersten Männer aus Antonius'
Gefolge war, die zu Octavian übergingen.

Übernächtigt, gereizt, fahrig, sah Antonius überall nur Feinde.
Er mißtraute jedem. Und er hatte wohl auch Grund, Kleopatra
mit Argwohn zu belauern. Kleopatra gab sich mit aller Zärtlich-
keit, mit schönen Worten und Schmeicheleien. Ihren eigenen
Geburtstag erwähnte sie gar nicht, aber den Geburtstag ihres

Octavian wurde von Julius Cäsar erzogen und als Erbe eingesetzt. Er war der Gegenspieler des Marcus Antonius. Unter dem Namen Augustus begründete er die 500jährige Kaiserherrschaft.

Geliebten feierte sie mit übertriebenem Glanz. Die Gäste, die arm zum Fest gekommen waren, verließen diesen »Tanz auf dem Vulkan« als reiche Leute.

Von Stunde zu Stunde rückten Octavians Generäle durch die Wüsten Afrikas näher an Alexandria heran. Von Stunde zu Stunde wurden die Schatten Octavians drohender.

Kleopatra hatte für sich rechtzeitig ein großartiges Mausoleum errichten lassen. Ob es eine Pyramide war oder ein Grabmal anderer Art, wissen wir nicht. Wir wissen nur, daß es ein hoher Bau von außerordentlicher Schönheit war und daß dieser Koloß neben dem Isistempel stand.

Kleopatra ließ dorthin die wertvollsten Stücke ihres königlichen Schatzes tragen, Gold, Silber, Smaragde, Perlen, Ebenholz, Elfenbein, Zimt und schließlich viele Fackeln und Pech. Der mißtrauische Octavian erfuhr davon. Er fürchtete, Kleopatra werde den ungeheuren Thronschatz verbrennen, ehe er diesen Reichtum in die Hand bekam. Um sie an dieser letzten Verzweiflungstat zu hindern, schickte er Leute zu ihr mit Grüßen, die ihr

Mut machen sollten. Endlich stand er selber mit seinem Heer vor der Stadt.

Antonius machte einen verzweifelten Ausfall. Er kämpfte so tapfer, daß er Octavians Reiterei in die Flucht jagte. Aber gleich war er auch wieder stolz auf diesen Sieg, gleich dachte er an Kleopatra, ging in den königlichen Palast, küßte die Geliebte und paradierte vor ihr in voller Rüstung. Dann schickte er einen Boten zu Octavian und forderte ihn zum Zweikampf. Octavian antwortete: »Dir stehen viele Wege zum Tode offen.«

Und Antonius wußte, daß sein großer Gegner im Grunde recht hatte, daß er gefangen war wie eine Maus, daß er so oder so sterben mußte und daß er wirklich nur noch die Wahl hatte, die Art seines Todes zu bestimmen.

Beim Abendessen trank er reichlich. Er hatte guten Appetit. Zu seinen Dienern bemerkte er, man wisse ja nicht, ob sie ihm morgen noch aufwarten könnten oder schon einem anderen Herrn. Er machte ihnen auch ein wenig Angst, sie würden vielleicht am folgenden Tag, in Nichts verwandelt, sehr still daliegen.

Seine Freunde weinten. Antonius meinte, er werde sie nicht in eine Schlacht führen, in der er nur den ruhmreichen Tod suche, niemals aber den Sieg.

Als der nächste Tag anbrach, stellte Antonius sein Heer auf den vor der Stadt liegenden Hügeln auf. Er selber beobachtete von der Höhe seine Schiffe, die jetzt aus dem Hafen ausliefen, um die Flotte des Octavian zu treffen. Hier sah er eine Chance. Ganz ruhig stand er da. Aber als seine Schiffe nahe genug am Feinde waren, hoben sich plötzlich die Ruder seiner Männer zum Gruß. Seine gesamte Flotte ging zu Octavian über, und gemeinsam rückten alle nun gegen Alexandria vor. In diesem Augenblick verließ auch die Kavallerie Antonius. Er selber raste in die Stadt. Er tobte. Er schrie, er sei von Kleopatra verraten worden.

Kleopatra aber flüchtete in ihr Grab. Mit einem Ruck ließ sie die Falltür herunter. Die Riegel knarrten. Die Schlösser schnappten. In das unheimliche Gewölbe hatte sie nur ihre beiden treuesten Sklavinnen mitgenommen, Eiras und Charmion. Aber vorher hatte sie noch einen Boten zu Antonius gesandt, um ihm mitzuteilen, sie habe sich das Leben genommen.

Antonius war am Ende. Wirr sprach er mit sich selbst: »Du wartest ... Worauf wartest du noch? Das Schicksal gab dir bisher noch einen Vorwand zum Leben ... Aber dieser Vorwand ist nicht mehr da. Man hat ihn dir entrissen.« Er ging in sein Zimmer und legte seine Rüstung an. »Ach, Kleopatra! Ich weine nicht, weil ich dich verliere. Ich werde ja bald zu dir kommen. Aber daß ich, ein großer Feldherr, von einem Weibe an Mut überboten werde, das tut weh.«

Antonius befahl seinem treuen Sklaven Eros, ihn zu töten. Eros zog das Schwert, holte aus, wendete sein Gesicht ab – und erstach sich selber. Er sank zu Antonius' Füßen nieder.

»Guter Eros«, rief Antonius, »du hast recht. Du konntest es nicht tun. Aber du zeigst mir, was ich tun muß!«

Er stieß sich das Schwert in den Unterleib und warf sich rückwärts auf ein Bett. Bald ließ die Blutung seiner Wunde nach. Antonius kam wieder zu sich. Er bat die Umstehenden, ihn doch zu töten. Er schrie. Er warf sich ängstlich herum. Seine Freunde rannten aus dem Zimmer. Da stürzte Kleopatras Geheimschreiber herein, Diomedes. Er hatte Befehl, Antonius zu ihr in das Grabmal zu bringen.

In seinem Todeskampf, in der Agonie, bat Antonius seine Bedienten, ihn schnell aufzuheben. Er wurde bis an die Tür des Grabmals getragen. Kleopatra öffnete die Grabtür nicht. Sie erschien oben an einem Fenster und ließ Seile herab. Antonius wurde an die Seile gebunden. Eiras und Charmion zogen ihn hinauf. Dabei blutete Antonius wieder. Er rang mit dem Tode und streckte die Hände nach Kleopatra aus. Die beiden Dienerinnen drohten zu erlahmen. Aber Kleopatra ließ die Seile nicht los, die große Anstrengung war auf ihrem Gesicht zu sehen. Sie bettete Antonius in ihrer Kammer, zerriß ihre Kleider aus Schmerz und zerfleischte mit den Händen ihre Brust. Mit ihrem Gesicht wischte sie das Blut vom Leibe des Geliebten. Sie nannte ihn ihren Herrn, ihren Gemahl und Imperator. Sie hatte ihr eigenes Unglück ganz vergessen.

Antonius verlangte Wein. Vielleicht hatte er Durst. Vielleicht wollte er seinem Leiden ein schnelles Ende bereiten. Er ermahnte Kleopatra, an ihre eigene Rettung zu denken, wenn es ohne Schande geschehen könne. Er sagte ihr auch etwas sehr Weises: »Beklage mich nicht wegen meines Unglücks am Ende. Denk lieber an das viele Gute, das ich erlebte, an den großen Ruhm, die große Macht und daß es keine Schande ist, als Römer von einem Römer besiegt zu werden.« Damit starb der große Antonius, selbst im letzten Augenblick noch blind in seiner Leidenschaft und seiner Liebe.

Inzwischen hatte man Octavian das blutige Schwert gebracht, mit dem Antonius sich den Tod gegeben hatte. Octavian ging sofort in das Innere seines Zeltes. Er weinte. Er weinte über den

Tod des Mannes, der sein Schwager, sein Mitregent, sein Freund in vielen Kämpfen und Unternehmen gewesen war. Er las seinen Freunden Briefe des Antonius vor, um zu beweisen, daß er, Octavian, immer die Freundschaft gesucht, Antonius aber in trotzigem und übermütigem Tone geantwortete habe. Dann sandte er den Proculeius ab, er solle Kleopatra unbedingt am Leben erhalten. Immer noch dachte er an die Schätze, wahrscheinlich auch an den späteren Triumphzug durch Rom.

Kleopatra lehnte es ab, mit Proculeius zusammenzukommen. Sie öffnete nur eine kleine Klappe in der Falltür und bat, man möge ihren Söhnen die Herrschaft über Ägypten belassen. Proculeius versuchte ihr Mut zu machen.

Als nächsten schickte Octavian seinen General Gallus. Auch er sollte mit Kleopatra sprechen. Es kam wieder zu einer Unterredung an der Falltür. Gallus zog die Sache in die Länge, während Proculeius über eine Leiter in das obere Fenster einstieg. Eine der Dienerinnen rief: »Arme Kleopatra, jetzt wirst du gefangen.«

Kleopatra sah Proculeius und wollte sich sofort mit einem Dolch töten. Aber Proculeius sprang hinzu und wand ihr den Dolch aus der Hand. Er untersuchte auch ihre Kleider, da man fürchtete, sie könne Gift bei sich haben. Eine Wache wurde im Grab gelassen, die Kleopatra sehr höflich behandeln sollte.

Wenige Tage darauf erschien Octavian selber, um mit Kleopatra zu sprechen. Er fand sie in einem furchtbaren Zustand, voller Wunden, ihre Brust vom Schlagen entzündet, in heftigem Fieber und absichtlich fast verhungert. Kleopatra sprang in einem losen Chiton von ihrem Lager auf und warf sich mit wirren Haaren und entstelltem Gesicht, mit zitternder Stimme und verweinten Augen ihm zu Füßen. Immer noch war ihr Vertrauen auf ihre Schönheit nicht ganz erloschen. Und etwas von ihrer alten Zuversicht sprach geheimnisvoll aus ihrem verstörten Gesicht. Octavian bat sie, sich wieder hinzulegen. Sie begann jetzt, sich zu rechtfertigen. Alles, was geschehen war, versuchte sie damit zu entschuldigen, daß sie sich immer vor Antonius gefürchtet habe. Octavian widerlegte sie Punkt für Punkt. Nun versuchte sie es mit Bitten. Sie suchte sein Mitleid zu erregen. Sie tat, als hinge sie mit jeder Faser ihres Leibes am Leben. Schließlich übergab sie Octavian ein Verzeichnis ihrer Schätze.

Ein Verwalter der Kleopatra war dabei. Er beschuldigte seine Herrin, einige Kostbarkeiten unterschlagen zu haben. Kleopatra sprang wütend auf, packte den Mann bei den Haaren und gab ihm viele Schläge ins Gesicht. Octavian lachte. Er suchte sie zu beruhigen. »Wie«, rief sie, »ist es nicht unerträglich, daß meine eigenen Sklaven als Kläger gegen mich auftreten, während du mir in meiner jetzigen Lage Ehre erweist?«

Octavian war jetzt sicher, daß Kleopatra am Leben hing. Er versicherte ihr, daß er sie mit Großmut behandeln wolle und daß sie mit allem, was ihr teuer sei, in Italien leben könne. Er ging. Er glaubte fest, Kleopatra wunderbar getäuscht zu haben, denn in Wahrheit plante er, die ägyptische Königin als Gefangene im Triumph durch Rom zu führen. Kleopatra ahnte oder wußte das wohl, und gerade die Furcht vor dieser Schmach stärkte sie in ihrem Entschluß, Octavian eine Enttäuschung zu bereiten.

Sie bat um Erlaubnis, Antonius ein Totenopfer zu bringen. Am Grabmal des Antonius warf sie sich auf den Sarg. »Antonius«, rief sie, »ich bringe dir das Totenopfer als Gefangene, unter scharfer Bewachung. Ich soll diesen meinen versklavten, als Triumph über dich bewachten Leib ja nicht durch Tränen und Schläge mißhandeln. Dies sind die letzten Totenopfer, die Kleopatra dir bringt. Im Leben hat uns nichts voneinander trennen können. Im Tode sollen wir allem Anschein nach nicht beieinander ruhen.«

Danach schmückte sie den Sarg mit Kränzen und befahl, für sie ein Bad zu bereiten. Nachdem sie gebadet hatte, legte sie sich zu Tisch und nahm eine herrliche Mahlzeit ein.

Da erschien jemand vom Lande und brachte ein Körbchen. Die Wachen fragten, was der Mann denn da bringe. Er öffnete das Körbchen, entfernte die Blätter oben und zeigte, daß es mit Feigen gefüllt war. Die Wachen wunderten sich über die Größe und Schönheit der Früchte. Der Mann lächelte. Er bot ihnen einige Feigen an. Und die Männer erlaubten ihm, das Körbchen hineinzutragen.

Nach der Mahlzeit schickte Kleopatra eine Tafel, die sie beschrieben und versiegelt hatte, an Octavian, befahl allen, die Kammer zu verlassen, und schloß sich mit ihren zwei Dienerinnen ein.

Octavian erbrach die Schreibtafel. Er las Kleopatras flehentliche Bitte, man möge sie doch neben Antonius begraben. Jetzt wußte er, was geschehen war. Er jagte Boten zu Kleopatra. Aber es war zu spät. Sie fanden Kleopatra tot im königlichen Schmuck auf einem goldenen Bett. Die eine ihrer Dienerinnen, Eiras, starb eben zu ihren Füßen. Die andere, Charmion, wankte, taumelte und versuchte immer noch, das Diadem, mit dem Kleopatras Haupt umwunden war, zurechtzurücken.

»Das ist schön«, spottete ein Soldat.

»Es ist so«, antwortete sie, »wie es sich für die Enkelin so vieler Könige schickt.« Mit diesen Worten brach sie zusammen.

Unter den Feigen und Blättern verborgen aber war die Otter, deren Gift Kleopatra ausprobiert hatte. Sie hatte es selber so befohlen. Ohne es zu wissen, wollte sie von dem Tier gebissen werden. Als sie einige Blätter oben entfernt hatte und die Schlange sah, rief sie: »Da ist sie ja!« Damit hielt sie ihr den entblößten Arm zum Biß entgegen.

Andere meinen, Kleopatra habe die Otter mit einer goldenen Spinnadel so lange gereizt, bis sie herausschoß und sich ihr an den Arm hing. Man will auch wissen, daß am Arm der Kleopatra zwei zarte Stiche zu sehen waren. Bei seinem späteren Triumphzug jedenfalls ließ Octavian ein Bildnis tragen, auf dem Kleopatra mit einer am Arm hängenden Otter dargestellt war.

Auf Octavians Befehl wurde Kleopatra neben Antonius bestattet – mit königlicher Pracht.

»Hab' ich die Komödie gut gespielt?«

»Nach der Hauptmahlzeit zog er sich in sein Studierzimmer auf seine Arbeitsliege zurück. Hier blieb er bis tief in die Nacht, bis er den Rest der Tagesgeschäfte erledigt hatte. Dann ging er zu Bett, schlief aber selten länger als sieben Stunden, und die nicht ohne Unterbrechung. Er wachte drei- bis viermal auf. Konnte er nicht wieder einschlafen, so ließ er einen Vorleser oder Geschichtenerzähler an sein Bett kommen und sich auf diese Weise zum Einschlafen bringen ... Er lag nie wach, ohne daß jemand an seinem Bett saß.«   *Sueton, Augustus, Kap. 78.*

In 14 Jahren hatte Octavian alle Rivalen, die nach der höchsten Macht strebten – alle wirklichen und alle möglichen – beseitigt: zuerst die Mörder Cäsars, Brutus und Cassius, dann den Sohn des Pompejus, danach den Lepidus und schließlich – nach der Seeschlacht von Actium – den Marcus Antonius und dessen Geliebte, die ägyptische Königin Kleopatra.

Danach regierte der kluge und kühle Herrscher 44 Jahre lang. Er wurde der Schöpfer einer neuen Ära der Weltgeschichte, die ihn überdauerte, die über Jahrhunderte und Jahrhunderte fortbestand und mit fallenden Thronen und niedergelegten Zeptern bis in unsere Tage hineinreicht. Er wurde der Herr der Welt, der erste eigentliche römische Kaiser. Sein griechischer Wahlspruch lautete: »Speude bradéos« – »Eile mit Weile«, die Erfolgsregel aller Staatsmänner, die Dauerhaftes geschaffen haben. Was gut gemacht wird, pflegte Augustus zu sagen, geschieht immer schnell genug.

Er übte ständig mehrere Staatsämter aus. Ihm war das Heer unterstellt. Er hieß Imperator, und später ließ er sich auch zum Oberhaupt der Religionen ernennen, zum Pontifex maximus. Er war Kaiser und heidnischer Papst, der »Erhabene und der in Frömmigkeit zu Verehrende«. Diesen Ehrentitel gab ihm der Senat. Es ist der Titel, der römisch »Augustus« bedeutet. Nach ihm wurde der Monat Sextilis in Augustus umgetauft, unser Monat August, der Monat, in dem Octavian im Jahre 30 v. Chr. Ägypten besiegte, das Jahr, da Kleopatra und Antonius sich das Leben nahmen. Viele Städte tragen noch heute seinen Namen:

Augsburg, Aosta, Autun, Saragossa. Aber trotz aller Autorität, die er selber besaß, verstand er es, die fähigsten Männer seiner Zeit an sich heranzuziehen. Agrippa schlug seine Schlachten, Mäcenas war sein Diplomat.

Das ganze Leben des Augustus lehrt uns, daß an der Spitze eines Staates ein Staatsmann stehen sollte und nicht ein Feldherr; daß ein Staatsmann immer mehr erreichen kann als ein Soldat und daß ein glänzender Politiker – selbst mit der Zigarre im Munde – allen Feldherren überlegen ist. Auf keinen Sieg war Augustus so stolz wie auf seinen Vertrag mit dem Partherkönig, durch den der Friede an der Ostgrenze des Reiches gesichert wurde und alle Legionsstandarten, die jemals in die Hand der Parther gefallen waren, nach Rom zurückkamen. Der »Friedensaltar« in Rom – Ara Pacis Augustae – ist das bedeutendste Kunstwerk der Augusteischen Klassik.

Octavian wurde schon sehr früh ein vollkommener Zivilist. Nach der Eroberung Ägyptens hat er selber kein Schwert mehr berührt. Er war erst 33 Jahre alt. Um sich Bewegung zu schaffen, spielte er Ball. Er machte auch kleine Spaziergänge.

Vor einer Schlacht soll er einmal eingeschlafen sein, und als Publius Quinctilius Varus, vom Cherusker Arminius in der berühmten »Hermannsschlacht« geschlagen, sich ins Schwert stürzte, wußte der 72 Jahre alte Augustus nichts anderes zu tun, als sich vor Gram Bart und Haare lang wachsen zu lassen. Ihm waren jetzt selbst die germanischen Leibwachen unangenehm, diese treuen, starken Männer. Er schaffte sie ab. Sie waren ihm unheimlich geworden.

Die modernen Historiker kommen immer mehr zu der Ansicht, daß man Augustus schwerer begreifen könne als irgendeine andere historische Gestalt. Von seinen 77 Jahren lebte er 57 Jahre im strahlenden Licht der Öffentlichkeit. Und doch habe er seine Motive und Geheimnisse hinter einem Vorhang des Schweigens verborgen.

In Wirklichkeit ist die Gestalt des Augustus gar nicht so geheimnisvoll. Noch im Jahre 40 v. Chr. ist er der kalte, unerbittliche Rächer und Tyrann. Man denke an Perugia, an das Blutbad, das er vor dem Altar des Julius Cäsar anrichten ließ, am Todestag des Cäsar, den Iden des März: »Moriendum est« – »Jetzt wird gestorben«. Und dann – von 30 v. Chr. bis 14 n. Chr., 44 Jahre lang – ist dieser selbe Augustus der segensreichste, weiseste und gerechteste Herrscher, den das blutgewohnte Rom je gesehen hat. Nie erfreuten sich die Römer so tiefen Friedens und so

Kaiser Augustus wurde 63 v. Chr. geboren und starb mit 77 Jahren 14 n. Chr. »Sein Äußeres zeichnete sich durch hervorragende Schönheit und immer durch große Anmut aus, obgleich er alle Schönheitskünste verschmähte«, schreibt Sueton. Unser Monat August trägt seinen Namen.

großen Wohlstandes wie in der Zeit, als Augustus unumschränkter Herrscher war.

Bei dem hohen Schönheitsideal der damaligen Zeit kann man sich etwa vorstellen, wie Augustus ausgesehen haben muß, wenn die Römer ihn eine auffallende Männerschönheit nannten. Er war »annähernd blond« und nicht gerade groß, weshalb er gern Schuhe mit starken Absätzen trug. Aber es war eine Freude, ihn einfach anzusehen, wenn er sich bewegte. Er hatte auch eine wohlklingende Stimme und ein eigentümliches Leuchten in seinen Augen, dessen Wirkung er selber gut kannte. Seine Augen waren auffallend groß, was im Volk als ein Zeichen von Göttlichkeit galt. Wenn er merkte, daß man ihn daraufhin ansah, war es ihm peinlich. Besser gefiel es ihm, wenn gewöhnliche Sterbliche seinem Blick auswichen. Es fiel ihm auch nicht schwer, Frauenherzen zu erobern. Ein fast so notorischer Ehebrecher wie Cäsar, verführte er die Frauen seiner Freunde wie die seiner politischen Gegner. Machte man ihm Vorwürfe, so entschuldigte er sich damit, daß er alles für Roms Politik opfere. Glücklicherweise war Livia – seine Frau – klug genug, die Ehe mit diesem »Vagabunden in Liebessachen« zu ertragen. Ja, sie ging sogar so weit, ihm junge Mädchen vorzustellen, wenn Roms Sommernächte die reichlich dekadente Stadt um den Verstand brachten.

Livia selbst war eine der klügsten Frauen Roms und entwickelte sich im Laufe der Jahre zur Mitregentin und zu einer Art

Livia Drusilla, die Gattin des Octavian [Augustus], war eine der klügsten Frauen Roms. Als die nur Zwanzigjährige Octavian heiratete, war Rom empört, denn ihr erster Mann Tiberius Claudius Nero hatte sie sozusagen an Octavian weitergegeben. Livia war schön, intelligent, eine glänzende Beraterin ihres Mannes Augustus. Aber sie war auch ungemein ehrgeizig.

inoffiziellem Staatssekretär. Als die erst Zwanzigjährige den Octavian heiratete, war ganz Rom empört. Ihr erster Mann, Tiberius Claudius Nero, gab sie sozusagen an Octavian weiter. Livia hatte damals schon einen Sohn, den späteren Kaiser Tiberius, und erwartete gerade ein zweites Kind. Selbst für Rom war diese Hochzeit anrüchig.

Man versteht, daß die Historiker Augustus so schwer begreifen, denn in allem tritt seine Doppelnatur zutage. Der Mann, der gern Liebesabenteuer suchte, gab sich sonst wie ein einfacher Bürger. Er wollte nur der erste Bürger sein und bezeichnete sich deshalb gern als Princeps, den »Ersten«. Als man ihn »Vater des Vaterlandes« nannte, weinte er. Die Anrede Herr – Domine – verbat er sich. Auch in der Familie und im Scherz mochte er sie nicht hören. Als ihm der Titel Diktator angeboten wurde, den Cäsar geführt hatte, lehnte er entsetzt ab. Die Verfassung, die er dem Staate gab, sollte keine Monarchie sein, sondern nur eine Art verbesserter Republik. Sein Wohnhaus auf dem Palatin war betont einfach, obwohl alle späteren »Paläste« der Geschichte ihren Namen von diesem Gebäude haben. Sein Haushalt mußte sparsam sein. Er ließ sich nur gewöhnliches Essen reichen, und er trank fast nie. Wenn schon, dann am liebsten Tiroler Wein aus Rätien. Er hat auch etwas mit Friedrich dem Großen gemeinsam: Er war Sammler und förderte Künstler. Auf Capri ließ er sich eine Villa bauen, sammelte interessante Fossilien, auch Mammutknochen. Er war fast preußisch einfach, haßte Militärparaden, Bälle und Feuerwerke. Er legte Wert darauf, sich täglich zu rasieren, was für die römische Männerwelt seiner Zeit nicht selbstverständlich war.

Wenn es sich aber um öffentliche Bauten handelte, dann war Augustus kühn und großzügig wie kein Herrscher Roms vor ihm. Nilwasserkanäle in Ägypten, Wasserleitungen und Brücken in Südfrankreich, Regulierung des Tiber, der Apollotempel auf dem Palatin in Rom, das alles erstand in Stein und Marmor aus dem Geiste dieses Kaisers. Rom wurde aus einer Ziegelstadt zu einer Marmorstadt. Und noch mehr: Ein Pantheon ließ er bauen, groß genug, um alle Götter hineinzustellen, die alten Götter Roms wie die neuen Götter der eroberten Völker. Man konnte ja nicht wissen ... Man wollte sichergehen. Dazu ließ er 82 Gotteshäuser wiederherstellen. Außerdem baute er die Thermen des Agrippa, den Tempel des Neptun, das Marcellus-Theater, Promenadengänge, eine Art Siegesallee – erborgte Pracht, denn fast alles, was hier stand, war ein Abglanz griechischer Kunst.

Augustus hatte das Glück – oder war es sein Verdienst? –, daß große Poeten wie Vergil, Horaz, Properz und Ovid seine Zeitgenossen waren. Mit Livius von Padua, dem großen Geschichtsschreiber, unterhielt er sich gerne über altrömische Vergangenheit. Diese Männer rückten Octavian-Augustus auf den Sockel der Göttlichkeit, in die Gloriole der Unsterblichkeit. Und wie immer etwas hängenbleibt, so blieb auch davon etwas haften: Kein römischer Kaiser wurde nach seinem Tode so als Gott verehrt wie Augustus.

Dabei war dieser Mann zu Lebzeiten kein Held, wahrlich kein Heiliger und eigentlich auch kein Menschenfreund. Er liebte niemanden. Im Senat trug er während der Sitzungen einen Panzer unter der Toga. Er dachte wohl an Cäsars Ende. Zehn kräftige Männer saßen während der wichtigsten Sitzungen in seiner unmittelbaren Nähe.

Der Palatin war der bedeutendste der sieben Hügel Roms. Hier oben, den Tiber beherrschend, lag die älteste Siedlung, und hier erhoben sich die Häuser des Sulla, des Cicero – es kostete in Dollar eine runde Million! –, des Crassus und des Marc Anton. Seit Augustus war der Palatin kaiserliche Residenz. Auch Tiberius, Nero, Domitian, Hadrian und Severus haben hier gebaut.

Auch mit seiner Gesundheit war es nicht weit her, obschon er 77 Jahre alt wurde. Er ließ sich oft salben, schwitzte am Feuer, nahm Schwefelbäder an der Albulaquelle zwischen Rom und Tibur. Er angelte, würfelte, spielte mit Nüssen, wobei kleine Sklavenknaben ihm Gesellschaft leisteten. Er hatte große Freude am Lachen dieser ungekünstelten, unverdorbenen und geschwätzigen Jungen und ließ sie aus allen Gegenden der Welt, besonders aus Syrien und Mauretanien, kommen. Sein Leibarzt Antonius Musa verordnete ihm eine Kaltwasserkur, die ihn rettete, als er in einer seiner schweren Krankheiten von jedermann schon aufgegeben worden war. Als sein mutmaßlicher Thronfolger, Marcellus, dieselbe Kur anwandte, fiel er tot um. Pantomimen, Tierhetzen, Fechtspiele, eine künstliche Seeschlacht mit 3000 Kämpfern auf einem künstlichen See, »panem et circenses«, Brot und Zirkusspiele, bot Augustus dem Volk.

Dieses Volk wurde im Laufe der Jahrhunderte immer lüsterner

auf Vergnügen und Ausschweifungen. Doch wie ein mächtiger
Atlas stemmte sich der kleine große Augustus gegen den Untergang des Abendlandes, der schon damals lebhaft prophezeit
wurde und schon damals ein Dutzend Spenglers als Verkünder
hatte. In Büchern und Schriften kämpfte Augustus für die Moral,
und damit war es ihm bitter ernst – zur gleichen Zeit, da in
Palästina das Volk der Juden die Geburt des Messias erlebte.

Mit dem Anwachsen seiner Pflichten und seiner Macht über-
wand der alte Augustus immer mehr den jungen sittenlosen
Tyrannen. Aber die Taten seiner Jugend standen jetzt in erschreckender Lebendigkeit vor ihm auf. Schamlos und frech
gebärdete sich seine Tochter Julia in Rom, ein öffentlicher Skandal, so daß Augustus sie schließlich wie eine Verbrecherin bestrafen und aus dem Lande weisen mußte. Als sie noch ein junges
Mädchen war, hatte er sie sehr streng erzogen. Sie durfte nichts
tun, was in der Öffentlichkeit Anstoß erregt hätte. Vollkommen

*Das Haus des Augustus. Der Kaiser kaufte von den Erben des Redners
Hortensius ein Haus auf dem Palatin und richtete es für sich und seine
Gattin Livia mit nicht allzu großem Aufwand ein. Nachdem das Palatium durch Augustus kaiserliche Residenz geworden war, wird die fürstliche Wohnung aller europäischen Völker nach dem Begriff »Palatium«
bis zum heutigen Tage »Palast« genannt. Der Mons Palatius war der
älteste bewohnte Teil von Rom.*

von der Außenwelt abgeschlossen, mußte sie Wolle spinnen. Und als ein vornehmer junger Mann mit guten Manieren ihr in Bajae seine Aufwartung machte, warf ihm Augustus brieflich Mangel an Takt vor.

Nun, da die Tochter verbannt war, ließ er ihr alle Annehmlichkeiten des Lebens entziehen. Sie durfte keinen Schluck Wein trinken. Kein Mann, nicht einmal ein männlicher Sklave, durfte sie besuchen, ohne vorher die Erlaubnis des Augustus eingeholt zu haben. Selbst dann aber wurden zur Kontrolle Alter des Besuchers, Statur, Farbe der Augen, eventuelle Brandmale oder Narben am Körper genau verzeichnet. Niemand sollte sich zu Julia einschleichen, und dieser Überwachung sollte sie nie wieder ganz entgehen.

Im Alter war Augustus einsam. Die meisten seiner Freunde waren vor ihm gestorben. Es war die Tragik im Leben dieses Mannes, der selber keinen leiblichen Sohn hatte, daß alle vor ihm gestorben waren, die er als Nachfolger in Betracht gezogen hatte: Marcellus, Agrippa und die beiden Enkel Lucius und Baius, die der Trost seines Alters gewesen waren.

Ganz Italien, das ganze Römische Reich hatte eine Blüte wie noch nie zuvor erreicht. Augustus war jetzt müde, sehr müde. In Nola bei Pompeji ließ er den Tiberius zu sich kommen, Livias Sohn aus erster Ehe, um ihm das Thronerbe anzuvertrauen. Wahrscheinlich ahnte Augustus schon, daß dieser Tiberius ein unberechenbarer, jedenfalls kein idealer Nachfolger sein würde. Aber es war zu spät.

»Ist das Volk draußen schon traurig«, fragte er kurz vor dem Sterben. »Hab' ich die Komödie gut gespielt? Wenn euch das Schauspiel meines Lebens gefallen hat, klatscht Beifall!«

Augustus starb in den Armen von Livia. Er hatte für sich und für seine Familie noch zu Lebzeiten ein Mausoleum auf dem Marsfeld erbaut, einen großartigen runden Koloß, der die Jahrtausende bis zum heutigen Tage überdauert hat. Hier wurde seine Asche beigesetzt, und hier wurde ein Verzeichnis aller seiner Taten, das er selbst verfaßt hatte, auf zwei Bronzetafeln eingraviert. Die Tafeln sind verloren. Aber eine Abschrift dieses ›Index rerum gestarum‹ wurde 1500 Jahre nach dem Tode des Augustus an einer Tempelwand in Ankara entdeckt, das berühmte ›Monumentum Ancyranum‹.

Als die Flammen unter dem großen Toten lichterloh brannten, als die Funken in dem Himmel zischten, wollen Anhänger des Augustus gesehen haben, wie der Kaiser gen Himmel fuhr.

TIBERIUS
Der unheimliche Mann auf Capri

»In den Tiber mit Tiberius!« So rief das römische Volk im Jahre 37 n. Chr., als das Leben des 78jährigen Kaisers Tiberius kein Ende zu nehmen schien. Kein anderer Kaiser hat in so hohem Alter auf dem römischen Thron gesessen wie Tiberius.

Der Verfasser.

»Ich weiß sehr wohl, daß man vieles, was ich berichtet habe und weiterhin berichten werde, gering und unbedeutend finden kann … Dennoch ist es wohl nicht ohne Wert, jene auf den ersten Blick unbedeutenden Ereignisse näher ins Auge zu fassen. Denn sie sind oft Ursachen mächtiger Umwälzungen.«

Tacitus, Annalen 4, 32.

Er war ein Mensch ohne Freude, sehr mißtrauisch, finster, mit sich und mit der Welt zerfallen. Eine tragische, eine düstere Gestalt war Kaiser Tiberius. Er ist eine jener großen historischen Persönlichkeiten, deren Charakter von den Geschichtsforschern kaum erfaßt werden kann. Das liegt daran, daß der Zufall fast immer andere über ihn bestimmen ließ und daß daher Charakter und Schicksal dieses Kaisers in ihrem Ineinandergreifen so schwer zu erkennen sind.

Der römische Historiker Tacitus, der sein Hauptwerk, die ›Annalen‹, um 115 n. Chr. in 16 Büchern verfaßte, schrieb nur 78 Jahre nach dem Tode des Tiberius. In den ›Annalen‹ schildert er mit außerordentlich scharfer Beobachtungsgabe die gefährliche und intrigante Umwelt der dramatischen Gestalt des Tiberius. Er hat diesem Kaiser durchaus nicht unrecht getan: In der starren kalten Natur des Tiberius vereinten sich wirklich Mißtrauen und eine gewisse Zähigkeit, Menschenhaß und Menschenfurcht, aber auch Mäßigung, Verstand und manchmal sogar, wie ein Blitzlicht aus der Nacht, eine gewisse Genialität.

Die römische Kaiserzeit, die 500 Jahre dauerte, hatte mit ihrem ersten Kaiser, Augustus, und mit dessen 44jähriger Alleinherrschaft einen ungeheuer wuchtigen Anlauf genommen. Kein noch so starker Nachfolger hätte diesen Elan und diese Größe fortsetzen können.

Einen solchen Tiberius-Silberdenar ließ sich Christus reichen, als die Pharisäer ihn fragten, ob es recht sei, an den Kaiser Steuern zu entrichten. Auf der Rückseite des »Zinsgroschens« ist Livia Augusta dargestellt, Mutter und Mitregentin des Kaisers.

Wer war nun der Nachfolger des Augustus, dieser Tiberius, an den noch heute bröckelnde Ruinen von Villen und Palästen auf der Insel Capri erinnern?

Es gibt eine Stelle im Matthäusevangelium [22, 17–22], wo Jesus eine Münze in der Hand hält. »Wessen Bild und Aufschrift ist das?« fragt er. Die Pharisäer antworten: »Des Kaisers.« Jesus sagt: »So gebt dem Kaiser, was dem Kaiser zusteht, und Gott, was Gott zusteht«. Die Münze, die Jesus in der Hand hielt, war ein Denar, eine Silbermünze im Werte von etwa einer Mark. Dieser Denar trug das Bild des Kaisers Tiberius. Als Christus geboren wurde – vielleicht im Jahre 7 vor unserer Zeitrechnung – regierte in Rom Kaiser Augustus, und Tiberius war 35 Jahre alt. Als Christus durch den Prokurator Pontius Pilatus verurteilt und ans Kreuz geschlagen wurde – um das Jahr 30 nach unserer Zeitrechnung –, war Kaiser Tiberius 72 Jahre alt. »Kreuzigt ihn«, riefen die Juden in Jerusalem. Und wenig später rufen die Massen in Rom: »In den Tiber mit Tiberius!« – »Tiberium in Tiberim!« Es war ein Witz, aber er war bitterernst gemeint.

Der Vater des Tiberius war ein Offizier des Julius Cäsar, ein gewisser Tiberius Claudius Nero. Die Mutter hieß Livia Drusilla, und diese Livia machte eigentlich die Geschichte des Tiberius. Sie war ungewöhnlich schön. Der große Octavian, der spätere Kaiser Augustus, sah sie und verliebte sich unbändig in sie. Livia war, wie wir sahen, schon verheiratet. Sie hatte ein vierjähriges Kind. Aber Octavian nahm sie ihrem Mann, ob mit oder gegen ihren Willen, weiß man nicht. Jedenfalls hatte es Octavian so

Gebrauchsgegenstände aus dem römischen Haushalt:
Kuchenschaufel aus dem 1. Jahrhundert n. Chr.
Hausschlüssel aus Pompeji. Er stammt aus dem 1. Jahrhundert n. Chr.
Mancher Römer schloß die Gattin nachts ein und nahm den Schlüssel mit.
Nach Einbruch der Dunkelheit hatte die Frau ohnehin nichts mehr
draußen zu schaffen.
Silberkanne. Ein schönes Beispiel antiker Kleinkunst.
Waage. Sie ist aus Bronze gefertigt und stammt aus dem 1. Jahrhundert
n. Chr. Die üblichsten römischen Gewichte waren Libra oder As, das
römische Pfund, etwa 327 Gramm, und Uncia, die Unze, mit 27,3
Gramm.

eilig, daß er nicht einmal ihre zweite Niederkunft abwartete und sie hochschwanger in sein Haus nahm. Drei Monate danach brachte Livia ihr zweites Kind, Drusus, zur Welt.

Livia war eine sehr ehrgeizige Frau. Aufmerksam verfolgte sie jeden Schritt ihrer heranwachsenden Söhne. Tiberius verbrachte sein halbes Leben in den Feldlagern der Armee: Spanien, Armenien, Gallien, Kriege gegen die Germanen an der Seite seines Bruders Drusus. Die Soldaten waren es längst gewöhnt, streng von ihm behandelt zu werden. In ihren Zelten aber nennen sie ihn nicht Tiberius, sondern Biberius, den Trinker – und gehorchen ihm. Sein Bruder stürzt – 29 Jahre alt – vom Pferd und stirbt nach längerem Siechtum. Da bleibt der Mutter Livia nur noch Tiberius, und er, das ist ihr heimlicher Wunsch, soll Kaiser werden. Sie ist ja die Gattin des allmächtigen Augustus.

Um sich und ihren Sohn nach dem Tode ihres Gemahls auf die höchste Stufe zu manövrieren, hatte sie schon rechtzeitig darauf hingewirkt, die Stellung ihres Sohnes zu festigen. Er war zwar dem Blut nach kein Abkömmling des Kaisers, aber die kluge Livia fand doch einen Weg, das Band zwischen ihrem Sohn Tiberius und Kaiser Augustus ganz fest zu knüpfen. Augustus hatte eine Tochter, Julia, von der wir schon im vorhergehenden Kapitel gehört haben. Sie war mit dem besten Freund des Augustus verheiratet gewesen, mit Agrippa, dem Sieger von Actium, und hatte fünf Kinder. Jetzt war sie Witwe, und auf Betreiben seiner Mutter wurde Tiberius gezwungen, diese Julia zu heiraten.

Das wäre vielleicht nicht so schlimm gewesen, wenn Tiberius nicht bereits verheiratet gewesen wäre. Seine Frau hieß Vipsania, und er liebte diese Frau. Noch mehr: Vipsania war eine Tochter des Agrippa aus erster Ehe. Tiberius wurde jetzt also gezwungen, die Stiefmutter seiner Frau zu heiraten. Das war der erste furchtbare Schlag, der bittere Becher, den Tiberius aus Staatsräson zu leeren hatte. Er mußte sich von der einzigen Frau, die er je geliebt hatte, trennen und die unsympathische Julia heiraten – Julia, die sich übel benahm, über die die Stadt lästerte und von der ganz Rom wußte, daß sie alles hielt, nur die Treue nicht.

Als Tiberius der Vipsania später einmal begegnete, sah er sie unverwandt und mit Tränen in den Augen an. Von diesem Augenblick an achtete man darauf, daß dem Kaiser die Frau, die er wirklich liebte, nicht mehr unter die Augen kam.

Kaiser Augustus adoptierte seinen Stief- und Schwiegersohn Tiberius, machte ihn zu seinem Mitregenten und zum Mitinhaber der Tribunengewalt. Allen seinen Heeren stellte er Tiberius als Thronfolger vor. Ihm wurden nach dem Tode Agrippas auch die schwierigsten militärischen Aufgaben anvertraut. Als sich die unterworfenen Völker zwischen Donau und Adria gemeinsam erhoben, schlug sie Tiberius in dreijährigen schwersten Kämpfen nieder. Und als mit der Schlacht im Teutoburger Wald die römische Provinz Germanien zwischen Rhein und Elbe zusammenbrach, sicherte er die Rheingrenze.

Trotzdem war Augustus mit diesem Nachfolger nicht glücklich. Tiberius war eben doch nicht blutsverwandt mit dem Kaiser. Augustus traute ihm nicht so recht. Vielleicht wollte er auch den Glanz, den Ruhm und die Herrlichkeit seiner eigenen Regierungszeit nicht übertreffen lassen. Zwar übertrug er dem Tiberius durch politisches Testament seinen eigenen Titel, setzte im Testament aber seine Gattin Livia als Mitregentin ein.

Als Julius Cäsar starb, war er 56 Jahre alt. Tiberius war 56 Jahre alt, als er im Jahre 14 n. Chr. den Thron bestieg. Bisher hatte er klein, fast unscheinbar im übergroßen Schatten des Augustus gestanden. Jetzt sollte er unter dem Einfluß und der Führung einer Frau regieren, seiner Mutter Livia. Das war durchaus logisch, denn ihrem Ehrgeiz verdankte er ja sein Kaisertum. Aber es war nicht angenehm, immer nur dem Zwange zu gehorchen.

Unruhig schwankte Tiberius zwischen Angst, Verdacht und Haß.

Der Senat bat ihn um Übernahme der Regierung. Tiberius wich aus. Er machte allerhand Redensarten über die Größe des Reiches und über seine geringen Kräfte. Einer so ungeheuren Aufgabe sei nur ein Geist wie der verstorbene Augustus gewachsen. Augustus habe ihn ja schon an den Regierungssorgen teilnehmen lassen. Er, Tiberius, wisse daher aus Erfahrung, welch eine schwere Aufgabe die Gesamtleitung des Reiches sei. Der immer gefährliche Zufall regiere. Aber der Staat sei so reich an hervorragenden Männern, daß man wahrlich nicht einem alles aufzubürden brauche.

Alles, was Tiberius vorbrachte, klang sehr schön und würdig. Doch aufrichtig war es nicht. Alle applaudierten dem neuen Mann, aber niemand glaubte ihm. Das war überhaupt die Art des Tiberius: Er erging sich gern in vieldeutigen dunklen Redewendungen, ganz gleich, ob es nötig war oder nicht. Jetzt, am Anfang seines Kaisertums, wollte er sehr vorsichtig sein. Er drückte sich daher noch unbestimmter und unklarer aus als sonst. Nicht einmal den Titel »Imperator« wollte er führen. Wenn die Konsuln den Saal betraten, erhob er sich von seinem Platze. Aber er hatte Angst und glaubte sich von jedermann bedroht.

Die Senatoren wiederum hatten nur eine Angst: Sie fürchteten, man könne ihnen ansehen, daß sie ihren kommenden obersten Herrn durchschauten. Sie klagten darum besonders laut, beschworen ihn mit Tränen, hoben ihre Hände zu den Göttern empor, auch zum Bild des Augustus, und umarmten die Knie des Tiberius. Selbst gegen die Mitregentin, Livia, die jetzt den Titel »Augusta« trug, benahm sich der Senat unterwürfig und überschwenglich. Er stellte den Antrag, man solle dieser Frau den Titel »Mutter des Vaterlandes« geben.

Dem Tiberius war das gar nicht recht. Die Ehrung einer Frau, so erklärte er, müsse in Grenzen bleiben. Auch er wolle die ihm zugedachten Ehren auf ein vernünftiges Maß beschränken.

Er hatte Angst vor seiner ungemein geschickten, klugen und berechnenden Mutter, Angst vor dieser ehrgeizigsten Frau Roms, Angst vor ihrem Charakter, Angst vor diesem Weib, das mit unglaublich feinem Gefühl und mit außerordentlichem Anpassungsvermögen die Ehe mit Augustus ertragen hatte.

Als Kaiser war Tiberius zunächst ein durchaus entschlossener und erfahrener Regent. Er überließ die Germanen ihren ewigen Streitereien und hielt nur die Rheingrenze. Er sorgte für Ruhe in den Provinzen und führte die Regierungsgeschäfte in Rom mit Verstand und ohne Gewalt. Solange seine Mutter lebte und als Augusta mitregierte, gab es im Falle von Fehlentscheidungen oder von Ungerechtigkeiten immer eine Zuflucht: Man konnte sich an die Augusta wenden. Tiberius hatte nämlich seiner Mutter gegenüber die alte Fügsamkeit, die alte Furcht und den alten Gehorsam behalten. Die Augusta wurde ebenfalls sehr alt. Sie starb erst mit 84 Jahren, 29 n. Chr.

Mit der Zeit aber wurden die Zustände ziemlich übel. Das milde Kaisertum des Augustus war unter Tiberius schon ohnehin zur Diktatur geworden. Der Senat hatte seine Macht verloren. Nicht das Volk durfte mehr seine Beamten wählen, sondern der Senat wählte die Beamten nach Vorschlägen des Kaisers. Majestätsprozesse gegen Senatoren waren jetzt an der Tagesordnung.

Es ist überhaupt der traurige Ruhm des Tiberius, den Majestätsprozeß in die Weltgeschichte eingeführt zu haben. Wer sich gegen Tiberius äußerte, wurde vor ein Gericht gestellt. Das Denunziantentum blühte. Die Justizmorde häuften sich. Kein Tag verging ohne Hinrichtungen. Selbst an Festtagen wurden

Todesstrafen vollzogen. Eine steile Treppe führte vom Aventin zum Tiber. Über diese Stufen, die »Gemonien«, wurden früher nur ehrlose, hingerichtete Verbrecher herangezogen und dann in den Tiber geworfen. Jetzt blieb es keinem Bestraften mehr erspart, mit dem Haken geschleift und die Gemonien hinabgestürzt zu werden. So erging es sogar Frauen und Kindern. 20 Hinrichtungen an einem Tage, das war nun durchaus nicht ungewöhnlich. Die öffentlichen Ankläger hatten schon deswegen alle Hände voll zu tun, weil für sie wie auch für erfolgreiche Zeugen Belohnungen ausgesetzt wurden. Anklagen wie Zeugenaussagen und wilde Beschuldigungen begannen sonderbar zu wuchern. Ein weitverzweigtes Spitzelwesen war bis in die Familien hinein organisiert, und wie immer waren die Hausklaven die ergiebigsten Denunzianten. Sie konnten jetzt ihren Herren erdichtete Majestätsbeleidigungen verschiedenster Schattierungen in den Mund legen oder ihnen wenigstens durch heimliche Drohungen das Leben unangenehm machen. Auch wurden Eltern von ihren Kindern angeklagt.

Tiberius lenkte all dieses Verfolgen, Strafen und Töten meist schweigend aus dem Hinterhalt durch seine vorgeschobene Strafjustiz, oder er gab sich mit steifem, zurückgebogenem Nakken und ernster Miene den Anschein, als wolle er die vielen verdienten Strafen nur mildern. Wahrscheinlich war er ein sehr geschickter Heuchler, was selbst manchen unserer Historiker getäuscht haben mag. Tacitus, der uns in seinen ›Annalen‹ die damaligen Verhältnisse prägnant schildert, wurde von der Wissenschaft des 19. Jahrhunderts bis in unsere Tage immer wieder angezweifelt. Man warf ihm Entstellung und Verzerrung der Gestalt des Tiberius vor. Seit Mommsen weht überhaupt ein Wind des Besserwissens durch die moderne römische Geschichtswissenschaft, und es gilt als gerecht, einen Sueton, einen Cassius Dio und einen Tacitus der Übertreibung ins Negative zu beschuldigen. Man sucht Kaisern wie Tiberius, Caligula, Claudius »gerecht« zu werden. Erst die allerneueste Zeit erkennt in gründlicher Forschung die Zuverlässigkeit der alten römischen und griechischen Historiker und bemüht sich [wie Erich Köstermann und H. Drexler im Falle des Tiberius], die klassischen Quellen wieder in das rechte Licht zu rücken.

Tiberius wurde mit der Zeit immer mißtrauischer. Er suchte die Einsamkeit. Er fürchtete die Menschen. In harmlosen Worten, in einem Scherz bei Tisch fand er versteckte Anspielungen gegen sich. Wo immer er eintrat, verstummte schließlich die

Eine finstere und gefährliche Gestalt war Tiberius, der erst mit 78 Jahren auf der Insel Capri starb. Menschenhaß und Menschenverachtung kennzeichneten seinen Charakter. Sehr grausam benahm sich diese Majestät auf der Insel Capri.

Unterhaltung. Tiberius hatte es gründlich verlernt, mit Menschen umzugehen. In seinem düsteren Leben gab es nur einen Mann, dem er voll vertraute. Dieser Mann war leider ein Verbrecher, aber kein gewöhnlicher Verbrecher. Er war einer von jener durchtriebenen, schlauen, bescheidenen, höflichen und immer lächelnden Sorte, eine fast shakespearesche Schurkengestalt, wie man sie im Leben hinter ihrer Maske kaum erkennt und im Theater für übertrieben hält.

Geboren war dieser Mann in Vulsinii, und sein Name war Lucius Aelius Seianus. Wie Jago in Shakespeares Drama ›Othello‹, war Seianus Offizier. Er ähnelt dieser Shakespeare-Gestalt auch in seinem Charakter, wie wir sehen werden. Unter Tiberius wurde er Gardepräfekt. Er herrschte ziemlich unbeschränkt in Rom. Nichts konnte ohne Seianus geschehen, und wenn sich irgend jemand bemühte, an Tiberius ohne Wissen von Seianus heranzukommen, so trachtete dieser ihm nach dem Leben. Durch immer neue Kunstgriffe verstand er es, den Kaiser für sich einzunehmen. Er hatte auch die Soldaten für sich gewonnen. Früher lagen die Gardekohorten der Prätorianer an verschiedenen Stellen der Stadt – jetzt waren sie in einem einzigen riesigen Kasernenlager zusammengezogen. Man konnte sie leichter befehlen, und sie sollten sich ihrer Zahl und Stärke bewußt werden, Selbstvertrauen bekommen und mehr Furcht einflößen. Seianus besuchte Offiziere und Soldaten oft, sprach mit diesem oder jenem. Er selber hatte jetzt an Stelle des Kaisers die Beförderungen in der Hand. Tiberius machte nicht die geringsten Schwierigkeiten. Er hatte ihn vorher schon im Senat und vor dem Volk als seinen Mitarbeiter gepriesen, hatte das Aufstellen von Standbildern des Seianus in den Theatern erlaubt, auf den Märkten und an den Standorten der Legion. Kaiser Tiberius vertraute seinem Seianus.

Und Seianus?

Er hatte nur ein Ziel: Er wollte selber römischer Kaiser werden. Um diesem Ziel näher zu kommen, mußte man alle Thronanwärter aus dem Wege räumen, und das war wegen des Kinderreichtums des Kaiserhauses sehr schwierig. »Es war«, so meint Tacitus, »ein unsicheres Unternehmen, gegen so viele Personen gleichzeitig mit Gewalt vorzugehen. Sie hinterlistig aus dem Wege zu räumen, erforderte Zeit und konnte nur in gewissen Zwischenräumen bewerkstelligt werden.« Dennoch wählte Seianus dieses heimliche Verfahren. Mit Drusus, dem Sohn der von Tiberius so geliebten Vipsania, wollte Seianus den Anfang machen. Er haßte ohnehin diesen Kaisersohn am meisten. Drusus war ein heftiger Mensch. Leute, die offene oder geheime Absichten auf den Thron hatten, waren ihm verhaßt. Bei einem Streit hatte er den Seianus einmal ins Gesicht geschlagen.

Es ist hochinteressant, zu verfolgen, wie der Schurke Seianus zu Werke ging, um Drusus auszuschalten. Wer das Folgende liest, muß sich stets vor Augen halten, daß es Geschichte ist und nicht von einem Dichter ausgedachte Bühnendramatik.

Seianus überfiel den Drusus nicht direkt. Das war nicht seine Art. Sich selbst – immer dem shakespeareschen Jago ähnlich – hielt er vorsichtig zurück. Er arbeitete hintenherum durch Verleumdungen. Er trat sehr bescheiden auf und hielt etwas von Gift. Zunächst näherte er sich der Gattin des Drusus. Auch sie hieß Livia. Als Kind galt sie als häßlich, entwickelte sich aber später zu einer hervorragenden Schönheit. Seianus spielte den leidenschaftlich Verliebten, und es gelang ihm tatsächlich, Livia zum Ehebruch zu verführen. Als er dieses Ziel erreicht hatte, machte er seinem Opfer Hoffnungen auf ein Ehebündnis. Er malte ihr aus, wie er den Kaiserthron erringen werde und wie sie an seiner Seite vom ganzen Römischen Reich geehrt werden würde. Als es so weit war, als er ihre Phantasie bis zu diesem Punkt entzündet hatte, begann er, sie offen zum Verbrechen anzustiften. Er überredete sie, ihren Gemahl zu ermorden. Und wirklich, Livia, die Großnichte des Augustus, die Schwiegertochter des Tiberius, die Gattin des Drusus, gab ihre hohe Stellung hin für ein unsicheres verbrecherisches Unternehmen.

Livias Freund und Arzt, Eudemus, der unter dem Vorwand ärztlicher Behandlung oft bei ihr war, wurde in das Geheimnis eingeweiht. Um seine Komplizin ganz sicher zu machen, jagte

Seianus seine eigene Frau Apicata aus dem Hause. Er hatte von Apicata drei Kinder. Man war sich jetzt über alles einig, alles war sorgfältig geplant. Aber vor der Ungeheuerlichkeit dieses Verbrechens bekamen Seianus, Livia und der Arzt Eudemus abwechselnd Furcht. Man schob die Sache auf.

Drusus beschwerte sich oft beim Senat und auch bei seinem Vater, dem Kaiser, über Seianus. Er, der leibliche Sohn, sei doch da, und ein Fremder sei der beste Ratgeber, sei die Stütze des Kaisers. »Es fehlt nicht viel, daß dieser Seianus Mitregent wird. Freilich, die ersten Stufen zum Herrscherthron sind steil. Hat man sie aber hinter sich, so sind Freunde und Helfershelfer zur Stelle. Man kann nur noch zu den Göttern beten, sie mögen diesen Seianus bescheiden machen«, so etwa sprach Drusus.

Seianus war in Angst. Er fieberte jetzt danach, den Mord auszuführen. Durch die untreue Livia kam ihm auch noch zu Ohren, was Drusus im geheimen sagte. Jetzt, meinte Seianus, dürfe man keine Zeit mehr verlieren. Er ließ das Gift besorgen, ein sehr langsam wirkendes Gift, das den Anschein einer natürlichen Erkrankung erweckte.

Das Gift wurde dem Drusus durch den Eunuchen Lygdus verabreicht. Langsam begann es zu wirken. Drusus wurde schwer krank.

Sein Vater, Kaiser Tiberius, ging indessen täglich in den Senat. Vielleicht war ihm die Krankheit des Sohnes gleichgültig, oder er wollte damit prahlen, wie glänzend er solche Familiensorgen ertrug. Drusus starb. Auch jetzt noch ging Tiberius ruhig in den Senat, und als die Senatoren ihrer Trauer Ausdruck geben wollten, mahnte er sie an ihre Würde. »Man kann mich tadeln, daß ich dem Senat in meinem Schmerz unter die Augen trete«, sagte er, »aber mir hat die Hingebung an den Staat Kraft und Trost verliehen.« War sein Schmerz ehrlich? Wir wissen es nicht.

Solange Drusus lebte, ging alles noch einigermaßen gut. Seianus wagte nicht alles, was er eigentlich vorhatte. Er pflegte auch seine Maßnahmen beim Kaiser gut zu begründen, denn er fürchtete immer den gefährlichen Drusus. Und er wußte auch, wie scharfe Kritik Drusus an ihm bei seinem Vater übte.

Jetzt aber, als Seianus sah, daß der Mord an Drusus unbemerkt blieb und daß man auch nicht so sehr trauerte, begann er zu überlegen, wie er die weiteren Thronfolger aus dem Wege schaffen könne. Es handelte sich um die Söhne des Germanicus – er war der Neffe des Tiberius –, deren Thronfolge außer Zweifel stand. Da man drei Menschen nicht ohne weiteres umbringen konnte, begann er, diese Söhne zu verleumden. Auch gegen deren Mutter, Agrippina, begann er eine systematische Wühlarbeit. In all diesen Intrigen hatte Seianus guten Erfolg.

Livia wurde indessen ungeduldig. Sie forderte von ihm die versprochene Ehe. Seianus wandte sich an den Kaiser und fragte an, ob er Livia heiraten dürfe. Der Kaiser schlug diese Bitte mit einem sehr höflichen, gewundenen und schlauen Brief ab.

Jetzt verfiel Seianus auf den Gedanken, den Kaiser zu überreden, Rom zu verlassen. Er glaubte nämlich, der Kaiser werde sich in der Abgeschiedenheit eines neuen Wohnortes so wohl fühlen, daß er, Seianus, die Regierungsgeschäfte um so leichter ganz nach seinem Sinn führen konnte. Darum malte er dem Kaiser die Vorzüge der Ruhe und Einsamkeit aus.

Und Tiberius reiste wirklich ab. Er ging nach Capri und lebte dort auf der schönen stillen Insel elf Jahre, bis zu seinem Tode. Nur zweimal während dieser Zeit reiste er nach dem Festland und schlich sich bis in die Nähe von Rom. Aber er wagte die Stadt nicht mehr zu betreten. Er hatte Angst. Er fürchtete die Menschen als Einzelne und noch mehr die Masse.

Eines seiner zwölf Häuser auf Capri lag hoch über dem Meer auf einem Felsen. Wahrscheinlich war dies die Villa, die nach der Geliebten des Zeus den Namen »Jo« trug. Hier oben in der Nähe befand sich wohl auch die Richtstätte, von der die Majestät Verurteilte ins Meer stürzen ließ. Unten standen Seeleute und schlugen die noch Lebenden mit Stangen und Rudern tot.

Dort oben lag die Burg des Kaisers Tiberius, hoch auf der östlichen Spitze der Insel Capri. »Niemand kann hier landen, ohne von Wächtern bemerkt zu werden«, schreibt Tacitus. Hier verbrachte der Kaiser die letzten elf Jahre seines Lebens, von hier aus gingen die Geheimbefehle für die vielen Hinrichtungen nach Rom und in alle Welt.

Götter, Götterverehrung und Gewissen schien der Kaiser nicht zu kennen. Er lebte ganz in der Astrologie. Nur einen einzigen Menschen, einen Freigelassenen, weihte Tiberius in die Geheimnisse seiner Horoskopie ein. Dieser »Seni« der Antike war ein ziemlich ungebildeter, aber kräftiger Mann. Er mußte alle Astrologen, die den Kaiser besuchten und ihm nicht gefielen, freundlich aus dem Hause geleiten – und sie dann plötzlich vom hohen Felsen ins Meer stürzen. Als Tiberius den Astrologen Thrasullus fragte, was denn nun dessen eigenes Horoskop voraussage und was er, Thrasullus, noch am heutigen Tage erleben werde, da erbleichte der Sterndeuter und begann entsetzlich zu zittern. Eine furchtbare, fast tödliche Gefahr drohe ihm, sagte er voller Angst. Tiberius umarmte darauf den erschreckten Mann und beglückwünschte ihn herzlich. Er sah seit jenem Tage in ihm die Voraussicht schlechthin, ein lebendes Delphi, ein Orakel auf zwei Beinen, und er behandelte ihn bestens.

Brücke des Cestius. Der Mann, nach dem die Brücke benannt ist, lebte um 10 v. Chr. und ließ sich eine 37 Meter hohe Pyramide als Grab bauen, die noch heute in Rom zu sehen ist.

Was der Kaiser sonst noch auf der Insel trieb, ist nicht recht klar. Die unglaublichsten Gerüchte kursierten in Rom. Tacitus berichtet uns, der Kaiser habe dort »seine Grausamkeit und Wollust ungestörter als in Rom betätigen können«. Er wollte sich »mit seiner merkwürdigen Veranlagung« den Blicken Roms entziehen. Seine Staatsgeschäfte habe er aber nie vernachlässigt. Er verkehrte brieflich mit Rom.

Acht Jahre nach der Ermordung des Drusus ereilte Seianus die gerechte Strafe. Die Untersuchung seiner Verbrechen beanspruchte den Kaiser so vollkommen, daß er einen Freund aus Rhodos im Eifer des Gefechtes irrtümlich auf die Folter spannen ließ. Von der höchsten Felsenspitze der Insel schaute er unentwegt hinaus auf das Meer. Er wollte die Signale erspähen, die ihm im Augenblick der Unterdrückung der Seianischen Verschwörung gegeben werden sollten. So vorsichtig war der alte Fuchs, daß er auch nach der Verhaftung des Seianus sein Haus – die Villa Jo – neun Monate lang nicht verließ! Tiberius ließ den Bösewicht hinrichten. Mit eingeschnürter Kehle und einem Tuch über dem Kopf wurde Seianus zum Tode geführt. Er suchte nach Freunden. Er rief in seiner Todesangst. Aber die Straßen und Märkte waren leer. Auch die Kinder des Seianus wurden dem Henker überliefert. Der Anblick dieser unschuldig Gemordeten brachte ihre Mutter, Seianus' verstoßene Gattin Apicata, zur Verzweiflung. Sie nahm sich das Leben. Der Arzt Eudemus und der Eunuch Lygdus wurden auf der Folter recht gesprächig.

Sechs Jahre später starb Kaiser Tiberius auf Capri. Er war 78 Jahre alt. Gemütskrank und von Halluzinationen geplagt, versuchte er noch bis zuletzt, seinen Verfall hinter künstlicher Heiterkeit zu verbergen. Am 16. März des Jahres 37 n. Chr. schien der Atem auszusetzen. »Tiberius ist tot«, verkündeten die kaiserlichen Boten. Sein Nachfolger, Gaius Cäsar Caligula, nahm bereits die Glückwünsche zu seinem Regierungsantritt entgegen.

Da wurde plötzlich gemeldet, Tiberius komme wieder zu sich, er habe sich von seiner Ohnmacht erholt, er verlange nach Speise. Alle erbleichten. Einige taten betrübt, andere ahnungslos. Caligula war starr vor Entsetzen. Eben sah er seine höchste Hoffnung erfüllt, und jetzt sollte er weiter warten auf den Tod des Mannes, dessen Leben einfach kein Ende zu nehmen schien.

Er befahl, schwere Decken über den Greis zu werfen.

Tiberius erstickte.

»So ließ er einmal um Mitternacht drei Konsuln in seinen Palast rufen und die Männer, die in tausend Ängsten waren und das Schlimmste fürchteten, auf einem Podium Platz nehmen. Plötzlich sprang er unter lautem Getöse der Flöten und Fußklappern in langem Mantel und bis auf die Knöchel reichender Tunika hervor, tanzte sein Ballettstück ab und ging davon.«

Sueton, Caligula, Kap. 54.

Solange Kaiser Tiberius lebte, ging man im Römischen Reich heimlich grollend oder murrend seiner Arbeit nach. Zu sagen, was man dachte, war gefährlich. Ein unvorsichtiges Wort, und man war verhaftet. »Selbst der Tod fürchtet sich vor ihm, selbst der Tod«, flüsterten die Menschen in den Gassen. Als aber endlich der Mann, der nicht sterben wollte, der Greis von Capri, seinen Geist ausgehaucht hatte, machte jeder seinen Gefühlen Luft. Man hörte Verwünschungen in Rom, Rufe wurden laut, man solle doch dem Toten ein ehrliches Begräbnis verweigern. Endlich glaubte das Volk, von der ständigen Gefahr der Verhaftungen, der Schauprozesse, der Hinrichtungen befreit zu sein.

Aber der Senat zitterte. Er zitterte noch, als alle Macht aus dem Körper des Tiberius gewichen war. Er hatte jahrelang gezittert und zitterte weiter – aus Gewohnheit. Er wagte nicht, die Gefängnisse zu öffnen. Zufällig war für mehrere Verurteilte der Hinrichtungstag gekommen, als die Nachricht von Tiberius' Tod eintraf. Die Scharfrichter waren gute Beamte. Um nicht gegen ihre Vorschriften zu verstoßen, erdrosselten sie die Verurteilten. Vergeblich flehten die Unglücklichen um Erbarmen. Aber wer konnte denn wissen, was die nächsten Tage und Wochen noch bringen würden? Wer konnte denn wissen, ob der gefährliche Tiberius wirklich tot war? Ja, die Grausamkeit des Kaisers wirkte noch über seinen Tod hinaus.

Boten rannten durch das Land. 200 Kilometer in nur 48 Stunden! Das war die Leistung der Stafette, die von Misenum nach Rom jagte. Vom Sterbelager des alten Kaisers her wurde gleich der Name des neuen Herrn nach Rom gemeldet. Und sofort trat

Die Mutter des Caligula, Agrippina, die Gattin des Germanicus, nahm sich 33 n. Chr. durch Hungern das Leben. Tiberius hatte sie verbannt und eingekerkert.

der Senat zusammen, um diesen neuen Herrn als Kaiser zu begrüßen.

Gaius Cäsar – genannt Caligula – war nur 24 Jahre alt. Seine Mutter war die von Tiberius verbannte Agrippina, sein Vater der längst gestorbene, beim Volk so beliebte Feldherr Germanicus. Caligula kam aus der Herrscherfamilie, deren Nachkommen Opfer des wütenden Mordens von Seianus und Tiberius geworden waren, und Caligula lebte eigentlich nur, weil er zu jung und zu unbedeutend erschien, um umgebracht zu werden. Außer ihm lebten noch seine drei Schwestern.

Nach der Verhaftung seiner Mutter kam er in die Obhut seiner Großmutter Antonia, dann nach Capri an den Hof des alten Kaisers. Caligula war damals 19 Jahre alt. Er mußte jetzt, ob er wollte oder nicht, die Kunst des Sichverstellens lernen. Der Kaiser versuchte ihn auszuholen, durch Vertraute zu Klageäußerungen zu bewegen. Aber Caligula gab sich niemals eine Blöße. An das schreckliche Schicksal seiner Familie schien er sich nicht zu erinnern. Er tat, als sei weder seiner Mutter noch seinen Brüdern je etwas Schlimmes geschehen. Er war unglaublich selbstbeherrscht. Tiberius gegenüber gab er sich dienstwillig, gehorsam, »unverbrüchlich treu«. So unterwürfig benahm er sich, daß man später sehr treffend von ihm sagte, es habe nie einen besseren Sklaven und nie einen schlechteren Herrn gegeben.

Hinter der Maske dieses Jünglings verbargen sich wahrscheinlich schon früh Lust an Grausamkeit, Freude an Maßlosigkeit und gemeinem Genuß. Mit großem Interesse wohnte Caligula der Folterung und Hinrichtung der zum Tode Verurteilten bei. In Perücke und langen Kleidern besuchte er üble Kneipen und Stätten der Unzucht. Kaiser Tiberius wußte das. »Gaius ist zu meinem Verderben und zum Verderben aller am Leben geblieben«, sagte er. Von der großen Nachkommenschaft des einstigen Kaisers Augustus waren wirklich nur noch Narren und Bösewichte übrig. In Caligulas Adern floß aber nicht nur das Blut seines Urgroßvaters Augustus, sondern auch das Blut von Antonius, und so lebten in dieser leicht angefaulten jungen Frucht der Sieger wie der Besiegte von Actium. Wir werden noch sehen, wie das Blut des Antonius sich in ihm bemerkbar machte, die Sehnsucht nach Ägypten, nach krankhafter Romantik des Orients und nach Geschwisterehe.

Man erzählte, Caligula habe den alten Tiberius vergiftet und dem noch atmenden Kaiser den Ring vom Finger ziehen lassen. Weil Tiberius nicht recht sterben wollte, habe er ihm dann die Kehle mit eigenen Händen zugedrückt.

Es war eine langsame Prozession, die sich von Misenum nach Rom bewegte, auf der alten Via Appia. Die Leiche des Tiberius wurde von gemeinen Soldaten getragen. Von Dorf zu Dorf, von Stadt zu Stadt wurde Caligula an der Spitze dieser Prozession von den herbeigeeilten Anwohnern bejubelt. Rechts und links der Straße waren Altäre errichtet, Weihrauch stieg zum Himmel, das Feuer der Freudenopfer. Schließlich eilte Caligula der Prozession voraus, um in Rom noch vor dem Trauerzug einzutreffen. Stürmische Kundgebungen im Senat! Auch die Menge draußen tobte Beifall. Wie so oft, waren die Römer überschwenglich und viel zu begeistert. Sie ahnten noch nicht, was ihnen bevorstand. Hoch und heilig schworen sie bei allen Göttern, für Gaius Cäsar zu sterben. Man nannte ihn immer Gaius Cäsar, denn Caligula war nur ein Scherz- und Spottname; der Kaiser duldete nicht, auch nur heimlich so genannt zu werden. Seine Mutter, Agrippina, hatte ihn als Knabe in Soldatenkleider gesteckt und in schwere hohe Stiefel. Diese Stiefel nannte man »caligae«, und die Soldaten gaben ihm den Scherznamen »Caligula«.

Caligula befahl für den alten Kaiser ein einfaches Begräbnis, hielt ihm eine Leichenrede und sprach dabei wenig von dem Verstorbenen, aber viel von seinem eigenen Vater, Germanicus, und von seinem Urgroßvater Augustus. Dann reiste er zu den Inseln des Kampanischen Golfes, wo seine Mutter und einer seiner Brüder auf so schreckliche Weise umgekommen waren. Er brachte die Gebeine seiner Angehörigen nach Rom und setzte sie im Mausoleum des Augustus feierlich bei. Darauf forderte er vom Senat, daß den Überlebenden seiner Familie, seinen drei Schwestern, alle möglichen Ehren erwiesen werden sollten. Und schließlich war da noch ein junger Vetter und Miterbe, Tiberius, um den er sich auch noch »kümmern« mußte. Caligula nahm den 17jährigen Tiberius an Sohnes Statt an, gab ihm den Titel eines »Fürsten der Jugend« und ließ ihm schließlich melden, er habe das Todesurteil an sich selber zu vollstrecken.

Als nächstes Opfer nahm sich Caligula den Prätorianerpräfekten Macro und dessen Gattin vor. Dieser Macro war Nachfolger des berüchtigten Seianus und hatte Caligula bei der Besteigung des Thrones geholfen. Macro war dem Caligula nun lästig, weshalb er ihn erst zum Vizekönig von Ägypten ernannte und dann ihm wie seiner Frau den Selbstmordbefehl sandte, noch ehe die Unglücklichen ein Schiff besteigen konnten.

Der neue Kaiser suchte zunächst das Volk für sich zu gewinnen. Er ließ Gelder verteilen, er veranstaltete große Festlichkeiten, Wagenrennen, Löwen-, Bären- und Pantherjagden riesigen Ausmaßes. 800 wilde Bestien ließ er nach Rom schaffen. Er ordnete Wettstreite in griechischer und römischer Beredsamkeit und Dichterturniere an. Wer am schlechtesten dichtete, mußte sein Produkt mit der Zunge von der Tafel lecken, wurde mit Ruten ausgepeitscht oder im Fluß untergetaucht. Er versprach aber auch, die Majestätsprozesse abzuschaffen, die Verbannten zurückzurufen und den Staatshaushalt regelmäßig zu veröffentlichen. Der Anfang, der damit gemacht wurde, war verheißungsvoll.

»Herrliche Zeiten« wollte Caligula nach der trüben Tiberius-Epoche dem Volk vorgaukeln. Dem Kaiser Augustus wollte er ähnlich werden. Und so ließ er aus Ägypten Obelisken anschleppen, bemerkte aber nicht, daß die Säulen, die Augustus einst herangeholt hatte, mit interessanten Hieroglyphen bedeckt waren, während man seine Obelisken gefälscht hatte.

Bald nach seiner Thronbesteigung wurde Caligula krank. Ganze Nächte lang verbrachte das Volk auf den Straßen in der Nähe des Palastes. Alle waren um seine Gesundheit besorgt, und einige legten Gelübde ab, für den Fall der Genesung des Kaisers ihr Leben zu opfern. Als der Kaiser diese Krankheit überstanden hatte, zeigte er seinen wahren Charakter. Am 1. Januar des Jahres 38 n. Chr. hatte er den Senat Mann für Mann schwören lassen, ein jeder werde sein Leben nicht nur für den Kaiser, sondern auch für dessen Schwestern lassen. Am 1. Januar des Jahres 40 n. Chr. saßen zwei seiner Schwestern bereits in Kerkern auf einsamen Inseln. Die dritte, Drusilla, war vorher gestorben, und gerade ihren Tod wollte der Kaiser nicht verschmerzen. Er hatte Drusilla mit einem gewissen Lucius Cassius Longinus vermählt, entführte sie ihm dann und behandelte sie vor der Öffentlichkeit als seine rechtmäßige Ehefrau. Er hatte sie schon als Thronerbin eingesetzt. Jetzt, da sie tot war, jagte der Kaiser durch Italien, von einem Ende zum anderen. Von jedem Menschen, der ihm begegnete, verlangte er Teilnahme an seiner Trauer. Er verordnete Volkstrauertage, Volkstrauerwochen und -monate. Lachen, Baden, Mahlzeiten in Gesellschaft von Eltern, Frau und Kindern waren bei Todesstrafe verboten. Ja, er sorgte dafür, daß Drusilla in das Pantheon, den Tempel des römischen Staates, aufgenommen wurde. Nur die beiden Stifter der Kaisermacht, Julius Cäsar und Augustus, standen dort als Götter. Caligula ließ Altäre für die neue Gottheit errichten, überall im Lande fügte sich das Volk dem Drusilla-Wahnsinn. Ein junger Senator versicherte allen Ernstes, er habe die eingeäscherte Drusilla zum Himmel auffahren sehen. Caligula belohnte ihn fürstlich. Zwei vornehmen Römern nahm Caligula die Bräute während der Hochzeit weg. Dann verstieß er sie wieder. Die Cäsonia – sie war weder schön noch jung, dafür aber verschwenderisch und liederlich – liebte er leidenschaftlich. Er ließ sie oft im Soldatenmantel mit Helm und Schild an seiner Seite reiten und zeigte sie so den Soldaten, seinen Freunden hin und wieder nackt. Als Cäsonia ihm eine Tochter schenkte, bekannte er sich als ihr Gatte und als Vater ihres Kindes. Daß das Kind sein Fleisch und Blut war, erkannte er daran, daß es unglaublich ungezogen war. Und nun begann er zu »regieren«.

Die ehrenwertesten Senatoren ließ er in der Toga neben seinem Wagen herlaufen oder bei Tisch hinter seiner Liege wie Sklaven im Leinenschurz aufwarten. Andere Senatoren ließ er heimlich umbringen. Seinen Quästor befahl er auszupeitschen. Vorher ordnete er an, ihm die Kleider vom Leibe zu reißen und den Soldaten unter die Füße zu legen, damit sie beim Schwingen der Geißeln bequemer standen. Während der Gladiatorenspiele ließ er die großen Sonnensegel zurückziehen, damit das Publikum schwitzte. Niemand durfte das Theater verlassen. Hin und wieder ließ er halbverhungerte Bestien in die Arena führen. Statt der Gladiatoren mußten altersschwache Männer gegen die Tiere

War Kaiser Caligula wahn-sinnig? Er litt jedenfalls an Wahnvorstellungen und bil-dete wahrscheinlich einen »Grenzfall«. »Einmal, als das Opfertier bereits am Al-tar stand, erschien er als Op-ferschlächter, hoch ge-schürzt, schwang die Opfer-axt hoch in die Luft und schlug – den Opferstecher tot!« Dies berichtet der Hi-storiker Sueton.

kämpfen, auch ehrwürdige Familienväter, die irgendein körper-liches Gebrechen hatten.

Selbst das war dem Kaiser nicht genug. Er schloß die Kornspei-cher und erklärte »Hungersnot«. Dann ging er durch die Gefäng-nisse, um Gefangene auszuwählen, die den wilden Tieren zum Zerfleischen vorgeworfen werden sollten. Als er sich nicht ent-scheiden konnte, befahl er, einfach alle Gefangenen »vom ersten Kahlkopf bis zum letzten« abzuführen. Geachtete Männer sperrte er eigenhändig wie Raubtiere in Käfige, in denen sie sich nur auf allen vieren bewegen konnten. Die Unmenschlichkeit seiner Handlungen steigerte er durch grausamen Witz. Seinen Schwestern, die er verbannt hatte, ließ er mitteilen, er habe nicht nur Inseln, »sondern auch Schwerter«. Wenn er Todesurteile unterschrieb, so murmelte er vor sich hin: »Ich bringe meine Rechnung ins reine.« Den Henker aber ermahnte er: »Triff ihn so, daß er das Sterben fühlt.«

»Mögen sie mich hassen, wenn sie mich nur fürchten« – »Ode-rint dum metuant«, das war sein Wahlspruch. Als das Publikum während eines Rennens einen anderen Favoriten hatte als er, rief er aus: »Hätte doch das römische Volk nur einen Hals.« Auch beklagte er sich über den allgemeinen Wohlstand des Landes. Man werde seine Zeit bald vergessen, da kein großes Unglück und keine Niederlage seine Regierung treffe. Er wünschte daher Hungersnöte, Pest, Feuersbrünste und Erdbeben herbei. Wäh-rend eines üppigen Gastmahls brach Caligula plötzlich in wahn-sinniges Gelächter aus. Die beiden Konsuln, die neben ihm lagen, fragten ihn sehr höflich, weshalb er denn lache. »Ich lache«, sagte der Kaiser, »weil ich daran denke, daß ich euch beiden auf der Stelle die Kehle durchschneiden lassen kann.« Nie küßte er seine Frau oder eine Geliebte auf den Hals, ohne dabei leise zu bemerken: »Auch dieser schöne Kopf wird fallen, sobald ich es befehle.« Einen bösen Scherz leistete er sich mit den Beamten, die für die übliche Gedenkfeier der Schlacht bei Actium alle Vorbereitungen zu treffen hatten. Als Urgroßenkel sowohl des Augustus wie des Marcus Antonius erklärte er folgendes: Findet die Feier statt, so hat man den besiegten Antonius beleidigt, dann müssen die Köpfe der Beamten fallen. Findet die Feier jedoch nicht statt, so beleidigt man den toten Augustus, so daß auch in diesem Fall die Beamten ihre Köpfe verwirkt haben.

Aber das alles war ihm viel zuwenig. Gott wollte er sein, Gott hier auf Erden, nicht ein Gott aus Marmor – in Gold stand Caligula schon längst im Tempel –, sondern ein lebendiger Gott. Er ließ sich darum mit Gewändern schmücken, die griechische Bildhauer ihren Göttern zugedacht hatten. Seine nächste Umgebung war von diesem Aufzug begeistert, darum zeigte er sich so auch dem Volk – als »Herkules«, als »Bacchus«, als »Apollo« oder als »Jupiter«. Als Gott Jupiter saß er im Magistrat, und das römische Volk war drauf und dran, den Kaiser noch bei Lebzeiten unter die Götter einzureihen. Der Senat beschloß, ihm auf Staatskosten einen Tempel zu bauen.

Nur bei den Juden hatte der Kaiser kein Glück: Das Judenvolk, das unter römischer Statthalterschaft stand, begann aufzubegehren, als man im Tempel zu Jerusalem eine Statue des Kaisers aufstellen wollte. Wäre Kaiser Caligula nicht rechtzeitig gestorben, so wäre in Jerusalem ein Krieg ausgebrochen. Auch in Ägypten kam es zu Unruhen, als dort in den jüdischen Synagogen der Kaiserkult eingeführt werden sollte. Eine Beschwerdegesandtschaft, die unter Philon, dem größten jüdischen Philosophen der Antike, nach Rom kam, wurde von Caligula glatt abgewiesen.

Caligula ersann ganz neue Arten von Bädern, die unsinnigsten Gerichte, die verrücktesten Getränke. Auf dem Nemisee bei Rom schwammen seine Prachtschiffe von nie dagewesenem Luxus. Als man 1930/31 den See abließ, lagen ihre Überreste am Grund – ausgeplündert. An den tiefsten Stellen des Meeres ließ er Dämme anlegen. Die härtesten Felsen ließ er aushauen, Ebenen zu Bergen auftürmen und ganze Berge abtragen. Alles mußte mit großer Geschwindigkeit vor sich gehen. Wer langsam war, verlor den Kopf. Nach einem Jahr »Regieren« hatte Caligula 2,7 Milliarden Sesterzen, den ganzen Schatz, den Tiberius hinterlassen hatte, durchgebracht. Jetzt erhob er unsinnige Steuern. Er ließ sich möglichst von jedem reichen Mann im Lande zum »Erben« erklären. Wer nach solcher Erklärung noch länger lebte, dem schickte der Kaiser vergiftete Leckerbissen. Im übrigen wurde die Staatskasse durch rücksichtslose Konfiskationen wieder aufgefüllt.

Um sich Ruhm als Feldherr zu verdienen, ging Caligula über den Rhein. Es gab dort offenbar wenig zu tun, und die Feldherren des Kaisers hatten große Mühe, »freiwillige Kriegsgefangene« zu sammeln. Die germanischen Leibwächter des Kaisers wurden über den Rhein geschickt. Sie mußten sich im Gebüsch verstecken und wurden dann »gefangengenommen«. Der nächste Plan des Kaisers war »die Eroberung Englands«. Er führte seine Truppen an die Kanalküste und ließ sie dort Aufstellung nehmen. Dann befahl er den Soldaten, Muscheln zu sammeln, denn er hatte vergessen, für das Übersetzen der Truppen die nötigen Vorbereitungen zu treffen. Nur wenige Schiffe waren zur Stelle. So unternahm der Kaiser eine Spazierfahrt auf dem Ozean. Darauf befahl er das große »Kehrt« und sandte gleichzeitig Siegesboten ab, die dem Senat die Heldentaten des Kaisers melden mußten. Das einzige, was von diesem Unternehmen übrigblieb, war der 60 Meter hohe Leuchtturm, den Caligula bei Boulogne erbauen ließ. Erst 1544 wurde er zerstört.

Am 31. August des Jahres 40 n. Chr., an seinem 28. Geburtstag, zog er in Rom ein. Er hatte jetzt vor, nach Ägypten überzusiedeln und dort eine Art von Übergott zu werden. Alexandria sollte die Hauptstadt des Römischen Reiches sein. Vorher wollte er der vornehmen römischen Gesellschaft noch einmal zeigen, wer er war.

Hochgewachsen, mit blassem Gesicht, abnorm dickem Körper, dünnem Hals und dünnen Schenkeln schritt er einher. Seine Augen und Schläfen waren tief eingefallen, breit und finster die Stirn. Caligula hatte eine Glatze, aber sein Körper war stark behaart. »Die Ziege kommt«, flüsterte man; doch solches Flüstern war mit Todesgefahr verbunden. Seinem häßlichen Gesicht versuchte der Kaiser einen noch wilderen Ausdruck zu geben. Vor dem Spiegel schnitt er schreckliche Fratzen und Grimassen.

Er konnte jetzt nicht mehr schlafen. Drei Stunden nur schlief er in der Nacht.

Donner!

Der Tanz war in Rom eine Kunst für Frauen und Kinder. Männer tanzten nicht. Cineadus, Tänzer, war ein Schimpfwort. Schöne, anmutige Tänze, wie sie dieses Relief zeigt, kamen Ende des 2. Jahrhunderts aus Griechenland nach Rom. Ein berühmter Tänzer: Kaiser Caligula!

Der Kaiser verkroch sich unter dem Bett. Er legte Frauenkleider an, einen goldenen Bart. In der rechten Hand hielt er einen Blitz, einen Dreizack oder einen Schlangenstab – Wahrzeichen der Götter. Dann gab er Tanzvorstellungen im Palast. Er selbst war der »Solist«.

Drei Jahre, zehn Monate, acht Tage regierte dieser dem Wahnsinn nahe Kaiser. Er hätte noch länger gewütet, wenn sich nicht aus den Kreisen seiner Offiziere die Mörderhand erhoben hätte.

Die Folterverfahren, die Mordbefehle, das gewaltsame Eintreiben von Steuern, das alles wurde den Offizieren verhaßt. Ein alter Mann mit großer militärischer Vergangenheit, Tribun einer Prätorianerkohorte, Cassius Chaerea, ein Soldat, der sein Leben lang nie vor einer Gefahr zurückgewichen war, brachte das Ende. Der Kaiser liebte es, gerade diesen Chaerea mit besonders unangenehmen Aufgaben zu betrauen. Er machte sich einen Spaß daraus, den Tribun vor anderen Offizieren aufzuziehen. Und damit hatte er Pech.

Chaerea organisierte eine kleine Verschwörung. Er lauerte dem Kaiser am 24. Januar 40 n. Chr. in der unterirdischen Galerie des Theaters auf. Der Kaiser wollte gerade das Theater verlassen, da versetzte ihm Chaerea einen kräftigen Hieb mit dem

Schwert in den Nacken. Ein anderer durchbohrte dem Kaiser die Brust. »So erfülle sich denn dein Schicksal!« soll Chaerea gerufen haben. Caligula wand sich vor Schmerzen am Boden. »Ich lebe noch«, schrie er. Aber 30 Wunden machten ihm ein Ende. Ein Zenturio tötete auch Cäsonia, Caligulas Gemahlin. Der Tochter zerschmetterte man den Kopf an einer Mauer.

Als sich die Nachricht von Caligulas Ermordung verbreitete, glaubte sie kein Mensch. »Die Ziege selbst hat das Gerücht erfunden«, flüsterte man. »Sie läßt es verbreiten, um unsere Gesinnung zu prüfen und uns dann zu töten.«

So lebte auch dieser Wahnsinnige noch ein wenig über seinen Tod hinaus.

»Auch du bist ein armer Tropf!«

»Von Kindheit an kränklich und in beständiger Furcht lebend, deshalb sich dümmer stellend, als er wirklich war, lange Zeit unter den Augen seiner Großmutter Livia, dann seiner Mutter, Antonia, und überhaupt unter Weibern auferzogen, fehlte ihm jener männliche Sinn, der den Freien ausmacht. Der Herr über Rom und die Provinzen war selber Sklave.«

Cassius Dio, Römische Geschichte, Buch 60, Kap. 2.

Wo die Rhone und die Saône zusammenfließen, liegt Frankreichs berühmte Seidenstadt Lyon. Einst hieß dieser Ort Lugdunum. Es war die Hauptstadt des von Cäsar eroberten Gallien und die Operationsbasis des großen römischen Feldherrn Drusus für die Germanenkriege. Drusus war der jüngere Bruder des Kaisers Tiberius. Er wäre wahrscheinlich ein viel besserer Kaiser als Tiberius geworden, kam aber durch einen Sturz vom Pferd in Germanien ums Leben.

Hier in Lugdunum wurde dem Drusus und seiner Gattin Antonia am 1. August des Jahres 10 v. Chr. ein Sohn geboren. Das Kind erhielt den Namen Tiberius Claudius Drusus.

Ein halbes Jahrhundert später, im Jahre 41 n. Chr., sollte dieser Claudius Kaiser von Rom werden. Er war der Onkel des Kaisers Caligula und der Neffe des Kaisers Tiberius. Aber er hatte schon früh als Kind seinen Vater verloren und als Jüngling mit hartnäckigen Krankheiten zu kämpfen.

Man hielt ihn wohl mit Recht für körperlich schwach und – vielleicht mit weniger Recht – auch für dumm, fast für geisteskrank. Seine eigene Mutter, Antonia, nannte ihn »eine Mißgeburt von einem Menschen« und meinte, die Natur habe ihn »nur begonnen, nicht vollendet«. »Dümmer als mein Sohn Claudius«, pflegte sie zu sagen, wenn sie jemand für besonders dumm hielt. Seine Großmutter Augusta behandelte ihn mit Verachtung. Sie redete mit ihm nur ganz selten. Hatte sie ihn zu ermahnen, so schrieb sie ihm nur wenige Zeilen oder erledigte es durch Dritte. Als Claudius' Schwester Livilla hörte, daß ihr Bruder dereinst die Herrschaft übernehmen werde, beklagte sie das unglückliche Geschick des römischen Volkes. Auch Kaiser Augustus machte

Antonia, 36 v. Chr. bis 37 n. Chr., pflegte ihren Sohn Claudius »eine Mißgeburt von einem Menschen« zu nennen, den die Natur nicht vollendet, sondern nur begonnen habe. Antonia war die Tochter des Marcus Antonius und der Augustus-Schwester Octavia.

sich Sorgen über diesen jungen Verwandten. »Wir werden immer vor Angst schwitzen«, schrieb er und empfahl, ihm einen Berater an die Seite zu stellen, »damit er nichts tut, was möglicherweise auffallen und lächerlich wirken könnte.« Er sorgte auch dafür, daß der junge Claudius im Zirkus nicht in der kaiserlichen Loge saß, damit das Publikum ihn nicht sah. In seinem Testament setzte er ihn wie einen Fremden unter die Erben dritten Grades ein.

Als sich der junge Claudius an seinen Onkel wandte und um das Konsulat bewarb, schickte ihm Tiberius nur 40 Goldstücke, damit er sich beim Saturnalienfest gut amüsiere. Mehr traute er ihm nicht zu. Als das Haus des Claudius niederbrannte, wollte der Senat es auf Staatskosten neu errichten lassen. Kaiser Tiberius hob den Beschluß auf. Er wolle den Schaden aus eigenen Mitteln ersetzen, denn Claudius sei doch geistesschwach. Als Claudius seinem Neffen, dem Kaiser Caligula, nach der Aufdeckung einer Verschwörung gratulieren sollte, geriet Caligula in solche Wut darüber, daß man gerade diesen Onkel zu ihm schickte, daß er den Claudius einfach in den Fluß werfen ließ, um ihn etwas abzukühlen.

Kam Claudius zu spät zu Tisch, so ließ man ihn lange um die fürstliche Tafel herumirren, ehe er einen Platz erhielt. Während des Essens schlief er oft ein. Man amüsierte sich damit, ihm Oliven- und Dattelkerne an den Kopf zu werfen. Wenn er am Tisch schnarchte, zog man ihm Pantoffeln über die Hände, und rieb er sich beim Aufwachen das Gesicht, so erschrak er, und alle Anwesenden lachten.

Claudius hatte nichts Rechtes zu tun, ging in den Gärten seines vorstädtischen Besitzes spazieren oder lebte still für sich in seiner Villa in Kampanien. Er trank, spielte und verkehrte, wie der Geschichtsschreiber Sueton ihm vorwirft, mit höchst unsauberen Subjekten.

Aber war dieser Claudius wirklich nur ein Dummkopf? Der große Historiker Livius war sein Lehrer. Außerdem verkehrte Claudius mit griechischen Wissenschaftlern und Gelehrten. Er interessierte sich für klassische Philologie und für Phonetik. Ja, er hatte eingehend Geschichte studiert und verfaßte nach und nach hochinteressante geschichtliche Werke, die uns leider nicht erhalten sind. Als er Kaiser wurde, führte er drei neue Buchstaben in das lateinische Alphabet ein, zum Beispiel die Unterscheidung von u und v, die bis dahin nicht üblich war. Daß dieser Sonderling, dem man keine Pflichten und keine Ämter gab, den man stets unterdrückte und verlachte, dessen Aufseher ein grober Stallmeister war, der den jungen Claudius grausam quälte – daß dieser Sonderling kein idealer Kaiser für Rom werden würde, kann man sich denken.

Claudius war schon 50 Jahre alt, als er durch einen merkwürdigen Zufall auf den Thron kam. Kaiser Caligula sollte in seinem Palast ermordet werden. Die Verschwörer entfernten alle, die während der Prozedur stören könnten. Man setzte also den Claudius in ein Gartenhaus. Aber als Claudius von der Ermordung des Kaisers hörte, lief er auf den nächsten Dachgarten und versteckte sich zitternd zwischen den schweren Vorhängen einer Tür. Ein Soldat ging vorbei. Er sah die Füße, die unter dem Vorhang herausguckten, zog den Claudius hervor, fiel vor ihm auf den Boden und nannte ihn »Imperator«. Dann brachte er den Claudius zur Truppe. Die Soldaten setzten ihn in eine Sänfte und trugen ihn in das Lager. Claudius war niedergeschlagen, verängstigt und wußte nicht, was geschah. Passanten, die ihn in der Sänfte erkannten, glaubten, er werde zur Hinrichtung gebracht. Die Volksmenge stand auf den Straßen Roms herum und verlangte nach einem neuen Herrscher. Der Senat trat zusammen und debattierte, ob es nicht am besten sei, das Kaisertum wieder abzuschaffen. Aber dafür war es zu spät. Die Soldaten wollten Claudius den Huldigungseid leisten. Und nun stimmte Claudius zu. Jedem seiner Soldaten versprach er 15 000 Sesterzen, rund 3000 Mark pro Kopf. Damit machte er Schule. Kein römischer Kaiser konnte künftig die Regierung antreten, ohne der Garde zugleich ein Geldgeschenk zu überreichen.

Von der Höhe dieses Geschenks hing oft die Dauer der Regierung ab.

Claudius begann seine Regierung mit einer großen Amnestie. Seine Großmutter Livia ließ er unter die Götter einreihen. »Beim Augustus« wurde sein ständiger Schwur, denn er hielt darauf, seine Ahnen gebührend zu ehren.

Bald erkannte das staunende Volk, daß dieser Claudius eine merkwürdige Leidenschaft hatte. Das größte Vergnügen, das er sich denken konnte, war für ihn, Richter zu sein. Er untersuchte, fällte die Entscheidungen, saß selbst in der größten Sommerhitze Roms auf dem Richterstuhl und war bei allem völlig unberechenbar. Mal tat er umsichtig und bedacht, dann wieder wurde er läppisch und gebärdete sich wie ein Narr. Als eine Frau ihren Sohn nicht anerkennen wollte, brachte der Kaiser sie dadurch zum Eingeständnis, daß er ihr befahl, den jungen Menschen zu heiraten. Wenn eine der beiden Parteien vor Gericht nicht erschien, entschied er stets für die anwesende Partei.

Erstaunlich bleibt dabei, wieviel der Kaiser sich als Richter gefallen ließ. Als ein vorgeladener Zeuge einmal entschuldigt werden sollte, betonte dessen Vertreter lange Zeit nur, es sei dem Zeugen ganz unmöglich, zu erscheinen. Erst nach eingehendem Fragen fügte er hinzu: »Der Mann ist gestorben. Ich denke, das durfte er doch wohl.« Ein anderer dankte dem Kaiser überschwenglich dafür, daß er einen Angeklagten verteidigen dürfe, und fügte dann hinzu: »Freilich ist Verteidigung üblich.«

Auch die Anwälte trieben Mißbrauch mit der außergewöhnlichen Geduld des Kaisers. Wenn er von seinem Richterstuhl herabstieg, riefen sie ihn mit lauter Stimme zurück oder hielten ihn an der Toga und zuweilen sogar am Bein fest. Ein Grieche rief ihm zu: »Auch du bist ein armer Tropf!« Ein Römer, dem strafbare Unzucht mit Frauen vorgeworfen wurde und gegen den bezahlte Dirnen als Zeuginnen auftraten, warf dem Kaiser Schreibgriffel und Schreibtafel ins Gesicht, nannte ihn »einfältig« und »grausam« und verletzte ihn an der Wange. Die Untersuchungsbeamten des Kaisers waren faul und nachlässig, und der Schlendrian am Gericht blühte.

Leute, denen der Kaiser Ehe- und Kinderlosigkeit vorwarf, erwiesen sich als gute Ehemänner und kinderreiche Väter. Ein Mann, der wegen Selbstmordversuchs mit einem Dolch angeklagt war, zog sich ruhig aus und zeigte seinen völlig unverletzten Leib. Aus heiterem Himmel erteilte der Kaiser Rügen, weil dieser oder jener »ohne des Kaisers Wissen« und »ohne Urlaub«

Kaiser Claudius, geboren zu Lyon 10. v. Chr., wurde 54 n. Chr. wahrscheinlich von Agrippina vergiftet. Die grotesken Taten des Claudius, die Tacitus, Cassius Dio und Sueton als von Freigelassenen und Weibern beeinflußt schildern, versuchen einige moderne Forscher und Dichter ohne ausreichende Grundlagen zu entschuldigen und zu erklären.

Italien verlassen hatte. Dies war völlig neu, denn der Römer konnte bisher wandern und reisen, wohin er wollte.

Aber Claudius war nicht nur der dumme, unberechenbare Richter mit plötzlichen genialen Einfällen, er bemühte sich auch mit wirklichem Fleiß, die Staatsgeschäfte zu erledigen, und hat auch Positives geleistet. Besonders die Rechtsprechung in den Provinzen hat er in mancher Hinsicht verbessert. Vielen Galliern verlieh er das römische Bürgerrecht. Die Rede, die er aus diesem Anlaß vor dem Senat hielt, hat man inschriftlich auf einer Bronzetafel in Lyon, der Geburtsstadt des Kaisers, gefunden. Theodor Birt meint sogar, der dumme Claudius stehe durch bleibende Leistungen auf politischem und administrativem Gebiet viel glänzender da als Tiberius und Caligula. Diese Leistungen verdankte Claudius aber zum großen Teil seinem Freigelassenen Narcissus, den er zum Leiter der Hofkanzlei berief. Narcissus war ein Mann mit gesundem Menschenverstand, der die Verwaltungsgeschäfte vollständig erledigte, ohne sich um die Grillen seines Herrn zu kümmern.

Um die Versorgung Roms mit Lebensmitteln bemühte sich Claudius immer gewissenhaft. Als ein Stadtteil Roms brannte, ließ er alle Bürger zur Hilfe herbeirufen. Er befahl, Körbe voll Gold vor ihn hinzustellen, und belohnte persönlich jeden entsprechend der geleisteten Feuerwehrdienste. Er sicherte die Kornzufuhr für die Zeit der Winterstürme, gewährte große Vergünstigungen für den Bau von Handelsschiffen und baute den völlig versandeten Hafen von Ostia wieder aus – eine technisch damals ungewöhnliche Leistung, an der Cäsar sich bereits ohne Erfolg versucht hatte. Er leitete die kalten fließenden Quellen aus den Gebirgen über die Campagna 60 Kilometer bis nach Rom, ja bis auf den Palatin, der vorher nur Zisternen besaß. Diese Aqua Claudia ist bis heute eines der großartigsten Bauwerke der Römer. Auch den Fuciner See ließ er ableiten; 30000 Menschen arbeiteten an diesem Kanal elf Jahre lang. Vor dem letzten Durchstich ließ er eine Seeschlacht aufführen. Die zu dieser Schlacht Gezwungenen riefen: »Heil dir, Imperator, es grüßen dich die, die dem Tode geweiht sind!« – »Ave, Imperator, morituri te salutant!« Der Kaiser antwortete: »Oder auch nicht.« Die zum Kampf Verurteilten faßten diese Antwort als Begnadigung auf und wollten nicht recht kämpfen. Da sprang Claudius von seinem Sitz auf und lief in seinem häßlichen Wackelschritt um den ganzen See herum, die Fechter mit Schimpftiraden zum Kampf antreibend. Ein sizilianisches Geschwader mußte gegen ein Geschwader aus Rhodos kämpfen; jedes Geschwader bestand aus zwölf Dreideckern. Mittels einer Maschinerie tauchte aus dem See ein silberner Triton auf, der auf einer Muschel zum Angriff blies.

Prächtige Schauspiele gab Kaiser Claudius, grausame Tierhetzen. Im Circus Maximus war für das verwöhnte, sensationslüsterne römische Volk wirklich »etwas los«. Wagenrennen, Jagden auf wilde Tiere aus Afrika! Thessalische Reiter mußten wilde Stiere im Zirkus umhertreiben, den Tieren, wenn sie völlig ermattet waren, auf den Nacken springen und sie an den Hörnern auf den Boden niederreißen. Ein kleineres Gladiatorenspiel kündigte der Kaiser wie folgt an: »Ich lade das Volk sozusagen nur zu einem eiligst hergerichteten und unvorbereiteten kleinen Abendessen ein.« Sehr leutselig war der Imperator dabei, zählte den Siegern selber die Goldstücke in die Hand und ermunterte die Menge, lustig zu sein.

Kaiser Claudius führte nur einen einzigen Krieg. Er segelte vom Hafen Ostia ab, landete bei Marseille, zog bis an den Kanal und unterwarf ohne Blutvergießen in wenigen Tagen einen Teil Britanniens. Nach sechs Monaten kehrte er nach Rom zurück und hielt glänzenden Triumphzug. Der Feldzug war von Narcissus gut vorbereitet worden. Claudius hatte ihn vorausgeschickt, um die Legionen, die in ihren bequemen Standlagern an der Rheingrenze saßen, zu der Expedition nach Britannien zu bewegen, zu der sie anfangs keineswegs große Lust zeigten.

Gutes und Böses ließ Claudius in bunter Folge geschehen. Er

*Die Aqua Claudia war eine der elf Wasserleitungen, die Rom zur Kaiserzeit versorgten. Sie wurde 52 n. Chr. von Claudius fertiggestellt. Aus der
Umgebung von Arsoli führte dieser »Steinkanal« das Wasser 72 Kilometer über Brücken und durch Tunnel bis zur Porta Maggiore. 191000
Kubikmeter Wasser führte die Claudia täglich nach Rom.*

verbot gewissen Personen, sich weiter als bis zum dritten Meilenstein von Rom zu entfernen. Auf ältere Leute ließ er einen Ordenssegen niedergehen, Triumphabzeichen wurden zu Tausenden verteilt. In ein und demselben Edikt konnte er wichtige Staatserlasse verkünden und zugleich der Bevölkerung ein Hustenmittel empfehlen. Kranke und gebrechliche Sklaven, die von manchen Herren auf die kleine Tiberinsel innerhalb Roms, auf die Insel des Äsculap, ausgesetzt wurden, sollten auf Geheiß des Kaisers im Falle ihrer Genesung frei sein.

Die Juden verbannte Claudius aus Rom, »weil sie, von Chrestus aufgehetzt, fortwährend Unruhe stifteten«. Der Name Chrestus wurde schon von den Kirchenvätern oft als Christus gedeutet. Die Vertreibung der Juden aus Rom fiel in das Jahr 49. Die Verurteilung und der Tod von Christus waren aber schon in der Regierungszeit des Tiberius erfolgt.

Germanischen Gesandten erlaubte Claudius, in der »Orchestra« zu sitzen, also auf den besten Plätzen des Theaters. Warum? Als man die Germanen im Amphitheater einmal auf die Plätze gesetzt hatte, die für das Volk bestimmt waren, sahen sie, daß die Parther und die Armenier auf den Senatsplätzen saßen. Stolz erklärten sie, ihre Tapferkeit wie ihr Rang seien um nichts geringer, und setzten sich in die Orchestra. Kaiser Claudius sanktionierte den selbstherrlichen Platzwechsel.

Todesurteile befahl und vollzog der Kaiser mit größter Leichtfertigkeit. 35 Senatoren und mehr als 300 römische Ritter wurden auf einmal hingerichtet. Geistesabwesend wie der Kaiser war, kam es vor, daß er sich schon kurz nach solchen Hinrichtungen nicht mehr an seine eigenen Befehle erinnerte. Er lud die Toten zu Gast und wunderte sich, wenn sie nicht erschienen.

Er selbst hatte immer gewaltigen Appetit. Wenn er nach dem Essen schlafend mit offenem Munde auf dem Rücken lag, mußten Sklaven ihm eine Feder in den Mund stecken, um ihm so die Entleerung seines Magens zu erleichtern. Da er nachts nur sehr kurz ruhte, schlief er meist am hellen Tag bei Gericht ein. Die Anwälte strengten ihre Stimmen während des Plädoyers gewaltig an, aber soviel sie auch schrien, sie konnten den obersten Richter nicht aufwecken.

Unheimliche Einflüsse standen hinter all diesem Treiben des Kaisers: freigelassene Sklaven und Frauen! Unter den Frauen aber dominierte die berüchtigte Messalina.

»Sie fühlte sich durch ihre Buhlschaften gelangweilt, weil sie nirgends auf Widerstand stieß.«   *Tacitus, Annalen 11, 26.*

Kaiser Claudius war hochgewachsen und nicht gerade mager. Er soll in seiner Erscheinung sogar etwas Würdevolles gehabt haben, ganz gleich, ob er stand oder saß. Wenn er auf dem Ruhebett lag, machte er den besten Eindruck. Er pflegte unanständig und laut zu lachen. Wenn er zornig war, trat ihm Schaum vor den Mund. Seine Nase tropfte. Er stieß mit der Zunge an. Und immer zitterte sein Kopf. Dieses Zittern steigerte sich bei Erregung ganz erheblich. Sonst ging es ihm gut, bis auf ein Magenleiden, das ihm oft Schmerzen bereitete.

Seine Lust an Grausamkeiten muß sehr ausgeprägt gewesen sein, denn er verzichtete ungern auf die persönliche Durchführung peinlicher Verhöre. Bei Hinrichtungen ließ er es sich nicht nehmen, selber anwesend zu sein. Einmal packte ihn das Verlangen, einer Hinrichtung »alten Stils« beizuwohnen. Da der Henker ausblieb, ließ er den Verbrecher am Pfahl gebunden den ganzen Tag über warten und blieb selber dabei, bis am Abend ein Ersatzhenker aus der Hauptstadt geholt wurde. Bei Massenhinrichtungen beruhigte er sein Gewissen damit, daß er die Statue des Augustus an der Richtstätte umdrehen ließ, damit der milde Herrscher das Blutvergießen nicht sehe.

Besondere Freude hatte er an den Tierkämpfen und an den Gladiatoren, die sich in der Mittagshitze ohne Schutzwaffen gegenseitig umbringen mußten. Diese Mittagsgladiatoren hießen Meridiani. Die humane Vorschrift des Augustus, daß die Gladiatoren nicht mehr bis zum Tode kämpfen dürften, war längst aufgehoben. Claudius eilte schon frühmorgens zur Arena und blieb auch in den langen Pausen, wenn das Volk zum Essen ging, auf seinem Platz sitzen. Da der Kaiser an den Berufsfechtern nicht genug hatte, verurteilte er wegen kleinster Streitereien auch Bühnenarbeiter, Maschinisten und sonst im Zirkus beschäftigte Leute zum Kampf auf Leben und Tod.

Zu dieser ausgesprochenen Grausamkeit gesellten sich – wie oft bei solchen Naturen – große Furchtsamkeit und ständiges

Mißtrauen. Claudius besuchte nie einen Kranken, ohne daß das Krankenzimmer, die Liege und die Decken vorher sorgfältig durchsucht wurden. Bei Tisch fühlte er sich nur wohl, wenn die Leibwächter mit Lanzen um ihn standen. Jeder, der zum Kaiser kam, mußte sich einer gründlichen Leibesvisitation unterziehen. Erst als man ihm lange Vorhaltungen machte, daß diese Maßnahme unwürdig sei, gestattete er, daß Frauen, Knaben und junge Mädchen unbesehen Einlaß erhielten. Manchmal beklagte sich der Kaiser bitter, daß er nirgends sicher sei.

Die ganze Regierungszeit dieses eigentümlichen Mannes stand vorwiegend unter dem Einfluß von freigelassenen Sklaven und Frauen. Der Kaiser selbst war zeitweilig nur ein Werkzeug der Interessen und Launen dieser zwei Gruppen. Der Eunuch Posides, die Freigelassenen Felix und Harpocras, der Verwalter seiner Finanzen, Pallas, und vor allem sein Kabinettssekretär, Narcissus, trieben die wildesten Intrigen am Hof. Nebenbei wurden sie auch in kurzer Zeit die reichsten Männer Roms.

Zweimal war Claudius verlobt. Emilia Lepida verstieß er noch als Jungfrau, und Livia Medullina verlor er am Hochzeitstag, weil sie schwer erkrankte. Zweimal heiratete er darauf, und beide Male ließ er sich bald wieder scheiden – von der ersten Frau, weil er sich über Kleinigkeiten ärgerte, von der zweiten wegen ihres ausschweifenden Lebenswandels und weil er sie des Mordes verdächtigte.

Danach heiratete er die Tochter seines Vetters Barbatus Messala, Valeria Messalina. Wer war nun diese vielumdichtete Messalina wirklich, deren Name selbst noch in unserer Zeit einen anrüchigen Klang hat?

Als Claudius Kaiser wurde, war sie erst 17 Jahre alt. Sie war also 33 Jahre jünger als ihr kaiserlicher Gemahl. Sie war schlank und wahrscheinlich goldblond, was aber nicht ganz sicher ist, da Juvenal behauptet, sie habe eine Perücke getragen. Sicher war sie sehr leidenschaftlich und jähzornig.

Sie schenkte dem Claudius einen Thronfolger, und das war wohl die einzige positive historische Tat ihres Lebens. Denn was das bedeutete, kann man nur verstehen, wenn man sich daran erinnert, daß weder Caligula noch Tiberius noch Augustus einen leiblichen Thronfolger hatten. Kaiser Claudius war also entzückt. Er nannte den Jungen nach seiner einzigen Kriegstat, der teilweisen Eroberung Britanniens, »Britannicus«.

Messalina aber, die diesen Sproß zur Welt gebracht hatte, konnte sich nun alles erlauben, was ihr in den Sinn kam. Und das tat sie auch. Sie knüpfte Liebesverhältnisse zu allen möglichen und unmöglichen Männern, zu Gladiatoren, Tänzern, zu den schönsten Männern Roms, aber auch zu häßlichen, wenn es ihrer Laune gefiel. Sie nutzte bei diesem Treiben ihre Stellung aus, und wer etwa wagte, sie zurückzuweisen, verfiel ihrer unbarmherzigen Rache. Denn einen Mord in die Wege zu leiten, machte ihr keinerlei Gewissensbisse. Um sich das nötige Kleingeld für ihr Amüsement zu beschaffen, betrieb sie einen schwunghaften Handel mit Bürgerrechtsbriefen, Beamtenstellen und sonstigen Vergünstigungen.

Aber schließlich wird alles einmal langweilig. Bei ihren vielen Liebesabenteuern stieß Messalina immer seltener auf Widerstand, und sie begann sich Lastern zu ergeben, die man bis dahin – selbst in Rom – nicht gekannt hatte.

Claudius ließ das alles völlig kalt. Messalina wandte sich nun dem schönsten Jüngling Roms zu, einem gewissen Gaius Silius, zerstörte dessen Ehe und machte ihn zu ihrem Liebhaber. Silius wußte wohl, wie gefährlich dieses Spiel war. Aber er wußte auch, wie gefährlich es war, sich zu weigern. Er wurde von Messalina reich beschenkt, hoffte im stillen, daß alles ein gutes Ende nehmen werde, und beschloß, zunächst die Gegenwart zu genießen. An heimlichen Liebessachen fand Messalina wohl keinen rechten Geschmack mehr. Es schien ihr interessanter, ganz Rom zu schockieren. Darum wich sie nicht von Silius' Seite, zeigte sich öffentlich in Rom mit ihm und besuchte ihn mit großem Gefolge in seinem Hause. Tacitus berichtet: »Es ging so weit, daß die Sklaven, die Freigelassenen, der ganze Hofstaat des Kaisers sich bei dem Liebhaber zusammenfanden, als sei der Thron bereits auf ihn übergegangen.« Claudius schien vom ehebrecherischen Treiben seiner Gattin mit Silius nichts zu wissen, oder er tat so, als sehe er es nicht. Das führte dazu, daß Messalina und Silius immer tollkühner und verwegener wurden. Silius dachte sich, gegen die Möglichkeit einer Gefahr helfe vielleicht wirkliche Gefahr. Er wollte auch nicht warten, bis der alte Claudius starb. Er beschloß daher, die jetzt 24jährige Messalina zu heiraten und Britannicus zu adoptieren.

In aller Form feierten Messalina und Silius Hochzeit.

Messalina erwartete, daß Claudius sich von ihr scheiden lassen würde. Sie führte jetzt ja eine Doppelehe. Ganz Rom wußte es. Aber der Kaiser tat nichts. Vielleicht fürchtete jeder, ihm diese Ungeheuerlichkeit zu erzählen, und vielleicht ist es wahr, was Tacitus behauptet: Kaiser Claudius habe nichts gewußt.

Messalina Valeria war die Gattin des Claudius. Sie führte in Rom ein berüchtigt liederliches Leben und feierte schließlich Hochzeit mit ihrem Geliebten Silius. 41 n. Chr. wurde sie auf Befehl des Claudius getötet.

Narcissus, der Kabinettssekretär des Kaisers, war nicht nur ein Intrigant, sondern auch ein fähiger Beamter. Ihm paßte das Eingreifen der Messalina in Staatsangelegenheiten schon lange nicht. Als der Kaiser in Ostia weilte, überredete er zwei Mätressen des Claudius, dem Kaiser die Sache mitzuteilen. Calpurnia fiel dem Kaiser zu Füßen: »Messalina hat mit Silius Hochzeit gehalten!« schrie sie. Die zweite Mätresse bestätigte es. Calpurnia schlug dem Kaiser vor, den Narcissus zu fragen. Narcissus sagte: »Weißt du denn nicht, daß du ein geschiedener Ehemann bist? Das Volk, der Senat, das Heer haben Messalinas Vermählung mit Silius erlebt. Wenn du jetzt nicht schnell handelst, dann gehört dem Silius ganz Rom.«

Es war Herbst. Messalina feierte ein ausgelassenes Winzerfest. Sie war jetzt schamloser als je zuvor. Weiber in Tierfellen tanzten als rasende Bacchantinnen. Sie selbst erschien in wallendem Haar, Silius mit Efeu bekränzt. Ein gewisser Valens – auch er ein Liebhaber der Messalina – stieg auf einen Baum: »Von Ostia naht ein schweres Unwetter!« rief er. Und wirklich, von Ostia näherte sich Claudius. Er hatte eine Abteilung Prätorianer bei sich. Narcissus führte das Kommando. Claudius kam aber nicht als mutiger Rächer, sondern er selber zitterte um sein Leben. Er fragte seine Freunde, ob er denn überhaupt noch Kaiser sei. Messalina entschloß sich schnell, ihrem Gatten entgegenzugehen. Jetzt war sie plötzlich ganz verlassen. Silius ließ sich entschuldigen, er habe geschäftlich auf dem Forum zu tun. Auf einem kläglichen Mistwagen fuhr sie auf der Landstraße nach Ostia. Niemand hatte Mitleid mit ihr. Man erinnerte sich nur noch ihrer Laster.

Stumpf brütend saß der Kaiser in seinem Wagen. Sein Kopf wackelte wie immer. Als sich Messalina ihm näherte, sah er einfach über sie hinweg.

Messalina floh mit ihrer Mutter in den Garten des Lucullus. Zum erstenmal in ihrem Leben war sie wirklich ratlos. Sie verlegte sich aufs Bitten. Ihre Mutter riet ihr, sich das Leben zu nehmen, nicht erst auf den Henker zu warten. Aber die Ausschweifungen hatten diese Frau gebrochen. Jeder Funke von Ehrgefühl hatte sie verlassen. Ehe sie sich noch besinnen konnte, waren die Mörder da, von Narcissus beauftragt, schnell ein Ende zu machen. Messalina nahm das Schwert, drückte es erst zitternd an die Kehle, dann an die Brust. Doch sie hatte keinen Mut. Da erstach sie einer der Henkersknechte.

Claudius erhielt die Meldung vom Tod der Messalina, als er gerade tafelte. Man sagte ihm nicht, ob sie sich selber das Leben genommen hatte oder ob sie umgebracht worden war. Er fragte auch nicht. Er ließ sich den Becher reichen und hielt sein übliches Trinkgelage. Doch plötzlich schien er sich an irgend etwas zu erinnern. »Warum kommt denn die Kaiserin nicht zu Tisch?« fragte er.

Vor seinen Soldaten erklärte der 58jährige Kaiser: »Weil ich mit meinen Ehen kein Glück habe, will ich fortan unvermählt bleiben, und wenn ich es nicht bleibe, dürft ihr mich töten.«

Kaum hatte er das ausgesprochen, ging er auch schon wieder auf Freiersfüßen. Er interessierte sich jetzt von neuem für die einst verstoßene Paetina. Er verhandelte mit Lollia Paulina, der früheren Gattin des Kaisers Caligula. Aber schließlich siegte der Ehrgeiz der Julia Agrippina.

Sie war die Tochter seines Bruders Germanicus. Diese ehrgeizige, herzlose und berechnende 33jährige Nichte benutzte ihre nahe Verwandtschaft ausgiebig zu Liebkosungen und Zärtlichkeiten, um den alternden Mann zu entflammen. Eine Verbindung mit Agrippina hätte als Blutschande gegolten. Claudius sorgte daher dafür, daß der Senat ihn »zwang«, Agrippina »zum Wohl des Staates« zu heiraten. Außerdem wurde die Verbindung zwischen Oheim und Bruderstochter gesetzlich erlaubt.

»Rom war wie umgewandelt. Alles ging von jetzt an nach dem Willen der Agrippina. Sie spielte nicht bloß mit dem Staat wie die leichtfertige Messalina. Ihr Regiment war straff und durchaus männlich.« So schildert uns Tacitus in seinen berühmten ›Anna-

Julia Agrippina lebte von 15 bis 59 n. Chr. Im Jahre 49 wurde sie von Claudius geheiratet, der ihr Onkel war. Sie soll an der Vergiftung des Claudius beteiligt gewesen sein, um ihren Sohn Nero auf den Thron zu bringen.

len‹ die Atmosphäre in der Stadt. Agrippina war hinter dem Rücken des Claudius die wahre Herrscherin Roms. Während sich Messalina nicht im mindesten für Politik interessiert hatte, ging es Agrippina nur um Politik. Und Tacitus berichtet uns noch etwas anderes, das Deutschland angeht. Sie war in der »Hauptstadt der Ubier« geboren und sorgte jetzt dafür, daß hier eine Veteranenkolonie gegründet wurde. Nach ihr, nicht nach Claudius, erhielt der Ort im Jahre 50 n. Chr. den Namen Colonia Agrippinensis, das deutsche Köln.

Die neue Ehe war wirklich ein Skandal. Claudius, immer gedankenlos oder geistesabwesend, nannte Agrippina weiterhin sein Töchterchen, sein Pflegekind und fuhr auch fort, in seinen Reden zu bemerken, daß er Agrippina von ihrer Geburt an auf den Armen getragen und aufgezogen habe. Selbst das lasterhafte Rom konnte sich an diese Form der legitimen Blutschande nicht gewöhnen.

Agrippinas Ziel war, ihrem Sohn aus erster Ehe, Nero, die Thronfolge zu sichern. Um das zu erreichen, waren ihr alle Mittel recht. So setzte sie die Verlobung des Nero, der zwölf Jahre alt war, mit Octavia, der Tochter des Claudius, durch. Der kleine Nero war jetzt Stiefsohn und Schwiegersohn des Kaisers. Er stand damit auf gleicher Stufe wie der Thronerbe, Britannicus, Claudius' Sohn. Britannicus wurde immer weiter in den Schatten gedrängt und verängstigt. Nero sollte auf große Aufgaben vorbereitet werden. Er erhielt den berühmten Philosophen Seneca zum Erzieher. Schließlich adoptierte Claudius den Nero und gab ihm den Prinzentitel. Damit hatte Agrippina endlich ihr Ziel erreicht. Es galt nun, das, was man erreicht hatte, zu halten und zu sichern. Vor allem mußte jetzt schnell gehandelt werden, da Agrippina wußte, daß viele Leute am Hofe ihre Pläne durchschauten. Sie wußte auch, daß ihre vielen Verbrechen eines Tages den Sinn des Claudius umstimmen könnten. Sie setzte ihm daher sein Lieblingsgericht, Pilze, vor. Diese Pilze waren natürlich vergiftet. Ein wunderbares Gift benutzte sie, ein Gift, das erst zu Geistesstörungen führte und dann zum Tode. Die berühmte Giftmischerin Locusta mußte helfen, eine in der damals so sittenlosen Gesellschaft Roms vielbeschäftigte Frau.

Claudius soll nach dem Genuß der Pilze die Sprache verloren haben. Er wand sich die ganze Nacht in furchtbaren Schmerzen. Am nächsten Morgen war er tot. Nach einer anderen Lesart hat Claudius das giftige Pilzgericht erbrochen. Gleich darauf brachte man ihm eine neue Dosis Gift bei, entweder durch einen Brei oder durch ein Klistier.

Alle Palasteingänge ließ Agrippina durch Wachen sperren. Damit der unschuldige Britannicus nicht wie ein Hamlet erriet, daß sein Vater umgebracht war, hielt sie den Jungen fest umschlungen, als sei sie außer sich vor Schmerz, als brauche sie Trost.

Am 13. Oktober des Jahres 54 wurden die Tore des Kaiserpalastes aufgerissen. Der 17 Jahre alte Nero trat heraus. Die Soldaten jubelten ihm zu. In den Gassen raunten die alten Weiber, man habe ganz deutlich gehört, wie Claudius in der letzten Gerichtsverhandlung ein über das andere Mal gemurmelt hätte, er habe die Grenze des Zeitlichen erreicht. Und ein Komet habe sich gezeigt. Und der Blitz habe in das Grabmal des Vaters eingeschlagen. Das waren die Vorzeichen des Todes.

»Es sind Schreibtafeln und Hefte in meine Hände gelangt mit sehr bekannten, von seiner eigenen Hand geschriebenen Versen. Man sieht ihnen auf den ersten Blick an, daß sie weder von anderen entlehnt noch nach fremdem Diktat geschrieben sind, sondern von einem, der genau überlegt und aus eigenem Können schafft.«   *Sueton, Nero, 52.*

Agrippina war jetzt 39 Jahre alt. Ihr Leben hatte bis zu diesem Zeitpunkt nur dem einen Ziel gedient, Nero, ihrem Sohn, die Kaiserwürde zu sichern. Sie war die Mitregentin des Claudius gewesen, und jetzt, nachdem sie Claudius ermordet hatte, war sie die eigentliche Regentin von Rom. »Optima Mater« – »die beste Mutter«, so nannte Nero am Abend des 13. Oktober 54 n. Chr. die Frau, an deren Händen sozusagen noch das warme Blut der Mordtat vom Tage zuvor klebte.

»Unser Kaiser ist kein guter Redner«, erzählte sich die Plebs in den Straßen Roms, »er ist der erste Herrscher hier, dem die Reden von anderen aufgesetzt werden.« Man schmunzelte. Einige lachten sogar.

Aber Nero ließ sich nicht beirren. Als Claudius bestattet wurde, hielt er, der von Claudius Adoptierte, der neue Kaiser, die Gedächtnisrede, er, Nero Claudius Augustus Germanicus. Vorher führte er wie sein Vater Domitius den Beinamen Ahenobarbus. Der Vater war nämlich ein Rotbart. Auch auf dem Gesicht des Sohnes wurden jetzt die ersten roten Barthaare sichtbar.

Nero sprach vom hohen Alter der kaiserlichen Familie. Er zählte die Ahnen auf, die Konsulate und die Triumphe. Er erwähnte, daß Rom während der Regierung seines Adoptivvaters im ganzen Weltreich keine Verluste erlitten habe.

Die Senatoren waren gerührt und gaben Nero sogleich den Titel »Vater des Vaterlandes«. Als er diese Ehrung höflich dankend ablehnte und bemerkte, dafür sei er doch zu jung, machte er den besten Eindruck.

Er begann nun von der Umsicht und der Weisheit seines Vorgängers zu sprechen. Das war der Augenblick, in dem das Lächeln durchsickerte. Das war zuviel. Niemand konnte ernst bleiben. Der Klatsch, das Gerücht, die Skandalgeschichten machten in der Gesellschaft Roms schneller die Runde als heute in London, Paris oder Washington. Die Haussklaven erzählten weiter, was sie aufgeschnappt hatten. Ganz Rom hatte ja von der »Weisheit« und von der »Umsicht« des Claudius ausgiebige Kostproben erhalten. Und nun diese schönen Worte aus dem Munde Neros, des Sohnes der Agrippina, über deren Giftmord an Claudius man hinter verschlossenen Türen tuschelte.

Dabei war die Rede vom Philosophen Seneca verfaßt, vom Lehrer, Freund und Ratgeber Neros. Seneca kannte den Zeitgeschmack. Er hatte Talent. Er wußte, was Rom von Nero erhoffte. Die Rede war von Seneca, das war den Leuten bekannt. Nero war nicht in der Lage, eine Rede zu verfassen. Aber nun merkten sie, daß dieser Kaiser auch nicht sprechen konnte. Daß er um so besser singen würde, sollten sie erst später erfahren.

Rom war verwöhnt. Rom hatte die besten Redner gehört, die je auf einem Forum standen. Rom hatte Cicero erlebt. Der Diktator Cäsar war ein Genie in dieser Kunst. Augustus war schlagfertig wie niemand sonst im Weltreich. Er sprach so, wie man es von einem Kaiser erwartete. Tiberius wägte seine Worte sehr sorgfältig ab, sprach immer gehaltvoll, absichtlich etwas doppeldeutig oder hintergründig. Selbst der stotternde Caligula konnte wirkungsvoll reden. Und Claudius imponierte in der Öffentlichkeit durch eine gewählte Ausdrucksweise.

Dieser Nero aber! Welch ein merkwürdiger Jüngling sollte jetzt das Schicksal des Weltreiches in die Hand nehmen! Der meißelte ja, der malte, der nahm Gesangunterricht, der hatte eine geheime Neigung zum Rennsport, ja, er dichtete sogar. Von einem so vielseitigen und hochbegabten Menschen versprach sich Rom herrliche Zeiten, mochte der neue Kaiser nun reden können oder nicht. Immer versprach sich Rom herrliche Zeiten, wenn ein Kaiser nach allen Enttäuschungen, die er Rom bereitet hatte, endlich auf dem Marsfeld bestattet wurde und ein neuer Kaiser die übliche Trauerkomödie zum besten gab.

Nero versprach alles. Er erklärte, daß er mit niemandem verfeindet sei, daß er keine Kränkungen erfahren habe, daß er ohne jedes Rachegelüst den Thron besteige. Er wollte die Günstlingswirtschaft, die Postenjägerei, die Beamtenbestechungen abschaffen. Er wollte keine Kriege führen. Er wollte die Gerichte säubern. Er wollte dem Senat alle Freiheiten lassen. Wie schon sein Vorgänger, so berief auch er sich natürlich wieder auf Augustus, diesen immer noch einzigen aus der Vergangenheit leuchtenden Stern unter den Cäsaren Roms.

Ehe sich Nero an die Verwirklichung seiner schönen Vorsätze machen konnte, galt es aber, eine familiäre Angelegenheit zu regeln. Noch lebte Britannicus, der leibliche Sohn des Kaisers Claudius, der Hamlet, der den Mord an seinem Vater rächen konnte. Und diese Tatsache allein schon bedeutete für Nero Gefahr.

Am Feste der Saturnalien befahl Nero im Kreise von Freunden dem Britannicus, sich zu erheben, in die Mitte zu treten und ein Lied zu singen. Nero war überzeugt, der Knabe würde sich lächerlich machen. Doch Britannicus sang ganz unbefangen ein Lied, das von seiner Verdrängung aus dem Erbe und aus dem Reich des Vaters handelte.

Wahrscheinlich war dies der Augenblick, in dem Nero beschloß, seinen Stiefbruder umzubringen. Er wandte sich an Julius Pollio, Tribun einer Prätorianerkohorte, der die berühmte Giftmischerin Locusta im Gefängnis hielt. Nero erpreßte den Tribun und drohte der Locusta mit Hinrichtung, wenn sie nicht schleunigst wirksames Gift bereiten würde, um »ihm, Nero, Ruhe zu schaffen«. Ein Saft aus besonders starken Giften wurde gebraut, der wirken sollte wie ein Schwerthieb.

Man stellte sich das Bild vor, das uns in allen Einzelheiten von der Geschichte überliefert wurde: Im gleichen Speisesaal wie Nero speisten auch die fürstlichen Kinder, darunter der Knabe Britannicus. Die älteren ruhten beim Essen auf Liegen, die Kinder mußten sitzen.

Da ein Diener zum Kosten aller für Britannicus bestimmten Speisen und Getränke angestellt war, griff man zu einer List, um sich nicht durch den plötzlichen Tod des Dieners zu verraten: Man reichte Britannicus ein sehr heißes Getränk. Der Diener hatte davon gekostet, aber Britannicus wies es als zu heiß zurück. Nun goß man eiligst kaltes Wasser hinzu. Und darin befand sich das Gift. Es drang so schnell in die Glieder des Britannicus, daß seine Stimme gleich aussetzte und sein Atem stockte.

Die Kinder, die neben Britannicus saßen, flohen davon. Die eingeweihten Erwachsenen starrten bewegungslos zu Nero hinüber. Dieser lag ganz bequem da, mit einem Gesicht, als ahnte er nicht das geringste. Völlig ruhig sagte er, das sei wohl wieder so ein epileptischer Anfall, an dem Britannicus seit frühester Jugend leide. Es würde schon besser werden.

Agrippina war starr vor Schreck und Fassungslosigkeit. Vielleicht ahnte sie bereits, daß ihr Sohn auch sie eines Tages mit gleicher Gelassenheit umbringen würde. Octavia, die schon mit zwölf Jahren den damals nur drei Jahre älteren Nero heiraten mußte, hatte längst gelernt, Schmerz, Liebe und jede Gefühlsregung zu unterdrücken.

So nahm denn nach kurzer Pause das Mahl seinen weiteren fröhlichen Verlauf. Britannicus, der letzte männliche Sproß des Claudischen Geschlechtes, war vor den Augen seiner Schwester, seines Stiefbruders und seiner Stiefmutter schweigend in den Tod gegangen, vier Monate nach der Ermordung seines Vaters und der Thronbesteigung Neros.

Für die vollbrachte Leistung sicherte Nero der Locusta Straflosigkeit aller früheren Verbrechen zu, schenkte ihr Grundbesitz und schickte ihr Schüler, die sie in der tödlichen Kunst des Giftbereitens unterrichten mußte.

Nach dieser Mordtat beschenkte der Kaiser großzügig seine nächsten Freunde. Dann widmete er sich dem Volk. Er schaffte drückende Steuern ab oder ermäßigte sie und verteilte eine riesige Geldsumme, 400 Sesterzen pro Kopf der römischen Bevölkerung. Altadligen, Senatoren, die kein Vermögen besaßen, setzte er ein Jahresgehalt aus. Während der ersten Regierungsjahre Neros hatte Rom keine schlechte Zeit. Unter dem Einfluß des Seneca und des tüchtigen Gardepräfekten Burrus wurde in Gesetzgebung und Verwaltung vieles gebessert. Kaiser Trajan hat später die ersten fünf Jahre der Regierung Neros als die glücklichste Zeit des römischen Kaisertums bezeichnet. Hatte er damit recht, so war es vor allem der Tätigkeit Senecas zu danken.

Auch Agrippina überwachte, so gut sie konnte, ihren Sohn und gab ihm passende Ratschläge. Wenn Nero spazierenging, grüßte er die vornehmen Römer mit ihrem Namen. Er machte sich einen Sport daraus, jeden Namen zu behalten. Als der Senat ihm seinen Dank abstatten wollte, antwortete er bescheiden: »Wenn ich ihn verdient habe.«

Damals begann Nero, Gedichte vorzulesen, zuerst nur in seinem Hause, dann auch im Theater. Die Freude aller Anwesenden war ungeheuer groß. Als man ihm ein Todesurteil zur Unterschrift vorlegte, rief er: »Ich wünschte, ich könnte nicht schreiben.«

So menschlich war also der neue Kaiser, so leutselig, so verbindlich im Umgang und noch dazu so künstlerisch begabt. Ja, Nero interessierte sich sehr für das Theater und organisierte die verschiedensten Schauspiele: Jugendspiele, die sogenannten Ju-

Er war rothaarig. Vierzehn Jahre herrschte Kaiser Nero in Rom: von 54 bis 68 n. Chr. Mit fünfzehn Jahren heiratete er die zwölfjährige Octavia. Mit siebzehn Jahren kam er auf den Thron. Nero war ein begabter Dichter.

venalien, Zirkusspiele, Theatervorstellungen, Gladiatorenkämpfe. Von vier Kamelen gezogene Wagen nahmen jetzt an Wettrennen teil. Ein bekannter römischer Adliger soll über Seile, die man von hoch oben straff in die Arena hinunterspannte, auf einem Elefanten geritten sein. Großen Erfolg hatte ein Lustspiel, ›Die Feuersbrunst‹, bei dem jeweils ein Gebäude niedergebrannt wurde. Geschenke wurden an das Volk verteilt: die verschiedenartigsten Vögel, Delikatessen, Anweisungen auf Getreide, Gold, Silber, Edelsteine, Perlen, Kleidungsstücke, Sklaven und Zuchtvieh. Selbst gezähmte wilde Tiere wurden verschenkt. Aber das alles war noch nicht genug für die überströmende »Güte« dieses Herrschers. Er ließ Schiffe verschenken, Grundstücke, ganze Häuserblocks.

Er sorgte dafür, daß bei den Gladiatorenspielen die Kämpfer nicht den Tod erlitten. Plötzlich aber ließ er 400 Senatoren und 600 Adlige zum Schwertkampf antreten. Dieser Kampf mußte blutig geführt werden. »Eine merkwürdige Laune«, entschuldigte das Volk den Kaiser.

Seegefechte wurden angesetzt, bei denen Seeungeheuer im Meerwasser schwammen, Tanzpantomimen mit sehr gewagten Darstellungen. Unter großer Spannung aller Zuschauer machte ein uns unbekannter Ikarus einen ersten Flugversuch, stürzte dabei dicht an Neros Loge ab und bespritzte den Kaiser mit seinem Blut.

Siegerkränze für Beredsamkeit, für Dichtung und Kitharaspiel ließ Nero verteilen. Er selbst nahm den Siegeskranz für Dichtung und Beredsamkeit an, lehnte aber »bescheiden« den Siegeskranz für Kitharaspiel ab. Bei den Gerichtsverhandlungen ließ er sich

Der Bronzehelm mit dem geschlossenen Visier ist ein stummer Zeuge der kostspieligen Festspiele, an denen sich die Kaiser wie das römische Volk nicht satt sehen konnten.

den Fall von den Parteien mündlich vortragen. Das Urteil verkündete er immer erst am nächsten Tage, und zwar schriftlich. Für Rom erfand er eine ganz neue Bauart. Vor allen Häusern mußten Arkaden angelegt werden, damit man von ihren flachen Dächern die Brände löschen konnte. Feuersbrünste waren ja eine ständige Gefahr in Rom. Die Säulengänge baute Nero auf seine Kosten.

Er versuchte auch, den überhandnehmenden Luxus der reichen römischen Gesellschaft einzuschränken. Öffentliche Festessen sollten nur aus einer bestimmten Zahl von Gängen bestehen, und in den Schenken durfte nur noch kalter Imbiß verkauft werden, nicht mehr Gekochtes.

Der römische Historiker Sueton bringt in seiner Schilderung des jungen Kaisers und dieser Zeit ganz unvermittelt einen hochinteressanten Satz. Unter den »anerkennenswerten« Maßnahmen des Kaisers Nero zählt er auch die Todesstrafe auf, die über Christen verhängt wurde. Die Christen nennt er »Christiani, eine Sekte, die sich einem neuen gemeingefährlichen Aberglauben ergeben hatte«. Wir stehen hier vor dem ersten eindeutigen Zeugnis des Heiden Sueton über die Christen.

Auf den ernsthaften Willen, Mißstände zu beseitigen, deuten einige Gesetze Neros hin. Sie beweisen auch, wie eingehend sich Nero mit der Sache befaßt haben muß. Er erließ sinnvolle Verordnungen, die Urkundenfälschung, Erbschleicherei und Fälschung von Testamenten verhindern sollten.

An Eroberungszügen hatte der junge Kaiser keinerlei Interesse. Das beruhte teils auf dem Einfluß des weisen Seneca, teils entsprach es auch dem Charakter Neros, der nicht nur ein Narr und Scharlatan war, sondern wirklich künstlerische Fähigkeiten besaß.

Bei aller lächerlichen Prahlsucht, bei der geradezu grotesken Eitelkeit, bei dem krankhaften Ehrgeiz des Kaisers, als Künstler und Genie zu gelten, blieb er fast immer ein Pedant in der Einhaltung der Spielregeln bei den Wettkämpfen. Wo er zugunsten seiner eigenen Leistungen die Regeln verfälschte, bemühte er sich, wenigstens vor sich selber den Schein zu wahren.

Die spätere Geschichtsschreibung und besonders die Romandichtung haben dem Kaiser, der durch seine krankhaften Veranlagungen wie ein Auswurf der Hölle erscheint, auch jede nennenswerte Fähigkeit zum Dichten abgesprochen. Nero scheint aber in Wahrheit mühelos gedichtet zu haben. 30 bis 50 Jahre nach dem Tode Neros erwähnt Sueton, er habe selber Schreibtafeln und Papyrusrollen gesehen, die sehr bekannte und von Neros eigener Hand geschriebene Verse enthielten. Er, Sueton, habe an den Verbesserungen und Streichungen sofort erkannt, daß diese Verse weder abgeschrieben noch diktiert sein könnten, sondern von einem Menschen stammten, der genau überlege und aus eigenem Können schaffe. Selbst in der Malerei und Bildhauerkunst soll sich Nero mit nicht geringer Begabung versucht haben.

Hier mag eine der Wurzeln seines pathologischen Strebens nach Beifall liegen: Wäre er ganz unbegabt gewesen, so hätte sich seine Sucht nach Anerkennung nicht bis zum Wahnsinn steigern können. Da er aber offenbar ständig von einem künstlerischen Impuls getrieben wurde, was uns die Historiker oft verschweigen, da er nach und nach Schmeichelei und wahre Anerkennung nicht mehr unterscheiden konnte, da er mit der Zeit auch sein Triebleben nicht mehr mit dem Verstand zu zügeln vermochte und da ihn die Voraussetzungen jeder Kunst allmählich verließen – Maß, Selbstdisziplin, Bescheidenheit, Ehrfurcht, Selbstkritik und Gläubigkeit –, war dieser Nero schließlich nur noch die im Halbwahnsinn taumelnde Fratze eines Künstlers und Diktators.

Neropolis! So wollte Nero die Hauptstadt des Römischen Reiches nennen. Den Monat April taufte er in Neroneus um. Seine Ruhmsucht war krankhaft. Er wollte unsterblich sein.

Der Verfasser.

Gleich nach seiner Thronbesteigung verpflichtete Nero den Musiker Terpnus an seinen Hof, einen jener Sänger, die sich stehend auf der Kithara begleiteten. Die Kithara war ein der Leier ähnliches Instrument und wurde in der Hand gehalten. Unser Wort Zither stammt von dem lateinischen »cithara«, und die »cithara« ist der persischen »sithtar« entlehnt, einem Instrument mit drei Saiten.

Terpnus war der größte Kitharavirtuose seiner Zeit. Allnächtlich bis zum Morgengrauen ließ sich Nero von ihm vorsingen. Der gefährliche, launische Kaiser nachts im stillgewordenen Palast und der Kitharaspieler mit der herrlichen Stimme – es ist eine Szene wie am Hof des ersten Königs von Israel, Saul, dem der junge David vorsingen muß.

Nero begann bald selber, Gesang zu studieren und das Kitharaspiel zu erlernen. Er befolgte gewissenhaft alle Anweisungen seines Lehrers. Zur Kräftigung seiner Stimme lag er stundenlang auf dem Rücken, mit Bleiplatten auf der Brust. Er befreite sich von allen dem Gesang hinderlichen Schlacken durch Abführ- und Brechmittel und enthielt sich auch aller Speisen, von denen man damals glaubte, daß sie der Stimme abträglich seien. Monatlich legte er Fasttage ein, an denen er nicht einmal Brot aß, um seine Kehle zu schonen.

Wir haben schon gehört, daß Nero kein guter Redner war. Seine Stimme reichte nicht aus und hatte etwas Dumpfes. Doch Menschen, die körperlich irgendwie behindert sind, entwickeln oft einen besonderen Ehrgeiz gerade in der Richtung ihrer schwächsten Anlage. So auch Nero. Er wollte singen. Er übte außerordentlich fleißig. Ihn zog es zur Bühne, er wollte vor aller Öffentlichkeit singen. »Keinen Wert hat Musik, die im verborgenen blüht«, sagte er.

Nun war aber das spöttische, verwöhnte, kritiklustige Rom

nicht der geeignete Ort für einen ersten Auftritt. Darum sang Nero öffentlich zum erstenmal in Neapel. Die angesehensten Bürger wurden in das Theater eingeladen, die ganze Society der Stadt. Das Gerücht vom Auftritt des Kaisers lockte auch Neugierige aus den Nachbarstädten an. Und als das neapolitanische Theater immer noch nicht voll war, erhielten einige Kompanien Dienstbefehl, zu erscheinen.

Nach Ende der Vorstellung, als alle schon das Theater verlassen hatten, wurde die Stadt von einem Erdbeben erschüttert. Das Theater brach zusammen. Nero sah darin ein Zeichen göttlicher Vorsehung und setzte seine Tournee fort.

Um seine Gesundheit und vor allem seine Stimme zu schonen, begab sich der Kaiser in ein Bad. Lange hielt er es dort nicht aus. Ihn zog es wieder zum Theater. Er speiste mitten unter den Schauspielern. Er meinte, er wolle schnell durch einen guten Schluck seine Kehle ölen, dann würde er mit der ganzen Macht seiner Stimme ein Lied zum besten geben. Da Gäste aus Alexandria besonders laut Beifall spendeten, ließ Nero noch weitere Schiffsladungen von Alexandrinern kommen.

Nach und nach war dem Kaiser keine Art des Beifalls stark genug. Er ließ junge vornehme Römer zum Beifall abrichten. Er wählte außerdem 5000 kräftige junge Männer aus dem Volk und teilte sie in einzelne Gruppen. Jede Gruppe war auf eine bestimmte Art des Beifalls trainiert: Klatschen mit hohler Hand, nach dem hohlen Dachziegel »imbrix« genannt, Klatschen mit flacher Hand, »testa« genannt wie der flache Mauerstein, und »bombus«, das Beifallsummen der Bienen. Die Claqueure waren auffallend schön gekleidet und frisiert. Den Ritterring, der das Klatschen behindert hätte, mußten sie ablegen. Ihre Anführer erhielten eine Gage von 400000 Sesterzen, also rund 80000 Mark.

Um auch in Rom zu singen, veranstaltete Nero dort ein »Konzert«, was ursprünglich »Wettkampf« bedeutete. Es war ein großes Turnier nach griechischem Muster mit Musik, Gesang, Dichtkunst, Rede, Leichtathletik, Wagenrennen, Reiten. Diese Wettkämpfe nannte er Neronia. Sie sollten alle fünf Jahre stattfinden. Nero baute dafür Thermen und ein Gymnasium. Ungeduldig setzte er sich in die Orchestra, also in die Stuhlreihen für die Senatoren, und ließ sich vom großen Theaterrund bitten, seine himmlische Stimme hören zu lassen. Wie alle Kitharaspieler zog er sein Los aus der Urne und trat, als er an der Reihe war, auf die Bühne. Offiziere seiner Leibwache trugen seine Kithara. Er hielt, wie es vorgeschrieben war, eine einleitende Rede und ließ dann durch den ehemaligen Konsul Rufus verkünden, er werde die ›Niobe‹ singen. Er sang sehr lange, etwa von mittags bis vier Uhr nachmittags. Um noch recht oft singen zu können, verschob er die Verteilung der Siegerkränze und den Rest der Wettkämpfe auf das nächste Jahr.

Bald begann Nero, auch in Tragödien mitzuspielen, mit Kostüm und Maske. Er sorgte dafür, daß die Masken der Götter, Helden und Heldinnen seine Gesichtszüge trugen oder das Antlitz seiner jeweiligen Geliebten. Nero spielte den Muttermörder Orest, den geblendeten Ödipus, den rasenden Herkules. Dann wandte er sich dem Pferdesport zu. Zuerst begnügte er sich mit Pferdchenspielen auf dem Tisch. Später besuchte er heimlich die Rennen in Rom, und schließlich erklärte er ganz offen, daß er große Lust habe, an Rennen teilzunehmen und die Zahl seiner Siegespreise zu vermehren. Er übte anfangs in seinen Gärten vor Sklaven, und schließlich zog er als Rosselenker in den Circus Maximus.

Die ganze Welt kannte jetzt Neros Schwäche für Siegeskränze. Alle griechischen Städte, in denen musische Wettkämpfe stattfanden, übersandten ihm daher die Siegeskränze sämtlicher Kitharasänger. »Nur die Griechen haben ein feines Ohr für Musik. Sie allein verdienen, sich an meiner Kunst zu laben«, sagte Nero und reiste nach Griechenland. Er besuchte sämtliche Festspiele, und wo diese bereits stattgefunden hatten, wurden sie eben noch einmal gefeiert.

Wenn Nero zu singen begann, durfte niemand das Theater verlassen. Frauen kamen nieder, und das erste, was die Neugeborenen vernahmen, war die Stimme ihres Kaisers. Männer, die den Gesang einfach nicht mehr ertragen konnten, sprangen heimlich über die Mauern. Andere stellten sich tot und wurden als Leichen aus dem Theater herausgetragen. Während der Neronien im Jahre 65 n. Chr. kamen viele Menschen infolge des Gedränges, der Hitze und der schlechten Luft um.

Vor dem Auftreten war der kaiserliche Künstler immer sehr besorgt und nervös. Er sprach mit den Kampfrichtern und ermahnte sie, möglichst den blinden Zufall auszuschließen. Dann befolgte er alle Kampfregeln sehr gewissenhaft, fast ängstlich, rief sich aber gern als Sieger aus, wenn man ihm den Lorbeerkranz zubilligte. Um die Erinnerung an frühere Sieger bei den Kampfspielen auszulöschen, ließ er deren Statuen und Büsten in die Latrinen werfen.

Während eines Rennens wurde Nero einmal aus dem Wagen geschleudert. Man hob ihn wieder hinein, aber er konnte das Rennen nicht durchhalten. Dennoch erhielt er den Preis. Das war in Olympia, in Griechenland. Man hatte die Olympischen Spiele, die seit 800 Jahren regelmäßig alle vier Jahre stattfanden, ihm zuliebe um zwei Jahre verschoben, bis er nach Griechenland kam. Bei seiner Abreise beschenkte er die ganze Provinz Achaia und gab ihr Steuerfreiheit. Dabei hielt er in Korinth eine Ansprache, die uns durch eine Inschrift zufällig im Wortlaut erhalten ist. Darin stehen die bezeichnenden Sätze: »Meine Hochherzigkeit, ihr edlen Griechen, läßt zwar immer schon das Beste erhoffen, aber euch schenke ich eine Gnade, die ihr nie geahnt hättet. Ihr erhaltet die Freiheit, wie ihr sie nicht einmal in euren glücklichsten Zeiten hattet, weil ihr euch immer gegenseitig besiegt habt. Andere Herrscher haben Städten die Freiheit geschenkt. Einem ganzen Land Freiheit geben, das kann nur Nero.«

Gewiß, diese Rede spiegelte Neros übergroßes Selbstbewußtsein. Für ein feines griechisches Ohr war sie sogar beleidigend. Und das ganze war doch nur Theater. Aber es war erstklassiges und sogar ernstgemeintes Theater. Nero bewunderte und verehrte einfach alles Griechische. Er liebte die Griechen, und er war überzeugt, daß ihr auserlesener Geschmack, ihre Wettspiele, ihr Theater, ihre Künste und ihr Kunstverständnis von keinem Volk dieser Erde erreicht seien. Diese sicherlich ehrliche Überzeugung krönte der Kaiser durch das Geschenk der Freiheit an die Griechen und sicherte sich damit ihre lange anhaltende Zuneigung. Ja, Nero erschien den Griechen nach seinem Tode geradezu als Retter und Wohltäter, und sie hielten ihn göttlicher Verehrung für würdig. In der Not ihrer späteren Geschichte erwarteten sie seine Wiederkehr, denn sie wollten nie so recht glauben, daß dieser Griechenfreund tot sein könne. Nero, der sein Leben lang nach Unsterblichkeit und ewigem Ruhm gestrebt hatte, fand durch die Griechen wenigstens eine postume Erfüllung seiner Sehnsucht!

Von seiner Sendung als Künstler, Schauspieler, Dichter und Sänger war Nero zutiefst überzeugt, und die jüngste Forschung [zum Beispiel M. P. Charlesworth] neigt dazu, Suetons Zeugnis seiner großen Fähigkeiten auf diesen Gebieten für durchaus glaubhaft zu halten. Sowohl Sueton wie auch Tacitus haben ja durch ihre Schriften bewiesen, daß sie sonst nicht gerade Verehrer dieses eigentümlichen Kaisers waren. Man kann ihnen also ein paar positive Bemerkungen ruhig glauben.

Im Triumphwagen des Augustus zog Nero in Rom ein, im Purpurgewand und in einem griechischen Mantel, bestickt mit goldenen Sternen, den olympischen Siegeskranz auf dem Haupt, einen zweiten, den pythischen, in der Hand. Die heiligen Siegeskränze wurden in seinem Schlafzimmer rings um sein Lager gruppiert. Um seine Stimme nicht zu »vergeuden«, verkehrte er mit seinen Soldaten nur noch schriftlich. Er ließ sich ständig von einem Stimmbildner begleiten, der ihn fortwährend daran erinnern mußte, seine Lungen zu schonen oder ein Tuch vor dem Mund zu tragen. Heimlich und verkleidet schlich er sich nach Eintritt der Dämmerung in üble Kneipen, verprügelte auf der Straße Leute, die von Besuchen heimkehrten, ließ sie in die Kloaken werfen, erbrach und beraubte Läden. Die Beute versteigerte er in seinem Hause. Einmal, als er sich der Gattin eines Senators unsittlich näherte, wurde er fast totgeprügelt. Von diesem Tag an ließ er sich immer von Soldaten begleiten, die ihm in einiger Entfernung folgten.

Vom Mittag bis zur Mitternacht dehnte er seine Mahlzeiten aus. Zwischendurch erfrischte er sich durch warme oder kalte Bäder, je nach dem Wetter. Freudenmädchen und Tänzerinnen aus der ganzen Stadt bedienten ihn beim Tafeln. Wenn er auf dem Tiber nach Ostia fuhr, wurden unterwegs an den Ufern Stätten der Unzucht für ihn eingerichtet.

Neros Mutter, Agrippina, beobachtete das alles und tadelte oft das Treiben des Sohnes. Er hatte jetzt eine freigelassene Sklavin, Claudia Acte, zur Freundin. Octavia war zwar immer noch seine Gemahlin, aber er beachtete sie kaum. Als Nero davon sprach, Acte eventuell zu heiraten, machte Agrippina ihrem Sohne eine Szene. Man muß bedenken, daß Vornehme keine rechtsgültige Ehe mit Freigelassenen eingehen durften. Nero verbreitete deshalb, Acte stamme aus königlichem Geschlecht. Obwohl er sie nie heiratete, war sie ihm bis zu seinem Tode treu und wurde an seiner Seite beigesetzt.

Während Nero mit Acte eng befreundet blieb, machte er sich an die schöne und gescheite Poppäa Sabina heran. Ihren Mann, der ihn zu dem Verhältnis angestiftet hatte, sandte er als Statthalter nach Lusitanien, dem heutigen Portugal. Als Nero mit der ehrgeizigen Poppäa Sabina immer vertrauter wurde und Poppäa sich bemühte, an Octavias Stelle zu treten und Nero zur Scheidung zu bringen, wurden die Auseinandersetzungen des Sohnes mit der Mutter immer schärfer, und es kam schließlich zum Bruch. Agrippina und Poppäa haßten einander. Nur eine

Poppäa Sabina wurde Geliebte des Nero und verleitete ihn zum Mord an seiner Mutter, Agrippina, und seiner Gemahlin Octavia. 62 n. Chr. wurde sie seine Gattin, drei Jahre später verletzte er sie tödlich, weil sie ihn ausschalt, als er sehr spät heimkehrte.

von ihnen konnte Nero beherrschen. Eine von ihnen mußte fallen.

Nero faßte den Plan, seine Mutter zu töten. Sie zu vergiften war schwierig, da sie ihren Haushalt gut übersah und nur zu Hause speiste. So ließ er sie auf ein Schiff locken und das Schiff untergehen. Agrippina gelang es jedoch, sich schwimmend an das Ufer zu retten. Gleich teilte sie ihrem Sohn mit, daß sie lebe, obschon jeder wußte, daß Nero sie töten wollte. Die beiden Staatsberater des Kaisers, Burrus und Seneca, der immer ein Gegner der Agrippina gewesen war, wurden zu Rate gezogen. Burrus lehnte es ab, den Soldaten, den Prätorianern, den Mordauftrag zu geben. Beide empfahlen, den Mord dem freigelassenen ehemaligen Lehrer des Nero, Anicetus, zu übertragen. Agrippina wurde umstellt, ihre Diener wurden niedergemacht und sie selbst getötet. Es war der 20. März 59 n. Chr. Als die 54jährige Herrscherin das Schwert über sich sah, rief sie: »Triff den Leib, der Nero zur Welt brachte!«

Mehrmals hatte Nero versucht, seine junge Frau Octavia zu erdrosseln. Schließlich ließ er sich – auf Drängen der Poppäa – von ihr scheiden und behauptete, sie sei unfruchtbar. Dann befahl er, sie wegen ehelicher Untreue zu ermorden. Bei der richterlichen Untersuchung beteuerten alle Zeugen Octavias Unschuld. Nero stiftete seinen früheren Erzieher Anicetus an, als Belastungszeuge aufzutreten und auszusagen, er habe Octavia mit List entehrt. Der kaum 20jährigen Octavia wurden die Adern aufgeschnitten. Aber das Blut wollte nicht fließen. Da erstickte man sie im Dampfbad.

»In Schmach und Schande lebe ich«

»Man sah nichts als Feuer an Feuer und hörte nichts als: ›Da brennt's, dort brennt's! Wo? Wie? Wer hat es angelegt? Hilfe!‹ Alles kam überall in furchtbare Verwirrung. Alles rannte wie verrückt dahin und dorthin … Gräßlich schrien und heulten alle durcheinander, Kinder, Frauen, Männer, Greise, so daß man vor Rauch und Geschrei nichts hören und sehen konnte.«

Cassius Dio, Römische Geschichte, Buch 22, Kap. 16.

Geld, so meinte Nero, habe nur dann einen Sinn, wenn man es verschwenderisch ausgebe. Daher bewunderte er auch seinen Oheim Caligula, weil dieser die großen von Tiberius hinterlassenen Schätze in so kurzer Zeit vergeudet hatte.

Unsummen gab der Kaiser für seine Bauten aus. Die Vorhalle des »Goldenen Hauses«, das er als Kaiserpalast erbaute, war so gewaltig, daß darin seine 35 Meter hohe Kolossalstatue stehen konnte. Die aus drei Säulenreihen bestehende Halle war 1480 Meter lang. Ein Teich befand sich darin, von Bauten umgeben, die Städte vorstellen sollten. Dazu Kornfelder, Weinberge, Viehweiden, Wälder mit zahmen und wilden Tieren, alles im Inneren dieser Säulenhalle. Die Speisezimmer hatten getäfelte Decken, und bewegliche Elfenbeinplatten enthielten Röhren, die wohlriechendes Wasser über die Gäste versprengten. Bäder mit Meerwasser und Quellwasser wurden angelegt, ein Luxus, wie ihn selbst Rom noch nicht gekannt hatte! Als der Bau vollendet war, sagte der Kaiser: »Jetzt fange ich endlich an, wie ein Mensch zu wohnen.«

Erst um 1500 – vor rund 400 Jahren – wurde Neros »Goldenes Haus« entdeckt. Die Römer nannten die mächtigen Räume »Grotten«. Die Wandgemälde, die in ihrem Stil von den damals üblichen kirchlichen Malereien stark abwichen, nannten die Italiener »grotesk«, das heißt »wie in den Grotten«. Vom italienischen »grotesko« stammt also unser Wort grotesk, ein Ausdruck, für den somit letzten Endes Nero verantwortlich ist.

Da es in Rom nicht genug Arbeiter gab, um alle Baupläne des Kaisers durchzuführen, befahl er, die Gefangenen des ganzen

Das »Goldene Haus« des Nero wurde erst in der Renaissance wiederentdeckt. Die bis an die Wölbungen mit Schutt angefüllten Räume nannte man damals »Grotten«, und die Motive der Wandmalereien regten die Maler der Renaissance zu ihren »Grotesken« an. Das ist der eigentliche Ursprung unseres Wortes »grotesk«.

Unheimliche Gänge ohne Ende. Die gewaltigen Hallen und Gänge des »Goldenen Hauses«, das sich Nero in Rom bauen ließ, nahmen eine zehnmal so große Bodenfläche ein wie das riesige Kolosseum, das 87 000 Menschen faßte und später über Neros Palast und seinen Gärten errichtet wurde. Kaiser Trajan begrub einen Teil der Bauten Neros unter Thermen.

*Der achteckige Saal mit der Kuppel in Neros »Goldenem Haus«. Privat-
gemächer, Gesellschafts- und Empfangsräume, herrliche Bäder, Kolonnaden, künstliche Seen – das alles ließ Nero mit viel Kosten bauen, »um
endlich wie ein Mensch zu leben«.*

Weltreiches nach Italien zu bringen und in Zukunft Verbrecher
nur noch zu Zwangsarbeit zu verurteilen.

Es dauerte nicht lange, da waren alle Geldmittel der Staatskasse
erschöpft. Man mußte die Lohnzahlungen an die Soldaten, die
Pensionen an die Veteranen aussetzen. Nero verlegte sich jetzt
auf kleine Räubereien. Der Nachlaß aller, die den Kaiser in ihrem
Testament nicht bedacht hatten, verfiel fortan dem Fiskus. Die
meisten Ämter vergab er nur noch gegen Geld. »Ihr wißt, was ich
brauche«, pflegte er zu sagen, »wir müssen darauf achten, daß
niemand etwas behält.« Zuletzt vergriff er sich selbst an den
Weihegeschenken im Tempel. Silberne Götterbilder schmolz er
ein.

Eines Tages mußte auch Poppäa, die er inzwischen geheiratet
hatte, das Schicksal erleiden, das sie Octavia so sehr gegönnt
hatte. Als sie schwanger war, tötete Nero sie mit einem Fußtritt.

Es gab damals kaum noch irgendwelche nahe oder entfernte
Verwandte, die Nero nicht umzubringen trachtete. Seinen Leh-

rer Seneca zwang er, sich selber das Leben zu nehmen. Seneca ahnte längst, daß eines Tages die Mordlust des Kaisers auch ihn töten würde. Er reichte Urlaubsgesuche ein, er bot sein ganzes Vermögen dem Kaiser an, aber Nero versicherte ihm immer wieder, er mache sich grundlos Sorgen, er, Nero, wolle lieber selber sterben, als ihm etwas Böses zufügen. Dem zweiten Staatslenker, Burrus, schickte er ein Mittel gegen Halsweh. Burrus war auf der Stelle tot. Daß Nero den berühmten Corbulo, seinen fähigsten General, der die ganze römische Ostgrenze vom Kaukasus bis zum Euphrat verteidigt hatte, aus purer Eifersucht zum Selbstmord zwang, versteht sich von selbst.

Als eines Tages eine Verschwörung gegen den Kaiser aufgedeckt wurde, steigerte sich Neros Blutdurst zum Wahnsinn. Dreifach gekettet mußten die Verschwörer zur Untersuchung erscheinen. Einige bekannten ihr Vorhaben sofort. Andere rühmten sich sogar, man könne Nero nichts Besseres antun, als ihn umzubringen. Nicht nur die Verurteilten, sondern auch deren Kinder wurden durch Gift oder Hunger getötet. Und nun kannte die Mordlust des Kaisers weder Maß noch Ziel. Aus den nichtigsten Gründen wurden Römer ums Leben gebracht. Ein gewisser Thrasea wurde zum Selbstmord verurteilt, »weil er die finster-mürrische Miene eines Pädagogen« zeigte. Wer nicht selber Schluß machte, wurde von Neros Ärzten »in die Kur genommen«. So nannte Nero das Öffnen der Adern. Man sagt sogar, der Kaiser habe große Lust verspürt, einem berüchtigten Vielfraß, einem Ägypter, der rohes Fleisch und überhaupt alles zu verschlingen gewohnt war, lebende Menschen zum Zerfleischen vorzuwerfen. »Kein Fürst hat vor mir gewußt, was er sich alles erlauben kann«, bemerkte Nero stolz und wohlgefällig.

Da dem Kaiser die alten Bauwerke und die engen gewundenen Gassen Roms nicht mehr gefielen, ließ er die Stadt in Brand stecken. Jeder wußte, daß der Kaiser selber der Brandstifter war. Seine Diener, die man mit Pechfackeln in den Häusern ertappte, wagte man nicht anzurühren. Sechs Tage und sieben Nächte wütete das Feuer. Zwei Drittel Roms brannten nieder. In Grüften, in Denkmälern, in Tempeln suchte das Volk Schutz. Die großen Paläste, viele Göttertempel, die meisten Sehenswürdigkeiten der Stadt wurden ein Raub der Flammen. Nero schaute vom Turm am Palast des Mäcenas auf dem Esquilin zu. Von Freude über die Schönheit der Flammengluten übermannt, sang er ein Lied von Iliums Eroberung und sagte, nun könne er sich den Brand von Troja erst richtig vorstellen. Um aus dieser Katastrophe möglichst viel Geld zu gewinnen, übernahm Nero selber das Wegräumen von Schutt und Leichen. Niemand durfte die Trümmer seines Eigentums betreten. Das Vermögen aller Privatleute ruinierte er durch die Aufforderung, »freiwillig zu spenden«.

Breite Straßen wurden jetzt angelegt. Die Häuser durften nur noch bis zu einer vorgeschriebenen Höhe gebaut werden. Vor den Mietshäusern versprach Nero Säulengänge zu errichten. Die Wasserleitungen wurden unter Aufsicht gestellt, damit nicht jeder planlos ableitete, soviel er wollte. Und die Bereitstellung von Löschgeräten im Vorhof jedes Hauses wurde zur Pflicht gemacht. Die Stadt wurde etwas schöner, aber die Römer waren nicht zufrieden. Sie meinten, die engen Gassen mit den hohen Häusern seien kühler gewesen als die breiten schattenlosen Straßen, in denen die Hitze unerträglich schien. Sie argwöhnten auch, daß Neros teilnehmender Wiederaufbauwille nur seine furchtbare Tat, die Brandstiftung, tarnen sollte. Das schreckliche Gerücht, der Kaiser selber habe die Stadt anzünden lassen, gespensterte wie eine böse Krankheit von Haus zu Haus. Um das gefährliche Geflüster zu ersticken, schob Nero die Schuld auf die Christen. Tacitus, der um 55 n. Chr. in Norditalien geboren wurde, hat uns in diesem Zusammenhang eine der ältesten nichtchristlichen Urkunden über Jesus geschenkt. Sein Zeugnis ist deshalb so wertvoll, weil es sehr bestimmt ist und weil es von einem Römer stammt, der die Christen für eine Sekte von Verbrechern hielt. Im 15. Buch, Kapitel 44 seiner ›Annalen‹ heißt es: »Dieser Name [Christen] stammt von Christus, den der Prokurator Pontius Pilatus unter der Regierung des Tiberius zur Todesstrafe verurteilt hatte. Der abscheuliche Irrglaube, der eine Zeitlang unterdrückt worden war, machte sich aber bald wieder breit, nicht nur in Judäa, wo er entstanden ist, sondern auch in Rom, wo alle schrecklichen und hassenswerten religiösen Kulte der Welt zusammenströmen und Anhänger finden.«

Der römische Historiker berichtet dann weiter – ein wenig von oben herab –, man habe die Leute, die sich offen als Christen bekannten, verhaftet. Man überführte sie zwar nicht der Brandstiftung, legte ihnen aber »Haß gegen das menschliche Geschlecht« zur Last. Nero machte die Christenverfolgung zum Fest. In Tierhäuten eingenäht, wurden die Gläubigen von Hunden zerfleischt, ans Kreuz geschlagen oder angezündet, um »als Fackeln« zu dienen. Tacitus deutet an, daß sich schon damals unter den Römern Mitleid mit den Christen zu regen begann,

»obwohl sie doch schuldig waren und härteste Strafe verdient hatten«. Aber sie wurden Opfer der Grausamkeit eines Einzelnen, Opfer des Nero, und an ihrem Tode hatte eigentlich niemand Freude außer dem Kaiser, der seine eigenen Gärten für das Schauspiel der Christenverbrennung öffnete.

Es ist interessant, sich den Mann vorzustellen, der an der Grenze des Wahnsinns so eigenmächtig regierte. Nero war mittelgroß. Sein Körper war mit Flecken bedeckt, und er roch – wie Sueton ausdrücklich hervorhebt – übel. Sein Haar war rotblond und nach Weiberart in Locken frisiert, was man als Skandal empfand. Sein Gesicht war nicht unschön. Aus blaugrauen, sehr kurzsichtigen Augen schaute der Kaiser etwas ängstlich auf diese merkwürdige Welt, die sich alles von ihm gefallen ließ. Stiernakkig war Nero, und sein Bauch trat stark hervor. Dieser schwere Oberbau wurde von überaus dünnen Beinen getragen. Wahrscheinlich hatte der Kaiser eine sehr robuste Gesundheit. Trotz seines ausschweifenden Lebens war er in den 14 Jahren seines Kaisertums nur dreimal krank.

14 Jahre hatte die Welt diesen Herrscher ertragen. Am achten Jahrestage der Ermordung seiner Mutter erfuhr er von einem Aufstand der Gallier unter Führung von Julius Vindex. Nero verhielt sich merkwürdig passiv, als ahne er bereits seinen Sturz und seinen Tod, als könne er das Ende sowieso nicht abwenden. Als er aber erfuhr, daß auch ganz Spanien abgefallen sei, fiel er in Ohnmacht und blieb wie tot liegen. Er kam zur Besinnung, zerriß seine Kleider, schlug sich vor den Kopf und rief: »Es ist aus mit mir!« Seine alte Amme bemerkte, auch anderen Herrschern sei ähnliches passiert. »Niemals«, sagte Nero, »mein Unglück ist noch nie dagewesen, ich verliere meinen Thron, während ich noch lebe!«

Er ergriff seine zwei teuersten Kristallbecher und warf sie zu Boden.

Der Kaiser plante jetzt, den ganzen Senat zu vergiften, alle Heerführer ermorden zu lassen, Rom noch einmal in Brand zu stecken und gleichzeitig die wilden Tiere auf das Volk loszulassen, um alle Löschmaßnahmen zu verhindern.

Dann wieder brütete er vor sich hin. Er gab bekannt, er werde von seiner Kunst leben, wenn er die Herrschaft verlieren würde. Er wolle nach Alexandria fahren, wo man für Kunst Verständnis habe. Dort wolle er nur noch Sänger und Kitharaspieler sein ... Aber bald verwarf er auch diesen Plan. Er wollte dem rebellischen Heer der Gallier allein entgegentreten, um sie durch sein herzerschütterndes Weinen umzustimmen. Am nächsten Tage wollte er dann Siegeslieder vortragen. Und sofort machte er sich daran, die Texte für diese Lieder zu verfassen.

Jetzt fielen auch die übrigen Heere von ihm ab. Nero zerriß die Hiobsbotschaften in kleine Stücke. Von der berühmten Giftmischerin Locusta ließ er sich ein Gift bereiten. Dann hatte er doch keinen Mut, es zu nehmen. In Trauerkleidern wollte er vor das Volk treten und es um Verzeihung für sein ganzes Leben anflehen. Nach seinem Tode fand man eine vollkommen ausgearbeitete Rede dieser Art.

Gegen Mitternacht wurde er plötzlich aus dem Schlaf gerissen. Seine Leibwache hatte ihn verlassen. Er rief nach seinen Hofbeamten. Niemand antwortete. Niemand war da. Alle Türen waren verschlossen. Seine Diener hatten sogar die Decken geraubt, auch sein Gift. Verzweifelt suchte der Kaiser den Gladiator Spiculus, einen berühmten Fechter, der ihm den Todesstoß versetzen sollte. Aber niemand war da. »Habe ich denn weder einen Freund noch einen Feind«, schrie er und rannte aus dem Palast, um sich in den Tiber zu stürzen.

Dann besann er sich wieder. Der Freigelassene Phaon bot ihm sein Gut als Zuflucht an. Nero schwang sich auf sein Pferd und jagte durch die Nacht, das Gesicht von einem Tuch verhüllt. Ein Gewitter, ein Erdbeben, und dann das Geschrei von Soldaten. Sein Pferd scheute. Vor einer Leiche scheute es, die dort auf der Straße lag und verweste. Das Tuch fiel von seinem Gesicht. Ein Prätorianer erkannte ihn, ließ ihn aber laufen. Im Hause des Phaon angelangt, warf er sich auf sein Lager und wimmerte leise vor sich hin.

Man riet ihm, sich das Leben zu nehmen, um einer entehrenden Behandlung zu entgehen. Nero befahl, eine Grube zu graben, seiner Körperlänge angemessen, damit man seiner Leiche sofort die letzte Ehre erweisen könne. Dabei weinte er und rief wiederholt aus: »Seht, welch ein großer Künstler stirbt!« Als er erfuhr, der Senat habe Befehl gegeben, ihn mit Ruten zu Tode zu prügeln, ergriff er zwei Dolche, um sich das Leben zu nehmen. Er prüfte die Spitzen und – steckte sie wieder ein. »In Schmach und Schande lebe ich«, rief er, »das ziemt sich nicht für Nero, nein, das ziemt sich wirklich nicht.« Als er sah, daß Reiter herangaloppierten, die ihn lebend fangen wollten, stieß er sich mit Hilfe eines gewissen Epaphroditus den Dolch in die Kehle. Dem Reiter, der ihn töten wollte, nun aber so tat, als sei er gekommen, um seinen Kaiser zu retten, rief er zu: »Das ist Treue!« Es war Neros letzter Irrtum.

Nero war 32 Jahre alt, als er starb, und er starb an dem Tage, an dem er vor sechs Jahren seine Frau Octavia ermordet hatte. Rom, ja das ganze Weltreich jubelte. Und doch gab es Menschen, die lange noch sein Grab mit Frühlings- und Sommerblumen schmückten. Sueton schreibt: »20 Jahre später trat bei den Parthern ein unbekannter Mann auf, der sich für Nero ausgab. Ich war damals noch ein junger Mensch. Neros Name hatte selbst zu der Zeit noch einen so großen Ruf, daß die Parther den unbekannten Mann lange ehrten und ihn schließlich nur sehr ungern an die Römer auslieferten.«

So lange dauert es, bis ein Mann stirbt, der selbst den wilden Phantasien fernster Völker neue Nahrung schenkte, der den Menschen vieler Länder statt ernster Politik immer nur Lust, Spiel, Künste und Theater bot, der die Welt nicht mit Logik eroberte, sondern sie durch sensationelle Genüsse überraschte, ohne daß sie den Wahn des gefährlichen Schauspielers je erkannte.

PETRONIUS
Das Gastmahl des Trimalchio

» ›Hier ruht Gaius Pompejus Trimalchio Maecenatianus. Er war
fromm, bieder, treu. Mit nichts fing er an und hinterließ ein
Vermögen von 30 Millionen Sesterzen. Nie folgte er irgendeinem
Philosophen. Lebewohl, der du dies liest.‹ So stellte sich der
freigelassene Emporkömmling Trimalchio in Weinlaune seinen
Grabstein vor.«   *Petronius, Satyrikon.*

Zu den Opfern Neros gehörte auch Petronius, über den Tacitus
im 16. Buch, Kapitel 18 seiner ›Annalen‹ berichtet. Tags schlief
dieser eigenartige Mensch. Nachts ging er seinen Vergnügungen
nach und erzielte in der Kunst des Genießens wie des Nichtstuns
noch nie erreichte Meisterschaft. Er redete, wie ihm der Schnabel
gewachsen war, und wurde daher von seinen Zeitgenossen als
angenehm offener und natürlicher Mensch gepriesen. Er konnte
ungemein schlagfertig und witzig sein. Ja, er bewies sogar als
Prokonsul von Bithynien und dann als Konsul, daß er unter
Umständen auch energisch und geschickt Staatsgeschäfte zu mei-
stern verstand.

Nero machte diesen Mann zu seinem »arbiter elegantiae« – seinem Genußberater, Vergnügungsminister oder Festleiter, ganz
gleich wie man es nennen will. Dieses Amt eines Richters in
Geschmacksachen brachte Petronius den Beinamen Arbiter ein.
Was Petronius Arbiter empfahl, das empfand Nero als schön und
angenehm. Wahrscheinlich gelang es dem Petronius, den arg
heruntergekommenen höfischen Vergnügungen einiges Raffine-
ment und neuen Glanz aufzusetzen. Und weil der Arbiter in
seinem Benehmen, in seinem Wissen um wirklich angenehme
Dinge wie in seinem ganzen Stil allen anderen Männern um Nero
weit überlegen war, mußte er natürlich bald Feinde haben. Neros
Günstling Tigellinus wurde eifersüchtig, bestach einen Sklaven,
falsche Anzeigen zu machen, und ließ schließlich den elegante-
sten Menschen des Jahrhunderts 67 n. Chr. in Cumae verhaften.

Um der Hinrichtung zu entgehen, öffnete sich Petronius die
Adern. Immer auf Lebensstil und Genuß bedacht, sorgte er
dafür, daß man ihm heitere Gedichte und lockere Verse deklamierte, verband sich die Adern zeitweilig, um sein Leben nicht

allzu hastig wegzuwerfen, unterhielt sich mit seinen Freunden und beschenkte seine Sklaven oder ließ sie auspeitschen. Er fertigte ein Verzeichnis von Neros Lastern an, schickte es seinem hohen Herrn als letzten Gruß und Peitschenhieb und starb dann an der Speisetafel, als käme der Tod ganz natürlich und nicht als gewaltsame Strafe.

Wenn dieser Petronius mit dem Dichter der ›Saturae‹ identisch ist – was man heute ziemlich einmütig annimmt –, so starb hier einer der frechsten Schalke der Weltliteratur. Sein Sittenroman umfaßt wohl 20 Bücher. Nur Bruchstücke des 15. und 16. Buches sind erhalten. Aber dieses Fragment ist eine wahre Fundgrube der Vulgärsprache jener Zeit, der Sitten und Unsitten, der Lebensgenüsse und Ausschweifungen der untersten Gesellschaftsschicht in Rom. Die »cena Trimalchionis« – das »Gastmahl des Trimalchio« – gibt uns eine Geschmacksprobe davon, wie ein Emporkömmling damals seine Gäste unterhielt und bewirtete. In der gesamten antiken Literatur gibt es außer den Pompejanischen Wandsprüchen kaum etwas, das uns so lebendig und unmittelbar das Denken der kleinen hoch- und heruntergekommenen Leute offenbart wie das Werk des Petronius. »Ihr wißt nicht, bei wem heute etwas los ist? Bei Trimalchio, einem sehr feinen Herrn. Im Speisesaal hat er eine Uhr, und dort ist ein Trompeter, der die Stunden bläst, so daß er immer weiß, eine wie große Spanne seines Lebens er hinter sich hat.«

Kahlköpfig, ein alter Mann, spielt Trimalchio in Pantoffeln und roter Tunika mit schöngelockten Knaben Ball. Der Abend beginnt mit dem Bad, es folgt das Schwitzbad und dann das kalte Wasser. Trimalchio wird mit wohlriechenden Wassern übergossen, läßt sich abreiben – nicht mit Leinentüchern, sondern mit ganz weicher Wolle –, in scharlachrote Decken hüllen und dann in einer Liegesänfte nach Hause tragen. Den ganzen Weg läuft ein Musiker neben ihm her und spielt auf einer kleinen Flöte. An der Tür seines Palastes befindet sich ein Schild: »Jeder Sklave, der ohne Erlaubnis seines Herrn das Haus verläßt, erhält 100 Hiebe.«

Alexandrinische Sklaven gießen vor Beginn des Abendessens Schneewasser über die Hände der Gäste. Andere Sklaven, Pedikeure, behandeln indessen die Füße. Bei der Arbeit singen sie. Überhaupt wird hier die Bedienung unter Chor- oder Sologesang verrichtet.

Ein römischer Festschmaus setzt sich aus wenigstens sieben Gängen zusammen: den Vorspeisen, drei Zwischengerichten, zwei Braten und dem Nachtisch. Bei Trimalchio wurde noch ein dritter Braten aufgetischt.

Als erste Vorspeise wird auf dem Speisebrett ein Esel aus korinthischem Erz hereingetragen. Er trägt einen Quersack, auf der einen Seite mit weißen, auf der anderen mit schwarzen Oliven. Schalen von Silber befinden sich auf dem Esel, daran angelötete Tellerchen mit gebratenen Haselmäusen, die mit Honig begossen und mit Mohn bestreut sind. Auf silbernem Rost dampfende Würste, Damaszenerpflaumen, Granatäpfel. Trimalchio, auf kleinste Kissen gebettet, wird mit Musikbegleitung hereingetragen. Dann folgt als erstes Zwischengericht eine Henne aus Holz mit ausgebreiteten Flügeln und unter ihr im Stroh Pfaueneier. Darin befinden sich – eine Überraschung für die Gäste – fette Feigendrosseln in gepfeffertem Eidotter. Ein singender Chor trägt die Gerichte ab. Hundertjähriger Falerner

So mag das »Triclinium« ausgesehen haben, in dem das Gastmahl des Trimalchio stattfand. Die Brüder Aulus Vettius Restitutus und Aulus Vettius Conviva, emporgekommene Weinhändler aus Pompeji, ließen ihr Speisezimmer zur Zeit Kaiser Neros reich ausmalen. Im August 79 n. Chr. wurde das Haus bei dem Ausbruch des Vesuvs durch Schlammregen verschüttet.

Ein schönes Beispiel pompejanischer Wandmalerei ist diese Darstellung einer Gruppe römischer Frauen bei dem in der Antike beliebten »Knöchelspiel«. Heute im Nationalmuseum in Neapel.

wird aus Krügen eingeschenkt. Trimalchio klatscht in die Hände und erklärt, daß der Wein also länger lebe als der Mensch. Auf riesigem Tafelaufsatz wird ein weiteres Zwischengericht gebracht: eine kreisrunde Scheibe mit den Tierkreiszeichen, darauf zwölf Schalen mit den zu den Zeichen passenden Speisen. Dann gibt es den ersten der drei Braten: einen Rieseneber. Als er aufgeschnitten wird, fliegen Krammetsvögel heraus, flattern im Saal herum und werden von Vogelstellern mit Leimruten eingefangen. Ein bevorzugter Knabe reicht Trauben und singt dazu Gedichte seines Herrn. Als ein Gast zu erzählen beginnt, ein Armer und ein Reicher seien Feinde gewesen, unterbricht Trimalchio ihn mit der Frage: »Was ist arm?«

Zur Musik läßt ein Narr einen Knaben auf den Sprossen einer Leiter tanzen, durch brennende Reifen springen, einen Krug mit den Zähnen balancieren. Der Gastgeber meint, Gaukler und Hornbläser bereiteten ihm auf dieser Erde das größte Vergnügen, alles andere sei sinnlos. Er habe sich auch Schauspieler zugelegt, lasse sie aber lieber Possen reißen. Indessen fällt der Knabe – wie alle Darsteller ein Sklave – von der Leiter herunter, und Trimalchio tut stöhnend, als sei er verletzt. Der Junge wird sofort für frei erklärt, damit niemand sagen kann, ein so großer Mann wie Trimalchio sei von einem Sklaven getroffen worden.

»Einen Hahn, ein Weißgericht von Hühnerfleisch und ähnliche Lappalien kann jeder haben«, protzt der Millionär. »Meine Köche sind gewohnt, ganze Kälber in Kesseln zu kochen.« Als bald darauf ein gebratenes Schwein hereingetragen wird, stellt der Gastgeber fest, daß es nicht ausgenommen ist. Der Koch wird gerufen. Er gesteht, er habe vergessen, das Schwein auszunehmen. »Kleider herunter!« befiehlt Trimalchio. »Prügelknechte sollen ihn sofort auspeitschen.« Dann aber ändert Trimalchio seinen Befehl. »Nimm das Schwein vor unseren Augen aus«, sagt er zum Koch. Der zieht sich wieder an, greift nach seinem Messer, macht Schnitte in den Bauch des Schweines, und – aus der Öffnung fallen Brat- und Blutwürste heraus. Die Diener klatschen Beifall. Der Koch wird mit einem Trunk gefeiert und durch einen silbernen Kranz geehrt. Als dritter Braten wird ein gesottenes Kalb serviert.

Um Trimalchios Reichtum zu offenbaren, liest ein Schreiber vor, daß an einem einzigen Tag auf dem Landgut seines Herrn bei Cumae 30 Knaben und 40 Mädchen geboren wurden, daß 10 Millionen Sesterzen in die Kasse abgeführt wurden, daß ein Sklave an das Kreuz geschlagen wurde, weil er sich über Trimal-

chio mokiert hatte. In den Pompejanischen Gärten des Trimalchio sei Feuer ausgebrochen. »Wann ist der Pompejanische Park
für mich gekauft worden«, fragt der römische Raffke.

Die Täfelung der Decke öffnet sich. Ein riesiger Reifen senkt
sich herab. Daran hängen goldene Kränze mit Flaschen voll
duftender Salben, Geschenke für die Gäste. Man treibt zotige
Scherze. Fortunata, Trimalchios Frau, führt sich ziemlich übel
auf. Die Weiber betrinken sich. Ein Sklave, der Wein mit weißem
Wasser einschenkt, ahmt Nachtigallen nach. »Was anderes«,
schreit der kahlköpfige Krösus. »Was anderes, immer was anderes!« Die Sklaven des Trimalchio, der selber mal Sklave war und
freigelassen wurde, dürfen bald mittrinken. Wer nicht will, dem
soll man's über den Kopf gießen, meint ihr Herr. Zwei Knaben
mit großen Krügen treten ein, tun so, als seien sie in Streit
geraten, und beginnen eine Schlägerei. Aus den Krügen fallen
Austern und Muscheln heraus, die ein Knabe sammelt und auf
einer Schüssel herumreicht. Man liebt solche Überraschungen.

Trimalchio gerät in rührselige Weinstimmung. Er läßt sein
Testament holen und liest es unter dem Gejammer der Diener
vor. Dann schildert er, wie sein Grabmal aussehen soll. Die Gäste
weinen, die Diener schluchzen. »Wir wissen, daß wir mal sterben
werden«, sagt Trimalchio, »warum sollten wir da nicht das Leben genießen? So wahr mir euer Wohlbefinden am Herzen liegt,
laßt uns ins Bad steigen. Es ist heiß wie ein Backofen.«

Völlig betrunken, zeigt Trimalchio im weiteren Verlauf des
Gastmahles den Gästen seine purpurverbrämte Totentoga. »Ich
hoffe, daß sie mir als Leiche ebenso gefallen wird wie zu Lebzeiten«, sagt er. »Stellt euch vor, ihr wäret zu meiner Leichenfeier
geladen.« Zu den Hornbläsern, die in den Saal kommen, sagt er:
»Denkt euch also, ich sei gestorben, und spielt was Hübsches
auf.« Ein Sklave stößt so mächtig ins Horn, daß die Nachbar-
schaft aufwacht. Wächter, die glauben, Trimalchios Haus
brenne, stürzen mit Wassereimern und Äxten heran, brechen die
Tür auf.

»Wir benutzten die günstige Gelegenheit«, so erzählt der
Chronist, »und flohen schnell, als ob wir uns vor dem Feuer
retten wollten.«

So wie der Berichter des »lächerlichen Mahles« sich und seine
Umwelt verspottet, so wie er sich mit erstaunlicher Beobachtungsgabe »gehen läßt«, so wie er das, was er verachtet, glänzend
schildert, so wie der kleine freigelassene Sklave, der ängstliche
Gast an der Tafel des großen und läppischen Trimalchio mitfei-

ern muß, ob er noch will oder nicht, so saß wahrscheinlich Petronius am Hofe des Nero. Nicht ohne Lächeln gab er den Ton an, nahm sich von der Tafel des singenden Kaisers so viel, wie ihm bis zu seinem Tode vergönnt war, spielte den feinen Narren und war doch ein genialer Cervantes der Antike. So herzlich, aber versteckt lächelnd, so aufrichtig resignierend hat niemand – weder vor ihm noch nach ihm – die Laster der dekadenten Welthauptstadt aufgegriffen und verachtend allen Jahrtausenden als Spiegel vor das Gesicht gestellt.

»Ein schwacher, zerbrechlicher Körper, nackt, von Natur wehrlos, fremder Hilfe bedürftig, jeder Unbill des Schicksals freigege-
ben, seine Nahrungsmittel fürchtend, durch ihren Überfluß wie
durch ihren Mangel zugrunde gehend.«   *Seneca.*

Ehe wir die düstere Epoche des Nero vergessen, wollen wir uns
noch etwas eingehender mit seinem Zeitgenossen Seneca befassen. Es ist eine Groteske der Weltgeschichte, daß das Genie
Seneca, einer der größten Lehrer des westlichen Kulturkreises,
ausgerechnet Neros Erzieher war. Das Paar Nero – Seneca beweist, daß Charakter immer stärker als Schule ist und daß ein
Lehrer Anlagen immer nur formen und ausbilden kann, nie aber
von Grund auf ändern.

Seneca war wohl der genialste Denker seines Jahrhunderts,
einer der größten Wegweiser der Menschlichkeit, der Tugend
und der Weisheit aller Zeiten. In jener Epoche der Christus-Ge-
genwart schrieb er folgende Sätze: »Die Gottheit ist Dir nah. Sie
ist bei Dir. Sie ist in Dir. Es wohnt in uns ein heiliger Geist, ein
Beobachter und Wächter alles Guten und Bösen an uns. Dieser
behandelt uns so, wie wir ihn behandelt haben. Niemand ist ein
guter Mensch ohne Gott.« [Seneca, Briefe an Lucilius.]

Wurde ihm je die Gnade zuteil, von Christus zu erfahren?
Oder erahnte er dies alles ganz unbewußt aus seinem Heidentum?

Gallio, der Bruder des Seneca, war Statthalter in Griechenland.
In jene Zeit fällt das Wirken des Paulus in Korinth. Die Judenge-
meinde dort wollte die erfolgreiche christliche Predigt des Apo-
stels verbieten lassen. Da entschied – im Jahre 52 – Gallio den
Streit zwischen den Juden und Paulus zugunsten des Apostels.
Es ist durchaus möglich, daß Seneca von diesen Vorgängen durch
Briefe seines Bruders erfuhr. Die beiden standen in guter Verbin-
dung, und Seneca hatte seinem Bruder auch mehrere Schriften
gewidmet. Außerdem wußte Seneca natürlich, daß es in Rom
Christen gab. Alle Welt wußte ja, daß Nero nach dem großen
Brand gerade die Christen beschuldigte. Weil die Anschauungen
Senecas den christlichen Vorstellungen so ähnlich sind, kam

Lucius Annaeus Seneca wurde im Jahre 4 v. Chr. in Cordoba geboren. Er war Neros Lehrer und mußte sich im Jahre 65 n. Chr. auf dessen Befehl das Leben nehmen. Diese erstaunlich naturalistische Bronzebüste wurde in der Villa dei Papyri zu Herculaneum gefunden. Ob sie aber – wie man vermutete – Seneca darstellt, bleibt höchst zweifelhaft.

später der Gedanke auf, Seneca sei Christ gewesen und habe mit Paulus korrespondiert. Die uns überlieferten Briefe hielt noch Hieronymus für echt. Heute gelten sie als gefälscht. Übrigens lebte Seneca lange in Ägypten, wo sein Onkel Statthalter war. Auch dort muß er von den christlichen Ideen gehört haben, denn die jüdisch-christlichen Auseinandersetzungen waren damals gerade in Ägypten ziemlich scharf.

Senecas Vater war ein römischer Ritter und Redner, Verfasser einiger historischer und rhetorischer Werke. Bald brachte der Vater den jungen Lucius Annaeus nach Rom. Hier studierte der Junge bei einem Stoiker Attalus und bei Sotion. Seneca selbst sagte über seine Lehrer: »Wenn ich zuhörte, wie Attalus gegen die Laster, die Irrtümer und die Fehler des Lebens sprach, bedauerte ich die ganze Menschheit und sah Attalus hoch über allen Erdenkindern thronen. Ich schäme mich nicht, zu gestehen, welche tiefe Liebe zu Pythagoras Sotion mir einflößte.« Seneca war auch ein bedeutender dramatischer Dichter. Seine Tragödien – ›Medea‹, ›Phädra‹, ›Ödipus‹ – haben auf die Weltliteratur nachhaltigen Einfluß ausgeübt.

Unter Kaiser Caligula wurde Seneca Quästor. Er hielt so großartige juristische Reden, daß der junge Kaiser auf ihn eifersüchtig wurde und ihn sogar töten lassen wollte. Aber Caligula wurde vorher ermordet. Im Jahre 41 n. Chr. verbannte Kaiser Claudius Seneca auf die Insel Korsika. Die acht Jahre auf der rauhen Insel hatte Seneca dem Haß der Messalina zu verdanken. Es ist rührend und zugleich großartig, wie Seneca aus der Verbannung heraus seine Mutter Helvia tröstet. Was er schreibt, hätte ebenso-

Das Tabularium war das römische Staatsarchiv. Im Jahre 78 v. Chr. errichtet, ist es heute das am besten erhaltene antike Gebäude am Forum Romanum. Unter den Arkaden der Vorderfront befanden sich viele Amtsstuben oder Kaufläden.

gut ein in Rußland auf die Heimkehr Wartender aus der Ferne seiner Mutter zurufen können: »Laß uns alle Länder durchmessen. Innerhalb der ganzen Welt läßt sich kein Platz finden, der nicht dem Menschen gehörte. Überall richtet sich auf gleiche Weise der Blick zum Himmel empor, gleiche Räume trennen alles Göttliche von allem Menschlichen. Nun denn: Was liegt daran, wo ich bin, solange meinen Augen jenes Schauspiel, an dem sie sich nicht satt sehen können, nicht entzogen wird, solange es mir vergönnt ist, Sonne und Mond anzuschauen, mit meinen Blicken an den übrigen Gestirnen zu haften, ihren Auf- und Untergang, ihre Abstände und die Ursachen ihres schnelleren oder langsameren Laufes zu erforschen: Solange ich bei diesen bin und mich, soweit es dem Menschen erlaubt ist, mit dem Himmel in Verbindung setze, solange ich den Geist, der nach dem Anblick verwandter Dinge strebt, immer in den höheren Sphären verweilen lassen kann – was liegt daran?«

Erst nach dem Tode der Messalina wurde Seneca nach Rom zurückgerufen. Agrippina, die zweite Gemahlin des Claudius, verschaffte ihm in Rom ein hohes Staatsamt und machte ihn zum Erzieher ihres Sohnes Nero.

Seneca gab sich große Mühe, seinen Zögling zur Wahrheit anzuhalten. Nero sah in ihm oft nur den Tugendprediger, der ihm die Flügel der Phantasie beschneiden wollte. Jetzt aber, da der junge Nero auf den Thron gesetzt wurde, brauchte er Ratgeber, und da sehen wir das erstaunliche Beispiel einer Freundschaft zwischen zwei Männern, die eine Machtstellung teilen: Seneca und Burrus. Beide nahmen die Zügel der Weltherrschaft in die Hand, Burrus, der Gardepräfekt, und Seneca, der weise Redner mit dem freundlichen Wesen. »Man hätte mit dem Morden fortgefahren ...«, schreibt Tacitus, »aber Burrus und Seneca wirkten dem entgegen.« Als Burrus starb – offenbar wurde er von Nero ermordet –, geriet auch Senecas Stellung ins Wanken. »Mors Burri infregit Senecae potentiam«, heißt es in den ›Annalen‹ des Tacitus [14, 52].

Schließlich griff die alles umfassende Mörderhand Neros auch nach seinem alten Lehrer. Seneca sagt: »Wer wußte es denn nicht, daß Nero grausam ist? Nachdem ·er seine Mutter und seine Geschwister umgebracht hat, bleibt ihm doch nichts mehr übrig, als auch seinen Erzieher und Lehrer zu ermorden.«

Der Befehl zu sterben traf allerdings einen Mann, der wahrscheinlich besser auf den Tod vorbereitet war als irgendein Sterblicher vor ihm und nach ihm. Im gesamten Ablauf der Menschheitsgeschichte, die ja auch eine Geschichte ungerechter Todes-urteile und Morde ist, erkennt man nur noch einen Philosophen, der so ruhig, noch lebend in der Gloriole der Unsterblichkeit, in den Tod ging: den weisen Sokrates. Es ist kein Zufall, daß der Grieche Sokrates ein geistiger Vater des Römers Seneca war. Man kann Seneca nicht schildern, man muß ihn hören, um zu verstehen, was ein wirklich erfülltes Leben bedeutet und wie es möglich ist, in völliger Gemütsruhe dieses Leben abzulegen.

Lange bevor Seneca ahnte, daß sein Kaiser ihn eines Tages zum Selbstmord zwingen würde, wußte er, wie kurz das Menschenleben ist, wie wertvoll jeder Tag und wie gefährlich es ist, die Zeit unbesorgt und unausgefüllt verrinnen zu lassen. »Ich habe jeden Tag als den letzten betrachtet«, schreibt er an Lucilius. Seneca ist ein geradezu erschreckender Mahner, und seine Schrift ›Von der Kürze des Lebens‹ sollte eigentlich von jedem Menschen immer wieder gelesen werden. »Ihr lebt, als würdet ihr immer leben. Niemals kommt euch in den Sinn, wie karg ihr bedacht seid. Ihr vergeudet die Zeit, als hättet ihr sie in Hülle und Fülle, während vielleicht gerade der Tag, den ihr einem Menschen oder einer Sache opfert, euer letzter ist. Ihr fürchtet alles wie Wesen, die sterben müssen, und ihr begehrt alles, als könntet ihr ewig leben ...« So wie ein Gespräch oder ein Buch die Reisenden täuscht und diese mit plötzlichem Staunen bemerken, daß sie angekommen sind, so werden die Vielgeschäftigen die ununterbrochene und so rasche Lebensreise nicht eher erkennen als am Ziel ... Unhörbar rinnt die Zeit, unfühlbar, lautlos, unerkannt und fremd. Und doch ist sie das kostbarste Gut, der einzig wirkliche Schatz, den wir besitzen. »Deine Lebenszeit«, sagt Seneca, »wird keinen Lärm machen. Sie wird dich nicht an ihre Eile erinnern. Schweigend wird sie dahinfließen ... Es gibt keine schwierigere Kunst als leben. Wie man aber leben soll, das muß man lernen, während man lebt.«

Wie aber soll man die Zeit nutzen? Wie soll man es erreichen, daß die Zeit nicht vertan ist? Seneca gibt eine klare Antwort: »Der Mensch ist ein mit Vernunft begabtes Wesen. Dieser Vorzug wird vollkommen, wenn der Mensch den Zweck erfüllt, zu dem er geboren wird. Was fordert die Vernunft von ihm? Das Leichteste von der Welt: seiner Natur gemäß zu leben ... Bringe dich in Sicherheit und bedenke öfters, welch eine schöne Sache es ist, sein Leben noch vor dem Tode zu vollenden und dann den Rest seiner Zeit ruhig zu erwarten, im Besitz eines glücklichen Lebens ... Wir zerreißen das Leben in kleine Teilchen und zerstückeln es ... Ich wünsche dir den Besitz deiner selbst, damit dein von unsteten Gedanken umhergetriebener Geist endlich einmal festen Fuß fasse und sicher stehe, damit er an sich selbst Gefallen finde und nach Erkenntnis der wahren Güter, die man besitzt, eines Zuwachses an Jahren nicht mehr bedarf.« Jeden Abend, lehrt Seneca, solle man sich fragen, was man an diesem Tage besser als sonst getan habe und worin man weitere Fortschritte machen müsse.

Seneca hatte klar erkannt, daß es für den Menschen nur einen wirklichen Wert gibt, nämlich das, was man *ist*, die eigenen Fähigkeiten, das eigene Vermögen zu denken, der eigene Charakter. Das sind unmittelbare Werte, Werte, die einen überallhin

Das Grab der Caecilia Metella an der Via Appia. Caecilia lebte um 50 v. Chr. und gehörte einer sehr vornehmen Familie an, aus der sechs Konsuln hervorgingen.

und immer begleiten. Was man dagegen *hat,* ist von viel geringerer Bedeutung. »Halte nie einen für glücklich, der von äußeren Dingen abhängt. Auf zerbrechlichem Boden hat der gebaut, der seine Freude an Dingen hat, die von außen kommen. Jede Freude, die von dort kommt, wird auch wieder fortgehen. Aber das, was aus sich selbst entspringt, ist treu und fest, nimmt zu und begleitet uns bis ans Ende. Das übrige, was bei der Masse Bewunderung erregt, ist nur dann fruchtbringend und angenehm, wenn derjenige, der es besitzt, auch sich selbst in Besitz hat ... Mächtiger als alles Schicksal ist die Seele.« Und an anderer Stelle: »Es ist ein Fehler, wenn wir nach dem Muster von anderen leben und etwas nur deshalb tun, weil es uns viele andere vormachen. Ein unschätzbares Gut ist es, sich selber zu gehören.«

Seneca wußte, daß eigentlich nur der Mensch glücklich ist, der das tun darf, was seinen Anlagen entspricht. Er wußte auch, daß man das tun sollte und tun muß. Er hatte überhaupt einen erstaunlich tiefen Einblick in das Geheimnis »vom glücklichen Leben«: »Ich leugne, daß Reichtum ein Gut ist. Denn wäre er es, so würde er die Menschen gut machen.«

Nun war aber Seneca nicht so einfältig, um nicht zu wissen, daß Geld oder Wohlstand eine nützliche Angelegenheit sind, wenn man sie nicht überschätzt. Er schrieb darum: »Übrigens gestehe ich, daß man Reichtum wohl besitzen darf, daß er nützlich ist und dem Leben viele Vorteile bringt ... Kann ein Zweifel darüber bestehen, daß ein Weiser im Reichtum mehr Möglichkeiten hat, sein Inneres zu entfalten, als in der Armut? ... Hör also auf, den Philosophen den Besitz des Geldes zu verbieten. Noch niemand hat die Weisheit zur Armut verdammt.«

Aber der Mensch darf natürlich nicht Diener seines Besitzes sein, sondern der Besitz soll dem Menschen dienen: »Bei dem Weisen nämlich steht der Reichtum in Dienstbarkeit, bei dem Toren übt er die Herrschaft aus. Der Weise gestattet dem Reichtum nichts. Ihr dagegen gewöhnt und hängt euch daran, als ob euch jemand den ewigen Besitz versprochen hätte.«

Es ist erstaunlich, wie »modern« jedes Wort ist, das dieser geistige Titan vor 1900 Jahren schrieb. Von allen Seiten packte er das Leben an, deckte dessen Sinn auf, riß Vorhang um Vorhang zurück bis zu den letzten Fragen nach dem Jenseitigen. Dabei war ihm die Meinung der Masse immer gleichgültig. »So gut steht es mit der Sache der Menschheit nicht, daß der Mehrzahl das Bessere gefiele. Ein großer Haufen bringt immer den Beweis für das Schlechteste. Abstimmung: Ein und dasselbe wird gebilligt oder getadelt, das ist der Ausgang eines jeden Urteiles, bei dem nach der Mehrzahl entschieden wird.« In Senecas Schrift ›Von der Kürze des Lebens‹ ist zu lesen: »Die Vielgeschäftigen haben ja keine Zeit, in die Vergangenheit zurückzublicken, und wenn sie auch Zeit haben, so ist doch die Erinnerung an das, was man bereuen muß, unangenehm. Daher wenden sie nur ungern ihre Gedanken zu der schlecht verbrachten Zeit zurück und wagen es nicht, das alles wieder aufzurühren, was jetzt an Fehlern an das Licht tritt ... Wer vieles mit Ehrgeiz begehrt, in Übermut verachtet, durch Unbändigkeit errungen, mit Hinterlist erschlichen, aus Habsucht an sich gerissen und in Verschwendung durchgebracht hat, muß zwangsläufig sein Gedächtnis fürchten. Der Lohn eines sorglosen und ruhigen Gemüts ist es, alle Teile seines Lebens durchdenken zu können. Die Vielgeschäftigen aber können nicht zurückschauen. Ihr Leben ist in die Tiefe entschwunden.«

Und in seiner Schrift ›Von der Gemütsruhe‹ heißt es: »Also flieht vor sich selber beständig ein jeder. Aber was hilft es, wenn er sich nicht entfliehen kann? Er selber folgt sich nach als der lästigste Begleiter ... Daher werden unstete Reisen unternommen und Meeresküsten durchwandert. Der Wankelmut, stets dem Gegenwärtigen abhold, versucht sich bald zur See, bald zu Land ... Oft hat ein hochbejahrter Greis keinen anderen Beweis anzuführen, daß er lange gelebt hat, als eben die Zahl seiner Jahre ... Der grauen Haare und Runzeln wegen darfst du aber nicht glauben, daß einer lange gelebt hat. Nicht lange gelebt hat er, sondern nur lange existiert ... Glückselig und naturgemäß leben ist ein und dasselbe.

Wir leben naturgemäß, wenn wir die körperlichen Anlagen und die Bedürfnisse unserer Natur sorgfältig, aber nicht ängstlich beachten als etwas, das uns nur auf Zeit verliehen und flüchtig ist ... Tugend wirst du im Tempel finden, auf dem Forum, in der Kurie, vor den Mauern stehend, mit Staub bedeckt, von frischer Gesichtsfarbe, mit schwieligen Händen; das sinnliche Vergnügen in Winkeln versteckt und die Finsternis suchend, um Badehäuser, Schwitzstuben und Orte, welche die Sittenpolizei fürchten, weichlich, entnervt, von Wein und Salben triefend, bleich, geschminkt, durch Schönheitsmittel verdorben. Der rechte Sinn aber wandelt sich nie, noch ist er sich selbst zuwider, und da er der beste ist, ändert er auch an sich nie etwas. Das höchste Gut ist Harmonie mit sich selber ... Einsicht und Scharfblick, Gesundheit, Freiheit und Schönheit der Seele. Was

Kinderspiele, Sarkophagrelief.

sprichst du von Vergnügen? Des Menschen Glück sehe ich, nicht das des Bauches! Der ist beim Vieh und bei Tieren geräumiger ... Also lerne dich zu freuen, aber wisse, daß wahre Freude eine ernste Angelegenheit ist!«

»Was für eine herrliche Sache doch ein gutes Gewissen ist!« sagt Seneca. »Der größte Teil des Lebens verfließt den Menschen, indem sie Böses tun, ein großer, indem sie nichts tun, das ganze Leben aber, indem sie immer etwas anderes tun, als sie eigentlich sollten ... Alles, was von unserem Lebensalter hinter uns liegt, hat der Tod in Händen. Halte deine Stunden zusammen, du wirst weniger von dem Morgen abhängen, wenn du das Heute erfaßt. Indem man das Leben verschiebt, eilt es vorüber ... Nirgends ist, wer überall ist. Du mußt bei bestimmten einzelnen Geistern verweilen und aus ihnen dich nähren, wenn du etwas daraus ziehen willst.«

Den Mann, der diese Stufe der Erkenntnis erreicht hatte, konnte selbst ein Nero nicht mehr schrecken. Freilich warf Seneca auch sein Leben nicht sinnlos weg. Als er merkte, daß Neider ihn beim Kaiser anschwärzten, erbat er sich eine Audienz. Er dankte dem Kaiser in höflicher Form für alles, was man ihm gegeben hatte, und erklärte, daß ihm zuviel Glück zuteil geworden sei und daß Bescheidenheit und Genügsamkeit zu kurz kämen. Er erbat Hilfe von seinem Kaiser, »denn ich kann meinen Reichtum nicht mehr tragen. Laß meine Güter in deinen Besitz aufgehen.« Er wollte seinem einstigen Schüler alles zu Füßen legen und sein Leben in Ruhe beschließen.

Nero lehnte ab: »Du bist es, der mich hält, wenn ich in jugendlicher Unerfahrenheit vom Wege abkomme und strauchle. Du bist es, der meine Kraft zum Guten lenkt und in strenger Hut hält. Gibst du mir dein Vermögen zurück, so wird meine Habsucht und deine Furcht vor meiner Grausamkeit in aller Mund sein.« Darauf umarmte und küßte Nero ihn. Seneca bedankte sich, und Tacitus meint dazu: »Das ist das Ende einer jeden Unterredung mit einem Herrscher.«

Nach dieser Unterredung lebte Seneca sehr zurückgezogen und wurde selten in Rom gesehen. Im Jahre 65 n. Chr. ereilte ihn das Schicksal. Der Kaiser legte ihm Beteiligung an der Verschwörung des Piso zur Last. Schließlich befahl er dem Tribunen Silvanus, Seneca den Todesbefehl zu überbringen. Seneca bat in größter Ruhe, sein Testament abfassen zu dürfen. Man hinderte ihn daran. Er sah, daß seine Freunde weinten. »Wo bleibt die Fassung im Unglück, zu der wir uns so viele Jahre lang gerüstet haben?« fragte er. Dann umarmte er seine Gattin Paulina. Sie erklärte, daß sie ihn in den Tod begleiten wolle. Sie öffnete sich die Adern, wurde aber später gerettet.

Seneca starb nur langsam. Mit einem Schnitt hatte er seine Pulsadern getrennt. Doch aus dem greisen, schlecht genährten Körper floß das Blut nur zähe. Er riß sich die Adern an den Beinen und Kniekehlen auf. Seine furchtbaren Schmerzen suchte er zu verbergen. Noch im letzten Augenblick diktierte er einem Schreiber eine längere Rede. Als der Tod immer noch nicht eintreten wollte, bat er seinen Arzt Annaeus, ihm Gift zu reichen. Auch das Gift hatte keine Wirkung. Endlich stieg Seneca in ein heißes Bad. Er besprengte seinen liebsten Sklaven mit Wasser und sagte, er spende dieses Naß dem Befreier Jupiter. Dann ließ er sich in das Dampfbad tragen. Hier endlich erstickte er.

»Niemand sorgt dafür, daß er weise lebt. Alle sorgen sich darum, lange zu leben. Dabei kann es jedem gelingen, weise zu leben, keinem jedoch, lange dazusein. Der hat die Weisheit erfaßt, der ebenso sorglos stirbt, wie er geboren wurde.«

»Daß Sulpicius Galba der reichste Privatmann war, der je in das Haus der Cäsaren eingetreten ist, wird von allen zugegeben.«
Plutarch, Galba, Kap. 3.

Mit Nero starb das Geschlecht der Nachkommen Cäsars aus. Nero hatte keine Erben. Sein Nachfolger Galba stand weder durch Geburt noch Adoption in Beziehung zu ihm. Kein Tropfen Blut verband den merkwürdigen Kaiser Galba mit den sechs ersten Cäsaren. Am 24. Dezember des Jahres 5 v. Chr. wurde er geboren.

Galba war von hohem Adel. Er nannte sich Urenkel des Quintus Catulus Capitolinus und leitete sein Geschlecht von Gott Jupiter und Pasiphaë, der Gemahlin des Minos, ab. Wichtiger als diese sagenhaften Ahnen war aber für sein Ansehen, daß er mit Livia, der Gemahlin des Augustus, weitläufig verwandt war. Was der Name Galba bedeutet, war schon zu Lebzeiten dieses Kaisers nicht mehr bekannt. »Galbanum« ist der harzhaltige Gummi einer syrischen Pflanze, »Galbeum« eine wollene Armbinde, die Galba einer Krankheit wegen getragen haben soll und in die Heilmittel eingeschlagen waren. »Galba« ist der gallische Ausdruck für Fett, und »Galbae« waren die Raupen des Eschenspinners.

Der Großvater des Galba war Historiker. Er schrieb ein uns nicht mehr erhaltenes Geschichtswerk von der Gründung Roms bis zu seiner Zeit. Galbas Vater, ein kleiner mißgestalteter Mann, war Anwalt, nicht sehr gescheit, aber fleißig. Als die ungewöhnlich schöne und reiche Livia Ocellina diesen Mann seines hohen Adels wegen heiraten wollte, zeigte er ihr seine körperlichen Mißbildungen. Die Ocellina ließ sich nicht abschrecken.

Der spätere Kaiser Servius Galba war aber nicht ein Sohn dieser zweiten Frau seines Vaters, sondern der ersten, der Mummia Achaica. Als Astrologen dem Kaiser Tiberius prophezeiten, der junge Galba werde in hohem Alter Kaiser werden, meinte der finstere Greis und Menschenhasser: »Dann soll er ruhig am Leben bleiben, da er mich nicht mehr stören wird.«

Der junge Galba führte das Leben eines reichen, verwöhnten

Adligen. Den Sommer genoß er auf seinem schönen Besitz bei Tusculum, einer Art Vorort Roms, wo vornehme Familien ihre Villen hatten; Trümmer dieser Stätte fand man beim heutigen Frascati, 24 Kilometer von Rom. Der Jüngling hielt darauf, daß man sich ihm gegenüber ehrerbietig und servil benahm. Zweimal täglich mußten die Freigelassenen und Sklaven nach altrömischer Sitte vor ihm antreten. Ein jeder hatte ihm bei Tagesanfang guten Morgen zu wünschen und abends eine gute Nacht. Er ließ sich in den wichtigsten Studienfächern der damaligen Zeit unterweisen und erlernte die Rechtswissenschaften.

Auch Galba heiratete, bestand aber nach dem Tode seiner Gattin Lepida darauf, allein zu bleiben – nicht, weil er die Lepida besonders geliebt hatte, sondern weil er sich selber liebte und kräftige Jünglinge. Agrippina, die Mutter Neros, hatte sich als Witwe einmal für ihn interessiert, doch war er klug genug, ihr aus dem Wege zu gehen.

Galba wurde schon früh Prätor. Zu Ehren der Pflanzengöttin Flora wurden alljährlich im Mai die Floralienspiele gefeiert. Galba machte damals Zirkusgeschichte, denn er ließ zum Entzücken Roms seiltanzende Elefanten auftreten. Konsul, Statthalter in der Provinz Aquitanien im südwestlichen Frankreich, Legat von Obergermanien, erfolgreicher Feldherr im Kampf gegen die Germanen – das sind die Stationen des Mannes, der erst als 73jähriger Greis Kaiser werden sollte.

Caligula ermordet! Der Ruf geht von Mund zu Mund durch das ganze Weltreich. Man versucht, Galba zu überreden, sich sofort zum Kaiser ausrufen zu lassen. Aber der vorsichtige Galba verhält sich ruhig. Caligulas Nachfolger, Kaiser Claudius, liebte ihn seit jener Stunde.

Galba bewährt sich jetzt als Statthalter in Afrika. Er ist außerordentlich streng. Schon in Frankreich fürchteten ihn seine Soldaten. Er verweigerte Urlaubsgesuche, weil er glaubte, alte Kämpfer wie Rekruten durch ununterbrochenen Dienst abhärten zu können. Als in Afrika ein Soldat einen Scheffel Getreide seiner Ration für rund 100 Mark verkauft, ordnet Galba an, daß niemand diesem Soldaten etwas abgeben dürfe, sobald die Lebensmittel knapp würden. Der Mann verhungerte.

Geehrt und mit Triumphabzeichen geschmückt, beendet Galba seine afrikanische Zeit. Kaiser Nero regiert in Rom. Galba wird jetzt immer vorsichtiger. Er lebt völlig zurückgezogen. Wenn er eine Erholungsreise macht, begleitet ihn ein zweiter Wagen. 1 Million Sesterzen in Gold reisen in diesem geheimnisvollen Gefährt mit ihm, eine Summe von rund 200 000 Mark, für alle Fälle der Gefahr, für Flucht und Bestechung.

Schließlich erhält Galba die Provinz Hispania Tarraconensis – Teile des Nordens und des Ostens der Pyrenäenhalbinsel. In einem Tempel bringt er den Göttern ein Opfer. Plötzlich geschieht ein Wunder: Das Kopfhaar des Knaben, der das Rauchfaß hält, wird schlohweiß. Man legt dieses Zeichen dahin aus, daß ein Greis als Kaiser einem jungen Mann folgen werde – Galba dem Nero. Aber damit hat es noch seine Weile. Galba verwaltet seine Provinz in Spanien acht Jahre. Wieder fürchtet man ihn. Wo er auftaucht, strafft sich die Disziplin. Die Bevölkerung ist froh darüber, denn die Prokuratoren haben das Land vorher nach Belieben ausgebeutet. Galba ist energisch, streng, ja grausam. Einem betrügerischen Geldwechsler läßt er beide Hände auf den Zahltisch nageln und abschlagen. Als ein Vormund sein Mündel vergiftet hat, befiehlt Galba, ihn ans Kreuz zu schlagen. Der Vormund meldet sein Berufungsrecht an den Kaiser an. Er ist römischer Bürger. Er kann sich an Nero selbst wenden. Galba »mildert« die Strafe sofort: Er läßt das Kreuz bedeutend höher bauen und weiß anstreichen. Sonst bleibt die Strafe dieselbe!

Dann aber beginnt Galba, sich vor seiner eigenen Strenge zu fürchten. Nur nicht bei Kaiser Nero auffallen, denkt er. Er wird gleichgültig, er läßt den Dingen ihren Lauf. »Niemand kann wegen Nichtstun belangt werden«, so sagt er jetzt.

Aber zwei Dinge ereigneten sich, die den Sinn des Mannes, der nur seine Ruhe haben wollte, änderten. Galba fing einen Brief ab, aus dem er erfuhr, daß Kaiser Nero allen Prokuratoren Befehl erteilt hatte, ihn umzubringen. Außerdem wurde er zu jener Zeit an eine alte Prophezeiung erinnert, die besagte, einst werde aus Spanien der »Herr der Welt« kommen. Galba bezog diese Weissagung auf sich – genau wie später Karl V. und Philipp II. Er verkündete den Kriegszustand, hob neue Legionen aus und organisierte eine zuverlässige Wache für sein Schlafgemach.

Beinahe wird Galba vor der letzten Sprosse der so mühsam erklommenen Leiter umgebracht. Als er durch eine enge Gasse zu den Bädern geht, hört er einen Ruf: »Wollen wir die günstige Gelegenheit etwa versäumen!« Welche günstige Gelegenheit? Zwei Sklaven werden verhaftet. Auf der Folter gestehen sie, von Nero als Meuchelmörder gedungen worden zu sein.

Und dann kommt die unglaubliche Nachricht aus Rom: Nero ist tot! Galba erfährt, daß man ihm den Huldigungseid geleistet

Servius Sulpicius Galba wurde von spanischen Legionen im Jahre 68 n. Chr. zum Kaiser ausgerufen. Der 73jährige Geizhals, völlig verkrümmt, mit Glatze, tat wirklich alles, um sich unbeliebt zu machen. Ihn plagte die Gicht. Da er selber litt, störte es ihn nicht, wenn auch andere litten.

hat. Der Name »Cäsar« ist jetzt Titel geworden. Cäsar, das ist der Inhaber der höchsten Macht. Galba nimmt den Titel eines Cäsaren an. Es ist ein heißer Juni des Jahres 68 n. Chr.

Ein schlechter Ruf ging dem neuen Kaiser voraus. Der alte Mann, völlig verkrümmt, kahlköpfig, tat aber auch alles, um sich unbeliebt zu machen. Ihn plagte die Gicht, und da er selber litt, störte es ihn nicht, wenn auch andere litten. Wenn sich seine gebogene Nase an der Tafel zeigte, so hörte der Haushofmeister schon von weitem sein Seufzen: Galba ärgerte sich über die vielen Speisen und rechnete im stillen nach, was sie ihn kosten würden. Er war ein Geizhals. Aus seinen wäßrigen blauen Augen starrte er bei der ersten Theatervorstellung, der er als Kaiser beiwohnte, entsetzt ins Leere. »Da kommt der Geizhals von seinem Landsitz«, sangen die Schauspieler, und die Zuschauer sangen mit.

Den Kaiser drückte im wahrsten Sinne des Wortes der Schuh, denn die Gicht plagte seine Gliedmaßen so sehr, daß ihm selbst die leichtesten Sandalen Beschwerden machten. Er konnte auch keine Schriftrolle halten, denn das Öffnen und Schließen der Hände war ihm eine Qual. Immer begleiteten ihn wie Schatten drei Männer: Titus Vinius, Cornelius Laco und der Freigelassene Icelus. Vinius, von dem man wußte, daß er einmal als Gast dem Kaiser Claudius einen silbernen Becher vom Tisch gestohlen hatte, war die verkörperte Raffsucht, Laco die Faulheit selbst und Icelus das Laster. Willenlos »regierte« der gichtige Greis im Schatten dieser Nichtsnutze. Wenn ihn die Gicht besonders plagte, wurde er unsagbar streng und geizig. Es brauchte in einem solchen Augenblick nur der geringste Verdacht laut zu werden, so wurde der Verdächtigte ohne Verhör dem Henker übergeben.

Durch einen Ausschuß von 50 vornehmen Römern ließ der alte Geizhals alle von Nero gemachten Schenkungen wieder einziehen. Üble Verbrecher, Neros Handlanger, den Eunuchen Halotus und den ehemaligen Prätorianerpräfekten Tigellinus bewahrte Galba vor der Hinrichtung, obwohl das Volk bei jeder Gelegenheit gerade die Hinrichtung des Tigellinus als eines Hauptschuldigen der neronischen Zeit forderte.

Sehr gefährlich wurde für Galba schließlich sein Benehmen den Truppen gegenüber. Versprechen hielt er nie. Er behandelte Soldaten wie Offiziere ohne jede Achtung. Er ließ stets sein Mißtrauen durchblicken. Und er sparte nicht mit Schmähungen. Die erste Truppe, die dem Kaiser den Gehorsam aufkündigte, war das Heer in Obergermanien. Der unangenehme Alte, bei dem jetzt auf der rechten Körperseite eine schmerzliche Geschwulst hervortrat, glaubte, die Offiziere mißachteten ihn wegen seiner Kinderlosigkeit. Schnell adoptierte er vor den versammelten Soldaten einen jungen Adligen, Piso Frugi Licinianus. Fünf Tage nach diesem Glück, am 15. Januar 69 n. Chr., mußte der Jüngling mit Galba sterben. Marcus Salvius Otho vernichtete eigentlich nur noch das, was überfaul geworden war!

Die letzten fünf Tage des Galba vergingen schnell. Die Binde, die die merkwürdige Geschwulst an seiner rechten Körperseite zusammenhalten sollte, lockerte sich immer mehr. Der Kaiser hatte jetzt einen unheimlichen Appetit. Er stöhnte nicht mehr, wenn 20 oder 30 Gerichte aufgetischt wurden. Er stand schon vor Tagesanbruch auf. Er mußte essen. Immer kräftigere und

Ein Sieb – fast 2000 Jahre alt! Im ersten Jahrhundert nach Christus wurde im Römischen Reich viel getrunken. Aus dieser Zeit stammt das in Pompeji gefundene kunstvolle Weinsieb aus Bronze. Es ist sehr gut erhalten. Die ziselierten Ornamente zeigen orientalischen Einfluß.

größere Männer suchte er sich aus. Ihr Anblick war seine einzige Freude.

Bisweilen tat der Alte sonderbare Dinge. Aus allen zusammengehamsterten Schätzen wählte er ein Halsband aus Perlen und Edelsteinen. Er wollte eine Bronzestatuette damit schmücken, eine kleine Götterstatue, die er auf seinem Landsitz bei Tusculum aufbewahrte. Hatte er dieses Mädchen aus Bronze nicht einst vor der Schwelle seiner Tür gefunden? Sie lag doch damals so kläglich vor seinem Hause. Ja, der Alte wollte ihr – seiner Fortuna – jetzt seinen schönsten Schmuck anlegen. Dann packte ihn aber wieder der Geiz. Er wollte nur *ein* Schmuckstück opfern. Und so weihte er das der Fortuna zugedachte Halsband der Kapitolinischen Venus. Doch gleich in der nächsten Nacht erschien ihm Fortuna. Sie schrie ihn an. Im Traum, im Halbwahn sah er, wie sie alles zusammenraffte, was sie ihm je gegeben hatte.

Mühsam, stöhnend erhob sich der Alte aus dem Schlaf. Ein Sühneopfer wollte er bringen. Man sollte sofort mit den Vorbereitungen beginnen. Gehetzt, am flatternden Saum seiner Toga schon den Griff des Irrsinns spürend, jagte der Kaiser nach Tusculum. Auf dem Opferaltar fand er nur heiße Asche statt der lodernden Flamme. Und statt des Jünglings im weißen Gewande stand da ein zitternder Greis in schwarzer Trauerkleidung ... »Deine Mörder sind nicht weit entfernt«, warnten ihn die Eingeweidebeschauer. In der Nähe stand Otho, den Galba eben noch mit einem Kuß empfangen hatte.

Noch am selben Tag gab man Galba den Rat, sich sofort in das Lager der Prätorianer zu begeben: Otho habe die Gewalt an sich gerissen. Galba war müde. Er spürte nur fürchterliches Reißen in allen Gliedern. Er wollte sich nur in seinem Palast halten und zog darum Truppen zum persönlichen Schutz zusammen. Dann legte er einen Leinenpanzer an, ein Schutzhemd von 18 Tüchern übereinander, mit Essig und Salz gehärtet. »Ach«, stöhnte der Kaiser, »gegen viele Schwerter wird mir auch das nichts nützen.«

Aber da wurden Stimmen laut, die Revolte sei niedergeschlagen, Glückwünsche ohne Zahl träfen ein, man sei dem Kaiser in Treue verbunden. Solch froher Botschaft wollte der Kaiser entgegeneilen. Er verließ den Palast. Ein Soldat rief ihm zu, daß er Otho getötet habe. »Auf wessen Befehl?« warf der Kaiser hin – auch diesmal die Belohnung einsparend.

Auf dem Wege zum Forum, am Lacus Curtius, galoppierten Reiter heran. Das Volk gab eine Gasse frei. Im Nu hatten alle Begleiter das gichtgeplagte Ungeheuer verlassen. Galba erkannte sein Ende. Er hielt den Mördern seinen Hals hin. So wie die Römer beim Schlachten des Opfertieres, rief jetzt der Kaiser: »Vorwärts, stoßt zu, da es doch sein muß!«

Niemand versuchte, dem Kaiser zu Hilfe zu eilen. Alles starrte auf das Blutbad, schweigend und mit Entsetzen. Dort, wo der Alte gefällt wurde, blieb er liegen. Ein vorübergehender Soldat hieb ihm den Kopf ab. Er wollte ihn mitnehmen. Aber er konnte nirgends anfassen – Galba war doch glatzköpfig. So griff der Soldat mit dem Daumen in den kaiserlichen Mund und brachte den Kopf zu Otho, der ihn den Troßknechten zuwarf. Diese spießten das Haupt auf eine Lanze und sangen dazu: »Genieß dein Alter jetzt, Galba.«

Erst später bestattete Galbas Haushälter, Argius, Kopf und Rumpf seines Herrn in den kaiserlichen Gärten an der Aureli-

schen Landstraße. Galba war im 73. Lebensjahr Kaiser geworden und starb im 73. Lebensjahr. Er hatte nur acht Monate lang
regiert. Wenn er nicht Kaiser geworden wäre, sagt Tacitus, so
hätte jedermann von ihm geglaubt, daß er ein guter Kaiser hätte
werden können.

»Ich kann besser sterben als herrschen«

Das sagte Kaiser Otho. Dazu der griechische Historiker
Plutarch: »Kaum hatte sich der Freigelassene entfernt, als Otho
mit beiden Händen das Schwert aufrecht hinstellte, sich darauf
warf und nur so viel Schmerz empfand, daß er einen einzigen
Seufzer ausstieß und dadurch denen, die draußen standen, das
Geschehene verriet.«   *Plutarch, Otho, Kap. 17.*

Schandplatz, Sündenpfuhl, eiternde Wunde der Welt ist jetzt
Rom. Völlerei und Perversion, Ehebruch und Knabenliebe,
Grausamkeit, Verrat und Unrecht zeigen überall ihre häßliche
Fratze zwischen den sieben Hügeln, die die Welt beherrschen.
Caligula, Claudius, Nero und Galba hatten den Sumpf vorberei-
tet, in den der neue Kaiser Otho noch tiefer hineinwaten sollte.
Zwischen den Jahren 30 und 69 n. Chr. steht Roms Barometer
der Unmoral am tiefsten.
  Und immer zittert der Kaiser. Das ist das typische Los des
Tyrannen. Das Blut der Ermordeten hat die Nächte so vieler
römischer Kaiser zur Hölle gemacht! Gift und Justizmord waren
stets der Anfang. Dann wittert der Kaiser Verschwörer – überall.
Er muß immer mehr Spione bezahlen. Alle Wände hören mit.
Der Terror wütet. Gepreßte, Gedemütigte, Kriecher und
Schmeichler bilden den Hexentanz des Cäsarenwahns, der sich
unfehlbar dünkt. Der Kaiser muß jedem mißtrauen.
  Zur Zeit des Augustus war es noch üblich, hohe Staatsämter
durch Verdienst zu erlangen, durch Tapferkeit und durch Be-
währung. Zur Zeit des Claudius war das beste Mittel, vorwärts-
zukommen, einen Mordanschlag gegen das Leben des Kaisers
aufzudecken. Genau das tat Lucius Otho, der Vater des Kaisers
Otho. Übrigens war das gar nicht schwer.
  Ein Sklave hatte den gefährlichen Plan eines römischen Ritters
dem Otho verraten. Der kriecherische Senat errichtete diesem
Otho sofort eine Statue im Palatium, und Kaiser Claudius erhob
ihn in den Patrizierstand. »Selbst unter meinen Kindern«, sagte
Claudius, »kann ich mir keinen besseren Mann wünschen als
Otho.«
  Lucius Otho war ein Mensch, der sich seiner gift- und ränke-

reichen Zeit geschickt anzupassen wußte. Schon Kaiser Tiberius hatte ihn geliebt, und vielleicht war es auch sein Glück, daß er diesem Kaiser erstaunlich ähnlich sah. Am 28. April des Jahres 32 n. Chr. schenkte ihm seine Gattin Albia Terentia – sie war eine Frau vornehmen Geschlechts – ein Kind mit krummen Beinchen, das diesen bei Babys an und für sich nicht ungewöhnlichen Schönheitsfehler während der 36 Jahre seines Lebens behielt.

Der Knabe Marcus Salvius Otho entwickelte aber noch andere Schönheitsfehler, die so gar nicht zu seiner früh ausgeprägten Eitelkeit paßten. Haltlos, verkommen, lasziv, schob sich der Jüngling durch die nächtlichen Gassen Roms, sprang aus dunklen Ecken betrunkene Bürger an und mißhandelte sie. Es gab wohl damals in Rom eine ganze Rotte solcher Jünglinge, die eben nur ihrer Geburt nach vornehm waren. Der Komödiendichter Plautus hatte bereits vor über 200 Jahren diesen üblen Typ der römischen Jugend geschildert.

Vater Otho bemerkte die eigentümlichen Neigungen seines Sohnes schon früh und verprügelte ihn oft und gründlich. Wie ein kleines böses Tier lauerte der Junge in den Ecken, immer auf dem Sprung, wegzulaufen, mehr Geld auszugeben, als er besaß, üble Streiche auszuhecken. Er hockte unter der Rute und wartete, daß der Alte sterben sollte.

Kaum hatte der Vater das Zeitliche gesegnet, begann der Sohn einer leicht verkommenen, wenig attraktiven Frau den Hof zu machen. Lieben konnte er sie nicht. Aber er tat verliebt. Denn sie, die Freigelassene, hatte wenigstens einen Vorteil: Sie stand gut mit Kaiser Nero. Marcus Salvius Otho fand so Eingang in die Umgebung des Kaisers und gewann sogar sein Herz. Kein Wunder, denn charakterlich waren sich der Jüngling Otho und der singende Kaiser ziemlich ähnlich. Otho konnte sich Nero gegenüber erstaunlich viel erlauben, soviel etwa wie die Kokotte eines törichten und eitlen Tyrannen.

Natürlich kannte Otho jedes – auch das intimste – Geheimnis des Nero. Er war es, der eine Scheinehe mit Poppäa Sabina, der Geliebten Neros, schloß und sie zum Ehebruch verführte. Er wollte sie dann selber seinem ungeduldigen Herrn, Meister und Auftraggeber nicht gönnen. Nero mußte Otho nach Lusitanien – Portugal – entsenden, um mit Poppäa Sabina endlich allein sein zu können. Ganz Rom machte sich damals darüber lustig, daß Nero es seinem Freunde Otho verübelte, wenn dieser mit seiner eigenen Frau »Ehebruch« beging.

Zehn Jahre lang verwaltete Otho seine Provinz, und wir hören

*Immer trug er eine Perücke.
Er war eitel wie ein Pfau.
Otho, 32–69 n. Chr., war als
Jüngling so verschwende-
risch, daß er mit Recht sagte:
»Nur als Kaiser kann ich
mich noch halten.« Sein
Ende: Selbstmord.*

mit Verwunderung, daß er ein recht guter Quästor war. Als
Galba seinen Anschlag auf Nero vorbereitete, war Otho sofort
mit von der Partie. Heimlich liebäugelte Otho schon damals mit
der Kaiserwürde, wobei eine Prophezeiung des Astrologen Seleukos – Tacitus und Plutarch nennen ihn Ptolemäus – ihm das
Rückgrat stärkte. Seleukos hatte schon früh vorausgesagt, Otho
werde Nero überleben. Jetzt stand der Astrologe plötzlich wie-
der vor ihm und sagte: »In kurzer Zeit wirst du Kaiser.«
Otho bereitete seine Thronfolge systematisch vor. Erschien
Kaiser Galba bei ihm zum Gastmahl, so gewann Otho Mann für
Mann der Leibwache durch Goldgeschenke für sich. Er bewarb
sich mit immer offener Hand so gründlich um die Gunst der
Kohorten, daß sich bald jeder Soldat nur diesen spendablen
Herrn, der so vorteilhaft von dem geizigen Galba abstach, als
Kaiser wünschte. Eine Zeitlang hoffte Otho, Kaiser Galba werde
ihn adoptieren. Als er merkte, daß es damit nichts wurde, plante
er einen Überfall. Er arbeitete nach dem Schneeballsystem: Fünf
Leibwächtern teilte er seinen Anschlag mit. Jeden der fünf beauftragte er, zwei weitere Mörder zu werben. Dadurch gewann er
zehn! Für jeden angeworbenen Mann wurden hohe Summen

ausgesetzt. Freundlich wie immer besuchte er dann den Kaiser und verabschiedete sich, als man meldete: »Die Baumeister sind gekommen.« Das war das Zeichen zum Putsch. Otho selber entsandte die Soldaten, die Galba ermordeten.

Otho war jetzt Kaiser. Er wußte noch nicht, daß seine Herrlichkeit nur 95 Tage dauern würde. Zum Erstaunen aller setzte er – so kurze Zeit nach Neros Tod – eine Heldenverehrung in Szene, ließ Neros Statuen aufstellen und sich vom Pöbel »Nero« nennen. 50 Millionen Sesterzen gab er aus, um das »Goldene Haus«, das Nero begonnen hatte, zu vollenden.

Als man eines Morgens Otho schreien hörte und nachschaute, fand man ihn vor dem Bett auf dem Boden liegen. Ihm war der ermordete Galba erschienen und hatte ihn von seinem Lager geworfen. Bei einem aufziehenden Gewitter stürzte Otho. Man hörte deutlich, wie er in griechischer Sprache ein über das andere Mal sich selber fragte: »Warum mußte ich mir die längste und schwierigste Flöte aussuchen?« Er sah seinen Thron wanken, ehe er noch so recht auf ihm saß.

Und da hören wir auch schon, daß die Soldaten in Germanien ihren Huldigungseid auf Vitellius leisten. Otho befiehlt dem Senat, dem Vitellius durch Gesandte mitzuteilen, er, Otho, sei schon zum Kaiser gewählt. Aber Vitellius marschiert bereits. Er marschiert gegen den neuen Kaiser. In zwei Gefechten am Fuß der Alpen siegt Otho. Zwischen Cremona und Mantua aber, bei Betriacum, wird er geschlagen.

Ein Held war Otho nie. Den Bürgerkrieg haßte er. Ein Soldat meldet, das Heer sei bei Betriacum geschlagen. Niemand glaubt ihm. Das kaiserliche Lager lacht. Da stürzt sich der Krieger vor Otho ins Schwert. Der Vater des Geschichtsschreibers Sueton war bei dieser Szene zugegen. Er erzählte später, Otho habe verzweifelt ausgerufen: »Ich werde so tapfere und um mich bemühte Männer nicht länger in Gefahr bringen!«

Otho verabschiedete sich von seinem Bruder und von einigen Freunden, verbrannte seine Briefe, verteilte Geschenke und hielt Audienz für jeden, der ihn noch sprechen wollte. Dann trank er etwas kaltes Wasser, legte ein Schwert unter sein Kopfkissen und fiel in tiefen Schlaf.

Eigentümlich, aber seinem Charakter entsprechend, erwachte Othos Energie zum Selbstmord bei völlig nüchternem Verstand am frühen Morgen. Mit einem einzigen Schwertstoß in die linke Brustseite nahm er sich das Leben. Laut stöhnte er auf. Diener stürzten in das Schlafgemach. Otho bedeckte seine Wunde

Erstaunlichen Bauwillen und sehr großen Reichtum offenbaren die Gänge des römischen Amphitheaters in Arles. Die alte römische Militärkolonie »Arelate« wird schon von Cäsar erwähnt. An der Rhone und an der wichtigen Straße nach Spanien gelegen, wurde sie im 1. Jahrhundert n. Chr. ein sehr bedeutendes Handelszentrum. Später residierte hier auch Kaiser Constantin.

mit der Hand, zeigte sie, bedeckte sie wieder. Dann war er tot.

Krummbeinig lag er da. Und jetzt erst stellte man fest, daß dieser Kaiser kein einziges Haar auf dem Kopfe hatte. Jahrelang war seine Umgebung durch eine glänzend sitzende Perücke getäuscht worden. Der eitle Kaiser hatte sich täglich das Gesicht mit feuchtem Brot abreiben lassen. Eine glatte und weiche Haut – das war seine Sehnsucht gewesen.

Othos Tod war ganz anders als sein Leben. So geschah es, daß einige Soldaten unter Tränen seine Hände und Füße küßten, ihn einen tapferen Mann nannten und – sich ins Schwert stürzend – dem Kaiser in den Tod folgten. Römische Bürger, die den lebenden Kaiser verflucht hatten, begannen, den Toten zu loben. In Rom gab es »Duelle der Kaisertreue«. Die Gefallenen gingen sozusagen durch Gottesurteil zum Kaiser ins Jenseits. Es war eine merkwürdige Zeit der Verirrungen und der Entwertung aller Werte. Es fehlte etwas, woran sich die Menschheit halten konnte. Das Evangelium Christi war schon auf dem Wege. Es hatte auch schon seine Märtyrer. Aber es hatte Rom im Jahre 69 noch nicht erobert.

Die römischen Historiker konnten sich die maßlose und unnatürliche Freßfähigkeit des Kaisers nur dadurch erklären, daß dieser nach jeder Mahlzeit die Feder benutzte und so den Magen wieder leerte. *Der Verfasser.*

Der Vater war ein »Speichellecker«. Die Feder sträubt sich bei diesem Wort. Aber versuchen wir, uns diesen Mann vorzustellen: Lucius Vitellius. Er war Statthalter von Syrien und wurde der höchste Beamte im Römischen Reich, nämlich Vertreter des Kaisers, als Claudius seinen britannischen Feldzug unternahm. Und doch wurde er verlacht und verachtet, weil er wie ein Hund einem Weibe nachlief. Sie war eine Freigelassene, und er spielte ihren Sklaven. Ihren mit Honig vermischten Speichel trank er vor allem Volk. »Ich bin so heiser«, sagte er dabei, »das lindert meine Halsschmerzen.«

»Caligula ist ein Gott«, rief er, »ein Gott ist Caligula!« Er führte die Mode ein, Caligula als Gott zu verehren. Rom hatte in jener Zeit alles erlebt und erfahren: Wahnsinn, Perversion und den Menschen als Kaiser, Tier und Gott zugleich. Rom war wahrlich an etwas gewöhnt. Aber der eine oder andere wurde dann doch stutzig. Dieser Lucius Vitellius trieb die Kriecherei, das Schmeicheln, den Byzantinismus bis zur sinnlosen Groteske. Was konnte man Caligula noch bieten? Wenig! Aber Lucius Vitellius hat Ideen. Wie ein Kreisel dreht er sich, wie ein inbrünstig Betender vor den Göttern Roms. Sein Gott ist Caligula. Und zu seinem Schmeicheltanz hat Lucius noch eine weitere Überraschung: Er verhüllt sein Haupt.

Noch mehr: Claudius, dieses Instrument ohne Willen, dieser Sklave von Weibern und Freigelassenen, lacht aus Wohlgefälligkeit. Lucius ist ihm angenehm. Lucius liegt auf dem Bauch vor Messalina und erbettelt von ihr einen Schuh. Sie streckt ihm den Fuß hin. Vom rechten Fuß streift Lucius den Schuh und trägt ihn von jenem Augenblick an immer zwischen seiner Toga und seiner Tunika. Die Römer bleiben stehen. Lucius schätzt Beobachter, wenn er plötzlich den Schuh herauszieht und ihn leidenschaftlich küßt.

Schlaganfall! Einen Tag später ist er tot. Das war der Vater. Was konnte man vom Sohn erwarten?

Wir sind immer noch im Jahre 69 n. Chr. Es ist das ruhmlose Drei-Kaiser-Jahr. Alle drei, Galba, Otho und Vitellius, regierten nur Monate. Alle drei waren völlige Versager. Aber auch darin gibt es Rekorde. Vitellius junior war die größte Niete!

Er hieß Aulus, wurde aber immer mit dem Spottnamen »Spintria« bezeichnet. Aulus verbrachte nämlich seine Jugend auf Capri als Lustknabe des Tiberius. Hier, in seiner Abgeschiedenheit auf Capri, hatte Kaiser Tiberius einen Kreis verkommener Jugend um sich versammelt, die er Spintier nannte. Nachdem sich Aulus Vitellius so bei Tiberius beliebt gemacht hatte, schmeichelte er sich bei Caligula als Wagenlenker ein, bei Claudius als Würfelspieler und schließlich bei Nero als »Stimme des Volkes«. Als der Kaiser nämlich einmal gegen seinen eigenen Willen den Zirkus verließ, in dem er so gern als Wettkämpfer aufgetreten wäre, holte ihn Aulus Vitellius zurück, indem er Nero versicherte, das Publikum bitte um seinen Auftritt.

Mit der Protektion so vieler Kaiser macht man natürlich Karriere. Das höchste Priesteramt, Konsul, dann Prokonsul von Afrika, dann oberster Baurat Roms, das waren die Stufen seiner politischen Laufbahn. Den Sohn seiner ersten Frau, der Petronia, brachte Vitellius um. Der Sohn seiner zweiten Frau, der Galeria Fundana, hatte eine verstümmelte Zunge und konnte kaum sprechen. Die römischen Herrscher jener Zeit waren körperlich wie geistig angefault.

Im Jahre 68 n. Chr. geschieht etwas, was niemand erwartet hatte: Vitellius wird von Galba nach Untergermanien geschickt. Die Sache war so ungewöhnlich, weil Vitellius nicht ganz ungefährlich war. Galba sagte indessen – darin muß man ihm wohl recht geben –, am ungefährlichsten seien die Menschen, deren Hauptinteresse auf Essen und Trinken gerichtet sei. Vitellius war ein Vielfraß, wie es selbst das schlemmerhafte Rom selten aufzuweisen hatte.

Aber Vitellius war auch völlig bankrott. Seine Frau, seinen Sohn und seine Tochter mietete er in einer Mansarde ein, um sein Haus zu verpachten. Er lebte so liederlich, daß er immer nur Schulden besaß. Jetzt sollte er nach Germanien reisen. Er brauchte Geld. Er überfiel seine Mutter und entriß ihr einen Ohrring mit Perle. Überall Gläubiger! Überall Verfolger! Leute, die er betrogen hatte, Leute, deren Steuern er zu unterschlagen pflegte. Vitellius drohte. Er suchte diese ewigen Gespenster,

Aulus Vitellius, 15–69 n. Chr. Tiefrot vom vielen Wein war sein Gesicht. Sein Leib war aufgedunsen durch Zecherei. Er war ein ungelenker Koloß, und er hinkte. Vergleicht man ihn mit den Versagern, Galba und Otho, so war Kaiser Vitellius die größte Niete des Jahres 69 n. Chr. Antike Skulptur im Kapitolinischen Museum.

diese Geister, die ihn selbst nachts herausklopften, durch Anklagen und Erpressungen zum Stillhalten zu bringen oder mundtot zu machen.

Und er war auch geschickt. Jeden gewöhnlichen Soldaten küßte er, umarmte er. Roßknechte, Reisende begrüßte er unterwegs stets freundlich, erkundigte sich nach ihrem Befinden, ob sie schon gefrühstückt hätten. Und er rülpste, denn er selber hatte bereits den ersten großen Nahrungsschub genommen. Im Heerlager schließlich spielte er den väterlichen, großmütigen, immer interessierten General. Ehrenstrafen wurden gestrichen, Anklagen niedergeschlagen, Urlaub gewährt, Geschenke verteilt. Die Begeisterung der Soldaten machte sich schließlich zu ungewohnter Stunde spät am Abend Luft. Man riß Vitellius aus dem Schlaf. In seinem Nachtgewand holte man ihn aus dem Quartier und rief ihn zum Kaiser aus.

Der Zeitpunkt war nicht sehr glücklich gewählt, denn es war der 2. Januar 69 n. Chr., und der zweite jedes Monats galt als Unglückstag. Der Ort aber, wo dies geschah, war Köln am Rhein – Colonia Agrippinensis. Man trug den Schlaftrunkenen durch die Hauptstraßen, und Vitellius hielt das Schwert des göttlichen Cäsar in der Hand. Solche fast karnevalistische Szenen hat das einfallsreiche Köln schon damals erlebt!

Im Morgengrauen steigt ein Fanal zum Himmel. Das zweite böse Zeichen: Der Speiseraum des Generals hat Feuer gefangen. Vitellius verwirft schnell die bösen Vorahnungen. »Für uns leuchtet der Himmel«, sagt er.

Vitellius nimmt den Beinamen Germanicus an, besiegt Kaiser Otho, befiehlt Hinrichtungen – er fühlt sich jetzt als Triumphator. Er lacht, wenn er von Plünderungen und Mordbrennereien seiner Kohorten hört. Sklaven werden in Freiheit gesetzt, Freie zu Sklaven gemacht. Es hagelt Peitschenhiebe. Vitellius verprügelt mit blanker Waffe, wen er gerade nicht mag.

Auf dem Schlachtfeld von Betriacum, wo Othos Einheiten besiegt wurden, liegen Berge von Gefallenen. Vitellius' Begleiter weichen vor der Verwesung zurück. »Oh«, ruft Vitellius, »riecht es nicht gut nach erschlagenen Feinden? Noch besser riechen tote Römer!« Ein paar Krüge Wein. Auch die Soldaten und Offiziere trinken.

Einzug in Rom. Feldzeichen der Legionen, Standarten, und der Kaiser im Feldherrnmantel. Die Zeit des Wahnsinns auf dem Thron künden Trompeten an. Wahrscheinlich war Nero diesem Vitellius Vorbild. Er hält eine Totenfeier für Nero ab. Neros Lieder werden angestimmt. Und Vitellius spendet Beifall. Er sucht Nero zu übertrumpfen. Von Neros »Goldenem Haus« sprechend, sagt er, es sei ihm unverständlich, wie Nero so schlecht habe wohnen können. Die Höflinge Neros, die noch leben, reiben sich die Hände und erwarten glänzende Tage.

Zum Regieren hat Vitellius nur hin und wieder Zeit. Er überläßt den Staat und seine Geschäfte seinem Günstling Asiaticus, einem freigelassenen Sklaven, zu dem er enge Beziehungen unterhält. Als Asiaticus einmal der Launen des Vitellius überdrüssig wird, läuft er davon. In Puteoli sieht Vitellius plötzlich den Jüngling, den er liebt. Er verkauft dort Limonade. Vitellius läßt den Jüngling fesseln, dann wieder befreien, und schon wird der Günstling abermals aufsässig. Jetzt verkauft Vitellius seinen Freund an einen wandernden Fechtmeister. Gladiatoren sollen in der Arena kämpfen. Man führt den jungen Asiaticus herein. Vitellius läßt ihn schnell entführen, befreit ihn.

Frühstück, Mittag- und Abendessen, danach ein Trinkgelage, das waren die wichtigsten Ereignisse im Leben des Kaisers. Die römischen Historiker konnten sich die maßlose Freßfähigkeit des Kaisers nur dadurch erklären, daß dieser nach jeder Mahlzeit die Feder benutzte und so den Magen wieder leerte. Im Erbrechen hatte er es durch ständige Übung zur wahren Meisterschaft gebracht. Nun war der Kaiser aber auch meist ohne Geld. Darum pflegte er sich oftmals an einem Tage bei mehreren Römern zu Besuch anzumelden. Wenn der so Beehrte weniger als 50000 Mark für eine Mahlzeit ausgab, hatte er um seinen Kopf zu fürchten.

Bei seiner Ankunft in Rom gab sein Bruder ihm ein Fest. 2000 seltene Fische und 7000 Vögel wurden gereicht. Als Vitellius eine riesige silberne Schüssel einweihte, übertraf die kaiserliche Tafel alles bis dahin Dagewesene. Lebern von Meerbrassen, Gehirne von Fasanen und Pfauen, Flamingozungen, Muränenmilch, alles mit kostbaren Ölen und Soßen vermischt, wurden serviert. Die Galeeren des ganzen Mittelmeeres, ja jenseits vom Bosporus mußten auf Fischfang ausfahren, um das alles heranzuschaffen. Aber es machte Vitellius nur noch hungriger. Zwischen den Mahlzeiten lagen ja Stunden, da es nichts zu essen gab, und das erschien dem Kaiser unerträglich, besonders des Nachts, wenn die Köche schliefen. Da polterte er im Palast herum, stieg in den Keller hinab, zerbrach Töpfe.

Und noch etwas gab es im Leben des Kaisers, was ihn schwer leiden machte: Beim Opfern stieg ihm der Geruch des Fleisches und der Kuchen in die Nase. Er sollte ja opfern, aber nicht die Opfergaben selbst verschlingen. Doch manchmal riß er von den Altären, aus dem Herdfeuer die besten Brocken heraus und vertilgte sie auf der Stelle. Auf seinen Reisen stieß er gelegentlich auf bereits geschlossene Garküchen an der Landstraße. Da schmorte noch ein wenig Fett. Da dampfte noch ein wenig Gemüse. Da lagen noch Reste vom Tage zuvor. Alles schlang der Kaiser hinunter.

So ungewöhnlich sein Appetit war, so übermäßig war auch seine Grausamkeit. Er verhängte alle möglichen ausgeklügelten Strafen. Er ersann immer neue Mittel, diesen oder jenen zu beseitigen. Selbst einem im Fieber liegenden Mann ließ er Gift in das kühlende Wasser mischen. Die unerbittlichste Rache aber übte er an seinen Gläubigern. Wenn nur irgendeiner seiner ehemaligen Geldgeber ihm zu Gesicht kam, griff er zu. Um seine Rachelust noch zu steigern, begnadigte er manchmal die eben Verurteilten und ließ sie danach doch vor seinen Augen töten. Es war damals gefährlich, in einem Testament bedacht zu werden, denn der Kaiser ließ hin und wieder nicht nur den Erblasser, sondern auch den Erben erdrosseln.

Und dann die Astrologen! Sie, die Chaldäer – denn die Astrologie kam ja aus Babylon –, hatten ganz genau den Todestag des

Kaisers vorausgesagt. Vitellius verbannte sie aus Rom. Er verfolgte sie mit seinem Haß und ließ viele von ihnen umbringen. Seiner eigenen Mutter soll er, als sie krank war, die Nahrung verweigert haben, denn ein Chattenweib hatte ihm prophezeit, er würde ungefährdet regieren, wenn er seine Mutter überlebe.

Acht Monate »regierte« so der Kaiser im »ständigen Rausch«, wie der römische Historiker Cassius Dio sagt. Dann begannen die Heere von ihm abzufallen. Die Soldaten leisteten ihren Huldigungseid dem Vespasian. Jetzt bekam es Vitellius mit der Angst zu tun. Er bestach jedem mit Unsummen, den er noch für sich zu gewinnen hoffte. Allen Freiwilligen machte er für den Fall seines Sieges Versprechungen, die er niemals hätte halten können. Eine Flotte unter dem Oberbefehl seines Bruders warf er seinem Feind entgegen. Aber sein Heer wurde bei Cremona in Oberitalien von den Legionen Vespasians, des Befehlshabers im Osten, geschlagen. Niemand durfte in Rom bei Strafe auch nur ein Wort darüber sprechen. »Vitellius war wie aus dem Schlaf geschreckt«, sagt Tacitus. Dann verlegte er sich auf das Bitten. Er bahnte Verhandlungen an mit Flavius Sabinus, dem Bruder Vespasians. Er dankt ab, wollte als Privatmann weiterleben, unterlag aber sofort wieder den ersten Schmeichlern. Er überfiel Sabinus und die Anhänger Vespasians, als sie die Waffen gerade niederlegten. Er jagte sie auf das Kapitol, ließ den Tempel des Jupiter Maximus in Brand stecken und seine Feinde in den Flammen umkommen. Vom Palast aus – immer essend – schaute er zu.

Als seine Lage erneut gefährlich wurde, schlug er dem Senat vor, Abgeordnete auszusenden, die Friedensverhandlungen führen sollten. Aber Vespasian rückt an. Vitellius flieht. Nur ein Bäcker und ein Koch begleiten ihn. Doch kaum ist der Kaiser unterwegs, da meldet man ihm schon wieder, Vespasian schließe Frieden. Also zurück in den Kaiserpalast nach Rom. Aber dort ist alles öde, alles verlassen. Einen Gürtel mit Goldstücken schnallt sich der Kaiser um den gewaltigen Leib, und dann verschwindet er im Pförtnerhäuschen. Vor der Tür bindet er einen Hund an, und innen verrammelt er die Tür durch Bettgestell und Möbel. Bald ist die feindliche Vorhut da. Die Soldaten durchsuchen alle Räume. Schließlich finden sie den merkwürdigen Pförtner.

»Wo ist Vitellius?« fragen sie. Der schlotternde Kaiser versucht, sie irrezuführen. Er wird erkannt. Er fleht sie an. Er bittet um Gnade. Man möge ihn einsperren, aber nicht töten. Er sei ja schließlich Kaiser gewesen. Er habe wichtige Kenntnisse, die das Leben des Vespasian retten könnten. Doch die Soldaten binden ihm die Hände auf den Rücken, dann einen Strick um den Hals. Vitellius' Kleider zerreißen. Halbnackt wankt er durch die Straßen. Er wird mißhandelt, beschimpft. Man zieht seinen Kopf an den Haaren nach hinten und befestigt auf seiner Brust ein Schwert mit der Spitze nach oben. So muß er sein Gesicht sehen lassen und kann es nicht zur Erde senken.

»Mörder, Freßsack!« ruft der Pöbel. Ein ungeschlachter, ungelenkiger Koloß, so schleppt sich der Kaiser durch die Gassen der Tortur. Tiefrot vom vielen Wein ist sein Gesicht, aufgedunsen der Leib, und er hinkt; denn als Vitellius einst Kaiser Caligula eine Rennstunde im Viergespann gab, hatte er sich das Bein verletzt.

Man ließ den Henker so vieler Opfer nicht gleich sterben. Man marterte ihn mit unzähligen kleinen Wunden zu Tode und zog ihn an einem Haken in den Tiber. Seinen Bruder und seinen Sohn sandte man ihm nach.

»Der Krieg war aus, aber der Friede noch nicht angebrochen«, bemerkt Tacitus. Die Anhänger und Soldaten des Vitellius wurden in Rom wie in den Provinzen aufgespürt und von den Aufständischen niedergemacht. 55 Jahre alt war Vitellius. Die Seher Babylons hatten recht behalten.

Und seine kluge Frau, die Caenis, verdiente Geld für Rom. »Von allen Seiten bekam sie ansehnliche Geschenke. Für Geld konnte man von ihr Ämter, Statthalterschaften, Befehlshaberstellen, Priesterwürden, ja sogar günstige Antworten des Kaisers erhalten ... Als Vespasians Sohn Titus sich einmal über die Harnsteuer mißfällig äußerte, nahm der Vater einige Goldstücke, die aus dieser Quelle stammten, und zeigte sie ihm mit den Worten: ›Sieh, mein Kind, man riecht's ihnen nicht an, non olet!‹«

Cassius Dio, Römische Geschichte, Buch 66, Kap. 14.

Mit Galba, Otho und Vitellius hatte die römische Aristokratie endgültig ihren Herrschergeist aufgegeben. Die vornehmen Geschlechter konnten keinen Kaiser mehr stellen. Der neue Kaiser mußte aus dem Volke kommen. Das Geschlecht der Flavier hatte keine berühmten Ahnen. Aber der Staat brauchte sich dieser Flavier nicht zu schämen. Es schien so, als sei eine neue Zeit angebrochen.

In einem kleinen Nest im Sabinerland, in Falacrina, oberhalb von Reate, dem heutigen Rieti, wurde Vespasian geboren. Titus Flavius Vespasianus war Sohn eines Zollpächters. Seine Mutter, Vespasia Polla, war eine energische Frau aus Nursia, eine jener römischen Mütter, deren Ehrgeiz dahin ging, ihre Söhne zu großen Leistungen und hohen Staatskarrieren anzuspornen.

Titus Flavius wurde unter Aufsicht seiner Großmutter Tertulla auf einem Landgut erzogen. Später, als Vespasian Kaiser war, zog es ihn oft an diesen Ort seiner Jugend zurück, und niemals vergaß er seine gute Großmutter. Immer trank er an Feiertagen aus dem kleinen Becher der Tertulla, und er achtet darauf, daß ihre Villa wie ein Museum in dem ursprünglichen Zustand erhalten blieb.

Zweimal heiratete Vespasian, zuerst die frühere Geliebte eines römischen Ritters, Domitilla, die ihm drei Kinder schenkte: Titus, Domitian und eine Tochter. Nach dem Tode seiner ersten Frau heiratete er eine Freigelassene, ein offenbar sehr tüchtiges Mädchen, das vorher Sekretärin bei Antonia, der Mutter des Claudius, war. Sie hieß Caenis und besaß die beiden besten

Wer denkt heute noch daran? Hier landete Vespasian als junger General zwischen 43 und 45 n. Chr. Es ist die englische Kanalinsel Wight, das einstige Vectis.

Eigenschaften, die eine Sekretärin haben kann: ein gutes Gedächtnis und Verschwiegenheit. Kein Wunder, daß der Kaiser ihr treu blieb, bis sie starb. Erst nach dem Tode der Caenis besaß Vespasian mehrere Nebenfrauen, die – wie die Geschichte uns glaubhaft berichtet – während des Mittagsschlafes der Reihe nach bei ihm ruhten.

Unter Kaiser Claudius machte Vespasian in Germanien und besonders in Britannien von sich reden. In Britannien lieferte er 30 Gefechte für Rom, unterwarf dort 20 Städte und eroberte Vectis, die heutige Insel Wight. Im Jahre 63 ging er als Statthalter nach Afrika, wo er nach Tacitus äußerst schlecht und nach Sueton äußerst gut regierte. So gut Vespasian sich bei Caligula einzuschmeicheln verstand, so schlecht gelang ihm das bei Kaiser Nero. Offenbar konnte Vespasian die endlosen Arien des Nero nicht ertragen, und da er dabei einschlief, verwehrte man ihm den weiteren Zutritt zum Kaiserhof.

In jener Zeit tritt aus der römischen Geschichte immer wieder plötzlich und geheimnisvoll das kleine Land hervor, in dem Christus geboren wurde. Hier, in Judäa, war die jüdische Messiashoffnung aus dem Schuldgefühl an der Kreuzigung Christi zu einer neuen, für Rom gefährlichen Idee geworden. Sueton berichtet, man habe damals im Orient fest geglaubt, aus Judäa werde die »Herrschaft über die Welt« kommen.

Unter der Idee, daß die Juden und ihr Nationalgott über alle Völker der Erde herrschen sollten, waren seit dem Jahre 66 n. Chr. die Haßausbrüche und die Kämpfe der Juden gegen Andersgläubige in Caesarea und an anderen Orten immer heftiger entbrannt. Palästina war schon lange von Rom unterworfen. Den Juden war prophezeit worden, daß ihr Gott über alle anderen Völker herrschen würde, aber sie dachten nicht an eine geistige Herrschaft, sondern an eine weltliche. Sie rebellierten – gegen Rom, gegen jeden Römer, gegen jeden Römerfreund!

In dieser Gefahr wurde im Jahre 67 dem 58jährigen Vespasian der Oberbefehl über die römischen Legionen in Judäa übertragen. Vespasian nahm seinen Sohn Titus als Unterfeldherrn mit in den jüdischen Krieg. Er besetzte Galiläa und Samaria. Dort war es zu Kämpfen an und auf dem See Genezareth gekommen. Der Berg Tabor fiel und die Feste Jotapata. Hier stand Titus als erster Römer auf der Festungsmauer.

Der Verteidiger von Jotapata war der Priester Joseph ben Mattathias. Als die Stadt genommen wurde, rettete sich dieser Mann, indem er kühn in das Lager der Römer überging. Er wurde gefesselt vor Vespasian geführt. Dort machte er eine hochbedeutende Prophezeiung: »Du legst mich jetzt in Fesseln«, sagte er, »nach einem Jahr wirst du sie mir als Kaiser wieder lösen.«

Dieser Priester und Seher ist der Nachwelt unter dem Namen Josephus bekannt. Ihm verdanken wir die Kenntnis vieler Einzelheiten jener Zeit. Er ließ sich in Rom nieder, wurde Römer und schrieb neben anderen wichtigen Werken die berühmte jüdische Geschichte von der Schöpfung bis zum Jahr 66 n. Chr. in 20 Büchern.

Im Sommer des Jahres 69 erfüllt sich die Prophezeiung dieses größten Historikers der Juden: Am 1. Juli wird Vespasian von den Legionen in Alexandria zum Kaiser ausgerufen, am 3. Juli von der Armee in Judäa. Wieder werden wir an Christus erinnert. Vespasian fehlt das Ansehen einer von Gott bestätigten Majestät. Man erwartet von ihm – das ist wie eine Nacherschei-

Mit Kaiser Flavius Vespasia-
nus kam das Bürgertum wie-
der auf Roms Thron. Er lebte
von 9 bis 79 n. Chr. und war
10 Jahre lang Kaiser. Die
Zerstörung Jerusalems 70
n. Chr. fällt in Vespasians
Regierungszeit. Er ist der Er-
bauer des Kolosseums zu
Rom.

nung des Wirkens Christi – ein Wunder. Ein Blinder und ein
Lahmer flehen den Kaiser in Ägypten um Heilung an. Vespasian
will von solchem Wunderglauben nichts wissen und verweist auf
die Ärzte. Aber die Freunde reden ihm zu. Und die Geschichte
berichtet, der Kaiser habe die beiden geheilt. »Auch falsche
Propheten werden in großer Zahl auftreten und viele irrefüh-
ren«, sagte Christus [Mt 24, 11]. Doch die Römer hatten das
Gerücht von diesem Wunder vernommen, und das Ansehen des
Kaisers wuchs.

Wir hören von diesem Kaiser sehr viel Gutes: Er hielt die
römischen Truppen in strenger Zucht und legte großen Wert
darauf, daß ihm seine Regierungsvollmacht auf legalem Wege
durch ein Bestellungsgesetz von Senat und Volk bestätigt wurde.
Dieses Gesetz ist uns im Wortlaut auf einer Erztafel erhalten, die
in Rom wiederaufgefunden wurde. Vespasian war ein »zweiter
Augustus«, aber aus noch derberem Holz geschnitzt. Und so
haßte er alle Verweichlichung. Ihm war alles Weibische an den
jungen Männern seiner Zeit tief zuwider. Einem nach Pomade
duftenden Jüngling sagte er: »Mir wäre es lieber, wenn du nach
Knoblauch riechen würdest.«

Rom, das in großen Teilen durch die Neronischen Brände
noch immer in Schutt lag, wurde unter Vespasian wieder aufgebaut. Er selber schaufelte die erste Schuttladung weg. Grundei-
gentümer, die ihre Grundstücke unbebaut ließen, konnten von
jedem Baulustigen einfach enteignet werden. Nahe am Forum

errichtete Vespasian den Tempel des Friedens, und in der Mitte der Stadt entstand auf dem Gelände des »Goldenen Hauses« von Nero das große Flavische Amphitheater, das später Kolosseum genannt wurde.

Um das sittlich verwahrloste Rom wieder zur Vernunft zu bringen, veranlaßte der Kaiser den Senat, folgenden Beschluß zu fassen: Jede Frau, die mit einem fremden Sklaven verkehrt, wird selbst Sklavin des Herrn, dem ihr unfreier Geliebter gehört. Man war gar nicht mehr gewohnt, einen so tugendhaften Kaiser an der Spitze des Römischen Reiches zu erleben. Die Besen des auf den Thron gelangten Bürgers liebten die Sauberkeit. Das war völlig neu! Das war lange nicht mehr dagewesen! Das war fast skandalös! Und so nahmen der Klatsch, das Staunen und das Raunen kein Ende. Dieser Vespasian hatte ja keinerlei Rachegelüste! Dieser Kaiser hatte keinerlei Freude am Blutvergießen. Er fühlte sich daher so sicher, daß er nicht einmal Wachposten vor dem Palast aufstellte. Er gab zwar Tierhetzen in den Amphitheatern, aber an Kämpfen zwischen Menschen hatte er keinen Gefallen. Ja, er seufzte und weinte sogar Tränen, wenn er ein Todesurteil unterzeichnen mußte. Er legte keinerlei Wert auf äußere Ehrungen. Er war ganz schlicht, einfach und gütig. Ja, die kaiserliche Majestät zog sich allein die Stiefel aus, ein Ereignis, das dem Hof geradezu unglaublich erschien.

Man durfte sogar Witze über den Kaiser machen, und man konnte ihn ungestraft persönlich schelten. Den Kyniker Demetrius, der verurteilt wurde und den Kaiser beschimpfte, nannte Vespasian einfach »Hund«. Das war alles. Bestraft wurde Demetrius nicht! Die Kyniker hatten ihren Namen von dem Gymnasion Kynosarges in Athen, wo sie lehrten. Da sie die Rückkehr zur Natur und die Verachtung aller Zivilisation empfahlen – Diogenes –, Kyon aber im Griechischen »Hund« heißt, vertraten sie sozusagen eine »Hunde-Philosophie«. Vespasian wollte also sagen: Du bist und bleibst eben ein Kyniker, nämlich ein Hund, der bellt. Und Hunde, die bellen, beißen nicht. Daher brauche ich dich nicht zu bestrafen.

Vespasian war besonders bei Tisch immer guter Laune. Er liebte zu scherzen, Witze zu erzählen, und diese Witze waren manchmal anstößig, manche auch recht gut. Mestrius Florus machte ihn einmal darauf aufmerksam, man dürfe »die Lastwagen« nicht »plostra« aussprechen, richtig müsse es »plaustra« heißen. Seitdem nannte der Kaiser ihn anstatt Florus »Flaurus«.

Oft karikierte der Kaiser sich auch selber, und damit kommen

wir zum Geiz oder zur Sparsamkeit dieses hohen Herrn. Vielleicht mußte er geizig sein, denn er benötigte gleich am Anfang seiner Regierung 40 Milliarden Sesterzen, also 8 Milliarden Mark, um den Staat vor dem Bankrott zu bewahren, den seine Vorgänger heraufbeschworen hatten. Vespasian erhöhte deshalb die Steuern, die Tribute der Provinzen und machte im übrigen Geschäfte, deren sich selbst gewiegte Gauner hätten schämen müssen. Er kaufte – fast immer durch seine Geliebte und Frau

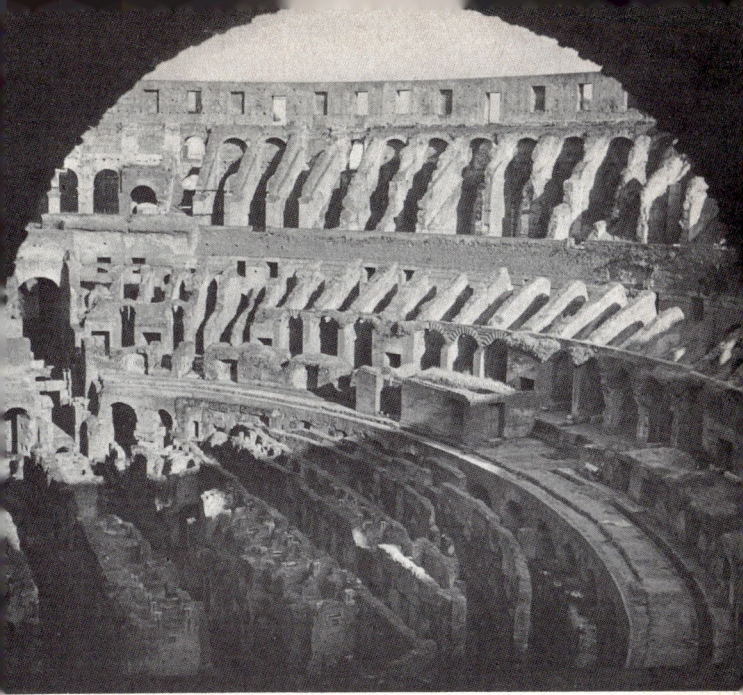

Linke Seite und oben:
Hier fanden die blutigsten Gladiatorenkämpfe und Tierhetzen statt. Das gewaltige Amphitheater in Rom wurde von Kaiser Vespasian begonnen und 80 n. Chr. von Kaiser Titus mit hunderttägigen Spielen eingeweiht. Nach dem Familiennamen dieser beiden Kaiser nannten die Römer diesen Bau »Flavisches Theater«. Nach dem in der Nähe aufgestellten Koloß der Porträtstatue des Nero erhielt das Theater im Mittelalter den Namen Kolosseum. 87 000 Zuschauer konnten darin sitzen. Außerdem gab es noch 20 000 Galerieplätze. Die Sitze konnten durch riesige Sonnensegel beschattet werden. Über 16 Treppen und durch 80 Arkaden gelangten die Zuschauer zu den Sitzreihen.

Caenis, selber vorsichtig im Hintergrund bleibend – seltene Waren auf, schob sie nach eingetretener Verknappung wieder mit großem Gewinn ab, verkaufte Ämter und Freisprüche. Die Alexandriner nannten ihn daher einen »Hausierer mit Thunfischstükken«, was etwa gleichbedeutend mit »Heringskrämer« ist.

Beim Saturnalienfest, am römischen Karneval, demonstrierte der Mime Favor, so wie es damals Sitte war, die Gewohnheiten und Reden des Kaisers; auch das Leichenbegängnis des Kaisers

*Im Auftrage des Kaisers Vespasian eroberte dessen Sohn Titus 70 n. Chr.
Jerusalem. Als Kaiser Titus im Jahre 81 starb, errichtete der Senat ihm zu
Ehren den Titusbogen, das älteste Triumphtor, das uns in Rom erhalten
ist. In dem Durchgang des Bogens zeigt ein Relief die Entführung des
siebenarmigen Leuchters aus dem Tempel in Jerusalem.*

wurde dabei aufgeführt. Da fragte Vespasian, wie teuer denn sein
Begräbnis sei. Als man ihm antwortete, 10 Millionen Sesterzen,
rief er aus: »Gebt mir 100000 und werft mich in den Tiber!«
Sicher hatte Vespasian seine Begabung für finanzielle Dinge von
seinem Vater, dem Zollpächter, ererbt.

Urin war zu jener Zeit ein wertvoller Stoff: Man brauchte ihn
zum Gerben. Daher führte der Kaiser eine Urinsteuer ein, und
als sein Sohn Titus ihm deshalb Vorwürfe machte, hielt er ihm
eine Münze unter die Nase und fragte: »Riecht sie?« Der Sohn
verneinte. Daher stammt das berühmte Wort »non olet« – »es
riecht nicht«. Das heißt: Geld ist Geld, und es kommt nicht
darauf an, wie es erworben ist. Ja, Vespasian war recht witzig.
Selbst als er eine tödliche Krankheit in sich verspürte, scherzte er
noch: »O weh, ich glaube, ich werde jetzt ein Gott.«

Der Kaiser war von mittlerer Größe, kräftig gebaut, aber nicht
gerade schön. Sein Gesicht hatte immer den Ausdruck eines

Menschen, der an schlechter Verdauung leidet. Morgens stand er gewöhnlich sehr früh auf, las sofort die eingegangene Post, die Berichte der Behörden und empfing seine Freunde schon, während er sich anzog. Dann arbeitete er weiter, gönnte sich eine Ausfahrt und legte sich schließlich zum Mittagsschlaf nieder. Nach dem Schlaf badete er. Überhaupt schätzte der Kaiser kalte Bäder, und durch dieses übertriebene kalte Baden soll er sich auch ein Darmleiden zugezogen haben. Sehr krank – er war jetzt 69 Jahre alt –, erledigte er, im Bett liegend, immer noch die Staatsgeschäfte, gab den Gesandten Audienzen, überwachte die Gerichte und ihre Urteile. Er wollte nicht sterben – ganz gewiß nicht liegend sterben! So versuchte er, sich im letzten Augenblick mit großer Anstrengung aufzurichten. »Ein Imperator muß stehend abgehen«, sagte er, und in den Armen der Höflinge, die ihn hielten, hauchte er seine starke männliche Seele aus. 69 Jahre, sieben Monate und sieben Tage hatte dieser rechtschaffene Bourgeois und Sohn des Sabinerlandes, dieser Etrusker und Atlantide, gelebt.

»Schon fällt Asche auf uns ... Ich sehe zurück. Ein dichter Dampf kam hinter uns her, wie ein auf die Erde gegossener Strom ... Die Finsternis kam wieder und mit ihr ein so heftiger und dichter Aschenregen, daß wir oft aufstehen und die Asche abschütteln mußten, um nicht zugedeckt und von ihrer Last erdrückt zu werden.«

Plinius der Jüngere an Cornelius Tacitus, Buch 6, Brief 20.

Er wurde mit 40 Jahren Kaiser. Zwei Jahre später, im besten Mannesalter, starb er. Er saß also nur zwei Jahre auf dem Thron. Aber jahrhundertelang kündete man seinen Ruhm. Er war ein Licht am dunklen Himmel römischer Kaisergeschichte. Er war, wie Sueton treffend sagt, »die Liebe und das Entzücken des Menschengeschlechts«.

Titus Flavius Vespasianus wurde am Hofe Neros zusammen mit dem unglücklichen Britannicus erzogen, den Nero vergiften ließ. Titus soll damals neben Britannicus an der Tafel gelegen und auch ein wenig von dem giftigen Getränk gekostet haben. Der Sechzehnjährige war lange krank. Das war im Jahre 55.

Wir lasen schon, wie Kaiser Vespasian seinen Sohn Titus nach Judäa mitnahm, wie Titus das ganze Land unterwarf, wie er als erster die Mauern von Jotapata erklomm. Im Jahre 70 belagerte er Jerusalem. Unterstadt, Oberstadt und Tempel – das waren drei befestigte Einheiten, die einzeln genommen werden mußten. Die Juden kämpften mit der Glut und der Zuversicht unbedingten Gottvertrauens. Aber Mauerwerk um Mauerwerk fiel. Lichterloh brannte der Tempel. Da stürzten sich die Priester in die Schwerter der Feinde, töteten sich gegenseitig oder sprangen ins Feuer. »Allen schien es kein Tod, sondern Sieg, Heil und Seligkeit, unter die Trümmer des Tempels zu geraten und so zu sterben«, berichtet Cassius Dio im 6. Kapitel seines 66. Buches.

Die Soldaten begrüßten Titus als Imperator, und als er die Provinz Judäa verlassen wollte, beschworen sie ihn, zu bleiben oder sie mitzunehmen. Irgendwie tauchte der Verdacht auf, er, Titus, wolle von seinem Vater abfallen und sich zum Kaiser des Orients machen. Aber er beeilte sich, nach Rom zu kommen,

Segensreich herrschte Kaiser Titus unter den ungünstigsten Umständen. Er hatte nur zwei Jahre Zeit, 79–81 n. Chr. Das Schicksal sandte ihm die Katastrophen von Pompeji und Herculaneum, die Pest und den Brand in Rom.

und als er den Vater sah, rief er überglücklich: »Da bin ich, Vater, da bin ich!« Das ist in der römischen Kaisergeschichte selten, dieses Verstehen und dieses Vertrauen zwischen Vater und Sohn. Titus, nahm ständig an den Staatsgeschäften des Vaters teil, ja, er diktierte Briefe im Namen seines Vaters und wurde von diesem als Mitregent angesehen. Er verfaßte Edikte, übernahm das Oberkommando über die Prätorianergarde und zeigte sich dabei als General gewalttätig. Jeden, von dem er annahm, daß er seinem Vater oder ihm gefährlich werden könnte, ließ er töten. Man warf ihm bald Grausamkeit vor.

Rom versprach sich von diesem lebenslustigen Anwärter auf den Kaiserthron nicht gerade das Allerbeste. Titus trank mit Freunden Nacht für Nacht. Er hatte Umgang mit verrufenen Jünglingen. Und da war vor allem die üble Geschichte mit der Königin Berenike.

Berenike war eine Schwester des Judenkönigs Herodes Agrippa II. und lebte mit ihrem Bruder in wilder Ehe, nachdem sie vorher mit zwei anderen Männern kurz verheiratet gewesen war. Aus der Apostelgeschichte ist uns bekannt, daß sie dem Paulus in Caesarea zuhörte. Berenike hatte Vespasian, den Vater

des Titus, mit auf den Kaiserthron gehoben. Jetzt war sie Freundin des Sohnes, vermählte sich heimlich mit ihm und fesselte ihn durch ihre damals weltbekannte und ungewöhnliche Schönheit. Rom aber wußte zuviel von dieser Frau. Es machte sich Gedanken über Titus und seinen Lebenswandel und fürchtete ihn schon jetzt, noch ehe er Kaiser war.

Es kam alles ganz anders. In dem Augenblick, da Titus römischer Kaiser wurde, brach er den Umgang mit seinen verwahrlosten Jugendfreunden ab, wählte sich als Berater hervorragende Männer, verbannte Berenike aus Rom – eine Trennung, die beiden sehr schwerfiel.

Es gibt in der Geschichte der Menschheit kaum einen Herrscher, der selber so guten Willens war, dem das Schicksal nur so kurze Zeit vergönnte und dem der Himmel so außerordentlich schwere Prüfungen auferlegte. Man bedenke: Nur zwei Monate nachdem Titus Kaiser geworden war, brach über Italien eine der größten Naturkatastrophen der Menschheit herein. Der furchtbare Ausbruch des Vesuvs im Jahre 79 n. Chr., der die Städte Herculaneum, Pompeji und Stabiae verschüttete, hatte sich schon seit dem Jahre 63 in zerstörenden Erdbeben angekündigt.

Der römische Historiker Cassius Dio, der 155 n. Chr. geboren wurde, schildert uns noch vom Hörensagen, wie plötzlich das mächtige Feuer ausbrach, wie die Flammen aus dem Vesuv hervorschossen, wie »Wesen von übermenschlicher Größe auf den Bergen erschienen und durch die Luft schwebten«, ja, wie eine drückende Schwüle entstand, wie die Erde bebte, wie ganz Kampanien in »wallende Bewegung« geriet und wie die Bergspitzen »hüpften«. »Nacht ward aus Tag und Finsternis aus Licht.«

Ein noch wichtigeres – weil erlebtes – Zeugnis vom Ausbruch

Kaufleute und Handwerker. Ladenschild eines gewissen M. Vecilius Verecundus in der Via dell' Abbondanza, ausgegraben in Pompeji.

des Vesuvs am 23. und 24. August 79 hat uns Plinius der Jüngere in seinen berühmten Briefen überliefert. Dieser Plinius, im Jahre 62 n. Chr. in Como geboren, war ein reicher Redner, Schriftsteller und Förderer der Wissenschaften. Er war 17 Jahre alt, als der Vesuv ausbrach. Dabei kam der Bruder seiner Mutter um, Plinius der Ältere. Dieser war ein berühmter Naturwissenschaftler, ein hochgelehrter Mann, der außerdem den Posten eines Flottenoberbefehlshabers bekleidete. Er wurde ein Opfer seines wissenschaftlichen Interesses. Denn während die meisten Menschen aus der Gefahrenzone flohen, segelte der Admiral nach Stabiae, dem heutigen Castello a Mare, in der Bucht von Neapel. Er wollte dem Naturphänomen ganz nahe sein und wich auch nicht, als der Steinregen und die Gase unerträglich wurden.

Die Gelehrten unserer Zeit haben sich viel darüber den Kopf zerbrochen, wodurch eigentlich die Menschen von Pompeji und Herculaneum umgekommen sind. Die Lava-Asche, die die Sterbenden begrub, wurde hart und erhielt vollkommen die Form der Körper im Augenblick ihres Todes. Die Körper zerfielen dann zu nichts, und nur Gerippe blieben in den Hohlformen zurück. Der italienische Archäologe Giuseppe Fionelli kam auf den Gedanken, diese Hohlformen mit flüssigem Gips auszufüllen, und so gewann man 1865 wieder die menschlichen Figuren zurück, mit dem genau erhaltenen Ausdruck der Gesichter jener schreckensvollen Sterbestunde. Die Unglücklichen jener Tage scheinen ganz plötzlich von der Katastrophe überrascht worden zu sein. Ihre Haltung verrät noch deutlich, daß sie im Augenblick ihres Sterbens an alles andere dachten, nur nicht an den Tod. Daher die Sitzenden, die Schlafenden, die Liebenden, die man so in Gips »wieder zum Leben brachte«. Ja, man fand in einem Laden noch einen Zahlenden und seine Münzen, die in die Tischplatte gedrückt waren.

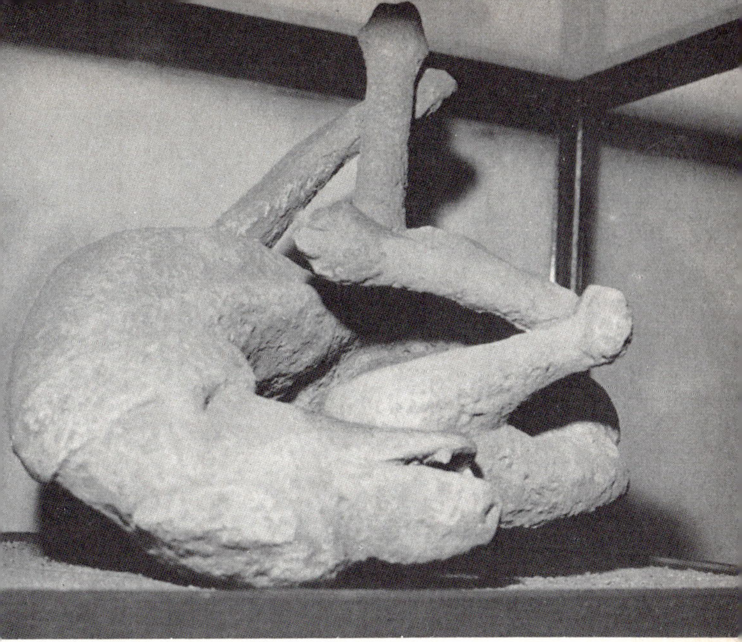

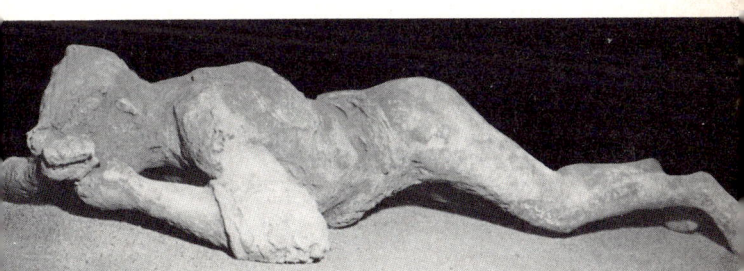

So starb der Hund des Walkers Vesonius Primus. Er war während des Vesuvausbruches angekettet und erstickte in der Asche. Die Plastik entstand, indem man den ganzen Hohlraum mit dem Skelett durch Gips ausfüllte.

Dieser Mann wurde von der feuchten Asche überrascht. Während der Katastrophe von Pompeji fiel er nieder und versuchte noch das Gesicht mit den Händen zu schützen. Gipsabguß des Hohlraumes und des Skeletts.

Was war die Todesursache all dieser Überraschten? Waren es die giftigen Gase des Vulkans? Waren es die Lavamassen? Konnten die Lavamassen überhaupt so schnell und so plötzlich überall eindringen? War es der Aschenregen, der die Menschen erstickte? War es die Hitze?

Der Historiker Tacitus ersuchte damals den jüngeren Plinius, ihm genau zu berichten, wie sein Onkel starb. In dem Antwortschreiben des Plinius besitzen wir daher die präzise Schilderung eines Zeitgenossen über die Art, wie der Tod die Menschen in der Ebene am Fuße des Vesuvs überfiel. Plinius, der sich ganz in der Nähe mit seiner Mutter in Misenum aufhielt, schreibt wörtlich: »Nun trieben die Flammen und der den Flammen vorausgehende Schwefelgeruch die anderen in die Flucht. Ihn [das heißt also den Admiral und Naturwissenschaftler] machten sie nur munter. Von zwei Sklaven gestützt, erhob er sich, sank aber plötzlich wieder nieder. Wie ich vermute, hatte ihm der starke Rauch den Atem gehemmt und den Magen versperrt. Als es wieder Tag wurde, fand man seinen Körper unversehrt und mit derselben Bekleidung. Sein Aussehen glich dem eines Schlafenden, nicht dem eines Toten.«

Der Verschüttung von Pompeji und Herculaneum folgte eine »so furchtbare Pest, wie sie noch nie aufgetreten war«. Man nahm an, daß diese Pest durch die Asche des Vesuvausbruchs verbreitet worden war. Cassius Dio berichtet, der Aschenregen sei so gewaltig gewesen, daß er sogar Afrika und Syrien erreichte.

Kaiser Titus begab sich sofort nach Kampanien. Er bestimmte eine Kommission für die Hilfsaktionen. Den Geschädigten schenkte er Geld. Und das Vermögen von denen, die bei dem Ausbruch umgekommen waren und keine Erben hatten, benutzte er für den Wiederaufbau der Städte.

Während er noch von Rom abwesend war – es war das Jahr 80 –, brach ein Feuer aus, das drei Tage und drei Nächte wütete und die Hauptstadt verwüstete. Das Kapitol mit dem Jupitertempel, das Pantheon des Agrippa, das Balbische Theater, die Octavischen Gebäude mit den Bibliotheken – alles wurde ein Raub der

Rechte Seite:
Der amerikanische Soldat Kenneth Ponter hatte die Geistesgegenwart,
die flüssige Lava, die der Vesuv im Sommer 1944 ausspie, zu photogra-
phieren. Das Haus war Minuten später unter der Lava begraben. »Ich
werde diesen Tag niemals vergessen«, sagte später der amerikanische
Soldat.

Flammen. »Ich bin zugrunde gerichtet«, sagte Titus, raffte sich aber sofort wieder auf und begann zu helfen. Er befahl, den gesamten Schmuck seiner Schlösser zur Wiederherstellung der Gebäude und Tempel zu verwenden.

Seit der Zeit Neros und während der Regierung des Galba, des Otho und des Vitellius hatte sich das Angeberwesen in Rom breitgemacht. Titus ließ jetzt alle Angeber, Anstifter und Verleumder regelmäßig auf dem Forum auspeitschen. Er ließ sie durch die Arena des Amphitheaters führen, versteigerte sie als Sklaven oder verbannte sie auf die ungesundesten Inseln des Weltreiches.

Niemand wurde auf Befehl des Kaisers Titus oder auch nur mit seiner Einwilligung hingerichtet. »Ich will lieber sterben als andere umbringen«, pflegte der Kaiser zu sagen. Als ihm zwei Patrizier vorgeführt wurden, die nach dem Kaiserthron trachteten, sagte Titus ruhig: »Der Thron wird vom Schicksal vergeben.« Die Mutter eines dieser Patrizier sah ihren Sohn schon an das Kreuz geschlagen. Titus beeilte sich, ihr mitzuteilen, ihr Sohn sei wohl und munter. Am folgenden Tag wies er den beiden in der Arena ganz in seiner Nähe Plätze an, und als man ihm die Waffen der Gladiatoren zur Prüfung vorzeigte, ließ er sie den beiden thronbegeisterten Patriziern reichen, die wahrscheinlich auch den Tod des Kaisers geplant hatten. Die Bewunderung aller Römer, die das sahen, war grenzenlos.

Titus war überhaupt ein Mann, der alles das besaß, was Gefallen und Bewunderung erregte. Er muß gut ausgesehen haben, obwohl er nicht eben ein Hüne war und etwas zur Korpulenz neigte. Er war ein glänzender Fechter und Reiter, ein guter Redner und ein nicht unbegabter Dichter. Er sang und spielte Kithara, und er beherrschte die Kurzschrift so meisterhaft, daß er sich einen Scherz daraus machte, mit seinen Schreibern Wetten auszutragen. Auch konnte er glänzend Handschriften nachahmen und meinte, er wäre ein großer Fälscher geworden.

Titus heiratete zuerst Arrecina Tertulla und nach ihrem Tode Marcia Furnilla. Sie entstammte einer hervorragenden Familie. Nachdem sie ihm eine Tochter geschenkt hatte, die spätere Geliebte Domitians und vergötterte Julia, trennte er sich von ihr.

Der Kaiser war völlig unbestechlich und nahm auch von keinem Privatmann, von keiner Stadt, von keinem König etwas an, obgleich die ganze damalige Welt gerade diesem Kaiser Schätze zu Füßen legen wollte. Dabei war er sehr freigebig. Die Einweihung des Amphitheaters, des sogenannten Kolosseums, das

Das Amphitheater von Pompeji, das älteste uns erhaltene Italiens, wurde 80 v. Chr. erbaut. Tief in die Erde eingebettet, hatte es 35 Sitzreihen für 20000 Zuschauer. Über Kampfplatz und Publikum konnte man zum Schutz gegen die Sonne ein riesiges Zeltdach spannen. Man weiß, daß hier grausame Kämpfe mit tödlichem Ausgang stattfanden. [Ausgegraben im Jahre 1815.]

heute noch von aller Welt in Rom bewundert wird, wurde zu einem Volksfest ohnegleichen. Kaiser Vespasian hatte den Bau des Amphitheaters in der Mitte der Stadt begonnen. Jetzt, im Jahre 80, war der Bau vollendet, und auf Veranlassung des Kaisers wurde 100 Tage lang gefeiert. Kraniche mußten wie in der Fabel mit Zwergen kämpfen, dann vier Elefanten. 9000 Tiere wurden zu Tode gehetzt. Dabei traten auch Frauen als Dompteusen auf. Gladiatoren lieferten sich Land- und Seeschlachten. Titus ließ die Arena des Kolosseums mit Wasser füllen und dort abgerichtete Pferde, Stiere und andere Tiere vorführen. Das Theater hatte 87000 Sitzplätze, dazu noch 20000 Galerieplätze. Da es 80 numerierte Eingänge hatte, wozu es Platzkarten gab, fanden die großen Menschenmassen immer bequem ihre Plätze, und reibungslos vollzog sich auch der Abzug. Vielleicht war Kaiser Titus auch der Erfinder der Lotterie. Er ließ auf die

Zuschauer einen Regen von hölzernen Kügelchen herab. Diese enthielten kleine Zettel. Jeden dieser Zettel konnte man für den darauf vermerkten Gegenstand einlösen: Kleidungsstücke, silberne und goldene Gefäße, Pferde, Rinder, Ziegen, Schafe, ja sogar Sklaven.

Auch die Bäder, die Kaiser Titus mit großer Geschwindigkeit bauen ließ, waren jetzt fertiggestellt und wurden gebührend gefeiert. Das Volk nahm alle diese Segnungen erstaunt, fassungslos und begeistert entgegen.

Alle, die sich an den Kaiser mit Bitten oder mit Gesuchen wandten, durften ihr Anliegen vorbringen, und niemand wurde ohne Hoffnung entlassen. Als man dem Kaiser sagte, so viel, wie er verspreche, könne er niemals halten, antwortete er: »Keiner, der mit Titus gesprochen hat, darf traurig weggehen.« Als ihm einmal beim Nachtmahl der Gedanke kam, daß er den ganzen Tag niemandem etwas Gutes getan habe, sagte er: »Freunde, ich habe einen Tag verloren!« In seinem Bemühen, sich beliebt zu machen, ließ er keine Stunde nach. Es schien, als ahne dieser Kaiser, daß ihm nur zwei Jahre Regierungszeit vergönnt seien. Er vergaß nie, armen Menschen freien Zutritt zu den Bädern zu geben, und da er die Psychologie des Volkes kannte, ließ er die ärmsten Römer gerade dann herein, wenn er selbst badete.

Wir sahen schon, daß der Himmel diesem edlen Kaiser mit Vulkanausbruch, Erdbeben, Pest und Feuer nicht eben gütig schien. Titus hatte aber noch eine andere Sorge, und vielleicht war dies seine größte: Sein Bruder Domitian stellte ihm unaufhörlich nach, wiegelte Truppen gegen ihn auf und versuchte überall, böses Blut gegen den Kaiser zu machen. Niemals ließ sich Titus deswegen zu einer Bestrafung des Bruders hinreißen. Er ließ ihn auch nicht verbannen, sondern bezeichnete ihn vom ersten Tag seiner Regierung an als seinen Mitregenten und Nachfolger. Unter vier Augen beschwor er ihn, doch seiner brüderlichen Liebe das gleiche Gefühl entgegenzubringen.

Als die großen Einweihungsfeste beendet waren, weinte der Kaiser angesichts des ganzen Volkes bitterlich. Er wußte plötzlich, daß sein Ende nahe war. Im Sommer 81 reiste er in das Land der Sabiner, und gleich während des ersten Nachtquartiers überfiel ihn ein Fieber. Titus ließ sich in einer Sänfte weitertragen, riß aber immer wieder die Vorhänge zurück, sah zum Himmel hinauf und klagte: »Das habe ich nicht verdient, daß mir das Leben genommen wird. Es gibt keine Tat, die ich zu bereuen habe – ausgenommen eine einzige!«

Sueton wie auch Cassius Dio erklären, man habe nicht gewußt, was er sich da als Schuld anrechnete. Einige hätten aber angenommen, der Kaiser habe an unerlaubte Beziehungen gedacht, die er mit Domitia, der Frau seines Bruders, gehabt hätte. Dem steht entgegen, daß Domitia heilige Eide leistete, solche Beziehungen hätten nie bestanden. Sueton argumentiert sehr findig, Domitia hätte so etwas niemals bestritten, wenn es wahr gewesen wäre. Denn mit ihren Ausschweifungen zu prahlen machte ihr das größte Vergnügen. Cassius Dio gibt einen anderen plausiblen Hinweis. Er meint, der Kaiser habe es für ein Verbrechen gehalten, daß er seinen Bruder Domitian, der ihm ganz offen nach dem Leben trachtete, nicht habe hinrichten lassen. Das versteht man um so besser, wenn die damalige Vermutung zutreffen würde, daß Domitian den Tod des Titus entweder verursacht oder beschleunigt habe. Man munkelte von Vergiftung. Cassius Dio erzählt, Domitian habe seinen Bruder, als dieser noch atmete und vielleicht noch hätte gerettet werden können, in einen mit Schnee gefüllten Behälter gesetzt. Domitian gab vor, dies sei geschehen, um das Fieber herabzudrücken. In Wahrheit wollte er den Tod wahrscheinlich beschleunigen.

Titus starb in demselben Landhaus, auf dem alten Familiensitz im Sabinerland, wo auch sein Vater gestorben war. Er war 42 Jahre alt. Das ganze Volk trauerte. Der Senat überhäufte den Toten mit Preisungen und Ehren. Die Juden aber erklärten, Titus habe der Tod ereilt als Strafe für die Zerstörung des Tempels in Jerusalem.

Titus atmete noch. Ohne den Tod des Bruders abzuwarten, galoppierte Domitian nach Rom, sprengte ins Lager und ließ sich zum Kaiser ausrufen.

»Domitian war rasch und jähzornig, aber auch heimtückisch und hinterlistig ... Nie liebte er einen Menschen aufrichtig, einige Frauen ausgenommen, und tat er so, als liebte er jemanden, so hatte er ihn gewiß als sein nächstes Opfer ausersehen.«

Cassius Dio, Römische Geschichte, Buch 67, Kap. 1.

»Ist jemand beim Kaiser?«

Ein Besucher, der Kaiser Domitian dringend sprechen wollte, richtete diese Frage an Vibius Crispus.

»Nicht einmal eine Fliege«, antwortete dieser.

Der Fremde wiederholte die merkwürdige Antwort.

»Nicht einmal eine Fliege«, antwortete Crispus noch einmal. Und diese Antwort war gar nicht so absurd, denn täglich zog sich Kaiser Domitian eine Stunde lang in seine Privatgemächer zurück. Obgleich es ein Geheimnis bleiben sollte, wußte es der ganze Hof: Der Kaiser fing Fliegen. Mit einem scharf angespitzten Schreibgriffel spießte er die gefangenen Tiere auf.

Als seine Gattin Domitia ihm einen Sohn gebar, ernannte er sie zur Kaiserin, zur Augusta. Aber plötzlich verstieß er sie wieder. Sie hatte sich in den Schauspieler Paris verliebt, einen bildschönen Casanova am damaligen Hof, der von den Damen der höchsten Gesellschaft angeschwärmt wurde. Domitian brachte Paris aus Eifersucht auf der Straße um. Bald darauf lud er die verstoßene Gemahlin ein, wieder seine Gattin zu werden. »Was ich dabei fühle, weiß ich nicht«, sagte er, »aber es ist der Wunsch des Volkes.« Eine glatte Lüge! Domitia war die Tochter eines berühmten Feldherrn und vorher mit Aelius Lamia verheiratet gewesen. Dieser Lamia hatte wirklich Pech. Erst entführte ihm der Kaiser seine Frau, und als er einmal sang und irgend jemand seine Stimme lobte, sagte er: »Ja, ich lebe enthaltsam.« Das erfuhr Kaiser Domitian, und er ließ den unglücklichen Lamia hinrichten. Seitdem lebte Domitia ständig in Furcht vor der Rache ihres kaiserlichen Gemahls.

Domitian wollte alle anderen Kaiser vor ihm übertreffen. Er organisierte Schauspiele mit geradezu phantastischer Pracht. Außer Seegefechten, Tierhetzen und Gladiatorenkämpfen im Ko-

Nichts ist herrlicher als Schönheit und nichts vergänglicher. »Ich trage es mutig, denn dies macht mich schon in der Jugend zum Greise«, so schrieb Kaiser Domitian über seine Glatze. Er war 81–96 n. Chr. Kaiser, verfolgte die Christen und vergoß – immer mißtrauisch – Ströme von Blut.

losseum ließ er im Circus Maximus Rennen von Zwei- und Viergespannen und große Gefechte austragen. Etwas ganz Neues waren seine Gladiatorenkämpfe bei Fackellicht, und wie schon zu Neros Zeiten, ließ er auch Frauen kämpfen.

Er bot einen merkwürdigen Anblick, dieser Kaiser Domitian. Immer war sein Gesicht gerötet, wahrscheinlich geschminkt – nicht, weil er verschämt erscheinen wollte, eher wohl, wie Tacitus schreibt, um die Schamröte zu verbergen. Vielleicht wollte er besonders energisch wirken. Aus großen, aber schwachen Augen starrte er in die Arena. Er hatte in späteren Jahren eine Glatze und einen dicken Bauch, und wenn man über seine Kahlköpfigkeit scherzte, fühlte er sich persönlich beleidigt. Er verfaßte ein Büchlein über die Haarpflege, schenkte es einem Leidensgenossen, einem Freund mit Glatze, und schrieb als Widmung hinein: »Du siehst, wie ich groß und schön von Gestalt bin, und dennoch erwartet mein Haar das Schicksal des deinigen. Ich trage es mutig, denn dies macht mich schon in der Jugend zum Greise. Denk immer daran, daß nichts herrlicher ist als Schönheit und nichts vergänglicher.«

So saß er nun in seiner kaiserlichen Loge, und immer stand zu seinen Füßen ein Zwerg, ganz in Scharlachrot gekleidet, mit einem außerordentlich kleinen und mißgestalteten Kopf. Man hörte, daß der Kaiser mit diesem Zwerge plauderte, und man flüsterte sich zu, daß es ganz ernste Dinge seien, die der Große mit dem Kleinen bespreche. Seine Majestät liebte die rote Farbe, auch an sich selber. Seine Purpurtoga war nach der Fasson griechischer Schneider zugeschnitten.

Domitian erließ einige merkwürdige Gesetze. So untersagte er den Pantomimen und Tänzern, auf öffentlichen Bühnen aufzutreten. Sie durften nur in Privathäusern tanzen und spielen. Er verbot, Männer zu Eunuchen zu machen, und setzte die Preise der Sklavenhändler für diese »Ware« – soweit noch auf Lager – herab. Frauen zweifelhaften Rufs durften sich nicht mehr in Sänften tragen lassen und auch keine Erbschaften antreten. Unkeuschheit von Vestalinnen bestrafte er zunächst mit dem Tode. Später ließ er diese Priesterinnen »nach der Vorfahren Brauch«, wie er sagte, behandeln. Damit meinte er das, was die Vestalin Cornelia erdulden mußte: Sie wurde lebendig begraben, ihre Liebhaber wurden mit Ruten zu Tode gepeitscht. Domitian strengte viele solcher Vestalinnenprozesse an, und von Plinius erfahren wir, daß wahrscheinlich in keinem Fall die Schuld der Priesterinnen erwiesen war.

Domitian soll erst nach und nach so grausam geworden sein. Angeblich vermied er anfangs alles Blutvergießen. Er wollte sogar verhindern, daß Ochsen geopfert wurden. Später aber wurde er heimtückisch, und es gelang ihm meisterhaft, Leute, die er grausam bestrafen wollte, plötzlich zu erschrecken. Er lud sie ein, täuschte beste Stimmung vor, lobte sie und ließ unmittelbar darauf den Todesbefehl folgen. Bald wußte man ganz genau, wann ein Prozeß oder eine Audienz ein grausames Ende haben würde – immer dann, wenn Domitian seine Rede mit sanften, freundlichen Worten anfing.

Nach und nach begann Domitian, auch sein Volk rücksichtslos auszuplündern. Auf jede Anklage, ja bloße Anschuldigungen hin verfielen Vermögen der Beschlagnahme. Prozesse wegen Majestätsbeleidigung kamen wieder auf, wie unter Tiberius, den Domitian in dieser Hinsicht als sein Vorbild ansah. Die Palastbauten des Kaisers verschlangen Unsummen; jeder Dachziegel mußte mit Goldblech belegt sein. Eine willkommene Einnahmequelle war deshalb auch die Judensteuer. Jeder erwachsene Jude mußte sie früher an Jerusalem zahlen, seit Titus aber an den Kaiser.

*Endlos ziehen sich die unterirdischen Gänge der Domitillakatakomben.
Im Jahre 95 n. Chr. stellte Kaiser Domitian Flavius Clemens und Flavia
Domitilla, die Eltern seiner Adoptivsöhne und Thronfolger, wegen »Nei-
gung zum Christentum« unter Anklage. Clemens wurde hingerichtet,
Domitilla und eine gleichnamige Nichte wurden verbannt. Beide
Frauen sind mit vielen anderen Opfern der Domitianischen Verfolgung
in der Domitillakatakombe an der Via Ardeatina in Rom beigesetzt.
Rechts und links in den Wänden befinden sich die Skelette.*

Das Nerva-Forum in Rom wurde von Kaiser Nerva nur vollendet: Es war ein Werk des Domitian, wie man neuerdings nachgewiesen hat. Erhalten sind nur zwei Säulen mit einem Stück des Frieses. Das herrliche domitianische Gebälk zeigt im Fries links vorne eine sitzende Frau mit Spindel. Vor ihr stehen Mädchen, die Fäden spannen. Im Hintergrund auf dem Fries rechts ein junger Flußgott und vor ihm drei Mädchen. Links ein Mädchen vor einer sitzenden Göttin. Aus einem Epigramm des Martial wissen wir, daß im Nerva-Forum auch Läden von Buchhändlern zu finden waren.

Diese Judensteuer war eine Art Sühne für die Duldung der jüdischen Religion. Wahrscheinlich mußten auch die Christen diese Steuer entrichten, denn sie fielen wohl unter die, »die ihre Abstammung verheimlichten«.

Die Kirchengeschichte behauptet ferner, daß Domitian die Christen verfolgt habe. Flavius Clemens, ein Vetter des Kaisers, der dritte Bischof von Rom, wurde ein Opfer dieser Verfolgungen, ebenso Flavia Domitilla, die Gattin des Clemens. Der Historiker Sueton berichtet, er sei noch als ganz junger Mensch dabei gewesen, wie ein 90jähriger Greis vor dem Prokurator und einem großen Kollegium nachweisen mußte, ob er Jude sei oder nicht.

Domitian war ebenso anmaßend wie Nero. Als er seine Frau zurückrief, erklärte er, sie dürfe wieder auf dem »Göttersitz« Platz nehmen. »Heil unserem Herrn und unserer Herrin«, rief das Volk im Amphitheater, und die Edikte lauteten: »Unser Herr und Gott befiehlt, daß folgendes geschieht ...« Domitian war der erste Kaiser, der den Römern zumutete, ihn schon zu Lebzeiten für einen Gott zu halten. Den Beamten war diese Anrede vorgeschrieben.

Mit größter Wachsamkeit achtete Domitian darauf, daß die für ihn errichteten Skulpturen auf dem Kapitol aus purem Gold oder Silber waren. Ihr Gewicht war genau festgesetzt, und wehe, stellten sie sich als leichter heraus. Immer mehr Triumphbogen mit Viergespannen und Triumphzeichen ließ der Kaiser errichten, und nachts pinselte das Volk auf die Statuen: Es ist genug!

Die Feldzüge und Eroberungskriege, die Domitian zur Steigerung seines Ruhmes anordnete, so an der germanischen Grenze im Taunusgebiet, ferner in Britannien und an der unteren Donau, waren nur deshalb nicht ganz erfolglos, weil er einige tüchtige Heerführer hatte. Wie Nero war er aber sofort eifersüchtig auf die Leistungen seiner Generäle und berief sie deshalb ab, wenn sie zu einem größeren Unternehmen ausholten, so den tapferen Agricola, der bis nach Schottland vorgedrungen war. Übrigens erfuhr man in Rom erst durch diesen Agricola mit Gewißheit, daß Britannien eine Insel sei. Als Agricola starb, war man in Rom überzeugt, daß er von Domitian vergiftet worden war, wie Tacitus berichtet, der ja der Schwiegersohn Agricolas war.

Eine solche Regierung konnte nicht von langer Dauer sein. »Die schlimmsten Zeiten des Tiberius, Caligula und Nero waren wiedergekehrt«, sagt der große Historiker Rostovtzeff über die Regierungszeit Domitians. Wo der Kaiser auftauchte, herrschten

Angst und Schrecken. Man haßte ihn, und die Verschwörer begannen ihr stilles, unheimliches Werk. Domitians Gattin nahm daran teil, und wie immer haben die Chaldäer, die Wahrsager, alles vorausgeahnt. Bebend, voller Tyrannenangst, saß Domitian in seinen Gemächern. Plinius erzählt von einem marmorharten weißen Gestein aus Kappadokien, das spiegelblank wird, wenn man es schleift. Solche Steine ließ der Kaiser kommen und mit ihnen die Wände der Hallen und Gänge verkleiden, in denen er sich aufzuhalten pflegte. Immer zitternd, immer voller Sorge, immer den Dolchstoß des Meuchelmörders erwartend, wandte der Kaiser seine müden Augen nicht mehr von den Spiegelsteinen ab. Da sah er nämlich, was hinter ihm vorging, und das allein beruhigte ihn noch. Wenn er jetzt Gefangene verhörte, schloß er sich allein mit ihnen ein. Ihre Ketten hielt er fest in der Hand.

Der Astrologe Askletarion hatte ihm den Tod durch Mord vorausgesagt. Domitian fragte, wie denn des Astrologen eigenes Ende sein würde. Askletarion antwortete, er werde bald von Hunden zerrissen werden. Der Kaiser ließ ihn hinrichten und befahl, sorgfältig die Verbrennung zu überwachen, damit kein Hund herankommen könne. Ein Sturm stürzte jedoch den Scheiterhaufen, und der halbverbrannte Leib des Askletarion wurde von Hunden zerrissen. Nun war Domitian sicher, daß auch sein Ende nahe war. Man bot ihm Früchte an. »Hebt sie bis morgen auf«, antwortete der Kaiser, »wenn ich sie dann noch essen kann.« Fortan konnte er nicht mehr schlafen. Nachts sprang er aus dem Bett, ließ Fackeln hereintragen, starrte wild um sich.

Am 16. September 96 war der Mond in den Wassermann getreten. Am 18. September verließ er ihn. Zur selben Zeit standen Mars und Saturn im Wassermann, eine Konjunktion, die die Katastrophe sicher anzeigte. Der Kaiser wußte, daß er um die fünfte Stunde sterben würde. Etwa um diese Zeit fragte er, wie spät es sei. Um den Kaiser zu beruhigen, sagte man ihm, es sei sechs Uhr. Da nahm er voller Freude ein Bad. Ihm wurde durch seinen Kammerdiener Parthenius gemeldet, ein Bote sei da, der eine Verschwörung aufgedeckt habe, der Kaiser müsse ihn sofort empfangen. Alle Anwesenden mußten sich zurückziehen. Domitian ging in sein Schlafzimmer, und Stephanus, der Verwalter der Christin Domitilla, durfte ihm allein folgen. Dieser Stephanus machte einen harmlosen Eindruck, denn er trug um den linken Arm einen wollenen Verband, »seiner Verletzung wegen«, wie er sagte. Zwischen dem Verband und dem Arm aber hatte er einen Dolch verborgen. Er überreichte dem Kaiser die

Domitia, die Gattin des Domitian, lebte immer in Furcht vor der Rache ihres kaiserlichen Gemahls. Der Kaiser hatte sie dem Aelius Lamia entführt. Schließlich trat sie der Verschwörergruppe bei, und der Kaiser wurde ermordet.

Anzeige der angeblichen Verschwörung. Der Kaiser las das Schreiben. Es traf ihn wie ein Schlag. In diesem Augenblick stieß Stephanus ihm den Dolch in den Unterleib.

Domitian soll nach dieser ersten Wunde seine Diener gerufen haben. Er bat, ihm den Dolch zu reichen, der unter seinem Kopfkissen lag. Man fand nichts als einen Griff. Wahnsinnig vor Wut und Angst, stürzte sich der Kaiser auf Stephanus, riß ihn zu Boden, rang mit ihm, suchte ihm den Dolch zu entwinden und ihm mit letzter Kraft und blutigen Fingern die Augen auszureißen. Aber der kräftige Stephanus siegte.

15 Jahre lang hatte dieser merkwürdige Kaiser regiert. Nie hatte er einen Menschen wirklich geliebt, wie Cassius Dio sagt. Er soll aber ein guter Bogenschütze gewesen sein. Junge Sklaven ließ er die rechte Hand mit gespreizten Fingern hochhalten. Zwischen die Finger hindurch schoß er giftige Pfeile, ohne je die Hand der Sklaven zu verletzen. Manchmal war er auch witzig. »Ich wünschte«, sagte er, »ich wäre so schön, wie Marcus sich vorkommt.« »Die Lage der Kaiser ist sehr traurig«, bemerkte er einmal, »denn haben sie eine Verschwörung aufgedeckt, so glaubt man es ihnen nicht, es sei denn, sie werden ermordet.«

Domitian war kurz vor seinem Tode sehr einsam. Spaziergänge machte er nur noch auf abgesperrten Plätzen. Aber ausschweifend blieb er bis zuletzt. Nach seiner Ermordung machte man sich eine Freude daraus, die Büsten des Kaisers am Boden zu zerschmettern. Dann wurden seine Statuen von den Sockeln geschleudert und eingeschmolzen.

»Man soll die Christen nicht verfolgen!«

»Ich versuche immer, mich als Kaiser Privatpersonen gegenüber so zu verhalten, wie ich es früher als Privatmann von den Kaisern gewünscht habe.«   *Ausspruch des Trajan bei Eutropius, 8, 5.*

Im Jahre 96 n. Chr. geschah in Rom etwas Neues. Zum erstenmal wurde ein Kaiser aus den Mitgliedern des Senats gewählt. Senator Nerva war 64 Jahre alt. Er war anfällig und durch Krankheit geschwächt. Aber er war ein guter Jurist und brachte den verwahrlosten Staat wieder ins Gleichgewicht.

Alle die vielen, die von Domitian wegen Majestätsbeleidigung in den Kerker geworfen waren, wurden sofort befreit. Verbannte durften nach Italien zurückkehren. Sklaven dagegen, die unter der Schreckensherrschaft des Domitian ihre Herren angezeigt hatten, wurden jetzt zum Tode verurteilt. Kaiser Nerva verbot auch, Menschen »wegen jüdischer Lebensweise« vor Gericht zu stellen. Diese Menschen mit der jüdischen Lebensweise waren wohl die Christen. Den Leuten, die unter Domitian enteignet worden waren, ließ er alles zurückgeben, und für sehr arme Römer richtete er einen »Sozialfonds« ein und stiftete Geld zum Ankauf von Grundstücken für sie. Als Nervas Hof dann in Geldnot geriet, ließ der Kaiser Kleidungsstücke, Gold, Silbergeschirr und wertvolles Hausgerät aus dem kaiserlichen Palast, dazu kaiserliche Schlösser verkaufen.

Dieser Nerva hielt Rom auch zur Sparsamkeit an. Kostspielige Opfer schaffte er ab, und den Luxus besonders viel Geld verschlingender Wettrennen und Schauspiele schränkte er ein. Keiner durfte mehr entmannt werden! Keiner durfte die Tochter seines Bruders heiraten!

Es ist kein Wunder, daß dieser Kaiser bald von sich sagen konnte: »Ich habe nichts getan, was mir verbieten würde, die Regierung einfach niederzulegen und völlig ungefährdet als Privatmann zu leben.«

Aber darin hatte der gute Nerva sich geirrt. Auch sein Leben war bedroht. Kleine Verschwörungen gärten hier und dort. Der Kaiser brachte die Verschwörer dadurch in Verlegenheit, daß er sich unbewaffnet und sehr freundlich in ihre unmittelbare Nähe

So groß war das römische Weltreich in der Zeit von 117 n. Chr. [Tod Trajans] bis 211 n. Chr. [Tod des Septimius Severus]. Dieser Reichsumfang hat sich bis zum Tode des Theodosius [395] nur wenig verringert.

begab. Als er dann aber doch das Empfinden hatte, daß man seine Güte mißbrauchte, daß man ihn vielleicht sogar verachtete, weil er alt war, zu gut und zu anständig für dieses dekadente Rom, nahm er den römischen Statthalter in Germanien als Sohn an und ernannte ihn zum Kaiser. Es war der wichtigste und beste Entschluß, den Nerva während seiner Regierung traf, ein Akt »gottähnlicher Voraussicht«, wie Eutropius sagt.

Der neue Kaiser hieß Marcus Ulpius Trajanus. Er war Spanier. Das war wieder etwas ganz Neues: Ein Mensch aus der Provinz

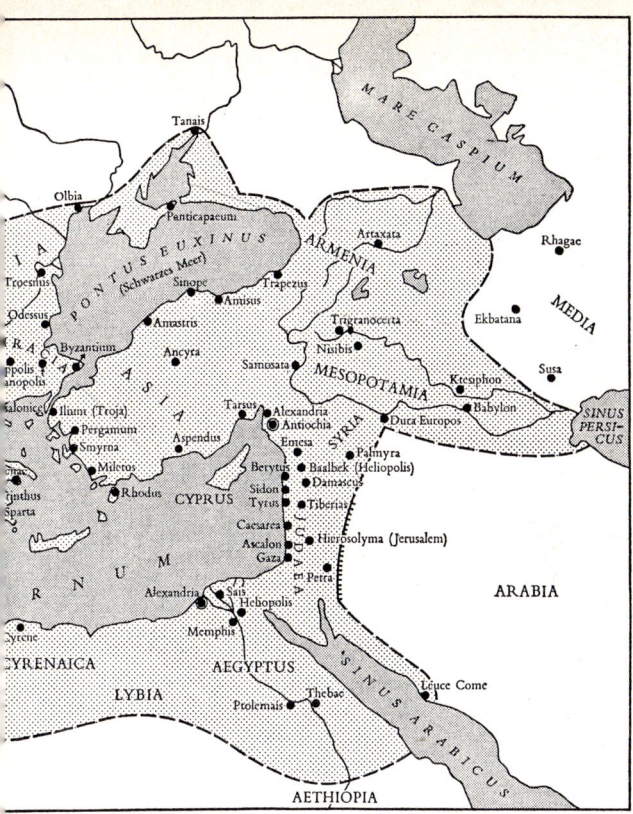

Aufgegeben wurden lediglich Dakien [nach den Einfällen der Goten 250–270], Mesopotamien und Südwestdeutschland.

auf dem kaiserlichen Thron, der Nachfahre einer römischen Kolonialfamilie, geboren in Italica bei Sevilla am Guadalquivir. Kaiser Nerva hatte zwar selber Verwandte, die er auf den Thron hätte setzen können. Ihm war aber Rom und das Römische Reich wichtiger als seine Verwandtschaft. Und Trajan schien ihm der geeignete Mann.

48 Jahre alt war Trajan, Kaiser durch Adoption und erwählt nach Verdienst. Auch das ist ganz neu, ein Verfahren, das sich von nun an 100 Jahre lang erhielt und damit Rom von Nerva bis

Kaiser Trajan, 98–117 n. Chr., hat sich den späteren Beinamen Optimus, »der Beste«, wahrlich verdient. Er gehört zu den bedeutendsten und kraftvollsten Imperatoren Roms, und unter ihm erreicht das Römische Reich seine größte Ausdehnung.

Marc Aurel eine tüchtige Herrschaftsreihe sicherte. So wurde das 2. Jahrhundert n. Chr. die glücklichste und beste Zeit des römischen Kaiserreiches.

Nerva starb. Er hatte ein Jahr, vier Monate und neun Tage regiert – kurz, aber gut regiert. Und Trajan trat seinen eigenwilligen, ehrgeizigen und doch segensreichen Weg an, ein Mann, der ein Alexander werden wollte, ein großer Mensch, der aber doch sein Vorbild nicht erreichte.

Trajan hat seine Zeit wahrlich genutzt. Größer und großartiger läßt er den baufälligen Zirkus errichten. Öffentliche Gebäude, Straßen, Seehäfen legt er an. Eine Straße durch die Pontinischen Sümpfe läßt er bauen, Häuser daran und viele Brücken. In Germanien, am Rhein, baut er Kastelle und Flußübergänge. Im Neckarland baut er. Eine Straße von Mainz über Heidelberg bis Baden-Baden war sein Werk. Weit ins Donauland hinein bis nach Ungarn – bis zur Dobrudscha – reichen die Zeugen des Bauwillens dieser Majestät. In Afrika erreicht er die Wüstengrenze. Dort gründet er die Kolonie Timgad, das »afrikanische Pompeji«, das die Ausgräber unserer Zeit aus dem Wüstensand freigeschaufelt haben.

Trajan liebt die Jagd. Er schätzt Gelage. Er weiß aber auch immer Maß zu halten. Er kann viel Wein vertragen, ohne sich zu betrinken. Er verfolgt Denunzianten und hält für dieses Gesindel eine besondere Strafe bereit: Sie werden verprügelt, auf Schiffe geladen und in den Sturm hinausgejagt. Sonst ist der Kaiser immer zurückhaltend im Strafen. Er ist höflich zu den Senatoren. Er geht allein und zu Fuß durch die Straßen Roms.

Als Plinius der Jüngere, der unter Trajan Statthalter in Bithynien war, beim Kaiser schriftlich anfragt, was er mit den Christen in seiner Provinz tun solle, über die allerhand Gerüchte im Umlauf seien, schreibt Trajan zurück: »Man soll sie nicht verfolgen! Es ist unseres Jahrhunderts nicht würdig, irgendwelchen anonymen Anzeigen Glauben zu schenken!«

Mit Trajan beginnt ein Zeitalter der Humanität und der Toleranz.

An der unteren Donau, an der linken nördlichen Seite des schönen Stromes, in der Walachei, in Ostungarn, in Siebenbürgen, da sitzen die Daker. Hier erkennen wir aus den wenigen Überlieferungen auch das zwielichtige Bild ihres Königs, des Decebalus, eines hochintelligenten, stolzen, aber auch gerissenen Barbaren, eines Mannes, der sich nicht unterkriegen lassen will, um keinen Preis.

Trajan rückt an. Er schlägt die Daker. Decebalus tut so, als wolle er mit Friedensverhandlungen beginnen, als sei er zu allem bereit. Aber dann kämpft er doch wieder. Die Schwester des Decebalus gerät in römische Gefangenschaft. Wieder scheint der Barbarenkönig sich fügen zu wollen. Ja, endlich demütigt er sich sogar vor Trajan, fällt vor ihm auf die Knie, wirft seine Waffen fort. Trajan schließt Frieden und zieht nach Italien.

Es dauert nicht lange, da treffen Nachrichten ein, König Decebalus und seine Daker hätten alle Abmachungen über den Haufen geworfen. Nördlich der Donau hält man keine Friedensbedingungen. Wieder übernimmt Trajan persönlich die Führung der römischen Armee. Dakische Truppen fallen ab, und bald ist es wieder so weit, daß König Decebalus um Frieden bittet. Gleichzeitig sammelt er ein Heer, bedroht viele Völker, mit ihm gegen die Römer zu ziehen, schickt Meuchelmörder in das Lager des Trajan. Aber die Mörder werden gefaßt und bekennen unter der Folter. Jetzt greift Decebalus zu einer anderen List. Er lädt den römischen Feldherrn Longinius ein. Longinius ist ein glänzender General und hat ihm viel zu schaffen gemacht. Kaum ist dieser im Lager des Barbarenkönigs, da macht Decebalus ihn zu seinem Gefangenen. Dann bietet er Trajan die Herausgabe des

Longinius an: gegen Rückgabe allen Landes an der Donau. Trajan antwortet so zweideutig, daß Decebalus im unklaren bleibt. Aber der Feldherr Longinius ist seinem Kaiser treu. Ehe der Barbarenkönig ihn weiter erpressen kann, nimmt er Gift und stirbt.

Trajan baut jetzt eine steinerne Brücke über die Donau, um den Dakern besser auf den Fersen bleiben zu können. Der Bithynier Cassius Dio, der um 229 n. Chr. eine römische Geschichte in 80 Büchern schrieb, bewundert diesen Brückenbau des Trajan am Eisernen Tor in überschwenglichen Worten. Zwar, so schreibt er, seien auch die anderen Werke des Trajan höchst prachtvoll, diese Brücke aber übertreffe alles! Der Grieche Apollodoros von Damaskus, einer der größten Ingenieure und Architekten des Altertums, hatte sie konstruiert.

Nun beginnt die planmäßige Unterwerfung Dakiens. Tapfer kämpfen die Römer. Decebalus verliert sein Hauptquartier, verliert sein ganzes Land an die Römer und läuft zuletzt selber Gefahr, in Gefangenschaft zu geraten. Da nimmt er sich das Leben. Sein Kopf wird im Triumph nach Rom gebracht. Dakien wird römische Provinz. In der Dobrudscha wird ein riesiges Siegesdenkmal errichtet, das Tropaeum Traiani, dessen Ruinen von Moltke im Jahre 1837 entdeckt wurden. Die Schätze des Barbarenkönigs, die Decebalus unter dem Flußbett der Istria vergraben ließ, werden verraten und von den Römern gefunden. Hier, an der Istria, lag auch der Königssitz des widerspenstigen Nomadenherrschers, und wir lesen mit Verwunderung bei Cassius Dio, daß das umherschweifende Volk einen Herrn in einer festen Burg besaß. Nun aber kommen die römischen Siedler in das Land, das noch heute Romania, Rumänien, heißt und eine halb römische, halb slawische Sprache hat.

Trajan läßt sich indessen von seiner Aufgabe, von seinem Charakter, von seinem Unternehmungsgeist weitertragen. Er läßt 130 Tage lang das Siegesfest feiern, Tausende von wilden Tieren sich zerfleischen, Tausende von dakischen Kriegsgefangenen in blutigen Gefechten zeigen, was sie können. Und man erkennt zum erstenmal in Rom, wie tapfer die Männer sind, die Trajan besiegte. Er legt Bibliotheken an, läßt durch den Architekten Apollodoros zwischen Kapitol und Quirinal den neuen Markt erbauen, das Forum Traiani, und errichtet das großartigste Sinnbild der römischen bildenden Kunst überhaupt: die weltberühmte Trajanssäule, ein erstaunliches Geschichtsbuch aus Stein, ein um eine Säule gerolltes Bilderbuch, das in 155 Bildern

Die Trajanssäule, 38 Meter hoch, ist ein Bilderbuch der Geschichte aus Marmor in 155 Einzeldarstellungen. Im Sockel der Säule wurden die Urnen Trajans und seiner Gattin Plotina beigesetzt. In der Säule: eine Wendeltreppe. Auf der Spitze stand bis zum Mittelalter die Statue Trajans.

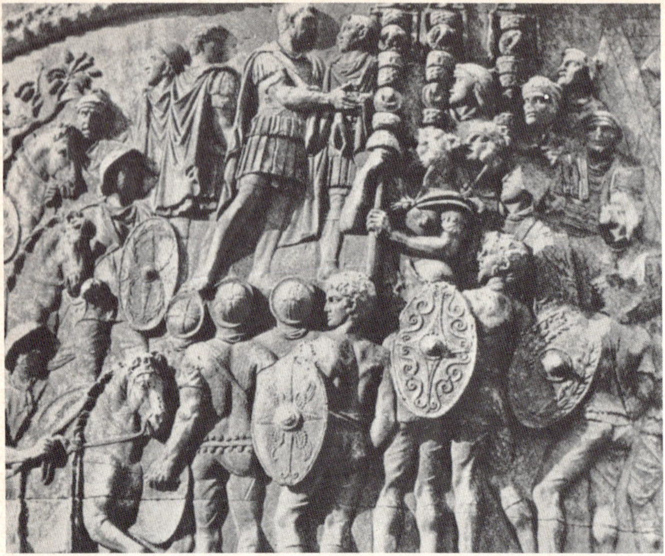

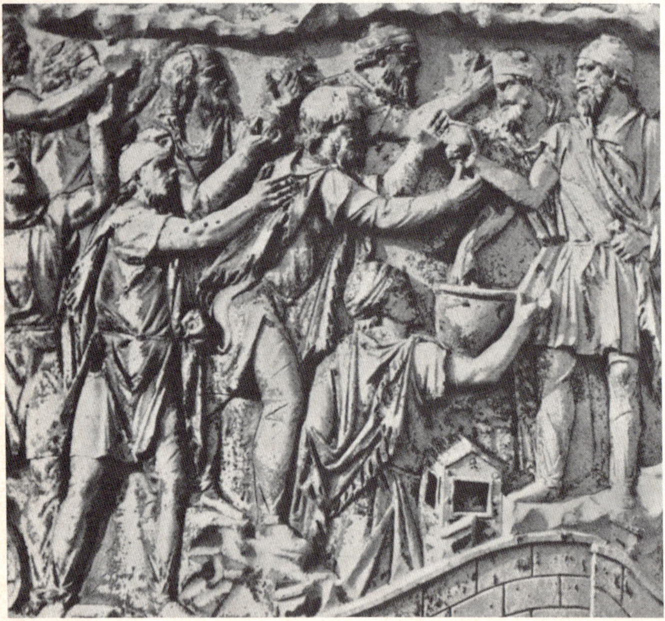

die Taten der römischen Legionen an der Drau, an der Sau und an der Donau schildert.

Da wird der Bau der Brücke gezeigt, da fahren Schiffe auf dem Strom, hochbeladen mit Proviant, da sehen wir die Legionäre im Marsch, auf Posten und in der Schlacht, da erkennt man den Kaiser selber, immer zu Fuß mitten unter den Soldaten, da sieht man die fliehenden Kinder und Frauen der Daker, und da ist immer der oberste Feldherr Trajans, Quintus Lusius, einst marokkanischer Scheich, jetzt der kluge Kopf an Trajans Seite, ein Othello der Kaiserzeit!

Unter allen Ehrentiteln, die der Senat dem Kaiser verlieh, schätzte Trajan nur den einen: »Optimus« – »der Beste«! Dieser Titel traf seinen Charakter, die anderen Ehren hatte er nur seinen Siegen zu verdanken.

Trajan führte eine kinderlose Ehe mit der Kaiserin Plotina. Sie muß sehr schön gewesen sein, das verraten uns noch heute ihre Bilder auf den Münzen. Aber sie lebte sehr zurückgezogen und vertrug sich mit der Schwester des Kaisers, der Marciana. Als sie in den Kaiserpalast einzog, sagte sie: »Möge ich dieses Haus einst frei von jeder Schuld verlassen, wie ich es jetzt betrete!« Dieses Gelöbnis hat sie auch gehalten.

Trajan konnte die Ruhe nicht ertragen. Er war der letzte große Offizier Roms auf dem Thron, nicht nur glänzender Staatsmann, sondern auch das Feldherrngenie eines Cäsar in sich spürend, eine einfache, klare, ungemein starke Persönlichkeit! Er wollte gegen die Parther ziehen. Hier, in Persien, lagen Griechenstädte, kulturverwandt den Römern, und diese großartigen Städte, wie Ktesiphon und Seleukia, waren in der Gewalt der barbarischen Parther.

Trajan zieht siegreich auf den Spuren Alexanders des Großen nach Osten. Am Euphrat steht er und in Babylon. In seinem Hauptquartier treffen schon Gesandte aus Indien ein. Er dringt bis Medien vor. Satrapen und Könige legen ihm Geschenke zu Füßen. Ein abgerichtetes Pferd macht einen Kniefall. Ohne Schwertstreich wandern seine Truppen auf endlosen Straßen durch Mesopotamien, Assyrien, Armenien. Noch nie vorher hatte das Römische Reich eine solche Ausdehnung erlangt wie unter Trajan. In Antiochia wird der Kaiser von einem furchtbaren Erdbeben überrascht. Tausende von Menschen sterben. Wir sind in der Zeit zwischen 114 und 116 n. Chr. Der Kaiser flieht durch ein Fenster aus dem Haus, das hinter ihm zusammenbricht. Auf der Rennbahn verbringt er unter freiem Himmel mehrere Tage. Dann nimmt er seinen Kriegszug wieder auf. Endlich steht er am Persischen Meerbusen. Der Indische Ozean öffnet sich ihm. Er baut eine Flotte. Er will Indien erobern, Indien, das schon Alexanders Sehnsucht war und das dieser große Feldherr wirklich erreichte.

Aber hinter Trajan, hinter dem römischen Eroberer, bäumt sich der Aufstand, fallen die eroberten Länder wieder ab. Denn darin ist Trajan dem Alexander nicht gleich: Er kann Städte, Könige und Herrscher nicht an seine Persönlichkeit fesseln. Er weiß sie nicht so zu gewinnen, daß sie seine Vasallen bleiben. Er kennt nicht das Mittel der politischen Ehen, das der strahlende Alexander so glänzend anwandte. Er kann mit Orientalen nicht so bezwingend umgehen wie der glückliche Makedone. Als Trajan ein Schiff nach Indien fahren sieht, sagt er nachdenklich – aber schon resignierend: »Auch nach Indien wollte ich, wenn ich noch jünger wäre.«

Während der Senat zu Hause den Römern gar nicht alle Eroberungen aufzählen kann, weil man sich die vielen Namen nicht zu merken vermag und weil man sich in den vielen fremden und so weit entfernten Ländern gar nicht zurechtfindet, zieht Trajan nach Arabien und greift die Atrener an, ein Volk, das wie viele andere abgefallen ist. Wir hören von der Hauptstadt der Atrener. Sie ist weder groß noch reich. Öde und leer ist das Gebiet ringsum. Das Wasser ist ungesund. Es gibt kein Holz, keine Weiden für das Vieh. Belagerung ist hier sehr gefährlich, denn die Stadt steht »unter dem Schutz des Sonnengottes«. Trajans Reiterei wird geschlagen. Beinahe wäre Trajan selber verwundet worden. Man erkannte den »ehrwürdigen Graukopf«. Ein Wüstensturm und eine Mückenplage zwingen den Kaiser, die Belagerung aufzugeben. So weit reicht unser Wissen. Aber wo lag die Stadt Atra oder Hatra? Unter welcher Wüstendüne ist sie heute begraben? Das wissen wir nicht.

*Plotina, die Gattin des Tra-
jan, wurde wegen ihrer
Schlichtheit, Würde, Treue
und Tugend gerühmt. Sie
half Hadrian, Nachfolger
des Trajan zu werden.*

Kaiser Trajan hat noch tausend Pläne. Doch er ist alt. Er wird krank. Er will schnell nach Italien reisen, um nicht auf fremdem Boden zu sterben. Aber tot! Nein, nein, noch soll der Tod nicht kommen. Seinen Feldherrn Publius Aelius Hadrianus läßt er mit dem Heer in Syrien zurück. In Kleinasien, in Kilikien, verschlimmert sich seine Krankheit.

Ein furchtbarer Verdacht drängt sich auf. Man versucht, mich zu vergiften, denkt er. Der Schlagfluß trifft ihn. Er ist teilweise gelähmt. Er leidet schon lange an Wassersucht. Plötzlich geht ihm der Atem aus.

Sterben? Nein, so plötzlich stirbt man nicht. Er denkt nicht daran, für einen Nachfolger zu sorgen. Aber Plotina ist da, die Kaiserin. Sie will Hadrian adoptieren lassen. Der Kaiser will es nicht. Hadrian scheint ihm zu schwach. Er wünscht sich einen ganz anderen Mann als Kaiser von Rom.

Es blieben nur Sekunden. Es war zu spät. 19 Jahre, 6 Monate und 15 Tage hatte Trajan regiert.

Wie ein Wunder tritt das Genie aus dem Dunkel menschlicher
Geschichte. Kaiser Hadrian war ein Weiser, wie ihn die Menschheit nur in Abständen von einigen 100 Jahren erlebt – ein Kaiser
des Friedens, der Güte und der Ordnung, ein Mann mit unglaublich vielen Fähigkeiten.   *Der Verfasser.*

Kaiser Trajan ist tot. Wie werden die römischen Legionen im
ganzen römischen Weltreich trauern, von Britannien bis zum
Nil, vom Guadalquivir bis zum Euphrat und Tigris. Wie werden
sie trauern, wenn sie das erfahren!
    Wie werden die Daker nördlich der Donau aufatmen. Wird das
Freiheit für sie bedeuten? Und die Parther? Werden sie sich
Hoffnungen machen? Hoffnungen auf Frieden?
    Kaiser Trajan ist tot.
    In seinem Sterbezimmer wird geflüstert. Sehr klug ist seine
Gattin, die Plotina, hochgebildet, mit ihren Gedanken immer ein
wenig der Zeit voraus. Auch mit ihrer Politik. Sie hat sich immer
glänzend mit Hadrian verstanden. Es ist eine geistige Freundschaft, die nun schon 20 Jahre währt. Hadrian ist jetzt 41. Ihn
will sie zum neuen Kaiser machen. Aber es fehlt die Adoption.
Trajan hat diesen Hadrian nicht adoptiert, obgleich er ihm die
höchsten Staatsämter anvertraute.
    Im Sterbezimmer wird geflüstert. Attianus ist da und Plotina.
Beide sind besorgt. Was soll man tun? Noch ist die Nachricht
vom Tode des Imperators nicht aus dem Sterbezimmer gedrun-
gen. Aber vor den schweren Vorhängen, vor dem Zimmer stehen
die Wachen, sprechen ganz leise die Senatoren, warten die Tribunen auf die Befehle für die Legionen, für die Generäle in Germanien, in Britannien, in Ägypten, in Parthien.
    Plotina kommt auf eine List. Der Kaiser ist tot, aber die hier
draußen wissen es noch nicht. Man kann den Kaiser flüstern
lassen. Vielleicht war es Attianus, der die Stimme des Kaisers
treffend nachahmte. Und nun adoptiert vor dem Lager des toten
Imperators eine schwache Stimme Hadrian.
    Dann erst werden die Vorhänge auseinandergerissen. Dann
erst darf Kaiser Trajan tot sein. Stafetten reiten durch das weite

Weltreich, erreichen die Hauptstadt Syriens und bringen die unglaubliche Nachricht zu Hadrian. Er ist Statthalter. Er genießt einen Ruf im Römischen Reich wie niemand sonst.

Publius Aelius Hadrianus ist ein Verwandter des Trajan. Seine Väter stammen aus derselben interessanten Weltecke wie die des Trajan, aus Spanien, von den Ufern des Guadalquivir, wo einst die größten Seevölker der Welt, die Etrusker und die Phönizier, um den Seehandel rangen.

Spanier ist dieser Hadrian, und Spanisch ist seine Muttersprache. Ja, Domitia Paulina, seine Mutter, ist ein echtes Kind von Cadiz.

Sehr früh hat der Junge seinen Vater verloren, und Kaiser Trajan wird sein Vormund. In Rom studiert Hadrian mit brennendem Herzen die griechische Sprache. Ach, dieses Griechenland lockt und fesselt ihn. Der Junge ist fasziniert von der Kunst der Griechen, von ihren großen Bildhauern, von ihren Staatsmännern und ganz besonders von Platon. Der kleine Spanier wird darum in Rom »kleiner Grieche« genannt.

Mit 15 Jahren sehen wir ihn in Spanien als Rekrut. So leidenschaftlich betreibt der Junge dort die Jagd, so verwegen, wild und gefährlich, daß Trajan ihn wieder nach Rom zurückholen muß. Dann folgt die übliche Stufenleiter der staatlichen Ämter: Offizier bei den Legionen an der Donau, neue Jagden, Wein, Schulden. Und plötzlich ein Wetterleuchten über dem ganzen Himmel Europas: Trajan ist Kaiser geworden.

Wir sehen den 22jährigen Hadrian in einer rasenden Fahrt von der Donau bis nach Köln eilen. Sein Gefährt bricht. Zu Fuß stürmt er weiter. So kommt er seinem Schwager, dem Servianus, zuvor, der den eifrigen, schnellen Jüngling ablehnt und ihn bei Trajan in Ungnade zu bringen sucht. Hadrian gratuliert dem neuen Kaiser.

Eigentlich können sie niemals ganz vertraut werden, Trajan und Hadrian. Ihre Charaktere sind zu verschieden. Aber Hadrian, von Plotina unterstützt, findet einen anderen Weg, dem Kaiser doch noch näherzukommen: Er heiratet eine Enkelin der Schwester des Trajan. Sie heißt Sabina. Trajan ist von dieser Verbindung nicht entzückt. Aber Plotina glättet alles. Überhaupt wird die »philosophische« Freundschaft zwischen der Plotina und dem jungen Hadrian immer enger. Und nun, da die Boten heransprengen, da Hadrian erfährt, daß Trajan tot ist, mag er gleich geahnt haben, daß hinter dieser Adoption seine Freundin Plotina steht. Er richtet an den Senat den Wunsch, als Kaiser

Sabina wurde nie glücklich. Kaiser Hadrians Gattin war eine Enkelin der Schwester des Trajan. Hadrian heiratete sie 100 n. Chr., um seinem Vorgänger und dem Thron näher zu kommen.

bestätigt zu werden. Gleichzeitig verbittet er sich für jetzt und alle Zukunft die bisher üblichen Ehrenbezeigungen.

Frieden für die ganze Welt! Das wird der Leitgedanke des neuen Kaisers vom ersten Tage seiner Regierung bis zu seinem Tode.

Tatsächlich ist Hadrian einer der segensreichsten Herrscher der alten Geschichte gewesen. Er war eine außergewöhnliche Persönlichkeit. Über alle römischen Kaiser seit Augustus ragte er an Vielseitigkeit hinaus. In ihm vereinigten sich noch einmal alle Kräfte antiken Geistes: Menschlichkeit und Mannestugend, Härte im Hinnehmen von körperlichen Anstrengungen, große Höflichkeit, ein überragender Geist und ein unglaublich buntes Mosaik von Fähigkeiten.

Alle Länder östlich des Euphrat und Tigris gibt der neue Kaiser sofort auf. Er weiß, daß diese Gebiete mit den verfügbaren Kräften doch nicht zu halten sind. So gehen Trajans Eroberungen im Reich der Parther, so gehen Assyrien und das Zweistromland für Rom verloren.

Ein staatspolitisches Genie ersten Ranges ist Hadrian. Das erkennt man gleich am Anfang. Er handelt aus eigener Überzeugung, er handelt ganz nach eigenem Ermessen. Er weiß, daß

Wie ein Wunder tritt das Genie aus dem Dunkel menschlicher Geschichte. Kaiser Hadrian war ein Weiser, wie ihn die Menschheit nur in Abständen von einigen 100 Jahren erlebt, ein Kaiser des Friedens, der Güte und der Ordnung, ein Mann mit unglaublich vielen Fähigkeiten. Er regierte 117–138 n. Chr.

Unruhe an so weit entfernten Grenzen die Kräfte des Römischen Reiches überfordert. Er setzt sich ein Ziel: Stark in der Defensive soll das Römische Reich werden. Und in dieser Stärke soll es verharren, soll es Frieden halten.

Das war nicht volkstümlich. Roms Generäle murren. Ehrgeizige Generäle lieben keinen ewigen Frieden, der die Karriere behindert.

Aber Hadrian gewinnt das Volk. Er macht einen großen Strich unter all die Summen, die Privatleute dem römischen Staat schulden. Es ist ein ungeheures Freudenfest, das da am Forum aufleuchtet. Tausende und aber Tausende von Schuldscheinen gehen in Flammen auf.

Hadrian beginnt sofort, sehr geschickt und mit außerordentlicher Klugheit in tausend Einzelheiten eindringend, alle Staatsfinanzen zu ordnen. Er richtet soziale Fürsorge ein. Er stellt zwischen sich und den Mitgliedern des Senats ein vertrautes Verhältnis her, das von Stund an gute Zusammenarbeit ermöglicht. Er geht selber pünktlich zu den Senatssitzungen. Er ist besorgt um das Ansehen des Senats: Bei Neuernennungen haben Unwürdige keine Aussicht. Er besucht Freunde, die krank sind. Er verschickt Einladungen, und beim Bankett in seinem Haus

243

bespricht er zahllose wichtige Staatsangelegenheiten. Er gewährt den Städten in Kampanien wirtschaftliche Hilfe und fesselt viele tüchtige und gescheite Menschen an sich.

Hadrian tat das alles ohne großen Aufwand. Er liebte nicht den Pomp, den Luxus, die Übertreibung. Aber er hielt auf Etikette, auf Formen, und er selber war in seinem Benehmen, in seiner Bildung und seiner Höflichkeit ein Vorbild.

»Wer unter den Menschen hatte so weitgespannte Interessen, wer war so vielseitig und beweglich, wer konnte so schnell denken, wer wußte so viel und überraschte selbst die, die ihm am nächsten waren, durch die Kenntnis ihrer geheimsten Gedanken? Wer war in allem so wendig und doch hart wie Stahl, wer so kalt, wenn er rechnete, und so entschlossen, wenn er handelte? Er fühlte das Sehnen der Menschen und erfüllte es in philosophischen Formeln, Idealen und Vorstellungen, aber auch in Taten, so daß man ihn überall mit Begeisterung begrüßte, wo er erschien.«
Wilhelm Weber in ›Cambridge Ancient History‹, Band XI, Kap. VIII, 3.

Hadrian strahlte eine persönliche Atmosphäre aus, etwas ganz Modernes, Interesse für wichtige Dinge und niemals Interesse für bloßes Kaisertum. Er war in seiner Bildung durch und durch Grieche, und das Hellenentum erlebte durch ihn eine geistige und materielle Wiedergeburt wie nie vorher und nie später während der ganzen römischen Kaiserzeit.

So spät und so indirekt siegte doch das unterworfene Griechenland über Rom!

Im vierten Jahr seiner Herrschaft, 121 n. Chr., begab sich Hadrian auf seine erste Reise. Und das ist das erstaunlichste an diesem Imperator: Er war der größte Wanderer unter den Monarchen der Weltgeschichte. Er war der »Reisekanzler«.

Er reiste von einem Ende des Weltreiches zum anderen. Er sah überall selber nach dem Rechten, und er war immer von seiner Kanzlei, von seinem großen Beamtenstab, begleitet. Es war eine umfangreiche staatliche »Geschäftsleitung«, die da auf Wagen, auf Rossen und zu Fuß über die Landstraßen ganz Europas, Nordafrikas und Asiens pilgerte.

In Gallien, in Germanien, in Griechenland, in Kleinasien, in Ägypten, überall tauchte Seine Majestät mit dem großen schweigenden Troß auf. Hadrian liebte das Schweigen in seiner Gegenwart. Er hatte einen hohen Beamten hauptamtlich damit beauftragt, immer für Stille zu sorgen.

Um zu beweisen, daß solche weiten Reisen niemals etwa an Ermüdungserscheinungen Seiner Majestät scheitern konnten, marschierte Hadrian selber hin und wieder in voller Rüstung einige 30 Kilometer. Er trug stets ganz gewöhnliche Kleidung, lehnte Gold, Waffen und Juwelen ab, besuchte kranke Soldaten in ihren Lazaretten. Er gruppierte seine Heere um, fast immer zur Verteidigung, fast nie zum Angriff; in allen Randprovinzen des Reiches stellte er Grenzmilizen auf, um die Kulturwelt vor den »Barbaren« zu schützen. Er wählte günstige Gelände für die Lager der Legionen. Er ordnete überhaupt den römischen Heeresbetrieb wie noch kein Kaiser vor ihm. Er verbot Offizieren, Geschenke von Soldaten anzunehmen, und untersagte allen Luxus in der Armee. Er besaß vor allem eine außerordentliche, wohltuende und praktische Geistesgabe: Er erkannte messerscharf, ob eine Einrichtung, ein Amt, eine Heereslieferung, ein Baumaterial nützlich und zweckmäßig waren oder ob da nur Dinge eingerichtet und beschafft wurden, damit sich irgendeine Organisation Ämter, Arbeit oder vielleicht auch Geld besorgte. Alles, was nicht unbedingt nötig und nicht unbedingt dienlich war, schaffte er rücksichtslos ab. Er war ein Mann, der den Geld und Zeit verschlingenden Papierkrieg, die kostspielige Bürokratie, diese Natter eines Weltreiches, eisern in Schranken hielt. Hadrian hat den Typ des vorbildlichen Beamten geschaffen.

Die geistige Beweglichkeit und Aufgeschlossenheit Hadrians ist erstaunlich. Ich muß mit dem Vollbart beginnen, denn er war das äußere Zeichen dieser geistigen Aufgeschlossenheit. Das sagt sehr viel! Man muß nämlich bedenken, daß seit Alexander dem Großen die ganze griechisch-römische Welt glattrasiert war. Eine Ausnahme bildeten nur Außenseiter: die Christen und die Philosophen! Sokrates trug einen Bart, Platon und Epikur. Hadrians Bart war ein Zeichen seiner archaistischen Haltung. Er war seiner Zeit weit voraus gerade dadurch, daß er an eine alte Vergangenheit anknüpfte. Nicht zum wenigsten hatte ihn die kluge Plotina so weit gebracht. Er verteidigte seinen Bart: Er ordnete an, daß nur noch Männer mit Bärten Offiziere werden durften oder zumindest Männer, denen im Zweifelsfall Bärte wachsen würden. Dieser Befehl schaltete die Unreifen aus. Über-

Rechte Seite:
Das bis heute erhaltene Pantheon zu Rom war der Tempel aller Götter.
Er wurde 120–125 von Hadrian errichtet. Die Inschrift bezieht sich auf
den Tempel, den M. Agrippa vorher hier erbaute. Der großartige Rund-

bau innen stellt »die Vollkommenheit« dar, denn sowohl Höhe wie Durchmesser betragen 43 m. Er ist also eine »Raumkugel«. Licht fällt durch die Deckenöffnung.

haupt wurde Barttracht die große Mode der Zeit Hadrians und seiner Nachfolger. Die Mauerstatuen von damals sind alle bärtig, so daß sie der heutige Kunsthistoriker danach datieren kann.

Die Soldaten liebten den Kaiser. Er trank mit ihnen, aß mit ihnen, er marschierte mit ihnen. Nie benutzte er einen Wagen.

So wurde das Römische Reich ungeheuer stark und brauchte doch keine Kriege zu führen. Der Krieg gegen die Daker war bald beendet. Als man Hadrian den Triumphzug anbot, lehnte er ab und ließ die Statue des Siegers von Dakien, die Statue des toten Trajan, durch die Porta Triumphalis in Rom einziehen.

Die Parther betrachteten Hadrian als eine Art Erlöser und Freund. Die Armenier hatten jetzt einen eigenen König und nicht mehr einen römischen Gouverneur wie zur Zeit des Trajan. Den Mesopotamiern war der Tribut erlassen. Den Königen der Albaner und Hiberer im Kaukasus machte Hadrian große Geschenke und gewann dadurch ihre Freundschaft. Die Könige der Baktrier am Hindukusch schickten Gesandte zu Hadrian und warben um seine Gunst. Man erkennt, wie die Beziehungen zur ganzen damaligen Welt auf das beste geordnet waren.

Aber auch innerhalb des Römischen Reiches entging den Augen und den Ohren dieses Herrschers nichts. Er war überall, denn seine Berichterstatter [Frumentarii] reisten durch die Welt und berichteten, ob die hohen Staatsbeamten auch wirklich ihre Pflicht taten – ein System innerer Spionage, das der Kaiser nur zu seiner eigenen Orientierung unterhielt und niemals zur Unterdrückung persönlicher Freiheit mißbrauchte.

Hadrian wollte Diener seines Volkes sein, nicht mehr – aber auch nicht weniger. Immer empfing er Senatoren stehend, und von den Senatoren verlangte er, daß sie im Dienst und in der Öffentlichkeit die vorschriftsgemäße Toga trugen. Er organisierte das ganze Rechtswesen und ließ durch den berühmten Juristen Salvius Julianus alle früheren Rechtsedikte sammeln, womit eine wesentliche Vorarbeit für das Corpus juris des Kaisers Justinian geleistet war. Daß irgend jemand wegen Majestätsbeleidigung angezeigt wurde, ließ er nicht mehr zu. Sklaven durften von ihren Herren nicht mehr getötet werden. Todesurteile – auch gegen Sklaven – durften nur noch von öffentlichen Gerichten ausgesprochen werden. Ja, Hadrian erließ sogar ein Verbot, Sklaven oder Sklavinnen an die grausamen Gladiatorenschulen zu verkaufen. Dies durfte nur noch unter staatlicher Kontrolle geschehen und mit ausführlicher Begründung. Eigentümlich streng, kurz und bündig ließ er Verschwendung bestrafen: Wer sein

Eigentum vergeudet hatte, gesetzlich aber zur Erhaltung dieses Eigentums verpflichtet war, wurde im Amphitheater verprügelt und durfte dann nach Hause gehen. Die gefürchteten Strafhäuser mit Zwangsarbeit für Sklaven wie für Freie löste er auf. Wenn ein Römer in seinem Hause ermordet wurde, pflegte man die Sklaven unter Folter zu verhören. Diese unmenschliche Methode schaffte der Kaiser ab und milderte sie dahin, daß nur solche Sklaven verhört werden durften, die überhaupt nahe genug waren, um von dem Mord Kenntnis zu haben. Hadrian dehnte den Begriff der Humanitas auf die Sklaven aus. Auch sie waren für ihn Menschen.

Und dann das Baden! Hadrian ordnete an, daß Männer und Frauen öffentliche Bäder nur getrennt benutzen durften. Er ließ darum auch neue Bäder anlegen. Wir wissen übrigens, daß er selber in seiner eigenen Villa diese Trennung beim Baden einhielt und deshalb zwei Bäder besaß.

Hadrian war aber kein prüder Mensch. Er war modern. Modern war er in der damaligen Welt, und modern erscheint er in der Rückschau aus unserer Epoche. Er war ein Demokrat. Er war für alle da, sprach mit jedem Menschen, auch mit Armen, nicht nur mit Offizieren, sondern viel öfter mit Soldaten. Als er einmal

Der Hadrianswall in England [links unten und ganz rechts] ist 110 Kilometer lang. Hier ein Fort in der Verteidigungslinie.

durch eine Straße ging, rief ihn eine Frau an und bat ihn um etwas. »Ich habe jetzt keine Zeit!« sagte der Kaiser. Sie schrie ihm nach: »Dann sei auch nicht Kaiser!« Er kehrte um und hörte sie geduldig an.

Germanien galt den südlichen Römern als ein Land der harten Winter und der großen Kälte. Bewundernd erzählt daher der Historiker Cassius Dio, der Kaiser habe weder in der Hitze noch in der Kälte je sein Haupt bedeckt: »Selbst im Schnee Germaniens und in der Sonnenglut Ägyptens ging Hadrian ohne Hut umher.«

Der römische Biograph des Kaisers, Aelius Spartianus, bemerkt in der ›Historia Augusta‹: »Kaum je reiste ein Kaiser mit so großer Geschwindigkeit durch so gewaltige Gebiete.« Wir erfahren auch, daß er den Ätna auf Sizilien bestieg, was seinen Zeitgenossen ganz absonderlich erschien. Den Sonnenaufgang wollte er hier erleben. Von dieser Sonnenverehrung des Kaisers hören wir öfter. Vielleicht hatte Hadrian diese Gedanken von seinem Studium der ägyptischen Amarna-Zeit und aus der damals 1500 Jahre alten Erinnerung an Pharao Echnaton mitgebracht.

Die zweite große Weltreise des Kaisers erfolgte zwischen 128 und 134 n. Chr. Gallien, Spanien, Britannien und Germanien wurden inspiziert. In Britannien legte er den berühmten Hadrianswall an, eine über 100 Kilometer lange Schanze von der Mündung des Tyne bis zum Firth of Solway; auch der germanisch-rätische Limes, der von Andernach bis zur Donau bei Regensburg führte, wurde verstärkt.

Aus dieser Zeit erfahren wir eine merkwürdige Begebenheit: Hadrian entläßt den kaiserlichen Sekretär Suetonius Tranquillus, den berühmten Historiker, und dessen Mitarbeiter. Es heißt, sie hätten sich seiner Gattin Sabina gegenüber Freiheiten erlaubt, die gegen die höfische Etikette verstießen. Und es heißt weiter, er sei auch mit seiner Frau sehr unzufrieden gewesen, da sie reizbar gewesen sei und immer schlecht gelaunt. Sicher hätte er sich von ihr getrennt, wenn er ein einfacher Privatmann gewesen wäre und nicht Kaiser.

Hadrian verfügte über erstaunliche Kenntnisse und Fähigkeiten. Er war ein guter Prosaschreiber, ein recht guter Dichter, und er liebte es, mit berühmten Poeten seiner Zeit Verse auszutauschen. Mit großer Sicherheit sprach er über Cato, über Cicero, über Vergil und Sallust. Homer wie Platon waren ihm sehr vertraut. Er hielt sich selber für einen so guten Astrologen, daß er jeweils im Januar schriftlich fixierte, was ihm alles im Laufe des Jahres zustoßen würde. Im Jahre seines Todes schrieb er ziemlich genau alles nieder, was das Schicksal ihm noch bringen würde, bis zu der wirklichen Stunde und Minute seines Ablebens.

Die Philosophen Epiktet und Heliodorus, Redner, Musiker, Mathematiker, Maler, Astrologen, sie alle förderte er nach besten Kräften. Aber er ärgerte sie auch gern, verwickelte sie in scharfe Diskussionen, mokierte sich über sie wie nur je Fridericus Rex über Voltaire. Er hatte ein erstaunliches Gedächtnis, diktierte sehr schnell glänzend formulierte Reden, behielt ganze Bücher auswendig im Kopf, schrieb, hörte zu, unterhielt sich mit seinen Freunden, alles zu gleicher Zeit. »Unglaublich, wie es scheint«, nach den Worten seines Biographen.

Hadrian gehörte wohl zu den Menschen, die ein sehr gutes Personengedächtnis besaßen, eine Eigenschaft, die er mit den größten Staatsmännern der Weltgeschichte, Napoleon, Bismark und Churchill, teilte. Selbst gewöhnliche Soldaten erkannte er nach Jahren wieder. Er nannte sie sofort bei ihrem Namen, wußte noch ihre Nummer, und er machte sich überhaupt eine Art Sport daraus, die vielen Namen von Tausenden von Menschen nicht nur genau zu kennen, sondern auch buchstabieren zu können, und zwar immer richtig. Damit setzte er nicht nur den Senat, sondern die Menschen aller Länder, die er bereiste, in größtes Erstaunen.

Aber auch witzig war der Kaiser. Eines Tages trug ihm ein alter Graukopf ein Anliegen vor. Hadrian lehnte ab. Bald darauf erschien derselbe Mann, diesmal mit gefärbtem Haar. Hadrian erkannte ihn sofort und sagte: »Ich habe diese Sache bereits deinem Vater abgelehnt.«

»Hadrian ist der erste wirkliche Philhellene auf dem Thron der Cäsaren gewesen, zugleich aber auch der größte, auf dessen Spuren im 3. Jahrhundert Gallienus, im 4. Jahrhundert Julian gewandelt ist. Unter Hadrian ist das Griechentum ... die Bildungsmacht im Imperium Romanum geworden.«
Hermann Bengtson in ›Griechische Geschichte‹, 5. Abschnitt.

Oft badete der Kaiser in öffentlichen Bädern unter dem Volk. Da sah er einen alten Mann, Kniebeugen machend, seinen Rücken an der Wand reiben. »Warum läßt du dich vom Marmor massieren?« fragte der Kaiser. »Weil ich keinen Sklaven besitze«, antwortete der Alte. Am gleichen Tage noch schenkte ihm Hadrian einige Sklaven und das notwendige Geld für jahrelange Unterhaltung. Als er das nächste Mal in ein öffentliches Bad kam, standen gleich mehrere alte Männer an der Wand, machten Kniebeugen und rieben sich ihre Rücken am Marmor. Der Kaiser ließ sie antreten und befahl, daß sie sich eine Zeitlang gegenseitig massierten.

Und vielleicht kann auch dies zu einer Laune oder zu einem etwas giftigen Witz des großen Kaisers gezählt werden: Mit Hilfe seines Architekten Decrianus ließ er die bereits erwähnte Kolossalstatue des Nero, die dieser sich selber im Vestibül, in der Vorhalle, seines »Goldenen Hauses« aufgestellt hatte, heben und aufrecht an einen Platz gleich nordwestlich vom Kolosseum bringen. Die Riesenstatue muß etwa 40 Meter hoch gewesen sein. Ein Stück des Sockels ist noch erhalten. Um das gewaltige Gewicht zu bewegen, ließ der Architekt des Kaisers 24 Elefanten anspannen. Der Kaiser entfernte die Gesichtszüge des Nero und weihte die Figur der Sonne.

Hunde und Pferde liebte der Kaiser so sehr, daß er seinen Lieblingstieren Gräber anlegen ließ. Sein Jagdpferd Borysthenes erhielt sogar eine Stele mit Inschrift.

Dreimal weilte der Kaiser in Athen, in den Jahren 124 bis 125, 128 bis 129 und 131 bis 132 n. Chr. Hier legte er die große Hadriansstadt an und wurde damit eigentlich zum zweiten Gründer Athens. Er vollendete das Olympieion, baute den

Der schöne Antinous ertrank während einer Fahrt mit Hadrian im Nilwasser. An der Stelle gründete Hadrian die Griechenstadt Antinoupolis, von der nur noch Ruinen erhalten sind. Die Leidenschaft des Kaisers für diesen Jüngling aus Bithynion-Claudiopolis ist eines der großen Rätsel der römischen Geschichte. Ungeklärt bleibt, wie Antinous ertrank. Von diesem Augenblick an verdüsterte sich der Sinn des Kaisers. Er beweinte den Toten und baute ihm viele Tempel.

Heratempel, das Pantheon, die Stoa mit einer Bibliothek, ein Gymnasium, eine Wasserleitung und das Panhellenion, einen Tempel für Zeus. Er ließ sich in den Mysterienkult von Eleusis einweihen. Für Athen war Kaiser Hadrian Sinnbild und Beginn einer neuen Blüte. Das Stadttor Hadrians, das von Alt-Athen in den neuen Stadtteil führt, trägt noch heute auf der einen Seite die Inschrift: »Hier ist das alte Athen, die Stadt des Theseus« und auf der anderen Seite: »Hier ist die Stadt des Hadrian, nicht des Theseus.« Hadrian liebte die Griechen so sehr, daß er einen »Panhellenischen Bund« gründete, in dem alle Griechenstädte des Römischen Reiches zusammengeschlossen sein sollten.

Sicherlich hatte er auch mit Jerusalem nur das Beste im Sinn. Die unruhige Stadt lag nach der Zerstörung durch Kaiser Titus wie eine große, offene Wunde unter der Sonne von Judäa. Hadrian begann sie wieder aufzubauen. Dort, wo sich die Trümmer von Jehovas Tempel türmten, wollte er ein Jupiterheiligtum errichten. Das empörte die Juden. Es kam zu einem furchtbaren Aufstand unter ihrem Vorkämpfer Bar Kochba. Hadrian ließ durch seinen General Julius Severus alle Städte der Juden zerstören. Ihm, dem Kaiser des Friedens, fiel diese Entscheidung sehr schwer.

Als er im Jahre 130 mit seiner Gattin und wie immer mit großem Hof in Ägypten weilte, geschah ein merkwürdiges Unglück, das das weitere Leben des Kaisers bis zu seinem Tode beschattete. Ein Hoffräulein, Julia Balbilla, überlieferte uns ein Andenken von diesem kaiserlichen Besuch, denn sie ließ ein paar griechische Gedichte in den Koloß des Memnon eingravieren.

In Begleitung des Kaisers befand sich auch Antinous, ein sehr schöner Jüngling, den der Kaiser liebte. Während einer Fahrt auf dem Nil scheint Antinous ertrunken zu sein. Ob dies wirklich die Todesursache war, wissen wir nicht genau. Kaiser Hadrian soll es behauptet haben. Cassius Dio bezweifelt es. Dieser bithynische Historiker meint, Antinous sei aus Liebe zu Hadrian gestorben, »denn es bedurfte zu dem, was der Kaiser vorhatte, der freiwilligen Aufopferung eines anderen«. Den Kaiser scheint dieser Tod oder dieses Unglück so überwältigt zu haben, daß er sich von seiner Trauer nicht mehr erholte. Er beweinte den Toten »wie eine Frau«.

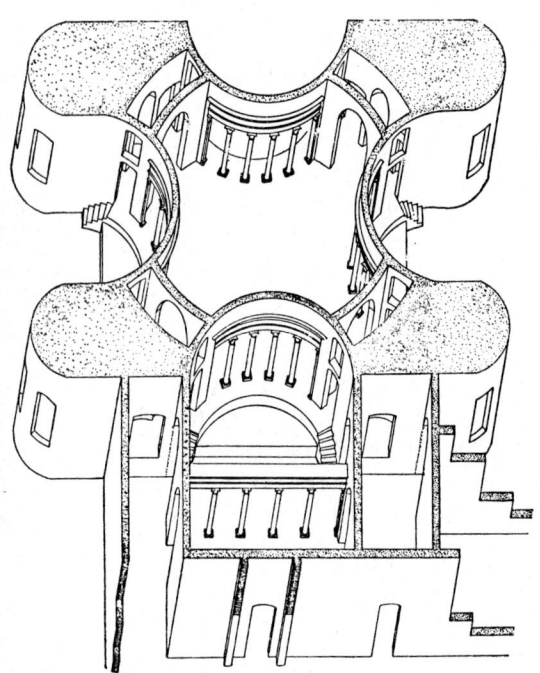

Der »kleine Palast« des Hadrian in Tivoli. Nach H. Köhler, Hadrian und seine Villa bei Tivoli.

Dort, wo Antinous starb, gründete Hadrian zum Andenken an den Jüngling am 30. Oktober 130 n. Chr. die Stadt Antinoë, heute Antinoupolis. Die Stadt liegt am Ostufer des Nils, einige Kilometer von Hermopolis auf der anderen Seite des Flusses. Während die Straßen in Pompeji höchstens 9½ Meter breit waren, gab es hier eine 20 Meter breite Avenue. An dieser Hauptstraße lagen Bäder, Tempel, das Theater und ein Gebäude, das man für das Grab des Antinous hält. Das ganze Straßensystem schnitt sich in rechten Winkeln, wie in New York, und die Straßen waren so wie dort numeriert.

Aber damit nicht genug. Im ganzen Römischen Reich ließ der Kaiser jetzt Statuen und Bildsäulen für Antinous errichten.

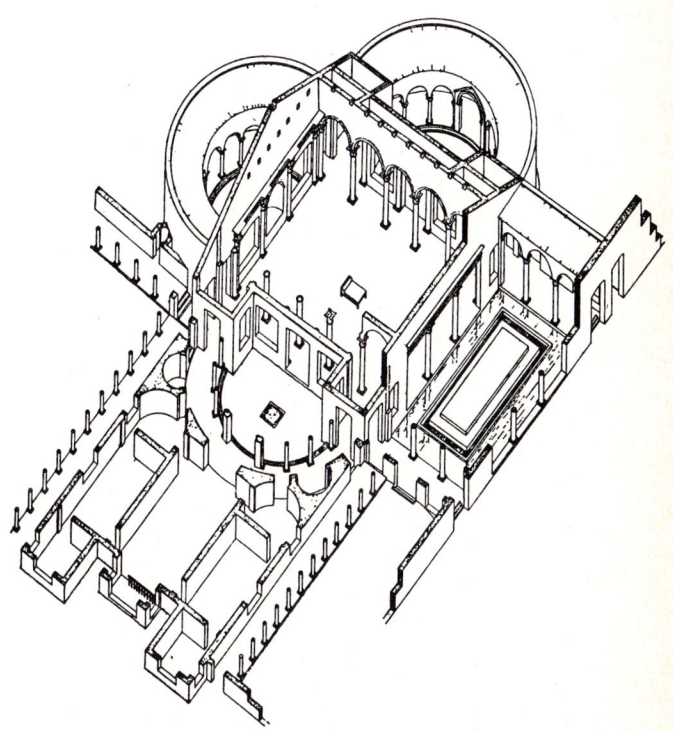

Hadrians Villa in Tivoli entstand nach den eigenen Entwürfen des Kaisers. Hier der große, modern anmutende Speisesaal [mit Genehm. des Verlags Gebr. Mann, Berlin].

Schließlich glaubte er sogar, einen neuen Stern am Himmel zu sehen, den Stern des Antinous. Man machte sich über den Kaiser lustig. Aber Hadrian sah Antinous als Gott. Als Osiris sah er ihn, aus den Fluten des Nil wieder aufsteigend, und im Heiligtum zu Antinoë ließ er ihn gemeinsam mit Ammon verehren. In den griechischen Städten Kleinasiens, Ägyptens und Europas verschmolz die Gestalt des Antinous mit Hermes, Dionysos, Pan, Apoll und Asklepios. In Italien wurde Antinous eins mit Silvan.

Was war dieses Leben noch wert, wenn der einzigartige, der schöne und edle Antinous nicht wieder zum Leben zu erwecken war!

Hadrian ließ leere Tempel und Kapellen bauen. Kein Götterbild stand darin. Für wen errichtete der Kaiser diese Gotteshäuser? Suchte er einen neuen Gott? Hadrian hing doch den Göttern Roms an! Wozu also die leeren Tempel? Unwillkürlich denkt

Die Ruinen der Villa Hadriana bei Tivoli nehmen mit den verschiedenen dazugehörenden Bauten eine Grundfläche von zwei Drittel Quadratkilometer ein. Wahrscheinlich hat der Kaiser bei dem Entwurf der ungewöhnlichen Pläne persönlich mitgewirkt. Sechzehn Darstellungen des Antinous wurden als zerbrochene Statuen, Büsten und Reliefs auf dem Gelände der Villa gefunden.

Dieses Grabmal erbaute Hadrian für sich und seine Nachfolger. In der noch erhaltenen Grabkammer hat man nichts von den Urnen und Sarkophagen der Kaiser gefunden. Baubeginn 130 n. Chr. Antoninus Pius beendete den Bau 139 n. Chr. Nach dem Erzengel, der Papst Gregor dem Großen während einer Pest-Bittprozession 590 erschien, wird das Grab Engelsburg genannt.

man wieder an Antinous. Vielleicht hoffte der Kaiser, in einem dieser Tempel dem auferstandenen Jüngling zu begegnen.

Einen wunderschönen Besitz am Fuße des Monte Arcese hatte sich Hadrian schon früher angelegt. Es war sein Tivoli [Tibur] in der Einsamkeit der Campagna. Seiner Villa dort galt Hadrians besondere Liebe. Der Komplex der Ruinen bedeckt heute fast eine Fläche von zwei Drittel Quadratkilometer. Den einzelnen Teilen seiner Villa gab der Kaiser die Namen der berühmtesten Orte, die er auf seinen Reisen besucht hatte. Hier gab es Bibliotheken, ein Theater, Bäder, Arkaden, und der kleine wie der große Palast gehören zu den aufregendsten, extravagantesten und kurvenreichsten Bauten der Antike überhaupt. Mehr als anderthalb Jahrzehnte wurde daran gebaut. Man bedenke: Nicht weniger als 16 Darstellungen des Antinous – Statuen, Büsten und Reliefs – hat man hier gefunden. Was ging da im Geist des alten Hadrian vor, wenn er einsam durch die Zimmer, die Säulenhallen, die Parkanlagen seines Tivoli wandelte. Immer war er wohl vom toten Antinous begleitet. Und er begann zu kränkeln. Er litt an Nasenbluten, das jetzt heftiger wurde.

Da baute er sein Grabmal, ein kolossales Mausoleum, ein Totenmal, das alle seine Nachfolger aufnehmen sollte. Hadrian hatte in Ägypten die Pyramiden gesehen. Aber sein Symbol der Ewigkeit sollte rund sein. Rund wie die Ewigkeit selber. So begann gegenüber dem Marsfeld ein ungeheures Arbeiten. Wie Ameisen schleppten Sklaven Steine und Mörtel heran, und die großartigste Verherrlichung des römischen Kaisertums wuchs und wuchs. Das Grabmal heißt heute die Engelsburg. Einsam sollte der Krug mit Hadrians Asche dort stehen, bis der nächste Kaiser ihm folgte. Und so bis in alle Ewigkeit!

Hadrian selber hatte gehofft, sehr lange zu leben. Aber jetzt sah er, daß das Schicksal darauf lauerte, ihn bald abzurufen. Er hatte Lucius Ceionius für den Fall seines Todes zu seinem Nachfolger ernannt.

Eines Tages ließ Hadrian einen alten Mann, den Servianus, und dessen Enkel, den 18jährigen Fuscus, hinrichten. So etwas war noch nie vorgekommen. So ein Akt des Jähzorns bei Hadrian! »Daß ich unschuldig bin«, schrie Servianus, »seid Ihr mir Zeugen, Ihr Götter. Ich sehe Hadrian! Er wünscht zu sterben und wird nicht sterben können!«

Und wirklich, Hadrians Gesundheitszustand verschlechterte sich mehr und mehr. »Es ist traurig«, schrieb er, »sterben zu wollen und nicht sterben zu können!«

Lucius Ceionius starb plötzlich an einem heftigen Blutsturz; er scheint lungenkrank gewesen zu sein. Hadrian, der jetzt auch an Wassersucht litt, berief die angesehensten Männer des Senats zu sich in den Palast und sprach zu ihnen vom Bett aus. Er stellte den Senatoren den Antoninus Pius vor und kündigte an, daß dieser die Regierung übernehmen werde. Antoninus, so bestimmte er, sei seinerseits verpflichtet, den jungen Marc Aurel als Sohn und Nachfolger einzusetzen.

Indessen fühlte er, daß er von Tag zu Tag dem Tode näher kam. Rastlos wie er immer war, reiste er noch einmal nach Bajae ans Meer. Die See wollte er sehen, die weite, herrliche See, die ihn von Land zu Land getragen hatte, das Wasser, wo er sich der Seele des Antinous näher fühlte. Aber er litt Qualen. So sehnlichst wünschte er zu sterben, daß er jetzt um Gift bat. Er rief nach einem Schwert. Niemand reichte es ihm. Er versprach Geld und sicherte Straflosigkeit zu, wenn man ihn töten würde. Niemand tat es. Schließlich holte er sich den Barbaren Mastor, einen früheren Kriegsgefangenen, und brachte ihn durch Drohungen und Versprechen dazu, ihn, den Kaiser, umzubringen. Dann malte er sich ein Kreuz an die Brust, um die Stelle zu bezeichnen, die Mastor mit dem Degen treffen sollte. Da floh der Barbar. Hadrian weinte. Er weinte, weil er andere noch töten konnte, nicht aber sich selber. Dann packte ihn plötzlich der Gedanke, daß er doch noch gesund hätte weiterleben können, wenn er richtig behandelt worden wäre. »Viele Ärzte sind des Fürsten Tod«, soll er am Schluß gerufen haben.

»Er war ein auffällig schöner Mann mit hervorragenden Talenten und angenehmem Charakter. In seiner ganzen Haltung war er Aristokrat, würdevoll im Benehmen, ein sehr begabter Redner, ein feiner Gelehrter, sehr mäßig und enthaltsam, ein fleißiger Grundbesitzer, freundlich, großmütig, immer die Rechte anderer achtend. Alle diese Eigenschaften besaß er im rechten Verhältnis und ohne sie je übertrieben zur Schau zu tragen. Darum wurde er von allen rechtschaffenen Menschen in jeder Weise gepriesen und hatte den Vergleich mit Numa Pompilius wahrhaftig verdient.«   *Julius Capitolinus, Antoninus Pius, II.*

Der Friedenskaiser Hadrian hatte so segensreich regiert, daß die Staatsmaschine jetzt mit wunderbarer Ordnung und Präzision arbeitete.

Man kann die Umsicht und Weisheit Hadrians nicht genug bewundern. Der kranke Mann hatte »treffsicher« über seinen eigenen Tod hinaus gedacht! Er hatte nicht nur seinen Nachfolger – Antoninus – zum Adoptiverben bestimmt, sondern auch gleich den Nachfolger seines Nachfolgers: Marc Aurel. Beide erfüllten alle Hoffnungen Roms. Keiner von beiden enttäuschte. Ja, das Weltreich hielt sich unter diesen Kaisern auf der steilsten Höhe der römischen Geschichte überhaupt. 20 Jahre Frieden! 40 Jahre Ordnung und Gerechtigkeit!

Marc Aurel ist die große Schlußfigur der glücklichen Epoche Roms. Nach ihm segelt die Weltmacht in die trüben Wasser der Thronwirren, Kaisermorde, in die Germanenstürme, in die Gewässer der Angst und des Niedergangs.

Antoninus Pius war ein sehr freundlicher, schöner und talentierter Herr. Es werden ihm nur gute Charaktereigenschaften nachgesagt. Er war 52 Jahre alt, als Hadrian starb. Die Römer verglichen ihn mit Numa Pompilius, dem zweiten König Roms, dem frommen, weisen Friedensfürsten. So weit mußte man in der Geschichte zurückgreifen, um einen Vergleich mit dem vornehmen und eleganten Großgrundbesitzer zu finden, der jetzt Roms Kaiser war. Als neuer Numa leitete er im Jahre 147 n. Chr. die Neunhundertjahrfeier der Stadt Rom.

Antoninus Pius war eine der erstaunlichsten Erscheinungen auf dem Thron des römischen Weltreichs. Er war ungewöhnlich schön, von großer menschlicher Güte, freundlich, großzügig und ungemein höflich. Er regierte von 138 bis 161 n. Chr. In dieser Zeit hatte das Weltreich seine größte Macht erreicht.

Antoninus war zwar bei Lanuvium in Latium geboren. Aber sein Geschlecht stammte aus Nemausus, dem heutigen Nîmes in der französischen Provence. Da niemand, der aus der Provinz kam, Senator werden konnte, ohne in Italien Land zu besitzen, hatten sich die Antoninen in der Campagna angekauft. So saß nun Antoninus auf seinem Gut Lorium, fütterte die Hühner und widmete sich der Rinder- und Pferdezucht. Hier zog er auch den Knaben Marc Aurel auf. Er bemühte sich um seinen Adoptivsohn wie ein wirklicher Vater, weihte ihn in die Geheimnisse des Landlebens und einer ordentlichen Gutsverwaltung ein.

23 Jahre lang saß Antoninus auf Roms Thron und hat während dieser Zeit – im Gegensatz zu Hadrian – Italien nie verlassen. Es waren die glücklichsten Jahre des Weltreiches. Englands berühmter Historiker Edward Gibbon pries die Antoninen-Epoche – die Regierung des Antoninus wie des Marc Aurel – sogar als die glücklichste Zeit des Menschengeschlechts. Der deutsche Historiker Ernst Kornemann dagegen meint, die Regierung des Antoninus sei »eine Kette schwerster Versäumnisse« gewesen, die das römische Weltreich abwärtsführten. Beides ist richtig. Denn noch war das Reich von Glück und Frieden gesegnet. Aber im Norden erstarkten die Germanen, im Orient die Parther. In beiden Fällen hätte Antoninus vielleicht Präventivkriege führen sollen. Aber er lebte nach den Worten Korne-

manns »außenpolitisch gesehen in den Wolken«. Dieser Vorwurf scheint mir nicht gerecht, denn »in den Wolken« lebt dann im Grunde jeder Fürst, jeder Staatsmann, der einen dauerhaften Frieden für möglich hält und seinem Volk blutige Auseinandersetzungen ersparen will.

Antoninus war zweifellos ein rechtschaffener Mann und ein guter Landesvater. Jeden Regierungserlaß, den er herausbrachte,

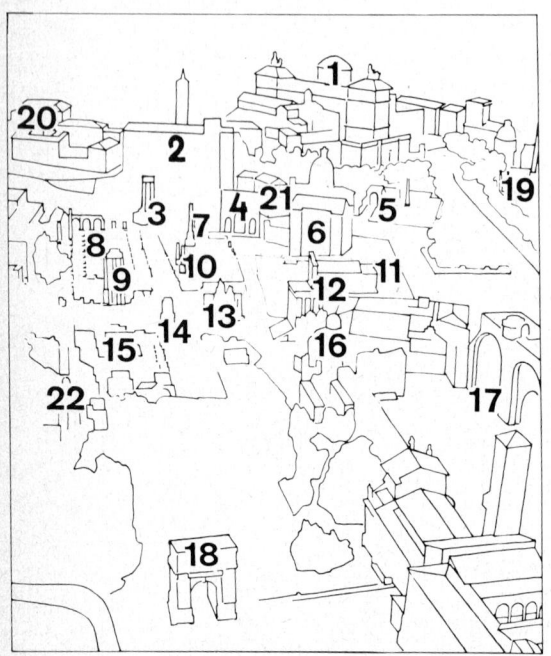

Forum Romanum. 1 Kuppel des Pantheon; 2 Römisches Staatsarchiv; 3 Tempel des Gottes Saturn; 4 Triumphbogen für den Kaiser Septimius Severus; 5 Cäsar-Forum; 6 Kurie, Sitz des römischen Senats; 7 Ehrensäule für den Kaiser Phokas; 8 Basilika Julia; 9 Tempel für Castor und Pollux; 10 Ehrensäulen; 11 Basilika Aemilia; 12 Tempel für den Kaiser Antoninus Pius und seine Frau Faustina; 13 Tempel für den vergöttlichten Cäsar [Divus Julius]; 14 Vestatempel; 15 Haus der Vestalinnen; 16 Tempel für Romulus, den Sohn des Kaisers Maxentius; 17 Maxentius- oder Constantinsbasilika; 18 Triumphbogen für Titus; 19 Trajansforum; 20 Kapitol; 21 Römisches Staatsgefängnis [Carcer Mamertinus]; 22 Antike Straße mit Laden.

Hier fielen die wichtigsten Entscheidungen im alten Rom. Das Forum Romanum war Mittelpunkt des größten Weltreiches der Antike, Brennpunkt des römischen Lebens, das um 11 Uhr vormittags hier seinen geschäftigen Höhepunkt erreichte. Von Sonnenaufgang bis 4 Uhr nachmittags war aller Verkehr von Fahrzeugen verboten. Bezeichnung der Bauten: siehe Skizze.

Annia Galeria Faustina war die Gattin des Kaisers Antoninus Pius. Sie starb 140/41 n. Chr. und wurde auf Veranlassung von Antoninus zur »Diva Faustina« erklärt. Ihr zu Ehren gründete der Kaiser einen Orden für arme Mädchen: »Puellae Faustinianae«.

besprach er vorher aufs sorgfältigste mit seinen besten Freunden und Ratgebern; auf keinen Fall wollte er als Selbstherrscher erscheinen.

Dennoch tritt sein Name in der Erinnerung stark zurück hinter den vielen bösartigen Köpfen wie Nero und Domitian, ja auch hinter den Namen der großen gewalttätigen Kraftmenschen wie Sulla und Antonius.

Es scheint leider so, als ob den milden, sparsamen und freundlichen Fürsten dieser Welt, die ihren Völkern große Katastrophen ersparen, in der Geschichte schicksalsmäßig ein Schattendasein beschieden sei.

Gleich nach der Thronbesteigung des Antoninus weigerte sich der Senat, dem verstorbenen Hadrian große staatliche Ehrungen zuteil werden zu lassen. Man wollte diesem Kaiser die Hinrichtung einiger angesehener Männer nicht verzeihen. Antoninus beschwor den Senat unter Tränen und Klagen, dem Hadrian doch die Tore zum Olymp zu öffnen. »Wenn Hadrian so schlecht und euch so feindlich gesinnt war, dann bin ich nicht euer Kaiser. Ihr müßtet dann alles, was er getan hat, für ungültig erklären – auch meine Adoption.« Die Haltung des Antoninus zwang den Senat, Hadrian alle Beisetzungsehren zuzuerkennen.

Antoninus erhielt vom Senat den Beinamen Pius, der Fromme, wofür die römischen Historiker zahlreiche Gründe angeben. Wahrscheinlich hatte der Kaiser diesen Beinamen einfach seiner großen Güte, Freundlichkeit und Umsicht zu verdanken. Natürlich verstanden die Römer damals unter fromm nicht christliche Frömmigkeit, sondern die sittliche Vollkommenheit der stoischen Lehre. Daß Antoninus die Christen nicht verfolgt hat, wird uns außerdem berichtet. Auch der Titel Landesvater wurde ihm vom Senat verliehen. Antoninus lehnte diese Ehre zunächst ab, nahm sie dann aber mit höflichem Dank entgegen.

Als Faustina, Antoninus' Frau, im dritten Jahre seiner Regierung starb, wurde sie vom Senat zur Göttin erklärt. Zahllose Münzen wurden ihr zu Ehren mit der Inschrift »Diva Faustina« geprägt. Diese Faustina hatte eine Tochter gleichen Namens. Im Jahre 145 n. Chr., also vier Jahre nach dem Tod ihrer Mutter, gab Antoninus die ungemein schöne »jüngere« Faustina seinem Adoptivsohn Marc Aurel in die Ehe.

Der Kaiser lebte immer sparsam und bescheiden. Seine Tafel ließ er durch eigene Sklaven versorgen, durch einige Vogelfänger, Fischer und Jäger. Ein Bad, das ihm gehörte, gab er kostenlos der Allgemeinheit frei. Immer saß er in seinem Palast, im Haus des Tiberius auf dem Palatin, oder auf seinem Landgut in Kampanien. Fahrten, die über den Weg vom Gut zur Stadt und zurück hinausgingen, vermied er, da solche kaiserliche Reisen mit Gefolge ihm zu kostspielig erschienen.

In Rom, in seiner Residenz, war dieser Kaiser Mittelpunkt der Welt. Bei allen Völkern stand er in höchstem Ansehen, und alle behandelten ihn mit größtem Respekt. Als der Partherkönig einen Angriff auf Armenien vorbereitete, genügte ein Brief des Antoninus, um ihn davon abzuhalten. Neunmal machte er große Geldstiftungen an das Volk. Im Jahre 145, am Hochzeitstage seiner Tochter, beschenkte er die Soldaten, und zu Ehren seiner verstorbenen Gattin gründete er einen Orden für arme und obdachlose Mädchen: »Puellae Faustinianae«. Er errichtete viele Bauten in Rom und vollendete vor allem das große Grabmal des Hadrian, die heutige Engelsburg.

In Nordbritannien wurde auf Befehl des Kaisers ein neuer Wall gegen die Barbarenvölker errichtet, zwischen dem Firth of Forth und Firth of Clyde in Südschottland. Im Jahre 148 ließ Antoninus den großen Schutzwall gegen die Germanen, den berühmten Limes, weiter vorverlegen und dabei alle Holztürme durch Steintürme ersetzen. In schnurgerader Linie wurde der neue Limes von Miltenberg am Main bis Lorch im Remstal gezogen. Dann ging er aus seiner dem Rhein und Neckar parallellaufenden Nord-Süd-Richtung in die west-östliche Richtung des Donaulaufes über. Militärisch war dieses Kunststück eines Erdwerkes freilich nicht in jeder Hinsicht zweckmäßig. Aber es war ein großer Erfolg der Organisation und der Massenarbeit und bewies den Willen des Kaisers, das Weltreich mit friedlichen Mitteln zu verteidigen. Friede, Ruhe und Sicherheit gingen ihm über alles. Rom brauchte jetzt keine Mauer mehr, sagte man voller Dankbarkeit gegen den Kaiser. Hätte Antoninus Pius nicht widersprochen, so würden unsere Monate September und Oktober »Antonini« und »Faustini« heißen.

Antoninus erlebte während seiner Regierungszeit aber auch einige Katastrophen und Vorzeichen. Wie immer waren die Zukunftsdeuter, die Chaldäer, mit Prophezeiungen schnell bei der Hand. Eine Hungersnot brach aus. Der Circus Maximus stürzte ein. Ein Beben erschütterte die Erde, wohl im Jahre 140 n. Chr., wobei auch Städte auf Rhodos, auf Kos und in Karien zerstört wurden. Ein Feuer brach in Rom aus, der Tiber trat über seine Ufer, man sah einen Kometen am Himmel, ein Kind mit zwei Köpfen wurde geboren, in Arabien versuchte eine Schlange, sich selber aufzufressen, was ihr vom Schwanzende bis zur Mitte gelang.

Antoninus war erst im 52. Lebensjahr Kaiser geworden, und bis zu seinem Tode – er starb mit 75 Jahren – leitete er die Staatsgeschäfte. Ein alter Mann, suchte er sich bis zum Schluß gut zu halten. Immer noch sah er glänzend aus. Er war auch sehr groß, und ihm schien, als ginge er nun ein bißchen gebeugt. Da ließ er sich schmale Bretter aus Lindenholz anfertigen und band sich diese als Korsett um Brust und Rücken, so daß er weiterhin aufrecht gehen konnte. Um der schweren Bürde der Arbeit nicht zu erliegen, aß er täglich schwarzes trockenes Brot, ehe seine Hofbeamten ihn begrüßen durften.

Als der Kaiser spürte, daß er sterben mußte, ließ er das Symbol seiner Regierung, die goldene Plastik der Göttin Fortuna, von seinem Schlafzimmer in das Zimmer seines Adoptivsohnes und Nachfolgers, des Marc Aurel, tragen.

Er phantasierte noch im Fieber von Staatsgeschäften und von Königen ferner Länder. Dann legte er sich auf die Seite, als wolle er schlafen, und entschlief wirklich – für immer.

Das schrieb Kaiser Marcus Aurelius. Er meinte die Zeit, »da du alles vergessen haben wirst«, und die Zeit, »da dich alle vergessen haben werden. Bedenke immer, daß du bald niemand und nirgends sein wirst«.

Marcus Aurelius, Selbstbetrachtungen, Buch 7, 21,
und Buch 12, 21.

Marc Aurel entstammte wie Trajan einer spanischen Familie, wurde aber im Jahre 121 auf dem Cälius, einem der sieben Hügel Roms, geboren. Als Hadrian starb, war Marc Aurel 17 Jahre alt.

Kaiser Hadrian hatte die Fähigkeiten des Jungen schon sehr früh erkannt. Er war sozusagen sein Entdecker. Sonst wäre Marc Aurel wahrscheinlich nur irgendein unbekannter Beamter oder Offizier geworden.

Hadrian hatte den jungen Marc Aurel mit gutem Erfolg in sehr vielen Fächern unterrichten lassen. Wir kennen die Namen dieser Lehrer, und wir wissen, daß der junge Marc Aurel diese hervorragenden Gelehrten über alles schätzte. Ja, er schwärmte für sie und war so ehrgeizig, daß er sich nur den allernotwendigsten Schlaf gönnte. Wir wissen, daß der junge Marcus in Literatur unterrichtet wurde, in der Kunst des Dramas, in Musik, Geometrie, Grammatik, Rhetorik, Rechtswissenschaft und vor allem in der Philosophie. Seine Lehrer waren teils Römer, teils Griechen, und der Junge wuchs ganz im Geiste der stoischen Lehre auf. Darum aß er nur Brot und Feigen. Darum schlief er auf der harten Erde. Darum verschlang er Bücher um Bücher. Und darum lesen wir in einem noch erhaltenen Brief an seinen alten Lehrer Fronto: »Ich bin so müde, daß ich kaum noch atmen kann.«

Schon mit 15 Jahren erhielt Marcus die »toga virilis«, das Gewand, das den Jüngling Roms mündig machte. Kaiser Hadrian verheiratete ihn sogleich mit der Tochter des Lucius Ceionius Commodus. Der Name dieses Mädchens war Fabia.

Aber die Ehe sollte nicht von langer Dauer sein. Als nämlich Hadrian starb, übernahm Antoninus Pius die Erziehung des jungen Marcus und ließ die Kinder scheiden. Mit 23 Jahren heiratete der Jüngling die Tochter des Antoninus Pius, ein wohl sehr gescheites und schönes Mädchen, das wie ihre Mutter Faustina hieß. Und Faustina nimmt lebhaften Anteil an den Studien des jungen Mannes.

In allen wichtigen Staatsgeschäften steht Marc Aurel jetzt dem Antoninus Pius zur Seite. Kaiser Antoninus nimmt keine Beförderung vor, ohne ihn zu befragen. Im tiberianischen Palast auf dem Palatin wohnen der Kaiser und sein treuer Adoptivsohn zusammen, und in den Gesprächen mit dem vornehmen alten Kaiser dürfte der Prinz viel gelernt haben. Außerdem besucht er auch weiterhin seine Lehrer in den Hörsälen.

Er ist Stoiker ohne Kompromiß. Und so arbeitet er unermüdlich an seiner eigenen Vervollkommnung. Selbstzucht, Pflichtgefühl gegenüber sich selber und den Mitmenschen, »ataraxia«, das vollkommene Gleichgewicht der Seele, das alles sucht er sich wirklich anzueignen. Er lebt einfach. Die angesehensten Männer Roms empfängt er täglich im kaiserlichen Palast, aber nicht im Staatsgewande, nicht in großen Staatsräumen, sondern schlicht gekleidet in seinem Schlafgemach. Wenn er die Majestät begleitet, sieht man ihn in der offiziellen Toga. Sonst erscheint er nur im dunklen Oberkleid. Niemals läßt er sich die Fackeln voraustragen wie die vornehmen Jünglinge Roms. Und immer weiß er, was ihm bevorsteht: Cäsar zu sein in Rom, Cäsar eines Weltreiches.

Kann er glücklich sein angesichts dieser Riesenbürde, die er einst tragen wird? Nein, der Stoiker mit dem rationalistisch geschulten Verstand sieht immer auch die negative Seite jeder Sache. Glücklich ist er nicht. Er hat sogar ein wenig Angst vor der Zukunft. Durch den übergroßen Eifer des Studierens, durch die unerhörten Anstrengungen der wachen Nächte, die rücksichtslose Schulung des Gedächtnisses, den Verzicht auf »gesundes Leben« ist sein Körper geschwächt. Und immer noch studiert er die großen Philosophen. Allnächtlich übt er sich in der griechischen wie in der lateinischen Redekunst.

Als Kaiser Antoninus stirbt, ist Marc Aurel 40 Jahre alt. Es entspricht ganz seiner klugen Bedachtsamkeit wie seinen Zweifeln am Glück eines Kaisers, daß er den ebenfalls von Antoninus adoptierten Lucius Verus zu sich ruft und ihn zum Mitregenten macht. Er verleiht ihm den Kaisertitel Augustus und beschließt, völlig gleichberechtigt mit ihm zu herrschen. Der kränkliche Marc Aurel glaubt, allein das Weltreich nicht verwalten zu können. Verus soll ihm einen Teil der militärischen Staatsgeschäfte

*Kaiser Marc Aurel und sein Bruder Lucius Verus. Gemeinsam herrschten
die Brüder von 161 bis 169 n. Chr. Marc Aurel überlebte seinen Bruder
um elf Jahre und verfaßte in den Feldlagern von Mähren und Böhmen
nachts allein seine ›Ermahnungen an sich selbst‹.*

abnehmen. Teilung und Bescheidung, das ist sein Plan. Und
damit stehen zum ersten Male zwei Kaiser fast gleichberechtigt
an der Spitze des Reiches, der eine im Westen, der andere im
Osten, erstes Vorbild der späteren Reichsteilung. Aber der Plan
mißlingt. Marc Aurel muß schließlich die ungeheuren Schwierigkeiten, die während seiner Regierung auftreten, ganz allein be-
wältigen.

Zunächst setzten Marcus und Verus ihren kaiserlichen Vater
im Mausoleum des Hadrian bei. Es muß ein großer Augenblick
gewesen sein, als der Staatstrauerzug mit den Legionären vor
dem nun endlich ganz fertiggestellten riesigen Rund des gigantischen Grabmals aufmarschierte. Hoch oben auf dem Wunderbau
war ein Wald aufgepflanzt, und das Ganze wirkte mehr wie ein
großartiges Stück Natur als wie ein Werk von Menschenhand.

Dann zieht der Kaiser einen Schlußstrich unter seine Bücher-
studien. Jetzt liegt die Welt vor ihm. Und Gewitterwolken ballen
sich über dem Riesenreich. Da wirft er die Bücher fort. Er ist
Philosoph. Aber er kann auch ein Mensch der Tat sein. Dazu
gerade sollte ihn ja die Philosophie vorbereiten.

Im Osten rüsten die Parther unter ihrem König Vologaeses III. zum Krieg gegen Rom. Schon haben sie Teile Armeniens und Syriens besetzt. Marc Aurel entsendet seinen Adoptivbruder und Mitregenten Verus gegen Vologaeses. Verus hat allerdings wenig Ähnlichkeit mit seinem Adoptivbruder. Er liebt das gute Essen, den Wein, die Frauen, und nun im Orient, im luxuriösen Antiochia und im sündigen Daphne, genießt er die Stunde und will eigentlich niemals wieder nach Rom oder in die Nähe von Stoikern geraten. Den Parthern macht er sogleich ein Friedensangebot, das sie natürlich zurückweisen.

Marc Aurel hatte dem jüngeren Verus seine 15jährige Tochter Lucilla zur Frau gegeben. Überhaupt liebte er seinen Stiefbruder und Schwiegersohn und wollte alles Erdenkliche für ihn tun. Er hatte sich von ihm Entlastung versprochen. Jetzt sieht er sich getäuscht, bleibt aber immer noch voller Zuversicht und Hoffnung. Er holt den Bruder aus dem Osten zurück, und der Titel »Vater des Vaterlandes« wird beiden Cäsaren verliehen.

Seinen General Avidius Cassius bestellte Marcus zum Statthalter von ganz Asien, denn jetzt mußte er sich den Rücken freihalten. Während Cassius die Parther über den Euphrat und Tigris zurückschlug, drohte eine furchtbare Gefahr: Gefahr von Norden! Die Germanen regten sich wieder wie zu Zeiten der Kimbern und Teutonen. Markomannen und Quaden hatten den Limes nördlich der Donau durchbrochen und drangen in Pannonien ein, ins heutige Niederösterreich. Sie fluteten unter Führung des Markomannenkönigs Ballomar in die Steiermark und in die Gegend von Laibach, Ödenburg und Ofen; nur die Alpengrenze konnte von Rom noch gehalten werden. Schließlich drohten sie, bei Aquileia in Norditalien das letzte Bollwerk gegen Rom zu durchbrechen. Die Gefahr war riesengroß. Es war das Jahr 168, der eigentliche Beginn der Völkerwanderung, einer großen Völkerbewegung im germanischen Raum.

Marcus nahm Verus mit auf den Feldzug, entsetzte die Stadt Aquileia und zwang die Germanen zum Rückzug. Verus wollte nach den ersten Erfolgen den Rückmarsch antreten, aber Marcus setzte den »Barbaren« nach und überstieg die Alpen, um die Donaugrenze wiederherzustellen. Da traf Rom ein furchtbarer Schlag. Eine unbekannte Seuche war mit den Soldaten aus dem Osten, aus Babylon wahrscheinlich, nach Italien eingeschleppt worden. War es die Pest? Wir wissen es nicht, sowenig wir die Seuche kennen, die Athen zur Zeit des Perikles erfaßte. Tausende, Zehntausende starben Jahr um Jahr. In Wagen und Karren schleppte man die Toten aus der Stadt. Es war die größte und längste Krankheitsepidemie in der antiken Welt. Die beiden Kaiser erließen strenge Verbote, Tote auf eigenem Grundstück zu bestatten. Aber die Pest griff um sich, wütete in ganz Norditalien, jagte über die Alpen bis zum Rhein, ergriff das Heer, raffte ganze Legionen dahin – und machte den Germanen neuen Mut.

Die Völker der Germanen, von denen uns die römischen Historiker Julius Capitolinus und Cassius Dio berichten, haben Namen, die uns zum Teil ganz unbekannt sind. Wir hören auch von den Osen und Bessern, den sarmatischen Kostoboken und Jazygen, östlichen Völkern, die in den Donauraum vorgedrungen waren. Unter den Germanen sind außer den Bastarnern noch die Sueben; in ihnen erkennen wir die heutigen Schwaben, zu denen auch die Markomannen, Quaden und Hermunduren zählten. Wir erfahren von den Langobarden mit ihren langen Bärten und von Nomadenstämmen zu Pferde, die im Kampf keine Gnade kannten. Die erstaunten römischen Legionäre fanden unter den Leichen der Gefallenen auch bewaffnete Frauen. Ein aufgegriffener germanischer Knabe wurde verhört. »Ich kann dir jetzt nicht antworten«, sagte er dem römischen Legionär, »denn ich friere. Wenn du etwas von mir wissen willst, so laß mir vorher ein Röckchen geben – wenn du eines hast.«

Die kaiserlichen Brüder hatten beschlossen, daß Verus nach Rom zurückkehren solle, um dem Senat Bericht zu erstatten. Auf der Reise, noch von Marcus begleitet, traf ihn der Schlag [169 n. Chr.].

Nach vielen blutigen Kämpfen in unheimlichen Wäldern und an entlegenen Flüssen, von denen die Römer noch niemals gehört hatten, waren die Markomannen und Jazygen geschlagen. Über die Quaden soll Marcus durch ein Wunder gesiegt haben. In glühender Sonnenhitze hatten die Quaden die Römer eingeschlossen. Die Legionäre waren am Verdursten. Da betete der Kaiser zu den Göttern, und sie sandten Gewitter und Regen. Die Christen erklärten das Wunder damit, daß sich eine Legion im Heer des Marcus befand, die nur aus Christen bestand. Man habe Marcus berichtet, die Christen könnten durch Gebete alles erreichen. Da habe sie Marcus aufgefordert, zu ihrem Gott zu beten, und Gott habe das Gebet erhört. Die Legion wurde fortan die »Donnernde« genannt. Erschütternde Szenen werden uns geschildert, wie die Römer den kostbaren Regen in ihren Schilden und Helmen auffangen, wie das Blut der Schlacht sich mit dem

Die Säule des Marc Aurel wurde vom römischen Senat 176–193 n. Chr. zum Gedächtnis der Siege über Markomannen, Quaden, Sarmaten und Jazygen aus Carraramarmor errichtet. Sie ist 29,77 Meter hoch. Das Standbild des Kaisers, das verschwunden war, wurde 1589 durch eine Bronzestatue des Apostels Paulus ersetzt.

Wasser mischt und wie mancher Mann das Regenwunder mit seinem sterbenden Pferde teilt.

Inzwischen erfolgten weitere Vorstöße der Barbaren: Die Kostoboken drangen bis Griechenland vor und plünderten das Heiligtum von Eleusis, die germanischen Chatten überschritten den Rhein, und die afrikanischen Mauren setzten nach Spanien über. Die Prätorianer und die Gardetruppen wurden aus Rom geholt und in die Schlachten geschickt. Selbst die Gladiatoren ließ der Kaiser aus den Fechtschulen kommen. Sklaven wurden bewaff-

Ein hochinteressanter Ausschnitt aus der Marc-Aurel-Säule. Eine Germanin mit ihrem Kind wurde hier von Zeitgenossen des Marc Aurel gemeißelt. Der römische Legionär führt die soeben Gefangene in die Sklaverei.

net. Wenn sie sich bewährten, sollten sie später frei sein. Germanische Völker traten in römische Dienste, und Kaiser Marc Aurel reihte sie frohen Herzens ein. Ein breiter Gebietsstreifen links der Donau wurde von den Unterworfenen geräumt, die letzten Quaden wanderten nach Osten ab.

Aber das Geld war ausgegangen. Die Staatskasse war erschöpft. Da ordnete der Kaiser öffentliche Verkäufe auf dem Forum an, auf dem Forum des vergötterten Trajan. Die kaiserlichen Möbel, das kaiserliche Gold, Kristall, Elfenbein, ja selbst die goldbestickten Gewänder der Kaiserin, Juwelen, das alles ließ er zwei Monate lang auf dem Trajansforum verkaufen. Als der Krieg gegen die Markomannen und die anderen Völker Germaniens siegreich beendet war, gab der Kaiser bekannt, daß jeder die gekauften Gegenstände wieder gegen das bezahlte Geld zurückgeben dürfe.

Auf der Marc-Aurel-Säule in Rom sind die Siege des Kaisers in 116 Reliefs dargestellt. Diese Darstellungen besitzen nicht die Kraft der Bilder der Trajanssäule. Zu düster, zu fremd, zu unbekannt waren die Gebiete, in denen Roms Legionen diesmal den Germanensturm abwehrten! Und als sich der Kaiser längere Zeit in diesen »barbarischen Fernen« befand, in den furchtbaren Ländern der großen Buchen, der schwarzen Fichten und der einsamen Tannen, als er bis nach Schlesien und zu den Grenzen Galiziens gekommen war, als er unter Kälte litt und immer wieder erschöpfende Reiterattacken anführte, als er längere Zeit keine Nachricht nach Rom geben konnte – da ging die Kunde durch die Welt, der Kaiser sei gestorben oder gefallen.

In Syrien saß der »beste Statthalter« des Kaisers: Cassius. Dieser Statthalter regierte in seiner eigenen Heimat. Er war ein erfolgreicher Mann, in der Stadt Cyrrus geboren, brutal, gewalttätig und rücksichtslos gegen seine Feinde. Gefangene ließ er ans Kreuz schlagen, Deserteuren zum Abschrecken die Beine vom Rumpf trennen.

Es ist niemals gut, wenn hohe Befehlshaber vom Vaterland entfernt irgendwo in der Welt in ihrem eigenen Geburtslande regieren. So war es auch hier. Kaum hatte die falsche Nachricht vom Tode Marc Aurels den Cassius erreicht, da zettelte er einen Aufstand an und wollte sich zum Kaiser machen. Es bleibt ungeklärt, welche Rolle Faustina, die Frau des Marcus, in dieser Angelegenheit spielte. Die Anfälligkeit ihres kaiserlichen Gemahls und die Gefahren, in die er sich begab, ließen in ihr den Gedanken aufkommen, daß er jeden Augenblick sterben könne.

Commodus, der Sohn des Kaisers, war noch zu jung. Außerdem war er seinem Charakter nach alles andere als geeignet, Nachfolger des Kaisers zu werden. So mußte Faustina befürchten, ihre Stellung als Kaiserin zu verlieren. Man sagt, sie habe daher dem Cassius angeraten, im Todesfalle ihres Gemahls die Herrschaft – und sie! – zu übernehmen.

Schon huldigte Antiochia diesem verräterischen Cassius, als Marc Aurel mit Windeseile heraneilte. Seinen Soldaten hielt er eine große Rede: »Gern würde ich Cassius die Regierung abtreten, wenn das zum Wohl des Staates wäre. Ich ertrage ungeheure Mühen und Gefahren. So lange lebe ich nun außerhalb von Italien. Ich bin ein alter, kränklicher Mann. Ich kann nichts mehr ohne Schmerzen essen. Ich finde keinen Schlaf ohne Sorgen. Ich fürchte nur eins: Cassius könnte sich selber töten, aus Scham. Ich fürchte nur, irgend jemand könnte ihm das Leben nehmen. Ich fürchte dies, denn es würde mich um den schönsten Preis des Krieges gegen diesen Cassius bringen. Dieser Preis wäre – einem Beleidiger zu verzeihen, einem, der die Freundschaft gebrochen hat. Freundschaft zu halten, einem, der die Treue brach, Treue zu bewahren.«

Das, was Marc Aurel so sehr fürchtete, traf wirklich ein. Cassius wurde der Kopf abgeschlagen, dieser Kopf, der drei Monate und sechs Tage von der kaiserlichen Herrschaft geträumt hatte. Ein Legionär jagte dem Kaiser entgegen, um ihm die Trophäe zu Füßen zu legen. Der Kaiser war so betrübt über das Geschenk, daß er befahl, das Haupt zu begraben, ohne es angesehen zu haben.

Und nun, immer noch auf der Reise nach dem Orient, trifft ihn eine zweite schreckliche Nachricht: Faustina ist tot, Faustina, die Frau, die er so sehr liebte, die Frau, die »Mutter des Lagers« unter den Legionären genannt wurde, die Frau, von der Antoninus Pius gesagt hatte: »Lieber in der Wüste allein mit meiner Tochter als im Kaiserpalast ohne sie.«

War Faustina eines natürlichen Todes gestorben? Hatte sie sich das Leben genommen aus Scham oder aus Angst wegen der Verschwörung mit Cassius?

Marc Aurel wollte von allen diesen Gerüchten nichts wissen. Er ließ die Briefe, die man im Gepäck eines gewissen Pudens fand, vernichten, ohne sie vorher zu lesen. Er wollte niemand hassen. Er hatte keinen Gefallen am Blut. Selbst die Gladiatoren in Rom durften vor ihm nur fechten, wenn ihr Leben gesichert war. Keiner der Kämpfer durfte eine scharfe Waffe führen. Einen

Die bronzene Reiterstatue des Marc Aurel auf dem Kapitolsplatz. Auch unter diesem Kaiser wurden Christen verfolgt. Sie hätten daher sein Reiterstandbild später sicher eingeschmolzen, wenn sie die Statue nicht für den frommen Kaiser Constantin gehalten hätten.

Löwen, der abgerichtet war, im Zirkus Menschen zu fressen, ließ er nicht in die Arena, so sehr das Volk auch darum bat. Den Dompteur dieses Löwen sperrte er ein. Und als man um seine Freilassung bat, meinte der Kaiser, dieser Mensch habe doch selber nichts für die Freiheit getan. »Das verhüte der Himmel«, sagte er, »daß jemand von mir oder von euch Senatoren zum Tode verurteilt werde.«

Im Jahre 176 traf der Kaiser mit seinem 15jährigen Sohn von seiner beschwerlichen und gefährlichen Orientreise im Triumphzug wieder in Rom ein. Er war traurig, denn er hatte in Cassius einen guten Mann verloren, vielleicht durch eigene Schuld, denn er hatte ihm zuviel Vertrauen geschenkt. Und er trauerte dazu um seine Frau. Aber der große Triumph ließ alles für Tage und Wochen vergessen. Jetzt fand die Grundsteinlegung der Siegessäule statt, die der weltgeschichtlich bedeutsamen Abwehr des zweiten großen Germanensturms ein ewiges Andenken setzte. Noch heute steht auf dem Kapitol in Rom das berühmte, ehemals vergoldete Reiterstandbild Marc Aurels, das Vorbild aller späteren Reiterstandbilder; es blieb deshalb erhalten, weil man es irrtümlich für ein Bild des ersten christlichen Kaisers Constantin hielt.

Die Angriffskraft der Germanen war noch lange nicht erschöpft, und so fand der Kaiser nur kurze Zeit Ruhe in Rom. Seine Generäle riefen ihn zurück an die Donau, nach Böhmen, zurück in das harte Lagerleben. Der Feind war unterworfen. Aber die Gefahr lauerte hier überall. Marc Aurel wollte jetzt klare Verhältnisse schaffen, die Grenze des Römischen Reiches bis an das Erzgebirge, bis an die Sudeten und Karpaten vorschieben. An der Donau wurde ein neues Legionslager gegen die Markomannen errichtet, Castra Regina, das heutige Regensburg. Zwei neue Provinzen in Böhmen und Ungarn wurden gerade gebildet, Marcomannia und Sarmatia sollten sie heißen. Da starb der Kaiser plötzlich in Wien an einer gefährlichen Infektionskrankheit. Wahrscheinlich war sein Körper durch das ständige Magenleiden so sehr geschwächt, daß er hier in der Fremde durch die ungewohnte Nahrung besonders anfällig wurde. Er starb am 17. März 180 n. Chr.

Hier, im Feldlager in Mähren und Böhmen, hier, in den langen einsamen Nächten kurz vor seinem Tode, schrieb der Kaiser in griechischer Sprache seine weltberühmten Ermahnungen nieder – ›Ermahnungen an sich selbst‹, wie der Titel heißt –, die uns erhalten sind und die seit fast 2000 Jahren Generationen um Generationen Ruhe und Seelenfrieden geschenkt haben, obwohl der Kaiser selbst nie daran gedacht hatte, diese »Selbstgespräche« zu veröffentlichen. Allein in England erschienen seit dem 17. Jahrhundert bis heute mehr als 200 Übersetzungen dieses kaiserlichen Buches.

Es ist ein Werk der Andacht, Zwiesprache mit sich selber und mit Gott. Zwar redet Marc Aurel von »den Göttern«. Aber er meint doch immer nur das Göttliche, den einen Gott oder das Weltall, zu dem er betet. »Da suchen die Menschen Stätten, zu denen sie sich zurückziehen wollen, Aufenthalt auf dem Lande, an der See, im Gebirge ... All solches Verlangen ist kindisch, da es doch möglich ist, sich zu jeder Stunde in sich selber zurückzuziehen. Denn der Mensch findet an keinem anderen Ort mehr Ruhe und Ungestörtheit als in seiner eigenen Seele ... Bedenke auch, wie viele schon miteinander verfeindet, voll Argwohn und Haß gegeneinander, auf Leben und Tod gekämpft haben, sich dann zum letzten Male ausstreckten und zu Asche wurden ... Bedenke auch, wie rasch alles vergessen wird, und denke an die Kluft der Unendlichkeit nach beiden Seiten hin, an die Nichtigkeit des Beifalls und an den Wankelmut und die Urteilslosigkeit des Menschen ...« Ja, die Menschen kannte dieser Marc Aurel bis ins Tiefste ihrer Seele. »Von Leuten bestimmten Charakters müssen unbedingt ihrer Natur entsprechende Handlungen begangen werden.« Daß die Charakteranlagen eine unwandelbare Größe sind und daß man die Menschen nur so nehmen kann, wie sie sind, hatten allerdings schon vor Marc Aurel und haben nach ihm alle großen Philosophen erkannt.

Marcus wußte auch, daß man den Menschen nur mit Güte beikommen kann: »Haßt mich jemand?« fragte er. Und gleich antwortet er: »Das ist seine Sache. Ich aber bin gütig und wohlgesinnt gegen jedermann und bereit, diesem Menschen seine Fehler zu zeigen, nicht mit Schelten ..., sondern aufrichtig und voll Güte.«

Und der Kaiser wußte, wo er stand. Er kannte seinen Platz in der Geschichte, in der Zeit und in der Welt. »Grollst du etwa über das, was dir der Weltlauf bringt? ... Welch winziger Teil der grenzenlosen unendlichen Zeit ist einem jeden von uns zugemessen. Jeder verschwindet doch sofort in der Ewigkeit ... Und auf welch winzigem Klümpchen der gesamten Erde kriechst du herum? All das bedenke und halte nichts für wichtig als zu handeln, wie deine Natur dich führt, und zu leiden, was die Natur dir bringt ... Die ganze Erde ist ja nur ein Punkt. Ein wie kleiner Fleck von ihr ist diese Wohnstätte der Menschen. Wie wenige sind dort! Und was für Leute sind es, die dich loben werden ... Warte nicht auf den vollkommenen Staat, sondern schätze es, wenn es auch nur im Kleinsten vorwärtsgeht!«

So schrieb Marc Aurel, und man sagt nicht zuwenig, wenn man ihn den größten Philosophen auf dem Thron nennt, der jemals lebte. »Nah ist die Zeit, in der du alles vergessen haben wirst, und nah die Zeit, da dich alle vergessen haben werden ... Bedenke, daß du bald niemand und nirgends sein wirst.«

Konnte ein solcher Mann Christenverfolger sein? Liegt hier ein Schatten auf dem großen Philosophenkaiser?

Nun, der Tod des Justin und seiner sechs Gefährten, die Martyrien des Markioniten Metrodorus und des Presbyters Pionius, die Tortur und Verbrennung von Karpos und Papylos zu Pergamon und der freie Flammentod der Christin Agathonike fallen in die Regierungszeit des Marc Aurel. Eusebius überliefert uns das Rundschreiben der Kirchen von Lugdunum [Lyon] und Vienna [bei Lyon] an die Gemeinden von Asien und Phrygien aus dem Jahr 177. Das ist wie ein gellender Schrei zum Himmel, der furchtbare Bericht der Volkswut, der Grausamkeiten, der

Leiden der Christen, die bei lebendigem Leib geröstet wurden. Was muß das Sklavenmädchen Blandina erduldet haben! Wie wurde der 90 Jahre alte Bischof Pothinus mißhandelt! Und wie siegten diese frühen Christen über alle Schmerzen und über den Tod! Unserer bequemen Zeit scheint das unfaßbar, und wir wissen nicht mehr so recht, wann Heldentum sinnvoll ist. Die Christen starben damals für die ewige Wahrheit.

Aber das geschah nicht unter den Augen des Kaisers Marc Aurel. Er selber war nicht Christenverfolger. In seinem Edikt an die Provinz Asien lehnte er jedes Vorgehen gegen die Christen ab. Nur wenn ihnen politische Straftaten gegen das Römische Reich nachgewiesen werden konnten, durfte der Staat einschreiten. Weit vom Kaiser entfernt saßen die Statthalter, die damals Christen verfolgten. Der Kaiser konnte das nicht immer verhindern. Er stand gewiß nicht hinter diesem organisierten Leid. Er war der frömmste Kaiser, den das Römische Reich je erlebte, ein Stoiker, gerecht bis in die letzte Faser seines Seins, das im altrömischen Pflichtgefühl wurzelte, duldsamer Philosoph in einer Welt von Feinden, ein Verklärter der Antike.

Nach John Stuart Mill war Marc Aurel ein besserer Christ – in undogmatischem Sinn – als fast alle sich zum Christentum bekennenden Fürsten, die seitdem regiert haben. Wahrscheinlich übertraf er an Menschlichkeit alle Herrscher der Geschichte.

Weltall und Ewigkeit, der große gestirnte Himmel und der kleine Mensch, der alles Glück und Unglück in sich trägt, der eigentlich ohne Hoffnung ist und doch das Schicksal willkommen heißen sollte, ohne zu klagen – um diese Dinge kreisten die Gedanken des einsamen Grüblers, wenn er nachts seine Selbstgespräche führte und sie für sich aufzeichnete. Es waren Stunden tiefster Gedanken, wenn der über Fünfzigjährige fern von Rom, am Rande der feindlichen Barbarenwelt, im Zeltlager saß, wenn draußen nur der leise Ruf der Wachablösungen hallte, wenn der Wind über die wilde Donaulandschaft fegte und wenn ganz fern die Markomannenfrauen ihren verwundeten Söhnen unendlich traurige Lieder sangen. Nichts war dann da als der große Nachthimmel und die ewige Frage des bangen Herzens: Wie erlange ich den Frieden der Seele? Marc Aurel fand eine Antwort: »Tu, was deine Natur von dir verlangt. Handle so, wie deine Natur dich führt.« So näherte er sich überweltlicher Weisheit und überweltlicher Ruhe, »denn es ist durchaus möglich, ein göttlicher Mann zu werden und doch von niemandem erkannt zu sein«, schrieb er.

»Er hatte einen Strauß erlegt und brachte dessen Kopf an den Platz, wo wir saßen. Mit der linken Hand hielt er den Kopf, mit der rechten das blutige Schwert empor. Er sprach zwar kein Wort, bewegte aber sein Haupt mit solchem Grinsen, als wolle er zeigen, daß er mit uns dasselbe vorhabe.«

Cassius Dio, Römische Geschichte, Buch 72, Kap. 21.

Marc Aurel war ein erstaunlich ausgeglichener Mensch, ein Priester der Güte, ein Weiser, dem es fast gelang, innerlich vollkommen zufrieden zu sein: ruhig im Herzen »wie das weite Meer bei Windstille«. Aber in der Güte, im Optimismus dieses Menschenfreundes lag auch seine einzige Schwäche: Er wollte absichtlich nicht sehen, wie sein Bruder wirklich war. Seiner Gattin gegenüber kannte sein Verzeihen keine Grenzen. Und seinen Sohn machte er zum Kaiser, obgleich dessen völlige Untauglichkeit offensichtlich war.

Wie ein Schatten steht der 19jährige Commodus am Sterbebett seines Vaters. Cassius Dio will aus sicherer Quelle wissen, daß der gütige Marc Aurel »nicht an der Seuche starb, die ihn befallen hatte«, sondern durch Eingriff seiner Ärzte, »die dem Sohn gefällig sein wollten«. Und Cassius Dio berichtet sogar, der Kaiser habe dieses Verbrechen erkannt, sich aber nicht anmerken lassen, daß er ermordet werde, und den Soldaten befohlen, dem neuen Kaiser gehorsam zu dienen.

Fünf gute Regenten hatte Rom erlebt. Es scheint in der Geschichte, als ob selbst Vernunft und Mäßigung Pausen brauchten, als ob der Kreislauf des Geschehens nicht ohne Nachtseite ablaufe, als ob Tyrannenherrschaft und Mord die Gewichte seien, die allein glücklichen Epochen zum Aufstieg verhelfen.

Marc Aurel hat uns die schönsten Ermahnungen an sich selber hinterlassen, die ein Römer, der noch nicht Christ war, sich vorhalten konnte. Wie aber stand es mit Ermahnungen an den Sohn? Hätte dieser sie nicht viel eher benötigt?

Wir müssen immer daran denken, daß Marc Aurel als erster Kaiser wieder von dem Adoptivverfahren abging. Da die Dynastien Roms meist schon in der zweiten Generation degenerierten,

Kaiser Commodus regierte von 180 bis 192 n. Chr. Er leitete eine blutige Epoche ein, eine Zeit der Grausamkeit und der Massenermordungen. Dieser mißratene Sohn des Marc Aurel wurde schließlich von dem Gladiator Narcissus umgebracht.

war die kaiserliche Erbfolge durch Adoption ein hervorragendes Gegenmittel. Der weise, der gütige, über Generationen und weit über Himmel und Erde hinaus denkende Marc Aurel versagte vor seinem eigenen Blut. Er hatte zwar versucht, Commodus durch die bedeutendsten und besten Männer seiner Zeit unterrichten und erziehen zu lassen, aber all das nützte nichts. Der Historiker Aelius Lampridius meint dazu ironisch, so entscheidend seien eben der Charakter eines Schülers und die Ohnmacht von Lehrern in einem Palast.

Oder hatte Marc Aurel seine Ermahnungen eigentlich für den Sohn geschrieben, nutzlos geschrieben? War Commodus vielleicht gar nicht sein Sohn? War Faustina wirklich so wie der schlechte Ruf, der ihr anhing? All das ist möglich. Jedenfalls waren die Erziehungsmethoden des Kaisers an seinem Sohn völlig gescheitert. Wir haben das schon einmal gesehen: Seneca wurde zu einem der größten Erzieher der Menschheit. Sein Schüler war Nero. Und so ein Nero – nein, ein viel übleres Scheusal – saß jetzt auf dem Thron des römischen Weltreiches. Vier Jahre lang hatte Commodus vorher neben seinem Vater regiert. Marc Aurel muß da schon viel erkannt haben. Aber er war ein Stoiker. Er wußte sich zu beherrschen. Er war vielleicht auch einer der »überlogischen« Erzieher, die niemals ihr Temperament, sondern immer nur ihren Verstand walten lassen, die zu keinem Zornausbruch fähig sind, die man darum nicht fürchtet und die zu jenen Vätern von Verbrechern gehören, die »immer nur das Beste gewollt haben«.

Mit zwölf Jahren schon gab Commodus eine Probe seiner Grausamkeit. Als sein Bad einmal zu kühl bereitet war, befahl er, den Bademeister in den Ofen zu werfen. Glücklicherweise führte der beauftragte Sklave diesen Befehl nicht aus und verbrannte nur ein Schaffell. Commodus atmete den Brandgeruch ein. Er war zufrieden!

Jetzt war Marc Aurel tot. Jetzt stand Commodus allein vor seiner großen Armee. Jetzt lag die titanische Aufgabe vor ihm, die Quaden und Markomannen endgültig zu besiegen und zu befrieden, einen Schlußstrich unter die Germanenkriege zu ziehen. Aber sofort verfiel der Jüngling allen möglichen schlechten Einflüssen.

Bald gab er sich mit Schauspielern und verkommenen jungen Menschen ab. Sie redeten ihm ein, der Krieg in diesen wilden Gebieten sei viel zu gefährlich, und schilderten die Schrecken jenseits der Donau. Schließlich schloß Commodus mit den Germanen einen sehr milden Frieden. Er verzichtete auf die neuen Provinzen, die Marc Aurel unter soviel Anstrengungen geschaffen hatte. Er gab den Krieg auf. Das war eine ganz andere Politik, als sein Vater geplant hatte. Das war ein Rückzug gegen den Rat der alten Freunde des verstorbenen Kaisers. Commodus kehrte trotzdem im Triumphzug nach Rom zurück. Saoterus, der Gefährte seiner Orgien, saß hinter dem jungen Kaiser im Wagen. Immer wieder wandte Commodus sich um und küßte seinen Freund in aller Öffentlichkeit.

Dann tat dieser mißratene Sprößling eines der bedeutendsten Kaiser alles, um die Schätze des Weltreiches zu vergeuden. Nachts torkelte er durch Tavernen und Bordelle. Tags sandte er Verbrecher und deren Komplizen in alle Welt, in Roms Provinzen, um dort zu regieren. Der Senat haßte ihn, beugte aber den Rücken wie immer, liebedienerte. Und je deutlicher der Kaiser spürte, daß man ihn verachtete, um so blutdurstiger wurde er.

Bald fand man sich zum Mordanschlag auf Commodus zusammen: Lucilla, seine Schwester, Quadratus und der Präfekt der Leibgarde, Paternus. Ein gewisser Claudius Pompejanus sollte den Mord ausführen. Es war ein Abend des Jahres 183 n. Chr. Commodus wollte gerade durch ein dunkles, schmales Tor des Amphitheaters nach Hause gehen, da sprang Pompejanus mit gezogenem Schwert auf ihn zu und rief: »Diese Waffe sendet dir der Senat!« Der Dummkopf hatte den Anschlag vereitelt. Man griff ihn. Er wurde, wie auch Quadratus und viele andere, hingerichtet. Lucilla, die Schwester des Kaisers, wurde nach Capri verbannt und dort umgebracht.

In Rom gingen wilde Gerüchte um. Die Garde glaubte bald, des Kaisers Freund Saoterus sei schuld daran, daß es um die Volkstümlichkeit ihres Herrn so übel stand. Saoterus wurde ermordet. Der Gardepräfekt Paternus hatte damit versucht, einen Wandel zu schaffen. Auch ihn traf die Rache des Kaisers: Er und mit ihm eine Reihe anderer angeblicher Saboteure wurden hingerichtet.

Commodus hatte jetzt Angst. Er erschien nicht mehr in der Öffentlichkeit. Er empfing keine Briefe mehr und keine Boten, alles mußte erst von Perennis untersucht werden. Niemand durfte die kaiserlichen Gemächer passieren, es sei denn, jener Perennis billigte es. So entwickelte sich eine fast orientalische Hofetikette mit dem Schmeichler Perennis an der Spitze der Staatsgeschäfte und mit dem Kaiser, der nur seinen Vergnügungen lebte. Alle Last des Staates ruhte auf den Schultern dieses eigentümlichen Perennis. Commodus aber jagte von Bankett zu Bankett, schrie betrunken im Palast herum, nahm unentwegt heiße Bäder und feierte mit 300 Konkubinen, den schönsten Dirnen Roms. Außerdem hatte er sich 300 Jünglinge gekauft, Knaben, die er nach Anmut auszuwählen pflegte. Rom duldete und litt wie zu Zeiten des Caligula, des Nero, des Vitellius, des Domitian, duldete und litt den Wahnwitz auf dem Thron. Persönlich schlachtete der Kaiser »als Opferknecht« auf dem Altar. Er kämpfte in der Arena. Er mordete jeden, der ihm nicht gefiel, plünderte die Menschen aus, verletzte jedes Gesetz. Er tötete seine Frau, die Crispina. Seine Konkubinen wurden zu den tollsten Szenen angehalten. Er beseitigte Senatoren und wohlhabende Frauen, schließlich auch seinen Sohn. Dann wurde sogar der Günstling Perennis zum Staatsfeind erklärt. Die Soldaten zerrissen ihn in Stücke.

Der neue Mann des Kaisers hieß Cleander, wie Saoterus ein ehemaliger Sklave aus Kleinasien. Dieser Cleander mußte für den Kaiser noch mehr und noch schlimmere Verbrechen begehen als sein Vorgänger. Die Gardepräfekten wurden ständig gewechselt, hohe Ämter für die Provinzen nur noch verkauft. Eigentlich gab es nichts, was der gute Cleander nicht zu Geld machte. Niemand am Hof konnte mehr durch die Netze der Intrigen schauen, in die bald auch Cleander geriet. Zudem brauchte der Kaiser ständig neue Sündenböcke. Hungersnot brach aus. Es gab kein Brot.

Ein Aufstand tobte in Rom. Da sehen wir, wie Cleander vom Mob ergriffen und gesteinigt wird. Niemand am Hof war seines Lebens sicher. Cleander hatte von einigen Konkubinen des Commodus Kinder. Selbstverständlich wurden auch sie hingerichtet. Julianus und Regillus wurden nun zum Nachfolger des Cleander ernannt, um bald über die Klingen zu springen. Endlose Ketten von Todesurteilen! Namen über Namen werden uns berichtet. Es sind Konsuln, Staatsbeamte, Höflinge, die mit ihren Verwandten im Blut ertrinken.

Der Wahnsinn, die Ironie kennen keine Grenzen. Der Senat macht sich lustig über den Kaiser. Er gibt ihm den Beinamen Pius. Dann erhält Commodus noch den Beinamen Felix [der Glückliche]. Der Fromme, der Glückliche täuscht jetzt einen Mordanschlag auf sein eigenes Leben vor, um neue Vorwände zu finden, seine Opfer zu ermorden. Römischer Herkules wird diese Gestalt des Jammers und des Schreckens genannt; seine Statuen zeigen ihn mit Löwenfell und Keule nach dem Vorbild des Herkules. »Britannicus« ruft man ihm zu. Im Amphitheater zu Lanuvium hat Herkules wilde Tiere getötet. Colonia Commodiana soll Rom heißen, das ist der größenwahnsinnige Wunsch Seiner Majestät. Marcia, seine Freundin, die später Christin wurde, flüstert ihm solche Ideen ins Ohr. Und gleich ist der Senat mit diesen Vorschlägen einverstanden. Nur so kann

man den Kaiser noch verhöhnen. Ja, der Senat erhebt die Majestät zum Gott.

Erstaunliche Dinge tragen sich am Hof des Commodus zu.
Den Gardepräfekten Motelenus tötet der Kaiser mit vergifteten
Feigen. Und immer wieder spielt Seine Majestät »Herkules«. In
Frauenkleider gehüllt, tötet er Löwen und gefesselte Menschen
mit der Keule. Lahme läßt er als Schlangen verkleiden, um sie
dann durch Pfeilschüsse umzubringen. Öffentlich tritt er als
Gladiator auf und läßt urkundlich verewigen, wieviel Gegner
von ihm getötet wurden. Es ist unvorstellbar, daß ein Weltreich,
eine Stadt wie das damalige Rom sich alle Lüste und Wahnsinns-
ausbrüche gefallen lassen. Der Kaiser bedenkt alle möglichen
Leute mit zotigen Namen, ruft laut nach ihnen, küßt sie. Den
Gardepräfekten Julianus wirft er bei einer Inspektion in ein
Schwimmbecken. Dann läßt er ihn nackt vor der Gesellschaft
tanzen.

Und immer ißt der Kaiser, wenn er im Bad sitzt. Im Blut-
rausch, noch vom Blut bedeckt, betritt er die heiligen Tempel. Er
läßt sich jetzt Amazonius nennen, weil man seine Freundin
Marcia als Amazone malte. Alle Monate des Jahres sollen nach
ihm und seinem schönen Beinamen umgetauft werden. Manchmal fühlt er sich unglaublich stark. Dann ist er wieder schwach
und krank. An seinen Rippen treten Geschwülste hervor. Selbst

*Der Sarkophag eines römischen Feldherrn
wurde in der Villa Ludovisi in Rom gefunden
und wird daher als Ludovisischer Sarkophag
bezeichnet. In der Mitte oben ist der Feldherr
mit weit ausholendem Arm zu sehen. Die
besiegten Gegner der Römer scheinen einem
asiatischen Reitervolk anzugehören, kennt-
lich an den Hauben, die an Zipfelmützen
erinnern.*

die schönsten seidenen Gewänder können diese Krankheit nicht verdecken. Die Bevölkerung Roms macht sich Gedanken. Aber dann sitzt der Kaiser wieder – als Frau verkleidet – im Amphitheater und läßt sich vom Volk bestaunen. Unglaublich faul ist Commodus, kaum mehr fähig, sich ernsthaft zu konzentrieren. Staatsgeschäfte erledigt er überhaupt nicht mehr. Auf Bittschriften und Gesuche reagiert er mit Antworten, die nicht zum Text der Eingaben passen. Viele Briefe des Kaisers bestehen einfach aus den Worten: »Leb wohl!« Für Geld kann man jetzt seine Todesstrafe auf einen anderen übertragen lassen. Was anrüchig, grausam oder niedrig ist, läßt die Majestät in die Zeitung setzen, in die berühmten ›Acta urbis‹ oder die ›Acta diurna‹ eine Art ›Staatsanzeiger‹.

Rom war für Commodus das Spielzeug seiner Einfälle. Eines Tages befahl er, die Stadt zu verbrennen. Dem Gardepräfekten Laetas gebührt der Ruhm, den Kaiser in letzter Minute daran gehindert zu haben. Dieser Mann erkannte, daß man der Gefahr und der Not ein Ende machen müsse. Mit der Geliebten des Kaisers, Marcia, plante er sorgfältig den Mord. Erst gaben sie ihm Gift, und als dieses nicht schnell genug wirkte, holten sie den Athleten, mit dem der Kaiser zu ringen pflegte. Dieser erwürgte die Majestät.

Das Volk schrie nach dem Haken. Mit dem Haken sollte die Leiche in den Tiber geschleift werden. Aber erstaunlicherweise wurde die Asche des Commodus doch im Mausoleum des Hadrian beigesetzt.

Überall sah man die Statuen dieses gefährlichen Narren, die Abbilder des Scheusals, des Gladiators, des »Helden«. Und man riß und zerrte alles nieder, was an Commodus erinnerte. Commodus selbst hatte kaum etwas Positives hinterlassen. Er hatte auch nichts gebaut. Aber er hatte seinen Namen auf die Bauten anderer gesetzt! Jetzt wurde der Name überall ausradiert.

Es blieb nur die schreckliche Erinnerung an ein Gespenst, ein stures Gesicht, einen Trinker, an das flatternde blonde Haar, das die Majestät zu färben pflegte und das die Friseure mit Goldstaub bestreuten.

»Es geschah 193 n. Chr. Wer den Soldaten am meisten Geld schenkte, sollte Kaiser werden. Für rund 6000 Denare [2500 DM] pro Mann erhielt Julianus den heißersehnten Kaiserthron.«   *Cassius Dio, Römische Geschichte, Buch 73, Kap. 11.*

»Als wir davon Nachricht erhielten, gerieten wir in Furcht vor Julianus und den Soldaten. Das galt besonders für die, die mit Pertinax in näherer Beziehung gestanden hatten. Dazu gehörte auch ich, da ich von Pertinax ausgezeichnet und zum Prätor ernannt worden war, den Julian aber oft vor Gericht der Verfechtung eines Unrechts überführt hatte.«
          Cassius Dio, Römische Geschichte, Buch 73, Kap. 12.

»Pertinax war ein Ehrenmann. Er regierte nur kurze Zeit und wurde dann von den Soldaten umgebracht.« So beginnt das 73. Buch des Cassius Dio, der zu jener Zeit Senator war. Sehr lebendig wird uns die damalige Zeit. Denn jener Cassius Dio ist immer dabei, sieht mit wachen Augen das bewegte Auf und Ab, erlebt die Kaiser, die kommen und wieder in den Staub fallen, lacht mit den Senatoren und zittert mit ihnen im gefährlichen Leben Roms, wo täglich verurteilt und geköpft wird.

»Die Soldaten haben mich zum Kaiser ernannt«, sagt Pertinax, »ich reiße mich aber nicht um diese Ehre. Ich will sofort wieder abtreten. Alter, Kränklichkeit und meine eigenen Angelegenheiten lassen mir den Thron nicht wünschenswert erscheinen.« Er begibt sich in den Senat und bittet dort den vornehmsten Patrizier, Glabrio, sich an seiner Stelle auf den kaiserlichen Thron zu setzen. Glabrio lehnt höflich dankend ab. Auch die übrigen Senatoren halten sich zurück.

»Wir«, so erzählt Cassius Dio, »spendeten also dem hohen Herrn aufrichtigsten Beifall und bestätigten ihn als Kaiser. Er war ein Mann von bestem Charakter und bei voller Gesundheit. Nur litt er an den Füßen.«

Es war der 31. Dezember des Jahres 192 n. Chr. Pertinax war 66 Jahre alt. Die Soldaten konnte der alte zahme Herr kaum begeistern. Wie es scheint, war er besten Willens, aber wenig

Publius Helvius Pertinax hatte sich als General unter Marc Aurel in Rätien und unter Commodus in Britannien ausgezeichnet. Nach der Ermordung des Commodus regierte er 2 Monate und 25 Tage.

geeignet, sich als Imperator zu benehmen oder gar lange auf dem Thron zu halten. Obgleich er nichts Böses tat, war er nicht beliebt. Man sprach nicht immer gut von ihm. Man verachtete seine leise, schleicherische Art, seine milden Reden. Nach Geschenken griff er so gierig und hastig, daß ganz Rom darüber lachte. Und daß seine Frau ihn ständig mit einem Musiker betrog, schien er nicht zu bemerken.

Pertinax hatte aber auch seine guten Seiten. Man konnte leicht an ihn herankommen. Er entschied in vernünftiger Weise, was man ihm vortrug. »Er lud uns«, so erzählt Cassius Dio, »zu frugalen Mahlzeiten ein.«

Kaiser Commodus hatte ein schmutziges Meer von Lastern, Unrecht und Wahnsinn hinterlassen. Pertinax versuchte nach besten Kräften, wieder Ordnung zu schaffen, die Ausschreitungen der Prätorianer gegen die Zivilbevölkerung abzustellen, vernünftige Gesetze zu geben, die hohen Steuern herabzusetzen und den Staatsetat ins Gleichgewicht zu bringen. Er betrachtete Marc Aurel als sein Vorbild.

Er veranstaltete einen großen Verkauf all der kostbaren Dinge, die Kaiser Commodus gesammelt und geraubt hatte. Da wurden herrliche Seidenstoffe mit Goldstickerei zu Geld gemacht, kostbare Gewänder und Mäntel dalmatinischer und griechischer Mode. Da sah man die Toga eines Gladiators und seinen Schmuck von Gold und Juwelen. Gold-, Elfenbein- und Silbergefäße kamen zum Verkauf.

Auch samnitische Behälter wurden versteigert, in denen Commodus Gesichtswasser für Männer aufbewahrt hatte. Die berühmtesten Meisterwerke jener Zeit, Wagen »neuesten Modells« mit geschnitzten Rädern, fanden ihre Liebhaber. Diese Wagen hatten verstellbare Sitze, die man drehen konnte, so daß man nie in der Sonne saß. Andere Wagen waren mit Entfernungsmesser und Uhren ausgestattet, und wieder andere waren mit ausgeklügeltem Verstand den höchstpersönlichen Lastern der leicht verkommenen Majestät angepaßt.

Dann kamen die Sklaven an die Reihe: Die Jünglinge und Freudenmädchen wurden verkauft. Aber viele schleppte man bald wieder in den Palast. Sie sollten den alten Mann amüsieren. Das Geld, das durch all diese Verkäufe zusammenkam, verschenkte der Kaiser in einer ungewöhnlichen Anwandlung von Großzügigkeit an seine Soldaten.

Pertinax hatte alle Hände voll zu tun, das von Commodus gestohlene Gut den rechtmäßigen Eigentümern zurückzugeben. Die Sklaven, die sein Vorgänger sich angeeignet hatte, wurden ihren bürgerlichen Herren wieder zugeführt. Er selber beschränkte seinen eigenen Hofstaat. Seinen Sohn ließ er außerhalb des Palastes in seinem früheren Hause wohnen und eine bürgerliche Schule besuchen. Bankette im Palast durften nur noch bescheidene Mahlzeiten sein und nicht mehr Unsummen verschlingen. Diese neue Ordnung, diese kärglichen Mahlzeiten, dieser laue Wind der Sparsamkeit erregten natürlich das Mißfallen vieler Offiziere, Beamten und Höflinge. Die Soldaten durften nicht mehr rauben und plündern, die Freigelassenen des Kaisers nicht mehr tun und lassen, was sie wollten, und die Leibwachen durften bei kärglichem Lohn im Dienst nicht mehr schlafen. Laetas, Haupt der Prätorianer, bedauerte bald, daß er Pertinax zum Kaiser gemacht hatte, denn die Majestät nannte ihn jetzt oft einen dummen Schwätzer und Ausplauderer von Geheimnissen. So dauerte es nicht lange, da marschierten 300 Soldaten zum Palast.

Die Palastwachen gaben sich keine Mühe, die Truppen aufzuhalten. Sie haßten ihren sparsamen Herrn. Gerade inspizierte die Majestät die Hofsklaven, da standen plötzlich die mordlustigen Dreihundert vor ihm. Wahrscheinlich hätte Pertinax die Eindringlinge noch von der Nachtwache und von Rittern, die im Palast waren, niedermachen lassen können. Cassius Dio meint, er hätte auch noch die Zwischentüren verschließen, sich verbergen und entkommen können. Was aber tat dieser milde und merkwürdige Kaiser? Er hielt eine lange Rede. Doch die Wirkung blieb aus. Ein Speer durchbohrte die kaiserliche Brust. Ein Gebet zu Jupiter – dann bedeckte Pertinax sein Haupt mit der Toga, und viele Dolchstiche trafen den würdigen alten Mann mit dem langen Bart, der so ungenial war, literarische Gespräche liebte und sich niemals im Leben einen gebratenen Fasan geleistet hatte.

Nur 2 Monate und 25 Tage stand Pertinax an der Spitze des Weltreichs, dem solche harmlosen Geister nicht mehr gewachsen waren. Der Senat äußerte sein tiefstes Bedauern über den Tod des Kaisers. Aber was machten sich schon die Prätorianer daraus, was der Senat darüber dachte?

Jetzt erlebte Rom wohl das schändlichste und lächerlichste Schauspiel seiner Geschichte. Wie auf dem Markt, wie in einer Auktionshalle wurden die Hauptstadt und das ganze Weltreich meistbietend versteigert. Verkäufer waren die Mörder des Kaisers. Als Liebhaber für das Objekt hatten sich Sulpicianus und Julianus eingefunden. Die Offiziere ließen deutlich erkennen, daß sie den zum Kaiser machen würden, der den Soldaten am meisten Geld schenkte. Nun ging ein tolles Bieten los. Die Unterhändler schrien: »Sulpicianus gibt soundso viel, was schlägst du drauf?« Julian versprach gleich mehr. »Was sagst du nun?« fragten die Unterhändler Sulpicianus. Da Julianus unbekümmert immer höhere Summen nannte und sie durch Zeichensprache mit den Fingern der Soldateska bekanntgab, ging der Kaiserthron für 6000 Denare pro Mann an Julianus. Jeder Soldat erhielt darauf die stattliche Summe von rund 2500 DM oder wenigstens ein Versprechen auf baldige Auszahlung, und mit der Garde im Rücken wurde Julianus vom Senat zum Kaiser ausgerufen. Seine Frau, Manlia Scantilla, und seine Tochter, Didia Clara, erhielten den Titel »Augusta«, was wir auch auf den Münzen erkennen. Julianus rief sie in den Palast. Nervös trafen sie hier ein. Sie ahnten schon den nahen Sturz von der Höhe.

Das Volk wollte von diesem Kaiser, der seinen Thron gekauft hatte, nichts wissen, beschimpfte ihn und bedachte ihn mit einem Regen von Steinen, so daß die Gardesoldaten ihre Schilde um ihn halten mußten, als sie ihn zum Palast führten. Roms Männer und Frauen stießen Flüche aus, und als der Kaiser opferte, baten sie die Götter, dieses Opfer nicht zu erhören. Wieder warfen sie mit Steinen. Julianus hob nur die Rechte, um die Menschen zu beruhigen, aber es half wenig. Die Massen stürzten in den Zirkus. Jeder setzte sich, wohin er wollte. Wieder schrie und tobte man

Marcus Didius Julianus war ein reicher Senator. Den Thron des Imperiums erlangte er durch eine Auktion. Er regierte nur 2 Monate und wurde 193 n. Chr. ermordet.

und verwünschte Julianus. Die ganze Nacht blieb das Volk im Zirkus. Man wurde heiser, man wurde hungrig, man wurde müde, und so ging man schließlich unverrichteter Dinge nach Hause.

Der Statthalter von Syrien, Pescennius Niger, und der Statthalter von Illyrien, Septimius Severus, empörten sich gegen den Kaiser. Schon marschierte Severus mit seiner Armee nach Rom. Julianus wollte ihm die Prätorianer entgegenwerfen, deren Begeisterung aber bereits abgekühlt war, da Julianus ihre weiteren Geldforderungen nicht mehr erfüllen konnte. Das Volk lachte ihn aus! In Ravenna bemächtigte sich Severus der Flotte. Jetzt wollte Julianus ihm die jungfräulichen Vestalinnen und die Priester entgegensenden. Was er mit Macht nicht erzwingen konnte, wollte er durch Bitten erreichen. Doch die Senatoren lehnten ab. Wer seinen Gegner nicht mit Waffengewalt niederringen könne, der habe auch kein Recht zu herrschen, so meinten sie. Immerhin überredete Julianus den Senat, Severus zum »Staatsfeind« zu erklären. Aber Severus marschierte unaufhaltsam weiter. Zahlreiche getarnte Soldaten und Agenten hatte er schon in die Stadt Rom vorausgeschickt. In seiner Angst wollte Julianus mit Severus Frieden machen, ja, er wollte mit ihm den Thron teilen – und ihn wahrscheinlich dabei ermorden! Severus erklärte, er wolle lieber der Feind als der Kollege dieses Schwächlings sein. So blieb dem verzweifelten Julianus nichts anderes übrig, als Wälle und Gräben zu ziehen, Rom in ein Heerlager zu verwandeln und alles für einen blutigen Empfang seines Gegners vorzubereiten.

Es war ein heilloses Durcheinander. Die Befehle wurden immer wirrer. Überall kampierten Männer, Pferde und Elefanten. Die Bürger zitterten. Die Leibwachen des Kaisers, verweichlicht und verdorben, taten nichts. Die Elefanten, durch die Kampftürme auf ihren Rücken wild geworden, warfen ihre Reiter ab. »Manchmal mußten wir bei alldem lachen«, bemerkt Cassius Dio, »am meisten, als der Kaiser den Palast verbarrikadierte und die Türen verrammelte . . .« Julian ließ an den Palasttüren neue Schlösser anbringen, um sich vor dem Feind zu schützen.

Bald war der arme Kaiser von allen verlassen. Unheimlich hallte seine Stimme im leeren Palast. Der Senat entzog ihm die kaiserliche Macht. In seinem großen Schlafgemach lag er auf seinem Ruhebett. Er war bleich und bebte. Ein gemeiner Soldat riß die Tür auf, stürzte herein und stieß ihm das Schwert in die Brust. »Was habe ich denn verbrochen«, hauchte Julian, »wen habe ich je ums Leben gebracht?«

So starb die Majestät, die nur zwei Monate und fünf Tage regiert hatte.

»Kaiser Septimius Severus war streng, hartnäckig, gefährlich. In
den letzten Jahren seines Lebens ließ er sich nur noch in der
Sänfte tragen. Als man ihn deshalb stürzen wollte, sagte er ganz
ruhig:›Man regiert mit dem Kopf und nicht mit den Beinen.‹ «
Aelius Spartianus, Severus, 18, 11.

Nun wurde ein Mann Kaiser von Rom, dessen Wiege in Afrika
stand, in Leptis Magna, einer Stadt in Tripolitanien, die um 1000
v. Chr. von den Phöniziern gegründet worden war. Roms neuer
Kaiser Septimius Severus entstammte also wahrscheinlich dem
alten semitischen Seefahrervolk der Phönizier oder Punier. Seine
Familie, die sich über mehrere Generationen zurückverfolgen
läßt, hatte noch punisches Blut, auch wenn sie seit langem das
römische Bürgerrecht besaß. Septimius Severus selber sprach
fließend Punisch; Latein sprach er mit deutlich hörbarem puni-
schen Akzent.

Ein steiler Aufstieg kennzeichnet seinen Lebensweg: Gehilfe
des Prokonsuls in Afrika, Volkstribun, Prätor in Spanien, Stu-
dent in Athen, wo er auch »gewissen heiligen Riten« nachging,
Gouverneur von Gallien in Lugdunum. Seine erste Frau, Marcia,
war gestorben. Severus trieb emsig astrologische Studien. Jetzt
ließ er sich die Horoskope heiratsfähiger Mädchen zeigen. Man
brachte ihm die Daten einer Syrierin, deren Horoskop anzeigte,
daß sie einen Herrscher heiraten werde. Der Vater des schönen
Mädchens, Julius Bassianus, war Priester des Sonnengottes Baal
in Emesa, Syrien. Die Tochter hieß Julia Domna. Severus war
sehr froh über dieses Geschenk der Astrologie. Aber die Sterne
sagten ihm nie, daß Julia ihn betrog.

Septimius Severus hatte als Statthalter das Oberkommando
über die römischen Truppen in Pannonien, im Gebiet zwischen
Donau und Drau. Die Legionen riefen ihren Generalissimus
schon am 13. August des Jahres 193 in Carnuntum – 42 Kilometer ostwärts von Wien, zwischen Petronell und Deutsch-Altenburg an der Donau – zum Kaiser aus. Überall auf dem Wege nach
Rom jubelte man ihm zu. Man sah in ihm den Rächer des guten
Pertinax. Aber als die Römer merkten, daß dieser neue Kaiser mit

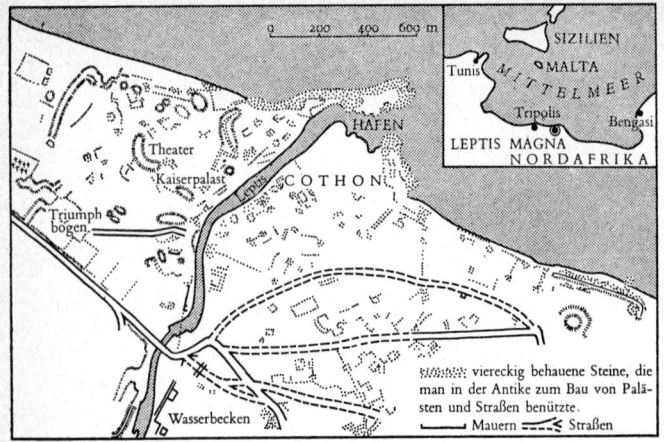

Leptis Magna war eine alte phönizische Gründung. Die Römer bauten hier eine herrliche Marmorstadt, die heute in Ruinen liegt. Hier wurde Septimius Severus geboren.

Militär in Rom einziehen wollte, kam es zu einer Panik in der Stadt. Severus riskierte nichts. Von seinen Truppen umringt, marschierte er – selber in Zivil – zum Kapitol. Mit seinen Leibwachen betrat er den Palast.

Draußen murrten die Truppen. 10000 Sesterzen für jeden Soldaten, das war ihr Wunsch. Severus konnte sich jetzt nicht weigern, obschon ihm das alles wenig gefiel. Aber kaum daß er sich auf dem Thron sicher fühlte, begann er, nach seiner Art zu regieren. Zuerst löste er die Prätorianergarde auf und ersetzte sie durch eine neue, stärkere Gardetruppe aus seinen eigenen Legionssoldaten. Dann sorgte er dafür, daß die gefährlich leeren Kornkammern wieder aufgefüllt wurden. Er sandte Truppen nach Afrika, er sandte eine Legion aus, um Griechenland und Thrakien zu besetzen, denn er wollte dem Statthalter von Syrien, Pescennius Niger, zuvorkommen, der ihm den Thron streitig machte. Dieser Niger hatte schon Byzanz in der Hand. Als er merkte, daß der neue Kaiser Löwenklauen zeigen konnte, bot er ihm gemeinsame Herrschaft an. Severus lehnte ab. In der Nähe von Issus in Kilikien kam es zur Schlacht. Niger verfügte über das größere Heer, gewaltige Kriegsmittel, Waffen und Maschinen. Aber er war nicht sehr besonnen. Er ließ sich »Zweiter Alexander« nennen. Hier bei Issus – rund 500 Jahre vorher

– hatte Alexander den Darius geschlagen. Wenn man Niger fragte, wer ihm das Recht gebe, diesen Namen zu führen, so zeigte er auf sein Schwert und antwortete: »Das da!« Die Schlacht endete damit, daß Niger 20000 Mann verlor. Er floh zu den Parthern, kam aber nur bis Antiochia. Severus ließ ihn verfolgen. Man faßte ihn und hieb ihm das Haupt ab. Darauf befahl der Kaiser, den Kopf seines Gegners auf eine Stange zu stecken und den Pfahl vor der Stadt Byzanz aufzupflanzen. Durch diesen Anblick wollte er die Byzantiner zur Übergabe bewegen. Severus strafte die Bürger von Antiochia und die Einwohner von Neapel, weil sie auf Nigers Seite standen. Alle Senatoren, die seinem Feind wohlgesinnt waren, ließ er umbringen.

Dann belagerte Severus Byzanz. Wir erfahren von Cassius Dio hochinteressante Einzelheiten über die Stadt in der damaligen Zeit und die Belagerung. Wir hören von den Festungswerken, von den dicken Mauern, von den Türmen und den Außenwerken der Feste am Bosporus. Die Häfen innerhalb der Mauer waren durch Ketten geschlossen, die ins Meer führenden Dämme durch hohe Türme geschützt. Wir erfahren, daß die Byzantiner damals große Maschinen besaßen, mit denen sie Felsbrocken und Balken auf die Feinde schleuderten. Wir lesen von Haken, die wie der Blitz herabfuhren und ganze Schiffe hochzogen. Cassius erzählt auch von dem Erfinder dieser Maschinen, seinem Landsmann Priscus, der zum Tode verurteilt war und den Kaiser Severus dann begnadigte, weil er ihn als Fachmann brauchte.

Die Belagerten in der Festung Byzanz vollbrachten wahre Wunder an Tapferkeit und Ausdauer im Erdulden von Hunger und Not. Taucher glitten bei Nacht ins Wasser, kappten die Anker der feindlichen Schiffe und zogen sie zu den Festungswerken, von denen ein Hagel von Steinen und Balken herabging. Vollkommen eingeschlossen, verwendeten sie schließlich die Steine ihrer Theater als Wurfgeschosse, Standbilder von Erz, ja sogar Pferde. Die Frauen schnitten sich die Haare ab: Man machte daraus Seile. Man weichte Leder ein und versuchte es zu verschlingen, um dem Hunger zu entgehen. Schließlich fielen die Menschen innerhalb der Stadt in Kannibalismus übereinander her. Ein Ausbruch von Schiffen aus dem Hafen im Sturm endete in Trümmern und Blut. Schließlich gab die Stadt den Widerstand auf.

Die Römer töteten alle Soldaten und Beamten, aber nicht die Bürger. Severus schenkte die eroberte Feste den Bewohnern der

Nachbarstadt Perinth, die sie »als Dorf behandelten und in jeder Weise quälten«. Cassius Dio sagt von Byzanz: »Ich sah die Stadt in Trümmern. Aber ich habe sie auch noch heil gesehen. Und ich hörte sie sogar sprechen. Nach dem Meer zu ragten sieben Türme. Schrie man den ersten an, so gab er ein Echo, übertrug es auf den zweiten und so auf die anderen. Alle leiteten die Stimme weiter. So hellhörig waren die Mauern von Byzanz.«

Noch während der Belagerung von Byzanz sehen wir den Kaiser gegen die Osroener, Adiabener und Araber operieren. Er bringt die Parther wieder zur Vernunft. Rom bietet dem Kaiser den triumphalen Einzug in die Hauptstadt des Weltreiches an. Der Senat gibt ihm die Titel Arabicus, Adiabenicus, Parthicus. Den Triumphzug lehnt die Majestät ab, auch den Titel Parthicus, weil er die Parther nicht kränken will.

In Gallien rebelliert Albinus. Der Kaiser läßt ihn zum »öffentlichen Feind« erklären und zieht sofort gegen ihn. Bei Tinurtium

Der Triumphbogen des Septimius Severus auf dem Forum Romanum wurde dem Kaiser und seinen Söhnen Geta und Caracalla [Bassianus] von Senat und Volk 203 errichtet. Die Inschrift bezieht sich auf die Feier der 10jährigen Regierung 205 n. Chr. Auf den Säulensockeln: gefangene Parther.

– wahrscheinlich war es die heutige Stadt Tournlis an der Saône, 30 Kilometer nördlich von Mâcon – trifft er auf Albinus. Severus gerät in große Gefahr. Eine Bleikugel verletzt ihn. Er stürzt vom Pferde.

Der Senat in Rom glaubt, der Kaiser sei schon tot. Er sieht sich nach einem Nachfolger um. Aber dieser Kaiser ist zäh. Er lebt. Er haßt die stadtrömischen Senatoren, die ihn, den Afrikaner, nicht anerkennen wollen. Er verschafft daher als erster Kaiser den Provinzialrömern die Majorität im Senat. Aber er selber will zur Familie Marc Aurels gehören und läßt daher die Geißel Roms, den mörderischen Kaiser Commodus, zum Gott erklären. Als man den halbtoten Albinus vor den Kaiser schleppt, läßt er ihn enthaupten. Den Kopf schickt er nach Rom, den Leib befiehlt er vor das Haus des Albinus zu legen. Niemand darf ihn bestatten. Zahllose Menschen, die auf Albinus' Seite waren, läßt der Kaiser in Gallien hinrichten, darunter viele vornehme Frauen aus Frankreich und Spanien. Lugdunum, die Residenz des Albinus, seit der Zeit des Augustus die Hauptstadt Galliens, verliert seine Bedeutung, und damit beginnt der Aufstieg von Trier.

Ein wütender Tyrann, haßerfüllt und gefährlich, trifft Severus in Rom ein. 41 vornehme Männer und Senatoren läßt er gleich umbringen. Der Mann, der Kaiser Commodus erwürgte, Narcissus, wird den Löwen zum Fraß vorgeworfen.

Der Weg des Kaisers ist von Blut gezeichnet. Wer jetzt den Mund aufmacht, sich irgendwie einen Scherz erlaubt, wer zweideutige Dinge sagt, den trifft sofort das Schwert des Kaisers. »Seht den Imperator, würdig seines Namens! Er ist wahrlich hartnäckig [pertinax], wahrlich streng [severus].« Auch der Mann, der diesen doppeldeutigen Satz ausrief, mußte sterben.

Der Historiker Aelius Spartianus meint, Severus habe viele Kriege mehr aus Ruhmsucht als aus unbedingter Notwendigkeit heraus geführt. Jetzt beginnt der Kaiser einen Offensivkrieg gegen die Parther. Er erobert ihre Hauptstadt Ktesiphon, überläßt die Stadt den Soldaten zur Plünderung, richtet ein großes Blutbad an und schleppt Tausende von Gefangenen mit sich fort. Er durchzieht Mesopotamien und macht dieses Land aufs neue zur römischen Provinz. Die Stadt Atra leistet erbitterten Widerstand. Diese Festung hat bereits recht gute Kanonen, Schleudermaschinen, die ziemlich weit reichen. Eine solche Maschine soll je zwei Geschosse auf einen Schuß geschleudert haben. Dann benutzen die Atrener Erdöl, gießen es von den Mauern auf Roms Soldaten herab und setzten die Flüssigkeit in Flammen. »So half

Gott seiner Stadt«, meint Cassius Dio. Severus gab die Belagerung auf.

Dann sehen wir den Kaiser in Oberägypten. Er ist wißbegierig, er will alle Geheimnisse erfahren, die Geheimnisse dieser Welt und die Geheimnisse des Jenseits. Er reist, er bestaunt die Bauten Altägyptens. Geheime Schriften, die er findet, verschließt er im Grabmal Alexanders des Großen. Kein Lebender soll jemals hinter diese Geheimnisse kommen. Niemand soll je Alexanders Leiche sehen. Damals muß das Grab noch unversehrt gewesen sein.

Anschließend reist der Kaiser weiter in die afrikanischen Provinzen. Seine Heimatstadt Leptis wird ausgebaut, die alte punische Hauptstadt, Karthago, wieder zur Weltstadt gemacht. Septimius Severus betrachtet sich so sehr als Nachkomme der Karthager, daß er für Hannibal und dessen Todesstätte bei Libyssa in Bithynien, Kleinasien, ein großes Denkmal erbauen läßt. Das Bild der alten Stadtgöttin von Karthago, der Tanit-Caelestis, prägt fortan die römischen Münzen.

Fast überall in Nordafrika wird man an die severische Zeit erinnert. Der römische Punier spricht uns geisterhaft an – aus zahllosen Ruinen, aus zerfallenen Tempeln, Triumphbögen, Statuen, Inschriften, aus Hafenanlagen, Märkten und ganzen Städten. In Ciucul, Numidien, ist ein großer Tempel der Septimier-Familie relativ gut erhalten. Der Grenzwall in der Wüstenzone wurde vorgeschoben, der Karawanenverkehr nach Zentralafrika gesichert. Nie hat Nordafrika in seiner Geschichte bis heute eine solche Blütezeit erlebt wie unter Septimius Severus und seinen Nachfolgern.

Kaiser Septimius Severus ist gefährlich. Aber noch gefährlicher ist der Befehlshaber der Leibgarde, Plautianus. Nach allem hascht er, alles will er haben. Keine Stadt, keine Provinz läßt er ungeplündert. Aus allen Enden des riesigen römischen Weltreichs rafft er Beute zusammen. Ja, er raubt sogar die dem Sonnengott geheiligten »Tigerpferde« von den Inseln des Roten Meeres.

Dieser Plautianus ist viel blutrünstiger als der Kaiser. 100 Römer adliger Herkunft läßt er in seinem eigenen Hause entmannen: Seine Tochter Plautilla soll als Diener und Lehrer nur Eunuchen haben. Aber nicht nur blutrünstiger ist Plautianus, er ist zugleich auch mächtiger als der Kaiser. Standbilder von Plautianus werden überall aufgestellt, nicht nur in Rom, auch im Weltreich.

Plautianus' Tochter Plautilla vermählt Kaiser Severus mit seinem eigenen Sohn Marcus Aurelius Antoninus Bassianus (später genannt Caracalla). Dieser Bassianus liegt ständig im Streit mit seinem Bruder Geta. Beide Söhne des Kaisers haben einen schlechten Charakter, schlechten Umgang und nicht weniger schlechte Manieren. »Ich liebe diesen Plautianus so sehr«, sagt der Kaiser, »daß ich wünsche, er möchte mich überleben.«

Die Kaiserin Julia muß sich alle möglichen Übergriffe des Plautianus gefallen lassen. Er schwärzt sie bei Severus an. Er befiehlt Untersuchungen und läßt vornehme Frauen »in Sachen Julia« foltern. Die arme Julia sucht Trost in der Philosophie und im Umgang mit Sophisten.

Derweil treibt Plautianus sein Unwesen mit Freudenmädchen und Lustknaben, er schwelgt, schlägt sich in unsinniger Weise den Magen voll, übergibt sich, führt das Leben des größten Wüstlings von Rom. So viele Frauen wie noch nie kämpfen jetzt im Amphitheater. Plautianus sitzt fest im Sattel. Niemand kann ihn stürzen.

Racius Constans, damals Statthalter von Sardinien, sagte: »Eher stürzt der Himmel ein, als daß dieser Plautianus etwas zu befürchten hat.« Ein Jahr später hatte Plautianus seinen Kopf verwirkt. Aber der Himmel stürzte nicht ein. »Was zitterst du? Was wirst du so blaß? Du hast doch mehr als alle drei zusammen,

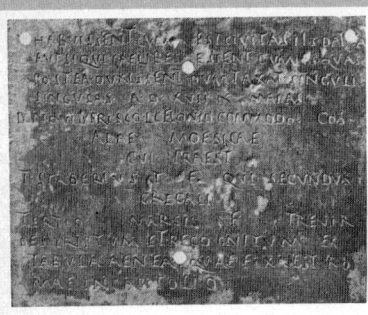

Die römischen Legionäre trugen Metall- oder Lederhelme. Zum Kriegsgerät gehörte auch die Appellfanfare. Man hat sogar sorgfältig ausgefertigte Militärpatente gefunden, wie Bild links zeigt.

mehr als der Kaiser und seine beiden Söhne.« Feuer und Gedröhn übertönen diese in den Wind gerufenen Worte so vieler Unzufriedener. Der Vesuv ist ausgebrochen.

Jetzt wird der Kaiser aufmerksam. Plautianus plant insgeheim, ihn und seinen Sohn Bassianus zu ermorden. Severus erfährt davon, ruft Plautianus in den Palast. So schnell jagt dieser hin, daß die Maultiere vor dem Palatium niederstürzen. Die Türhüter gewähren nur ihm Eintritt, nicht seiner Leibwache. Plautianus stutzt. Aber die Wachen lassen ihn nicht mehr zurück. Jetzt steht er vor dem Kaiser. »Was fällt dir ein? Was fällt dir ein, gegen uns Mord zu planen?« Plautianus darf sich noch verteidigen. Als er leugnet, springt Severus auf und schlägt ihm ins Gesicht. Er will ihn töten, wird aber von seinem Vater, der dabei ist, daran gehindert. Ein Diener versetzt dem ungetreuen Schatten der

Majestät den Todesstoß. Ein paar Barthaare des Getöteten werden der Julia und der Plautilla überbracht. Die beiden Frauen haben sich gerade getroffen. Julia strahlt, Plautilla weint. Cassius Dio schreibt: »So wurde der mächtigste Mann meiner Zeit, der von immer höheren Dingen träumte, vor dem jeder zitterte und bebte, umgebracht und vom Palast auf die Straße geworfen.«

Plautilla und Plautius, die Kinder des Plautianus, wurden auf die Insel Lipara verbannt, lebten dort in Furcht und Not und wurden schließlich von Bassianus getötet. Jetzt, da der allmächtige Plautianus das Zeitliche gesegnet hatte, fühlten sich die Söhne des Severus, Bassianus und Geta, frei wie die Vögel. Sie schändeten Frauen, schlossen Freundschaften mit Gladiatoren und Wagenlenkern, wetteiferten im Begehen von Verbrechen und jagten sogar im Wagenrennen aufeinander zu, um sich gegenseitig umzubringen.

Sehr komisch ist eine Geschichte, die wir aus jener Zeit erfahren. Da wird ein Mann verdächtigt, nach dem Kaiserthron zu streben. Ein Zeuge sagt aus, er habe einen kahlköpfigen Senator gesehen, der an der Tür horchte. Man nennt keinen Namen. Alle Senatoren packt die Angst, nicht nur die Glatzköpfe, auch jene, die nur wenig Haare haben. Cassius Dio, der ja ebenfalls Senator war, meint: »Ich kann hier nicht verschweigen, was mir selbst passierte, so lächerlich es auch ist. Ich war so verwirrt, daß ich unwillkürlich die Haare auf meinem Kopf suchte. So ging es auch vielen anderen.« Nun hieß es weiter in dem Bericht, der Kahlköpfige habe eine purpurverbrämte Toga getragen. »Jetzt richteten sich unsere Blicke auf Baebius Marcellius, der kein Härchen mehr auf dem Kopf hatte.«

Auf dem Weg zum Scharfrichter sagte Marcellius zu seinen Kindern: »Nur das schmerzt mich, daß ich euch lebend zurücklassen muß.«

Der alte Kaiser erkannte, daß seine Söhne in Rom und im Frieden völlig verwahrlosten, daß seine Heere ohne große Aufgaben Zucht und Diziplin verloren. So brach er nach Britannien auf. Er ahnte schon, daß er von diesem Feldzug nicht mehr lebend zurückkehren würde.

Cassius Dio gibt uns eine ziemlich phantasievolle Darstellung der damaligen Briten. »Sie wohnen in Zelten«, so erzählt er, »ohne Bekleidung, ohne Schuhe, und haben ihre Weiber und alle Kinder gemeinschaftlich.« Als die Gemahlin des Kaisers Severus, Julia Domna, die den Kaiser auf den Feldzügen begleitete und deshalb bei den Soldaten »Mutter des Feldlagers« hieß, einmal

Dies ist ein römischer Schuh. Ein Legionär trug ihn um 200 n. Chr. Der Schuh war, wie man sieht, tadellos gearbeitet und so modern, daß er den Fuß nicht heiß werden ließ. Man fand ihn, erstaunlich gut erhalten, in einem alten Brunnenschacht.

die Frau des Kaledoniers Argentocorus damit aufzog, daß sie ungebundenen Umgang mit Männern habe, antwortete die Kaledonierin: »Wir folgen der Natur viel besser als ihr Römerinnen. Wir haben offenen Umgang mit den Besten. Ihr aber lebt heimlich mit den Schlechtesten und treibt mit ihnen Ehebruch.« So sprach damals eine Britin. Und die »Besten«, die sie erwähnte, waren wirklich abgehärtet und verwegen. »Hunger, Kälte, Beschwerden jeder Art ertragen sie leicht«, meint Cassius Dio.

Kaiser Severus fiel in das Gebiet der Kaledonier ein. Wahrscheinlich führte er seine Truppen von der See her bis an den Firth of Forth. Jedenfalls muß der Kaiser ziemlich weit im Norden der Insel gewesen sein, denn ihm fiel »der lange Stand der Sonne über dem Horizont« auf. Schottland sollte römische Provinz werden. Schon gab es dort, wie wir aus Inschriftfunden wissen, einen Kult der karthagischen Göttin Tanit, der Schutzgottheit des Kaisers.

Wir hören, daß Severus sich auf diesem Kriegszug stets in einer Sänfte tragen ließ. Er war krank und litt an Gicht. Auch machten ihm seine Söhne große Sorgen, besonders Bassianus. Dieser Bassianus schien völlig aus der Art zu schlagen. Er war jähzornig, oft seiner Sinne kaum mehr mächtig und trachtete seinem Bruder nach dem Leben. Einmal hätte er beinahe seinen Vater durch einen Schwerthieb in den Nacken getötet. Aber das Gefolge schrie auf. Da erschrak der Sohn. Nachher im Zelt sagte Severus zu ihm: »Wenn du mich töten willst, so bring mich um. Du hast deine volle Kraft. Ich dagegen bin ein alter Mann.« Bassianus rührte sich nicht.

Früher schon, als die Soldaten den alten Severus von Schmerzen geplagt liegen sahen, wollten sie den Bassianus zum Kaiser ausrufen. Severus ließ sich in das Gericht tragen. Er bestrafte alle bis auf seinen Sohn und sagte: »Jetzt wißt ihr, daß man mit dem Kopf regiert, nicht mit den Beinen.«

Im Jahre 211 n. Chr. plante die alte Majestät, nach Rom zurückzureisen. Doch die Kaledonier gaben keine Ruhe, und so beschloß Severus, noch einmal ins Feld zu ziehen. Während er diesen Feldzug vorbereitete, starb er am 4. Februar in Eboracum [York].

Cassius Dio meint, dieser Kaiser habe immer ein ganz guter Freund sein können, aber auch ein sehr gefährlicher Feind. Severus verfolgte seine Pläne mit großer Hartnäckigkeit. Niemals verlor er seinen phönizischen Akzent. Auch seine Tochter sprach Latein mit so starkem phönizischem Akzent, daß er sie nicht gern in Rom sah.

Der Kaiser pflegte zeitlebens sehr früh aufzustehen, noch vor Tagesanbruch. Er ließ sich gleich in allen Sachen des Staates unterrichten. Dann saß er zu Gericht. Das dauerte bis Mittag. Danach ritt die Majestät aus. Es folgten ein Bad und ein guter Imbiß im Kreise seiner Familie. Nach dem Essen schlief er. Anschließend erledigte er die restlichen Geschäfte des Tages und wohnte – wir erzählten schon von seinen Sprachschwierigkeiten – lateinischen Redeübungen bei. Am Spätnachmittag badete er noch einmal und begab sich dann zur Abendtafel. Trotz dieses geregelten Lebens wurde der Kaiser nur 65 Jahre alt.

Kurz vor seinem Tod ließ er sich seine eigene Urne bringen. »Bald wirst du einen Mann in dir fassen, dem der Erdkreis zu klein war«, sagte er. Die letzte Parole an seine Wachtruppe lautete: »Laboremus!« – »Laßt uns arbeiten!« Bis an sein Ende wollte er tätig sein: »Nun gebt her, wenn es noch etwas zu tun gibt«, flüsterte er und starb.

»Auf den Knien der Mutter wurde Geta von seinem Bruder
Bassianus – dem späteren Caracalla – ermordet. Und ihr, der
Julia Domna, war es untersagt, beim Tode zu weinen. ›Geta
empfing eine tödliche Wunde und beströmte mit seinem Blute
sterbend die Brust seiner Mutter.‹ «

Herodian, Kaisergeschichte 3, 4.

»Wenn ich mir die Sache gut überlege, so wird mir klar, daß im
großen und ganzen kein Genie der Nachwelt einen wirklich
bedeutenden Sohn hinterlassen hat. Die meisten Großen der
Geschichte hatten entweder gar keine Söhne oder solche Kinder,
die man der Menschheit gern erspart hätte.« So schreibt der
römische Historiker Aelius Spartianus, der um 300 n. Chr. lebte.
Er nennt als Beispiele unter anderen Homer, Demosthenes, Vergil, Cäsar und Augustus – man könnte Goethe und Napoleon
hinzufügen – und meint, nichts Besseres hätte dem Septimius
Severus passieren können, als daß sein Sohn Bassianus niemals
geboren worden wäre.

In der Via Giulia in Rom, im Peristyl des Palazzo Marchese
della Rovere-Sacchetti, befindet sich ein historisches Relief, das
als ›Sacchetti-Relief‹ bekannt ist. Da sehen wir den Kaiser Septimius Severus sitzend auf der Sella curulis, auf dem Amtsstuhl,
mit seinen beiden Söhnen, Geta ganz rechts im Relief, Bassianus
– der später den Spitznamen Caracalla erhielt – auf der anderen
Seite hinter der Majestät. Zwischen den Prinzen erkennen wir
den Juristen Papinianus und an vorderster Stelle, neben dem
Kaiser, noch vor den Kronprinzen stehend, den Günstling des
Severus, Plautianus. Den Figuren des Plautianus, des Geta und
des Kaisers fehlen die Köpfe. Es sind absichtliche Verstümme-
lungen, und wir wissen sogar, warum sie gemacht wurden.

Das Relief war für die Feier der Ernennung der beiden Prinzen
Bassianus und Geta zu Konsuln im Jahre 205 fertiggestellt worden. Am 23. Januar, mit dem Todesstoß, den Plautianus erhielt,
mußte auch sein Kopf aus dem Stein fallen. Im Jahre 212 wurde
der Kopf des Geta ausgeschlagen. Und erst in späterer Zeit ging
der Kopf des Kaisers verloren. So genau hat ein Fachgelehrter,

Julia Domna, zweite Gattin des Septimius Severus, war eine Syrerin. Sie war schön, geistreich und geistig interessiert. In ihrem Schoß suchte ihr Sohn Geta Schutz, um den tödlichen Schwerthieben seines Bruders Bassianus zu entgehen. Aber es war umsonst.

Ludwig Budde, diesen interessanten Stein studiert und ihn in seinen Einzelheiten für das Deutsche Archäologische Institut 1955 entschlüsselt.

Kurz bevor Kaiser Septimius Severus starb, ermahnte er seine beiden Söhne eindringlich, wie Brüder zu leben und sich zu vertragen. Aber diese feindlichen Brüder hatten nichts anderes im Sinn, als sich gegenseitig umzubringen. Beide hatte der Vater zu Kaisern gemacht. Nebeneinander sollten sie herrschen. Jetzt standen sie an seiner Totenbahre in Eboracum, taten sehr freundlich zueinander, lobten einander gegenseitig und bereiteten im stillen den Brudermord vor. Es war vom ersten Augenblick an klar: Nur einer konnte regieren, nur einer herrschen, nur einer leben. Und so sehen wir die Brüder über den Kanal fahren, durch Gallien und Italien reisen, immer wachsam, immer argwöhnisch jedes Schwert beobachtend, vorsichtig trinkend, denn überall lauerte das Gift, niemals gemeinsam an einem Tische essend.

Geta schien bei den Soldaten beliebter zu sein als sein Bruder Bassianus. Er war nämlich seinem Vater, dem Severus, recht ähnlich, und aus dieser Ähnlichkeit schlossen die Soldaten auch auf einen ähnlichen Charakter. Bassianus aber war wohl der skrupellosere. An den Saturnalien wollte Bassianus Geta umbringen. Doch der Anschlag war noch zu offen vorbereitet worden.

Der unglückliche Geta, Sohn des Septimius Severus und der Julia Domna, der von seinem Bruder Bassianus [Caracalla] 212 n. Chr. heimtückisch ermordet wurde.

So saßen die Brüder in Rom, hatten den großen kaiserlichen Palast genau in zwei Hälften geteilt und alle Verbindungen zwischen ihren Räumen versperrt. Die Türen, die Gänge zwischen der einen und der anderen Palasthälfte, alles war verrammelt und durch Posten geschützt. Nur in Gegenwart ihrer Mutter trafen die haßerfüllten Söhne einander und hin und wieder in der Öffentlichkeit – aber dann immer von ihren Leibwachen umgeben. Aussöhnungsversuche scheiterten. Alles Vermitteln blieb erfolglos. Man plante, das Reich zu teilen, wie es tatsächlich 185 Jahre später unter den Söhnen des Theodosius geschah. Bassianus, der ältere Bruder, sollte Europa und Westafrika erhalten, Asien und Ägypten dagegen an Geta fallen, der in Alexandria oder in Antiochia residieren sollte.

Julia Domna weinte. Sie war immer noch eine schöne Frau. Sie war sehr gescheit, und wenn sie auch nicht nur Umgang mit Philosophen und Gelehrten, sondern auch mit Liebhabern hatte, so war sie doch Mutter genug geblieben, um unter diesem Zwist zu leiden. Julia wollte um jeden Preis verhindern, daß das Römische Reich durch die Unduldsamkeit ihrer eigenen Söhne gespalten wurde. Auch empfand sie als Kaisermutter und Witwe eines Kaisers, daß sie selber durch eine solche Teilung gleichsam zerrissen werde.

Der Senat versuchte, die Brüder durch ein feierliches Opfer zu versöhnen. Das Tier, das der Göttin Concordia geopfert werden sollte, wurde schon bereitgehalten. Der Konsul hatte sein Haus verlassen, um das Schlachten zu besorgen. Irgend jemand aber wußte die heilige Handlung zu vereiteln. Der Konsul fand nicht die Opferdiener, die Opferdiener fanden nicht den Konsul. Das bedeutete schlechte Zeiten für Rom, wo man an nichts stärker glaubte als an Vorzeichen.

Bassianus sah, daß er seinem Bruder so nicht beikommen konnte. Tag und Nacht war Geta von Wachen beschützt. Da ging Bassianus – es war Februar des Jahres 212 n. Chr. – zu Julia Domna, spielte den einsichtigen Versöhnlichen und bat die Mutter, Geta holen zu lassen. Geta, so meinte Bassianus, sei doch schließlich sein Bruder, und er, Bassianus, wolle als Älterer dem Jüngeren die Hand reichen.

Dieses einzige Mal traute Geta seinem Bruder. Ohne Wachen ging er zur Mutter – und damit in den Tod. Die Zenturionen, die Bassianus vorher versteckt hatte, stürzten mit gezogenen Schwertern in das Zimmer. Geta rannte zur Mutter und hängte sich an ihren Hals. »Mutter, Mutter«, rief er, »man bringt mich um!«

Julia Domna war fassungslos. Sie umarmte ihren Sohn. Sie versuchte, ihn mit ihren Armen zu schützen. Aber die Zenturionen stießen zu und verletzten sogar die Mutter an der Hand. Auf den Knien der Mutter starb Geta. Ihr Gewand war vom Blut des Sohnes durchtränkt. So ist es zu verstehen, daß die Römer sich damals gegenseitig zuflüsterten: »Weißt du's schon, Geta ist in den Schoß, der ihn geboren hat, zurückgekehrt.«

Der nun 22jährige Geta war tot. Und Brudermörder Bassianus stand da, als habe er ein gutes Werk vollbracht. Von dieser Stunde an durfte Julia Domna nicht weinen. Tag und Nacht ließ Bassianus sie heimlich beobachten. Nicht einmal die Farbe ihres Gesichts durfte sich verändern. Er zwang die Mutter zu lachen, als sei ihr ein großes Glück widerfahren! Jedes Wort und jede ihrer Bewegungen ließ er registrieren. Selbst in der Stille durfte die Mutter ihren Verlust nicht beweinen.

Bassianus bietet jetzt das Bild des Gehetzten, des von Gewissensbissen Gejagten, des Mörders mit Weltmacht. Er wird ganz Despot, bösartig, doppelzüngig, mit dem syrischen Charaktererbteil seiner Mutter ganz dem Terror, dem Aberglauben und der Magie verfallen.

Wie ein Verfolgter jagt er durch Rom. »Man will mich umbringen. Man will mich töten.« Jedem flüstert er das ins Ohr. Er sei in großer Gefahr, erzählt er überall. Den Soldaten verspricht er ungeheure Geschenke. »Ich bin nur einer von euch«, sagt er, »ich will nur für euch leben, euch recht viel schenken können. Alle meine Schätze gehören nur euch.« Er versichert auch, er wolle mit den Soldaten sterben. Alle Verbannten läßt der neue Kaiser in die Stadt zurückkehren. Und dann beginnt er zu verurteilen, zu köpfen, in Blut zu waten wie kaum ein Cäsar Roms vor ihm. Immer ist Geta der Vorwand. Hofbediente des Geta, Soldaten, die sich für ihn ausgesprochen hatten, Getas Freunde und Freundinnen, 20 000 Menschen werden erst einmal hingerichtet, Männer und Frauen. Es genügt, wenn irgend jemand nur einmal in der Palasthälfte des Geta gesehen worden ist. Der Name Geta darf nicht mehr erwähnt werden. Auf allen Denkmälern und Ehreninschriften für Septimius Severus und seine Familie, die noch jetzt in Italien, Kleinasien, Afrika oder sonstwo gefunden werden, ist der Name Geta ausgekratzt.

Auch der berühmte Jurist Papinianus mußte sterben. Wahrscheinlich hatte Kaiser Severus dem Papinianus die Sorge für seine zwei Söhne sehr ans Herz gelegt, und wahrscheinlich hatte Papinianus versucht, die Brüder zusammenzubringen. Vielleicht hatte er auch Bassianus gewarnt. Es wird auch berichtet, Bassianus habe Papinianus beauftragt, den Mord an Geta vor dem Senat und dem Volk zu rechtfertigen. Papinianus soll darauf geantwortet haben, es sei leichter, Brudermord zu begehen, als Brudermord zu verteidigen. Er soll auch gesagt haben, einen unschuldig Ermordeten zu beschuldigen sei ein zweiter Mord. Auf dem Wege zur Richtstätte sagte der berühmte Jurist – er war auch Gardepräfekt –, jeder Mann, der seine Stelle in Zukunft einnehmen werde, ohne ihn zu rächen, sei ein Dummkopf. Diese Worte scheinen die Götter gehört zu haben, denn Macrinus, Papinianus' Nachfolger, ermordete später den Kaiser.

Als Papinianus tot war, fragte der Kaiser, der jetzt Antoninus genannt wurde, ganz ruhig, warum der Scharfrichter dem Papinianus den Kopf mit dem Beil und nicht mit dem Schwert abgeschlagen habe.

Aber mit dem Morden war der Kaiser noch lange nicht fertig. Sein nächstes und »sehr schwieriges« Opfer war sein Erzieher Cilo. Dieser saß gerade im Bad, als er umgebracht werden sollte. In Holzpantinen und in kurzem Unterkleid führten die Soldaten ihn zum Palast. Sie rissen ihm die Kleidungsstücke ab, schlugen ihm ins Gesicht, so daß die Römer sich ärgerlich umsahen. Antoninus erfuhr davon, eilte auf die Straße, warf seinen Feldmantel um die Schultern des Erziehers und rief: »Mißhandelt mir nicht meinen alten Lehrer!« Dann gab er Befehl, den Kriegstribun, der den alten Cilo umbringen sollte, hinzurichten, weil er »dem alten Lehrer« nicht den Kopf abgeschlagen hatte.

Rom wurde ein trauriger Ort. Jeder hervorragende, jeder würdige Mann mußte sterben. Einige Römer wurden hingerichtet, weil sie in der Nähe von Standbildern des Kaisers ihre Notdurft verrichtet hatten. Und einen Gladiator ließ der Kaiser an einem Tage gegen drei Gegner kämpfen. Als er dem dritten unterlag, befahl die Majestät ein feierliches Leichenbegängnis.

»Der Mantel wurde weltberühmt. ›Caracalla‹ hieß der Umhang, und nach ihm wurde der Kaiser benannt, der ihn trug. In Alexander den Großen war er vernarrt … Diese Vorliebe übertrug er auch auf die Makedonier, so daß er einmal einen Kriegstribun aus Makedonien lobte, weil er sich so geschickt aufs Pferd schwang. ›Woher bist du?‹ fragte er ihn. Auf die Antwort, daß er ein Makedonier sei, fragte er weiter: ›Wie heißt du?‹ – ›Antigones.‹ – ›Wie hieß dein Vater?‹ Als sich herausstellte, daß dieser Philipp hieß, sagte er: ›Ich weiß alles, was ich wollte.‹ «

    Cassius Dio, Römische Geschichte, Buch 77, Kap. 7 und 8.

Wie Alexander wollte der Kaiser ein ruhmreicher Heerführer sein. So suchte er immer neue Vorwände für immer neue Kriege: Er hielt ständig große Armeen unter Waffen, verschwendete Unsummen an seine Soldaten und wußte überhaupt in keiner Weise maßzuhalten. Er besoldete die Soldaten so hoch, daß er den Münzwert herabsetzen mußte – eine Geldentwertung, wie sie schon sein Vater Severus vorgenommen hatte. Bald war der Staatsschatz von Severus versiegt, und die Staatskasse hatte ein hohes Defizit.

Auf Geldmangel geht wohl auch die einzige geschichtliche Tat dieses Kaisers zurück, die berühmte Bürgerrechtsverleihung an die gesamte freie Provinzbevölkerung des Römischen Reiches im Jahre 212 n. Chr., die das Reich endlich zu einer Rechtseinheit machte. Da man vorher die Erbschaftssteuer für Bürger erhöht hatte, erbrachte die Ausdehnung des Bürgerrechts gewaltige neue Steuereinnahmen.

Fast immer war der Kaiser unterwegs. Wo er Station machte, mußten kostspielige Hotels, Amphitheater und Rennbahnen errichtet werden. »Das geschieht alles nur, um uns aufzureiben«, tuschelten die Römer, denn meist traf der Kaiser an den für ihn vorbereiteten Orten gar nicht ein. Später mußte alles wieder abgerissen werden. »Niemand darf Geld haben außer mir, damit ich es den Soldaten geben kann«, sagte die Majestät.

Der Kaiser war jähzornig, leichtsinnig, immer voreilig und irrend in seinen Entscheidungen, seinem Urteil viel zuviel zumutend. Er zog andere nicht gern zu Rate, vor allem nicht Leute, die sich irgendwie verdient gemacht hatten. Keinen Menschen liebte der Kaiser, alle haßte er. Hervorragende Männer, die er nicht umbringen ließ, schickte er in Gegenden, die ihnen wegen ungünstigen Klimas nicht zuträglich waren. Durch solche »hohe Auszeichnungen« verbannte er Menschen, die er nicht leiden mochte, aus seinem Gesichtskreis. So starben viele tüchtige Männer irgendwo in der Welt unter zu großer Hitze oder zu großer Kälte. Anderen nahm der Kaiser alles weg, so daß sie an den Bettelstab kamen. Und bei all diesen Maßnahmen war der Majestät eine gewisse Hinterlist, wohl ein Erbteil seiner syrischen Mutter, von großem Nutzen.

Ein Jahr nach der Ermordung des Geta, also 213 n. Chr., verließ der Kaiser Rom und kehrte nie wieder in die Welthauptstadt zurück. Nie hat er die riesigen, auf seinen Befehl erbauten Thermen vollendet gesehen, die noch heute zu den größten Bauruinen des antiken Rom gehören. Die vier restlichen Jahre seiner Regierung verbrachte er in den verschiedenen Provinzen des Reiches. Er überschritt den rätischen Limes im August 213 und siegte gegen die Germanen am Main. Danach nahm er den Titel Germanicus Maximus an. Im Frühling 214 sehen wir ihn an der Donau. Weiter marschiert er durch Thrakien bis nach Makedonien.

Hier packt ihn vollends der Wahn, dem größten Sohne dieses Landes nachzueifern. Alexander der Große ist das Idol des Bassianus Antoninus. Er sieht sich selber als lebendes Abbild des Makedonen. Er stellt sich vor den Spiegel, um die berühmte »schiefe« Kopfhaltung Alexanders zu imitieren und sich anzugewöhnen. Den Affen Alexanders nannten ihn die Alexandriner. Er trinkt aus einem Pokal, der angeblich einst Alexander gehörte. Er führt Waffen, die Alexander vor rund 550 Jahren in Händen hielt. In allen Lagern, in Rom wie im Weltreich, läßt er Standbilder des Alexander aufstellen. Er gründet eine Phalanx von 16000 Mann, die nur aus Makedonen besteht. Diese »alexandrinischen Truppen« – etwa in Stärke einer modernen Division – waren genauso bewaffnet wie einst Alexanders Soldaten! Auch alte Spartaner wurden dazu aufgeboten. Er verhandelt, allerdings ohne Erfolg, mit dem Partherkönig, um dessen Tochter zur Frau zu bekommen, damit er als Erbe des Partherreiches bis nach Indien gebieten kann, wie einst Alexander.

Im Mai 215 trifft der Kaiser mit seiner Mutter in Antiochia ein. Die Majestät wird jetzt von Wahnvorstellungen gepeinigt. Die

*Kaiser Caracalla, der Mör-
der seines Bruders Geta, saß
212-217 n. Chr. auf dem römischen Thron. Er ist der Er-
bauer der berühmten Cara-
calla-Thermen. Eigentlich
hieß er Marcus Aurelius Antoninus Bassianus. Nach seinem Mantel wurde er »Ca-
racalla« genannt.*

Seelen der Ermordeten verfolgen ihn. Aus dem Jenseits erscheinen ihm mahnend Vater und Bruder. Zeitweilig ist der Kaiser
ohnmächtig. Er kann kaum noch wagen, ins Feld zu ziehen. Aber
die Stadt, die den Namen seines abgöttisch verehrten Helden
trägt, Alexandria in Ägypten, die heiße Stadt am Nil, reißt ihn
aus diesem Wahn, aus dieser Schwäche.

Der Kaiser hat gehört, daß sich die Alexandriner über die
Ermordung des Geta, über den Brudermord, aufhalten, daß sie
ihn beschimpfen und verspotten. Er reist daher zu dieser
berühmten Stadt in Ägypten. Hinterlistig wie er ist, lädt er alle
bedeutenden Persönlichkeiten ein und läßt sie umbringen. Er
besetzt alle Straßen, sogar die Dächer der Häuser, verhängt über
die Stadt eine Ausgangssperre und läßt Tausende und aber Tausende hinrichten. Wer unter die Schwerter der Soldaten des
Kaisers gerät, muß sofort sterben, Freunde wie Feinde. »Die
Stadt ist sehr groß«, berichtet Cassius Dio, »und da alle überall
bei Tag und Nacht gemordet wurden, konnte man – auch wenn
man es wollte – keine Unterschiede machen.«

So hatte jede Provinz Gelegenheit, Zeuge der Raubgier, der
Grausamkeit und der Unmoral des Kaisers zu werden. Cassius

Plautilla, die Gattin des Caracalla, wurde vom mordfreudigen, unberechenbaren Kaiser getötet.

Dio meint, man habe ihm überall nichts als Schande nachgesagt. Man nannte den Bassianus Antoninus sogar Tarantas. Tarantas war eine Spottbezeichnung. Man verstand darunter einen Gladiator, der klein und häßlich, jedoch frech und blutrünstig war.

Der Kaiser konnte keine großen Anstrengungen ertragen, weder große Hitze noch große Kälte. Er ließ sich daher Gewänder anfertigen, die wie Panzer aussahen, aber keine Panzer waren. So glaubte er sich vor Meuchelmördern sicher und brauchte nicht unter der Schwere der Panzer zu leiden. Über diesem Scheinpanzer trug er einen roten Mantel. Ob dieser Mantel eine Erfindung der Kelten, der Syrier oder der Perser in Mesopotamien war, ist ungewiß. Jedenfalls war er nicht aus einem Stück wie sonst bei den Römern, sondern aus verschiedenen Stücken zusammengesetzt und reichte bis zu den Fersen. Es war wohl »der erste moderne Mantel der Weltgeschichte«. Dieser Mantel hieß »caracallus«, und der Name ging mit dem Kleidungsstück auf den Kaiser über: »Caracalla« ist eine Abwandlung der ursprünglichen Bezeichnung. Auch die Soldaten des Kaisers mußten solche Mäntel tragen.

Seine Frau, Plautilla, hatte Caracalla längst ermordet. Seine

Mutter, Julia Domna, scheint in Rom wie in Antiochia – dort war sie ja in ihrer Heimat Syrien – mit viel Staatsweisheit die Regierungsgeschäfte für das ganze Reich besorgt zu haben. Caracalla hatte für die gescheiten Ermahnungen seiner Mutter nie ein Ohr, und Julia mußte auch sehr vorsichtig sein, denn niemand konnte dem jähzornigen Kaiser trauen. Julia führte Korrespondenz mit dem ganzen Weltreich und beantwortete die Staatspost in lateinischer wie in griechischer Sprache. Sie empfing hohe Staatsbeamte und hatte dazu noch Zeit, sich philosophischen Betrachtungen hinzugeben.

Die Freude an Mord und Laster und die Gewohnheit, Arbeits- und Staatsgeschäfte anderen zu überlassen, wurden dem Kaiser schließlich zum Verhängnis. Ein Ägypter namens Serapis, der die Kunst des Hellsehens beherrschte, hatte vorausgesagt, daß Macrinus bald Herr über das römische Weltreich sein werde. Der Ägypter wurde in Ketten gelegt, zog aber auch angesichts des Todes seine Prophezeiung nicht zurück.

Dieses Ereignis wurde dem Kaiser, der wieder in Antiochia Hof hielt, schriftlich mitgeteilt. Da die Majestät sich gerade an einem Wagenrennen ergötzte, öffnete sie, wie so oft, nicht die Post, sondern übersandte auch diesen ungelesenen Brief an Macrinus nach Rom, dem die Erledigung einer großen Anzahl von Zivilangelegenheiten übertragen war. Macrinus las den schicksalsschweren Brief und verlor keine Minute. Er beauftragte einen unzufriedenen Soldaten, der nicht befördert worden war, den Kaiser zu ermorden.

Caracalla befand sich damals gerade auf einer Pilgerfahrt von Edessa nach Carrhae, dem heutigen Haran, dem Ort, aus dem einst Abraham nach Kanaan aufbrach und wo die Römer im Jahre 53 v. Chr. unter dem Triumvirn Crassus ihre erste Niederlage durch die Parther erlitten hatten. Hier huldigte die Majestät ihrer ausgeprägten Neigung zu orientalischen Zauberkulten und zur Astrologie. Im Heiligtum der Mondgöttin Luna wollte Caracalla beten. Längst hatte er dafür gesorgt, daß der semitische oder syrische Sonnenkult Roms Staatsreligion geworden war.

Auf alten biblischen Pfaden jagt der Zauberbesessene dem Mondtempel entgegen. Er sucht Erlösung, Befreiung von Gewissensbissen, und merkt darüber gar nicht, daß seine Soldaten sich längst an die hohe Besoldung gewöhnt haben, daß sie argwöhnisch und mürrisch geworden sind, daß sie ihn, der immer einer der Ihren sein wollte, im Grunde verachten. Eine kleine Kavallerieschwadron begleitet den jagenden Herrscher im langen Mantel. Caracalla läßt sein Gefolge halten und begibt sich von der Landstraße weg ein wenig in die Büsche. Der unzufriedene Soldat – er hieß Martialis – nähert sich der Majestät unter einem Vorwand und sticht ihm den Dolch in das Herz. Ein skythischer Bogenschütze der kaiserlichen Garde tötet sofort den Mörder.

Diesmal durfte Julia Domna weinen. Sie hatte nun beide Söhne verloren und damit auch den Rang einer Kaiserin. Diese Trauer und diesen Abstieg konnte sie nicht ertragen. Sie nahm sich selber das Leben.

»Er wollte nicht nur die römischen Götterdienste beseitigen, er wollte die Religionen der ganzen Welt auslöschen, nur darauf bedacht, daß allein Gott Elagabal allüberall verehrt werden sollte.« *Aelius Lampridius, Antoninus Elagabalus, Kap. 6.*

Durch große Angst und Gefahren werden völlig unbedeutende Menschen manchmal auf außerordentliche Höhen gejagt. Sie haben plötzlich Erfolg und erreichen eine Stellung, die sie sich selber nie zugetraut hätten. Sie sind die Spielbälle des Schicksals, Papierdrachen im Wind, die nach ganz kurzer Zeit zerrissen von ihrer Höhe wieder herunterfallen.

So ein Mann war Opellius Macrinus. Er war kein Macbeth. Ihn trieb nicht eigener Ehrgeiz, noch weniger der Ehrgeiz einer ruhmsüchtigen Frau. Nein, er organisierte die Ermordung seines Kaisers aus Not, aus der Not seiner furchtbaren Lage. Macrinus, von Hause aus Jurist, war der Gardepräfekt Kaiser Caracallas. Nach einer Prophezeiung sollte er, Macrinus, der Mann aus kleinen Verhältnissen, römischer Kaiser werden. Eine solche Prophezeiung ist schön. Aber sie ist auch gefährlich, solange ein anderer Kaiser noch lebt. Und Caracalla war sehr lebendig. Er ließ auch ohne Bedenken Köpfe rollen. Das wußte damals jedermann im römischen Weltreich. Jeden Augenblick also mußte Macrinus damit rechnen, von Caracallas Häschern umgebracht zu werden.

Am 8. April des Jahres 217 n. Chr. wurde Caracalla ermordet. Macrinus war also schneller gewesen als sein Kaiser, er hatte den Mord angestiftet. Aus Angst wurde er zum Mörder. Aus Angst erhob er sich zum Kaiser. Aus Angst verstieg er sich dazu, den damals heilig klingenden Namen Antoninus anzunehmen. Denn die ersten Antonine waren gute, hochverehrte Herrscher gewesen. Jetzt, von der Erinnerung verklärt, erschienen sie in goldenem Licht, ein Antoninus Pius, ein Marcus Aurelius, ein Lucius Verus.

Macrinus aber stammte weder aus der Familie der Antoninen noch aus dem Geschlecht der Severer. Er nannte sich nur einfach Antoninus. Noch mehr: Er machte dem Senat klar, die Legionen hätten auch seinem neunjährigen Sohn Diadumenianus kaiserlichen Rang verliehen. Und dazu den gleichen heiligen Namen Antoninus. Vielleicht wollte er gerade damit seinen Mord verdunkeln, daß er den Namen Antoninus, den Ehrennamen des Caracalla, selber wieder aufleben ließ.

Macrinus war ein charakterlich unbedeutender Mann, ein mauretanischer Anwalt und gar nicht der Typ des Soldaten und Generals. Aber mit dem Mute des um sein Leben Spielenden machte er sich gleich groß, ja viel zu groß. Das war noch nie dagewesen. Noch nie hatte ein Mann, der nicht einmal Mitglied des Senatorenstandes war, den römischen Thron bestiegen. Doch die Stunde war günstig. Jeder Mann schien den Römern besser als der schreckliche Caracalla. Und dieses eben ermordete Scheusal zum Gott zu erklären, empfahl Macrinus eiskalten Herzens.

Es war unerhört, daß der Meuchelmörder sein Opfer so empfahl. Noch erstaunlicher ist die Tatsache, daß der Senat dem Wunsch des Macrinus nachkam. Die Tat war ein offenes Geheimnis. Dennoch tarnte diese Empfehlung den Mord viel besser als alle übrigen biedermännischen Erklärungen des neuen Kaisers.

Für einen Tyrannen, einen Diktator, einen Cäsar oder Kaiser gibt es kein wirksameres Mittel, seine eigene Vergangenheit auszulöschen, als an seine Fahne ruhmreiche Kriegstaten zu heften. Also zog Kaiser Macrinus noch im Sommer des Jahres 217 n. Chr. gegen die Parther. Damit verstummten endlich unter den Soldaten und in den Gassen der Städte die Zweifel, die Bedenken und alles mögliche Gerede. Große Kriegserfolge sollten dem unsicheren Kaiser Glanz und Ruhm einbringen.

Viel Kriegsruhm erntete er allerdings nicht. Nach einigen kleinen Erfolgen über die parthischen Kamelreiter ließ er beim König Artabanus um Frieden nachsuchen, den der Parther gern gewährte. Dann ging der Kaiser nach Antiochia, gab sich dort auserlesenen Vergnügungen hin und sonnte sich in seiner Würde. Er pflegte seinen Bart, wandelte ungebührlich langsam daher und sprach bei Audienzen so affektiert leise, daß man kein Wort verstand.

In Rom konnte man, wie der Historiker Herodian berichtet, wenigstens einmal ein Jahr lang ohne Furcht leben, nachdem Caracalla tot und mit den Parthern Frieden geschlossen war.

Den römischen Legionen jedoch begann der neue Mann

schnell zu mißfallen. Sie hatten gesiegt. Aber ihr Kaiser stellte sie fast als Besiegte hin, so jämmerlich erschien der Friedensvertrag mit den Parthern. Ja, Macrinus hatte dem Artabanus sogar große Entschädigung für Verwüstungen versprochen. Als der Kaiser noch dazu den Sold der Legionäre herabzusetzen beabsichtigte, begannen die römischen Krieger zu murren. Sie planten schon jetzt die Ermordung des Kaisers.

Damals gab es noch eine echte severische Dynastie. Aber sie war beiseite geschoben. Angehörige des severischen Hauses lebten noch, und dieses Haus wollte sich den Ehrennamen Antoninus nicht einfach von völlig Unberechtigten rauben lassen. Julia Domna, die verstorbene Gattin des einstigen Kaisers Septimius Severus, hatte eine Schwester, Julia Maesa. Diese Maesa besaß zwei Töchter, Soaemias und Mammaea. Die Töchter hatten je einen Sohn: Soaemias den Varius Avitus und Mammaea den Alexianus. Die ganze Familie saß in ihrer Heimatstadt Emesa in Zentralsyrien am Orontes. Heute wird dieser Platz [nördlich von Damaskus] Homs genannt. Hier in Emesa stellte die Familie die Hohenpriester des Gottes Elagabal. Im Namen Elagabal [Heliogabal] finden wir den alten Gott Baal wieder, den wir als Heidengott schon aus dem Alten Testament kennen. Elegabal war Sonnengott und Schutzpatron von Emesa und wurde in der Form

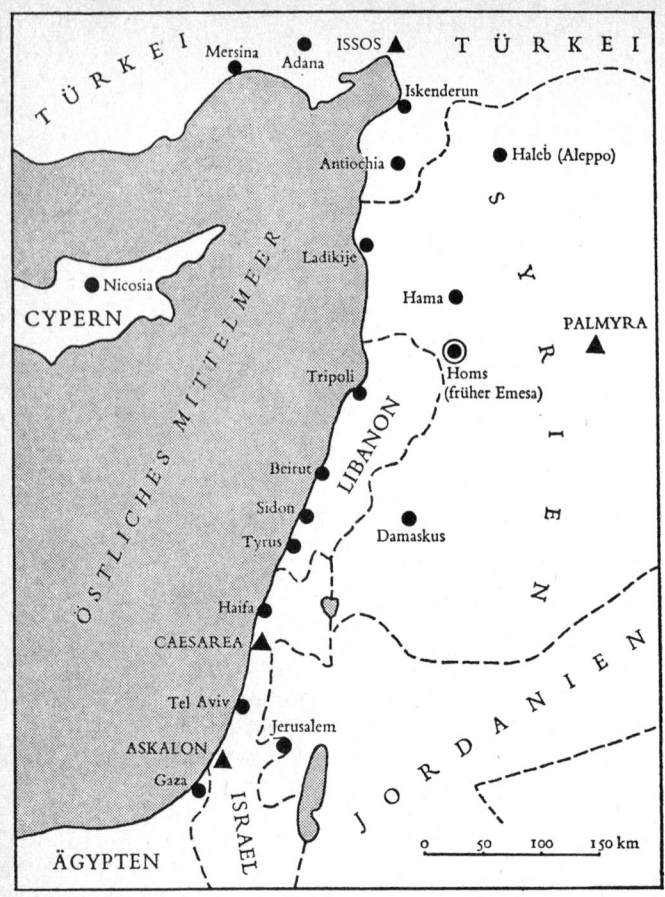

Die Stadt Emesa war in alter Zeit berühmt wegen ihres Sonnentempels.
Elagabal war Sonnengott und Schutzpatron des Ortes. Er wurde in der
Form eines Meteors angebetet. Der Kaiser Varius Avitus, der sich später
den Namen des Sonnengottes Elagabal zulegte, bekleidete in Emesa das
Priesteramt schon mit vierzehn Jahren.

eines schwarzen konischen Steines angebetet, »der vom Himmel gefallen war«.

Schon Julia Domna war die Tochter eines reichen Elagabal-priesters, und Varius Avitus, der Sohn der Soaemias, bekleidete mit 14 Jahren das gleiche Amt im Tempel des Elagabal. Die Familie war also eng mit dem Baalkult verbunden.

Varius Avitus war ein eheliches Kind des Syriers Varius Marcellus und der Soaemias. Aber jetzt, in der allgemeinen Unruhe, erklärte die verschlagene Großmutter Maesa, Varius Avitus sei ein uneheliches Kind des Kaisers Caracalla. Damit war Varius Avitus ein Severer. Und nur ein Severer, der den Beinamen Antoninus verdiente, konnte damals Kaiser werden.

Der Großmutter war der Thron für den Enkel wichtiger als der Ruf ihrer Tochter. Und die Tochter setzte sich einfach dem Skandal, der Schande, dem Klatsch aus, um ihren Sohn als Kaiser zu sehen. Die beiden Frauen hatten aber auch wirklich die ganze Welt überzeugt, der Priestersohn sei Caracallas natürliches Kind. Und die Antonine wurden damals verehrt wie Götter. Schon erhielt der neue Antoninus Ehrenbeschlüsse in den Städten des Reiches.

Großmutter Maesa war sehr reich und gerissen, ihre Tochter Soaemias ehrgeizig, mutig und klug. Avitus selbst war ein weibi-scher Jüngling und gab gern und leicht Geld aus. Er war sehr schön, als junger Priester bei den Soldaten ungemein beliebt, und sein Tempel war darum niemals leer.

Jetzt wurde dieser angeblich echte Sproß des Caracalla zum Kaiser ausgerufen. Wieder sah sich Macrinus in höchster Gefahr. In der Nähe von Antiochia kam es bei dem Dorf Immo zu einer Schlacht zwischen dem Heer des jungen Avitus und Kaiser Ma-crinus. Das Heer des Avitus schlug sich jämmerlich. Aber Groß-mutter Maesa und Mutter Soaemias sprangen von ihren Wagen, stürzten sich weinend und schreiend unter die Fliehenden und suchten sie aufzuhalten. Selbst das schlechteste Heer kann sie-gen, wenn die Feigheit auf der anderen Seite noch größer ist. Als Macrinus Widerstand sah, floh er sofort. Er hatte seinen Sohn Diadumenianus bei sich. In Calcedon am Bosporus wurden Va-ter und Sohn gefangen und auf dem Rücktransport nach Antio-chia umgebracht. Die Truppen des Macrinus hatte Maesa inzwi-schen längst durch reichliche Geldgeschenke auf ihre Seite ge-bracht.

In der römischen Geschichte war Macrinus der erste Kaiser, der während seiner Regierungszeit niemals Rom betreten hatte.

Der schöne Priesterknabe war jetzt unbestrittener Herrscher. Man nannte ihn – allerdings erst viel später – nach seinem Gott einfach Elagabal. Und dieser herrliche Elagabal wurde das raffinierteste Untier, das je auf dem römischen Thron saß, eine wahre Ausgeburt der Hölle in seinen exzentrischen Ausschweifungen, an Erfindungsgeist im Verrückten und Abseitigen selbst den Teufel Nero weit in den Schatten stellend.

Als die Botschaft, daß Elagabal Roms neuer Kaiser sei, im Senat verlesen wurde, jubelte man wie immer, pries den neuen Antoninus und verfluchte den getöteten Macrinus und seinen neunjährigen Sohn. Um die Römer auf sein fremdartiges Aussehen einigermaßen vorzubereiten, hatte Elagabal ein lebensgroßes Gemälde, das ihn im syrischen Priesterornat darstellte, nach Rom vorausgeschickt und im Senat neben der Statue der Victoria aufstellen lassen.

Es war im Frühling des Jahres 219, als Elagabal feierlichen Einzug in Rom hielt. In unwahrscheinlich prächtige Gewänder gehüllt, geschminkt wie ein junges Mädchen, mit strahlenden Augen, die ihren Glanz durch Essenzen erhielten, mit einer Perlenkette um den Hals und einem Diadem im Haar, zog der orientalische Herrscher in die Tiberstadt ein. Großmutter und Mutter saßen an seiner Seite in blinder Liebe und Verzückung, aber auch mit der schwierigen Pflicht, von nun an dieses ungebärdige Werkzeug ihres Ehrgeizes lenken zu müssen.

Rom erlebte damals Szenen wie nie zuvor. Da sah man in prunkvoller Prozession hoch auf einem Wagen den heiligen Meteor. Aus seinem heimatlichen Tempel in Emesa hatte der syrische Jüngling das Sinnbild des Sonnengottes nach Rom gebracht. Rückwärts schritt er vor dem Wagen, um den Gott keinen Augenblick aus den Augen zu lassen. Gleich zwei Tempel waren diesem Baal errichtet worden, einer auf dem Palatinischen Hügel, der andere in der Nähe der heutigen Porta Maggiore. Und nun sollten alle anderen Götter Roms zusammenrücken, damit Gott Elagabal die Parade abnehmen konnte. Kaiser Elagabal wollte all die vielen Götterkulte Roms zusammenfassen, und Elagabal sollte Hauptgott werden. Selbst die Religionen der Juden und Christen wollte der Jüngling in seine Tempel bringen und seinem Gott Elagabal zu Diensten machen.

Von seiner ersten Frau, Julia Paula, trennte sich die syrische Majestät sehr bald. Die Büsten, die wir von dieser jungen Frau besitzen, zeigen uns ein schönes, leidvolles und etwas trotziges Gesicht.

Die schöne Julia Paula war die erste Frau des Priester-Königs Elagabal. Das Bildnis zeigt sie etwa 26jährig, »von einer eigentümlichen Trauer beschattet. Sie hängt ihren Gedanken nach, den Blick mehr nach innen wendend als auf ihre Umwelt oder gar auf den Betrachter« [Hans Weber].

Um die merkwürdige Göttergemeinschaft des Orients mit Rom aller Welt zu offenbaren, um die Ehe der Religionen deutlich zu machen, heiratete der Jüngling Aquilia Severa, eine Vestalin, die als solche ewige Jungfräulichkeit geschworen hatte. Er erklärte dazu, er halte als Oberpriester diese Ehe mit einer Priesterin für sehr passend. Es sei zu erwarten, daß die Kinder aus einer solchen Ehe göttergleich würden.

Das war der erste Skandal, den der Kaiser seinen Römern lieferte, und er erregte sofort den Unwillen des ganzen Reiches. Daraufhin ließ sich Elagabal von der Vestalin wieder scheiden und brachte statt dessen das Bild der karthagischen Hauptgöttin, der Tanit oder Caelestis [der Himmlischen], samt ihren Tempelschätzen in seinen eigenen Tempel, in das Eliogabalium. Diese Caelestis scheint als Magna Mater – die große Mutter – verehrt worden zu sein, bei deren Kult merkwürdige magische und orgastische Riten vollzogen wurden. Damit waren auch scheußliche Kinderopfer verbunden. Nicht nur Roms Religionen wollte Elagabal abschaffen, er wollte die ganze Welt zur Anbetung seines Gottes zwingen. Bei öffentlichen Feiern tanzte Roms neuer Kaiser um die Altäre, zum Spiel von Zimbeln und Pauken, während syrische Frauen fremdartige Choräle anstimmten.

Ganz Rom staunte über den vom Himmel gekommenen neuen Gott-Stein, über den neuen Priester-Kaiser und über die ungewohnte orientalische Farben-, Weihrauch- und Musikpracht.

Aber wer war denn eigentlich Elagabals Gott? Sein Gott war

der Genuß, die Ausschweifung, das Laster. In ganz Italien ließ er schöne Kinder vornehmer Familien einfangen, um sie diesem Gott zu opfern. Jede Form der Magie wollte er in seiner Nähe haben. Zauberer und Magier sollten täglich Opfer bringen, und das Volk sollte Geschenke haben. Er warf nicht Silber und Gold unter das Volk, sondern gemästetes Vieh, Kamele, Esel und Sklaven. »Was soll das?« fragte man ihn. »Das tun wahre Kaiser«, antwortete er.

»In seinem Speisesaal ließ Kaiser Elagabal eine umkippbare Decke einbauen und so viele Veilchen und andere Blumen auf seine Gäste stürzen, daß einige umkamen, weil sie sich aus der Blütenlawine nicht mehr an die Luft emporarbeiten konnten.«
Aelius Lampridius, Antoninus Elagabalus, Kap. 21.

Elagabal war vierzehn, als er auf den römischen Thron kam, und achtzehn, als er sterben mußte.

In seinem kaiserlichen Palast ging es hoch her. Hier eröffnete er dem Volk ein großes Bad, nicht um der Gesundheit der Römer zu dienen, sondern um sich Opfer für sinnlose Vergnügungen zu suchen.

Immer stand dem Kaiser ein Athlet zur Seite, ein riesiger Mann aus Smyrna, dessen Vater Koch war. Dieser gutgebaute Mann hieß Aurelius Zoticus, und wir können uns leicht vorstellen, wie dieser »schöne Held« war, wenn wir wissen, daß er der Welt das Wort Zote geschenkt hat. Die Majestät ließ ihn in einem Festzug nach Rom geleiten, machte ihn zum Kämmerer und öffnete ihm seinen Palast strahlend in Feuerwerk. Beim Anblick dieses Gladiators sprang der Kaiser auf, verdrehte mädchenhaft den Kopf und schlug die Augen nieder. Zoticus nutzte die Freundschaft mit dem Kaiser auf das schändlichste aus, verkaufte an alle möglichen Menschen Versprechungen und Günste und scheffelte damit ein Vermögen zusammen. Jedem, den er traf, flüsterte er zu: »Über dich sagte ich dem Kaiser dies« oder »Von dir sagte der Kaiser das«. Mit Zoticus ließ sich Elagabal in aller Form »trauen«, wobei auch eine »Brautmutter« anwesend sein mußte.

Als Gardepräfekt stellte Elagabal einen Tänzer an, als Präfekten der Wache einen Wagenlenker und als Präfekten der Kornversorgung einen Friseur namens Claudius. Alle diese Männer hatten sich für ihre Ämter nur durch Ausschweifungen qualifiziert. Überhaupt ließ Elagabal, wie Aurelius Victor berichtet, »die obszönsten Menschen aus dem ganzen Erdkreis zu sich kommen«. Als höchste Beamte für die Eintreibung der Erbschaftssteuer holte er sich einen Mauleseltreiber, einen Boten, einen Koch und einen Schmied. Aber wenn dieser verwahrloste

Schwächling in das Heerlager oder in den Senat ging, nahm er seine Großmutter mit – sonst hatte nämlich niemand vor ihm Respekt. Vor seiner Zeit hatte noch niemals eine Frau den Senat betreten.

Mammaea, die Schwester von Elagabals Mutter, hatte inzwischen dafür gesorgt, daß auch ihr Sohn Alexianus zum Kaiser erhoben wurde, denn es lag auf der Hand, daß Elagabal nicht in dieser Weise allein weiter »regieren« konnte. Alexianus war ein außerordentlich tüchtiger Jüngling. Er war beliebt bei den Soldaten, und der Senat hielt viel von ihm. Elagabal hatte finstere Gedanken, wenn er von seinem Vetter Alexianus hörte. Er spürte deutlich, daß die Stimmung des Volkes ganz auf dessen Seite war. Sein Mißtrauen wuchs. Ihm schien Alexianus ein ständiger lebender Vorwurf und eine Gefahr. Darum beauftragte er Meuchelmörder, seinen Vetter umzubringen. Die Soldaten besetzten jedoch den Palast, um Alexianus zu schützen, nicht um ihn zu töten!

Indessen hielt sich Elagabal mit klopfendem Herzen versteckt, um die Nachricht von der Ermordung zu erhalten. Als er plötzlich die Schritte der Soldaten vernahm, packte ihn unheimliche Angst. Er versteckte sich in seinem Schlafzimmer hinter einem Vorhang. Nur dem Präfekten seiner Garde hatte er es zu verdanken, daß er diesmal noch mit dem Leben davonkam. Aber den Plan der Ermordung seines Vetters gab Elagabal nicht auf. Da er spürte, daß der Senat auf der Seite des Alexianus war, ordnete er an, daß alle Mitglieder des Senats sofort Rom zu verlassen hätten. Sabinus, ein mutiger Senator, blieb dennoch in der gefährlichen Stadt. Der Kaiser befahl einem Zenturio, Sabinus umzubringen. Doch Sabinus hatte Glück. Der Zenturio war taub. Bei dieser Angelegenheit geriet auch der berühmte syrische Jurist Ulpian in Gefahr.

Festgelage, Wein, Blumen und Wohlgerüche, das alles schätzte der Kaiser sehr. Sommerfeste wurden in verschiedenen Farben abgehalten, ein grünes Fest, ein rosa Fest, ein violettes Fest, ein blaues Fest, an jedem lauen Sommertag eine andere Farbe. Weine erhielten die raffiniertesten Zusätze, und Rosenwein verfeinerte die Majestät durch Zugabe von Tannenzapfenduft. In die Räume, in denen man feierte, ließ der Kaiser Rosen, Lilien, Veilchen, Hyazinthen und Narzissen schütten. Dann watete die Majestät in Blüten. In seinem Speisesaal ließ er eine umkippbare Decke einbauen und so viele Veilchen und andere Blumen auf seine Gäste stürzen, daß einige umkamen, weil sie sich aus der

erstickenden Blütenlawine nicht mehr an die Luft emporarbeiten konnten.

Elagabal schwamm nur dann in seinem Bassin, wenn das Wasser parfümiert war. Er schenkte seinen Günstlingen ganze Schwimmbecken mit dem Rosenduftwasser, in dem er selbst gebadet hatte. Und wenn er mit seinem Hof badete, wurden die seltensten und kostbarsten Öle gereicht. Ja, er ließ sogar ziemlich weit von der Küste Schwimmbecken anlegen, damit es recht schwierig war, sie mit Seewasser zu füllen, und schenkte dann diese Bassins seinen Freunden. Als er einmal einen Schneeberg sehen wollte, ließ er sich einen solchen von weither in riesigen Kübeln herantragen. Kissen und Liegen mußten mit Hasenhaaren und den feinsten Federn von Truthähnen gestopft sein. Immer lag der Kaiser zwischen Blumen und Parfüms von großem Wert. Einmal ließ er sich und seinen Günstlingen 600 Storchenköpfe servieren, aus denen er nur das Hirn aß, oder er ließ 22 Gänge ungewöhnlicher Fleischsorten auftragen. Zwischen jedem einzelnen Gericht mußten seine Gäste mit ihm baden, in Gesellschaft von Frauen, und ständig beteuern, wie sehr sie das genössen.

Die Majestät sammelte Schlangen und liebte es, sie plötzlich abends freizulassen, wenn sich die Bevölkerung bei Spielen versammelt hatte. In der allgemeinen Panik wurden dann zumeist viele verletzt. Einmal spannte er Löwen vor seinen Wagen, dann Tiger, dann Elefanten, und immer trug er das Gewand der Gottheit, zu der diese Tiere paßten. Er hielt sich kleine ägyptische Schlangen, Nilpferde, Krokodile, ein Rhinozeros. Das alles wurde ihm bald leid, und so ließ er die schönsten jungen Mädchen einfangen, spannte sie zu zweit, zu dritt oder zu viert vor Karren und kutschierte mit ihnen nackt umher. Durch falsche Haare unkenntlich gemacht, besuchte er nachts übelbeleumdete Schenken und trieb dort sein Unwesen. Oder er saß auf der Schwelle eines seiner Palastgemächer, zog den in goldenen Ringen hängenden Vorhang zurück und lockte Höflinge, die hier wie zufällig vorübergehen mußten, mit schmachtender, gebrochener Stimme an. Die Majestät gab sich stets recht weibisch, pflegte Wolle zu spinnen, trug eine Netzhaube und schminkte sich die Augen mit Bleiweiß und Karminrot. Die Barthaare ließ sich Elagabal auszupfen. Und immer tänzelte er, ganz gleich wo er ging, selbst wenn er opferte, Besuche empfing oder zum Volke redete. Auch als Wagenlenker trat er auf, in einem grünen Ge-

Wiederhergestellter römischer Aquädukt von Spoleto, Toskana.

wand: »Kampfrichter« mußten seine Leibwachen sein, seine Großmutter, Mutter und seine vielen Frauen. Wie ein gemeiner Wettfahrer erbettelte dann der Kaiser unter tiefen Verbeugungen von seinen Offizieren und den übrigen »Kampfrichtern« Goldstücke.

Der Kaiser sang recht gut, er konnte Flöte spielen, auf dem Horn, auf einem dreisaitigen Instrument sowie auf der Orgel musizieren. Er soll der erste Römer gewesen sein, der sich ganz in Seide kleidete, und er schätzte Seide über alles. Er besaß auch eine Tunika ganz aus Gold, eine aus Purpur und eine persische, bestickt mit Juwelen. Dieses juwelenbestickte Gewand, so klagte er oft, sei zu schwer. Er trug sogar Juwelen auf seinen Schuhen und ein Juwelendiadem, das seine Schönheit und Mädchenhaftigkeit betonen sollte.

Im Theater lachte er manchmal so laut, daß das Volk die Schauspieler nicht mehr hören konnte. Alle Dirnen der Stadt versammelte er in einem großen öffentlichen Gebäude und hielt ihnen dort zotige Reden.

Wenn seine Freunde auf den wilden Festen berauscht waren, schloß er sie ein und ließ plötzlich im Dunkeln Löwen, Leoparden und Bären in den Raum. Diese Tiere waren gezähmt und harmlos; man hatte ihnen das Gebiß entfernt. Es kam dem Kaiser nicht darauf an, die Freunde zu töten. Er wollte sie erschrecken – doch manche starben dabei.

Elagabal scheint auch der Erfinder der Luftmatratzen gewesen zu sein. Sklaven mußten plötzlich die Luft aus ihnen herauslassen, so daß seine Freunde unter den Tisch rollten. Einige seiner parasitischen Festgenossen band er an ein Wasserrad, brachte es in Schwung und amüsierte sich dabei köstlich.

Die Majestät ließ in raffinierter Weise Speisen in Wachs, Holz, Elfenbein, Ton, Marmor und Stein nachahmen. Und während er aß, ließ er seinen Gästen oft solche naturgetreuen Nachahmungen der Speisen servieren. Einmal befahl er seinen Sklaven, 1000 Pfund Spinnweben zu beschaffen. Dafür setzte er Preise aus. Und als er 10000 Pfund erhielt, sagte er, man könne daraus ersehen, wie groß Rom sei. Er schenkte seinen Freunden Töpfe mit Fröschen, Skorpionen, Schlangen, ja sogar mit gefangenen Fliegen. Er kaufte sich eine schöne Dirne für 100000 Sesterzen und hielt sie dann unberührt »als Jungfrau«. Im Hafen versenkte er vollbeladene Schiffe und meinte, diese Tat zeige die Größe seiner Seele an. Alle Arbeit des Tages verrichtete er nachts, und er hielt es für einen besonderen Luxus, sehr spät am Tage aufzustehen. Seine Höflinge ließ er nach Audienzen selten ohne Geschenk fortgehen, es sei denn, sie waren sparsam. Sparsame Menschen haßte die Majestät.

Als syrische Priester dem Kaiser voraussagten, er werde eines unnatürlichen Todes sterben, ließ er sich rote Seidenschnüre zum Erhängen anfertigen, goldene Schwerter, mit denen er sich in der Gefahr erstechen könnte, und alle möglichen Gifte. Ja, er ließ sogar einen hohen Turm bauen, von dem er sich im Augenblick der höchsten Not hinunterstürzen könnte. Aber die Soldaten und vor allem die Wachen ließen es nicht zum Selbstmord kommen.

Wieder hatte Elagabal einen Mordanschlag auf seinen Vetter vor. Wieder erreichte der Kaiser aber nichts anderes, als daß seine Leibwachen ihn, die Majestät selbst, umbringen wollten. Um noch im letzten Augenblick sein Leben zu retten, erschien er mit seinem Vetter Alexianus, dessen Mutter und seiner Mutter im Lager der Wachen, um so die Soldaten zu beruhigen.

Die Wachen ließen ihn nicht aus den Augen. Wie ein wildes Tier, das in die Falle gelaufen ist, wurde er unablässig von allen beobachtet. Und nun wurde das Drama zur gespensterhaften Groteske. Die Mütter gerieten in Streit. Jede wollte nur ihren Sohn auf dem Thron sehen. In die schon glimmende Glut schütteten sie das Pulver ihres Hasses. Elagabal versuchte zu fliehen. Zitternd, in einer Latrine, hielt die Mutter ihren geliebten Sohn umschlungen. Sie wurden entdeckt und Mutter und Sohn getötet. Man hieb ihnen die Köpfe ab, zog sie aus, ihre Leichen wurden durch die Straßen geschleift, durch die Abwässer und schließlich von der Aemilischen Brücke in den Tiber geworfen, mit Gewichten belastet, damit sie nicht wieder auftauchten.

Der nur 18jährige Mime, Possenspieler, Wagenlenker und Tänzer, dieses geschminkte Weib in Männergewändern auf dem Thron eines Weltreichs, dieser wahnsinnige Lüstling war tot.

Und sein Gott?

Er folgte ihm. Er wurde aus Rom verbannt. Der heilige Meteor, die Tempel, die Altäre, alles mußte wieder verschwinden.

So endete der Mann, von dem der zeitgenössische römische Historiker Aelius Lampridius sagte, sein Leben sei so verkehrt gewesen wie sein Name.

Schöne glänzende Augen besaß der siebzehnjährige Syrier Severus Alexander. Er gehorchte der Mutter. Und sie regierte. »Er wollte Christus einen Tempel bauen und ihn unter die Götter aufnehmen – ein Vorhaben, an das schon Hadrian gedacht haben soll.«   *Aelius Lampridius, Severus Alexander, Kap. 43.*

Nach der Ermordung des halb wahnsinnigen Elagabal erschien den Römern dessen Vetter Alexianus wie ein Geschenk der Götter. Man schrieb das Jahr 975 nach der Gründung der Stadt Rom – das ist das Jahr 222 n. Chr. Man glaubte damals an Wunder und Offenbarungen des Himmels. Man sah damals bei jedem Regierungswechsel die Zeichen der Götter. Man dichtete dem Alexianus gleich einen großen Stern an, der über dem Hause seiner Geburt, im syrischen Arca Caesarea, am Himmel erschienen sei. Sicher hatte man schon etwas von einem König der Menschheit und seinem Geburtsstern gehört, und die Idee des heilbringenden Zeichens am Himmel über der Wiege lag nahe.

Die Prätorianergarden erhoben jetzt den kaum Vierzehnjährigen auf den Thron. Als Kaiser führte er den Namen Marcus Aurelius Severus Alexander. Alexander der Große sollte sein Vorbild sein. Der Senat überschüttete ihn mit kaiserlichen Ehren und Titeln. Die tatsächliche Regierung aber lag in den Händen der syrischen Frauen, der Mutter Mammaea und der Großmutter Maesa. Maesa starb sehr bald, und so regierte die gescheite, aber geldgierige Mammaea ihren Sohn und damit das ganze Weltreich. Sie schuf einen ständigen Staatsrat, der aus 16 weisen und ehrenhaften Senatoren bestand. Der berühmte syrische Jurist Ulpian, der als Oberbefehlshaber der Leibgarde zugleich die höchste kaiserliche Gerichtsbarkeit ausübte, präsidierte.

Mammaea wollte nie Herrscherin sein, sie wollte nur hinter dem Rücken ihres Sohnes die tatsächliche Herrschaft ausüben. Sie wollte endlich Ordnung schaffen. Sie allein wollte den Geist ihres Sohnes lenken. Darum duldete sie auch keine andere Frau neben sich. Als Alexander die von ihr selber ausgesuchte Tochter eines Patriziers heiratete, dauerte dieses Glück nicht lange. Der Schwiegervater erhielt den Cäsarentitel, wurde aber wegen

Hochverrats hingerichtet, als er mit seinem Cäsarentum Ernst machen wollte. Die unglückliche Braut – sie hieß vielleicht Memmia oder Herennia Orbiana – wurde von der Schwiegermutter aus dem Palast gejagt und nach Afrika verbannt. Dabei wurde sie von Alexander zärtlich geliebt!

Mit großer Umsicht und mit Hilfe der besten damals lebenden Lehrer formte Mammaea dennoch den Charakter ihres kaiserlichen Sohnes sehr geschickt. Und sie hatte Erfolg! Seine Rechtschaffenheit, seine Ordnungsliebe, seine innere Sauberkeit und die bedingungslose Anhänglichkeit an seine Mutter überstrahlten seinen an sich nicht starken Charakter. Sicher faßte dieser junge Herrscher, der von den Römern wie ein Gott verehrt und gepriesen wurde, nur ungern eigene Entschlüsse. Er ließ sich von seiner Pflicht zwingen. Er war lau wie der milde Wind vom Libanon in seiner Heimat. Aber er ging keiner Entscheidung aus dem Wege – wenn nur die Mutter erreichbar war! Ihr, die ihn beherrschte, wagte er nicht zu widersprechen. Sie erhielt daher von den Römern die höchsten Ehrentitel: Mutter des Vaterlandes, Mutter des ganzen Menschengeschlechts.

Alexander hatte schöne glänzende Augen, und man sagte, es sei schwer, seinen Blick zu ertragen. Er besaß ein außerordentlich gutes Gedächtnis. Ja, man schrieb ihm die Fähigkeit zu, Gedanken zu lesen. Er war ein hervorragender Astrologe und gestattete daher den Sterndeutern, sich wieder in Rom einzurichten. Sie, die Chaldäer, waren nämlich seit 139 v. Chr. aus Rom verbannt. Jetzt durften diese weisen Seher wieder frei in Rom arbeiten. Wer die Zukunft voraussagen konnte, so glaubte man damals, war dem Staat ungemein nützlich.

Die Majestät trieb Geometrie, malte und sang. Im Gegensatz aber zu Nero und Elagabal sang Alexander nur »heimlich« – also vor Sklaven. Die römischen Historiker schrieben diesem hochverehrten Kaiser noch viele Fähigkeiten zu, die zum Teil wohl aus Freude darüber, daß Elagabals Zeit zu Ende war und sein Vetter diesen Schurken überlebt hatte, teils aus Achtung und Bewunderung erfunden sind. Syrier von Geburt, versuchte Alexander immer, seine fremde Abstammung zu tarnen und zu überspielen. Er war in seinem Benehmen viel weniger Asiat als Elagabal. Er wollte Römer sein und ärgerte sich, als die Bürger von Antiochia und Alexandria ihn scherzhaft einen syrischen Tempelpriester nannten.

Bei Tagesanbruch besuchte der Kaiser den Tempel. Wenn der römische Historiker Aelius Lampridius uns die Wahrheit er-

Severus Alexander, 222–235 n. Chr., hatte so schöne glänzende Augen, daß man von ihm sagte, es sei schwer, seinen Blick zu ertragen. Er war ein Liebling der Römer, ein sehr guter Herrscher, ehrlich, milde, aber zu abhängig von seiner Mutter, die schließlich mit ihm umgebracht wurde.

zählt, so betete Severus Alexander nicht nur die römischen Götter und die zu Göttern erhobenen Kaiser an, sondern auch die Seelen des Orpheus, des Christus und des Abraham. In seiner Hauskapelle betete Alexander auch zu Apollonios von Tyana. Dieser merkwürdige Wanderprediger und Wundertäter des 1. Jahrhunderts n. Chr. wurde von der Legende bald als Zauberer, bald als göttlicher Mensch dargestellt. Auf Veranlassung der Julia Domna, der Schwester der Maesa, die ebenfalls eine Verehrerin des Apollonios war, schrieb der griechische Literat Philostratos eine uns erhaltene romanhafte Biographie des Apollonios, die in vielen Zügen dem Neuen Testament nachgebildet erscheint.

Severus Alexander soll die Absicht gehabt haben, Christus einen Tempel zu bauen, ein Vorhaben, das heimlich vielleicht schon Kaiser Hadrian verwirklichen wollte, dieser merkwürdige Kaiser, der einige Tempel errichtete, in die er keine Götter hineinstellte. Es scheint, als seien die Ratgeber des Severus Alexander aber mit ihrer Meinung durchgedrungen: Sie warnten die Majestät vor dem Tempelbau für den Gott der Christen. Alle Menschen würden Christen werden, meinten sie, die anderen Tempel würden veröden! Übrigens durften auch die Juden jetzt ihren Tempeldiensten nachgehen. Und die Christen durften nicht verfolgt werden. Der große Kirchenvater Origenes von

Alexandria wurde von der Kaisermutter Julia Mammaea sogar zu Vorträgen eingeladen. Der christliche Historiker Julius Africanus widmete sein Werk Alexander, mit dem er befreundet war.

Früh am Morgen ritt der Kaiser, jagte, fischte oder machte einen Spaziergang. Dann widmete er sich den Staatsgeschäften, wobei er nie ermüdete und niemals reizbar wurde. Danach las er oft aus dem Leben Alexanders des Großen, studierte Platon, dessen Werk über den idealen Staat seine Lieblingslektüre war, ferner Cicero und Horaz, widmete sich dem Sport, ließ sich ölen und schwamm eine Stunde lang. Nach dem Bade trank er Milch und aß Brot und Eier. Das ermöglichte ihm, oft auf die Mittagsmahlzeit zu verzichten. Nachmittags erledigte er die kaiserliche Korrespondenz und arbeitete mit seinen Sekretären. Danach empfing er Freunde und Besuche. Bei wichtigen Besprechungen mußte Ulpian, dieser berühmte Jurist des Altertums, stets zugegen sein.

Der Kaiser war sehr mäßig. Er trank oft klares kaltes Wasser. Seinen Wein mischte er im Sommer mit etwas Rosensaft. Der Geschmack an diesem Aroma war eigentlich das einzige, was Alexander mit seinem Vetter Elagabal gemein hatte.

Alle Regierungsstellen wurden zunächst von den Kreaturen gereinigt, die Elagabal zu Amt und Würden erhoben hatte. Aus dem Senat, aus dem Palast, aus der Armee wurden die Tänzer, die Lustknaben, die ungebildeten Emporkömmlinge hinausgeworfen. Der Kaiser entließ alle Eunuchen und machte sie zu Sklaven gewöhnlicher Frauen oder schenkte sie seinen Freunden. Dieses »dritte Geschlecht«, so meinte er, solle überhaupt nicht geduldet werden, weder von Männern noch von vornehmen Frauen. Sein Vorgänger Elagabal war Sklave der Eunuchen gewesen. Nun wendete sich das Blatt: »Wenn diese Nichtstuer nicht endlich ehrlich arbeiten, dürft ihr sie ohne gerichtliches Urteil töten«, sagte der Kaiser. Zwerge, Narren, männliche Sänger mit Frauenstimme, Possenreißer und Pantomimen erklärte er einfach als Staatseigentum. Auch verwahrloste Frauen wurden vom Staat übernommen. Für bestechliche Richter brach eine schwere Zeit an. Der sonst so milde junge Kaiser konnte solchen Richtern gegenüber sehr grausam sein. Als ein gewisser Septimius Arabianus, ein Jurist, der gern Mein und Dein verwechselte, dem Kaiser im Senat begegnete, rief Alexander empört: »Götter im Himmel, dieser Arabianus ist noch immer lebendig und kommt sogar in den Senat!«

Die Majestät hielt darauf, nicht gerade den Leuten, die sich zur

Futterkrippe drängten, Ämter zu geben. Vielmehr brachte er die Bescheidenen, die wirkliche Fähigkeiten besaßen, sich aber still im Hintergrund hielten, in Amt und Würden. Ärzte, Techniker, Gelehrte aller Art erhielten Aufträge und gutbezahlte Stellungen, Kinder und Waisen aus armen Familien zinslose Staatsdarlehen. Kein Senator wurde ernannt, ohne daß der ganze Senat dazu gehört wurde. Auch wegen der Wahl der Konsuln wurde regelmäßig, wie in altrömischer Zeit, der Senat befragt. Wenn Mammaea ihren Sohn ermahnte, etwas strenger und härter zu sein, so antwortete Alexander, seine Art zu regieren sei wenigstens sicher und dauerhaft.

Der junge Kaiser scheint außerordentlich fleißig gewesen zu sein. So saß er nächtelang über den Mannschafts- und Offizierslisten seines Heeres, überprüfte ihre Stärken, ihre Dienstgrade, ihre Besoldung, notierte die Namen von Männern, die Beförderung verdienten, entwarf umfangreiche Pläne für Versorgungs- und Nahrungsdepots, so daß seine Soldaten nicht das schwere Marschgepäck zu tragen brauchten.

Bei militärischen Expeditionen in Feindesland sorgte er immer für eine genügend große Zahl von kräftigen Tragtieren. Verletzte und Kranke besuchte Alexander persönlich in ihren Lederzeltlazaretten. Auf den langen Märschen ließ er die Kranken in Wagen transportieren. Schwerverletzte ließ er in Städten bei angesehenen Bürgern in guter und liebevoller Pflege zurück.

Alle seine militärischen Vorhaben traf der Kaiser auf lange Sicht. Er ließ seine Soldaten Tag und Stunde des Abmarsches lange vorher wissen und teilte ihnen auch mit, welche Entfernung sie zurücklegen müßten. Nur das Ziel und seinen Schlachtplan gab er niemals preis, um seine Feinde im Ungewissen zu lassen und ihnen keinen Vorteil in die Hand zu spielen. Die Soldaten liebten ihren jungen Kaiser. Sie spürten, daß er für sie sorgte. Sie waren gut gekleidet, gut untergebracht, hervorragend bewaffnet, hatten schnelle gute Pferde und ordentliche Sättel. Sie stellten als Truppe wirklich die Macht und den Glanz Roms dar.

In Wahrheit aber war dieses römische Heer in mancher Hinsicht brüchig, denn es setzte sich bereits aus Männern zu vieler Völker zusammen. Auch waren die Soldaten von den Vorgängern Alexanders zu sehr verwöhnt, verweichlicht und gründlich verdorben worden. Die gutgemeinte Maßnahme Alexanders, größere Truppenverbände in der Nähe ihrer Garnison an der Grenze als Grenzbauern anzusiedeln, wozu die Soldaten Landschenkungen erhielten, wirkte sich militärisch insofern ungünstig aus, als die Schlagkraft und Einsatzbereitschaft der Truppen dadurch beeinträchtigt wurde.

Alexander zog Kaufleute aus aller Welt nach Rom, ebnete ihnen ihre Wege und Geschäfte, ordnete ihre Finanzverhältnisse und setzte vernünftige Steuern für Handwerker fest, für Hosenschneider, Leinenweber, Glasarbeiter, für Eisen-, Silber- und Goldschmiede. Er gründete Gilden für Gemüsehändler, Weinkaufleute und Schuhmacher. Als das Volk den Kaiser einmal ersuchte, die Preise zu senken, fragte Alexander, welche Nahrungsmittel denn zu teuer seien. Die Römer riefen: »Rind- und Schweinefleisch!« Alexander senkte nicht die Preise, sondern erließ ein Schlachtverbot. Als er es zwei Jahre später schließlich wieder aufhob, gab es Überfluß an Fleisch. Und – es war jetzt spottbillig!

Die Majestät zog die einfache Toga aus Leinen den purpur- oder golddurchwirkten Gewändern vor. »Goldfäden machen jeden Stoff steif und unangenehm«, meinte der Kaiser. Übrigens bandagierte er seine Beine und trug weiße enganliegende Hosen. Hosen sind schon auf der Trajanssäule Kennzeichen der Barbaren. Aber noch im 2. Jahrhundert n. Chr. wurden sie von einem Teil der römischen Truppen am Rhein und an der Donau getragen. Dort herrschte ein rauheres Klima, und die Hosen der Kelten, der Germanen und Daker waren das Vorbild. Jetzt, im 3. Jahrhundert, trug auch der Kaiser Hosen.

Alexander faßte außerdem den Plan, alle Höflinge ihrem Rang entsprechend in Uniformen zu stecken. Es sollten keine Soldatenuniformen sein, sondern der Kaiser wollte auf einen Blick erkennen, wen er da vor sich hatte. Auch bestimmte er eine Sonderkleidung für die Sklaven, damit sie sich nicht mehr so ungehindert unter den Freien tummeln konnten. Die Juristen Ulpian und Paulus scheinen jedoch Alexanders Einkleidungspläne stark gedämpft zu haben. Man würde Unzufriedenheit auslösen, meinten sie. Die Sklaven wurden übrigens damals rarer, weil man aus Gründen der Humanität vielen von ihnen die Freiheit schenkte. »Nach dem Naturrecht«, lehrte der aufgeklärte Ulpian, »sind alle Menschen gleichgestellt.«

Auf Anordnung des Kaisers wurden Bäder für Frauen und Männer wieder streng getrennt. So war es schon immer gewesen; nur Elagabal hatte in die römischen Sitten das große Durcheinander gebracht. Damit die öffentlichen Bäder – es gab 800 in Rom – niemals Geldmangel litten, überließ Alexander ihnen die Nutznießung staatlicher Wälder. Ja, man konnte damals auch abends

Julia Mammaea war die Mutter des Alexianus, der neben Elagabal als 13jähriger zum Kaiser ernannt wurde. Als Kaiser führte Alexianus den Namen Severus Alexander. Mammaea beherrschte den Geist ihres Sohnes und damit das ganze Weltreich.

und nachts baden, denn der Kaiser sorgte durch große Ölspenden für glänzende Beleuchtung. Wie wichtig dem Römer das Bad war, zeigen die Münzen des Jahres 226 n. Chr. Auf einigen dieser Münzen sind Thermen dargestellt.

Im Jahre 222 n. Chr. ließ Alexander den letzten antiken Aquädukt in Rom erbauen. Man lebte gut in Rom, und die Bürger waren zufrieden. Auch die Soldaten schätzten den jungen Kaiser. Weil er aber gerecht und vernünftig war, weil er sie nicht – wie seine kaiserlichen Vorgänger – mit Gold überschüttete, wurde ihnen dieser tugendhafte edle Herr mit der Zeit fast unangenehmer als der lasterhafte Elagabal. Ihr Gardepräfekt, Ulpian, der für Gerechtigkeit und Ordnung sorgte, wurde bald von der Soldateska als Feind angesehen. Die Garde sagte ihm nach, er habe den Flavianus und den Chrestus umbringen lassen, um ihr Nachfolger zu werden. Es kam zur Meuterei in Rom. Von den Leibwachen verfolgt, floh Ulpian in den kaiserlichen Palast.

Wie gefährlich das Leben jetzt für den jungen Kaiser war, welche Spannung in Rom herrschte, erkennt man an dem Drama, das sich hier im Palast abspielte. Die Garde stürzte sich auf Ulpian. Mit seinem Purpurmantel suchte der Kaiser seinen besten Freund und Ratgeber zu schützen. Aber vor den Augen der Majestät ermordete die Garde ihren hochgelehrten und genialen General.

Und der Kaiser? Er war zu schwach. Er wagte es nicht, den Anstifter dieser Meuterei, einen gewissen Epagathus, dem Gericht zu übergeben. Alexander machte den Mörder zum Präfekten Ägyptens. Dann schob er ihn weiter nach Kreta ab, und erst als die Garde diesen Mann ein wenig vergessen hatte, ließ er ihn dort auf der Insel vor ein Gericht stellen und hinrichten.

»Es gibt keine Macht ohne Heer, kein Heer ohne Geld, kein Geld ohne Ackerbau, keinen Ackerbau ohne Gerechtigkeit«, sagte der Perserkönig Ardaschir.

Auf dem Thron des römischen Weltreiches saß ein gutherziger Jüngling. Für ihn regierte, ihn lenkte die Mutter Mammaea. Unblutig sollte dieses Zeitalter sein, das wünschten sich Mutter und Sohn. Wie ein feiner Lichtstrahl aus wolkenverhängtem Himmel dringt da – zwischen 222 und 235 n. Chr. – etwas ganz Neues, etwas ganz Unrömisches an das Ohr des jungen Severus Alexander. Von Juden oder von Christen hat er es gehört: »Was du nicht wünschest, das man dir tu', das füge keinem anderen zu.« Diese goldene Regel, die wir unter den Sprüchen Salomos im Alten Testament finden, läßt der nichtchristliche Kaiser in die Wand seines Palastes meißeln.

Da hat ein Soldat eine alte arme Frau arg zugerichtet. Der kaiserliche Jüngling jagt den Legionär sofort aus der Armee und schenkt ihn der alten Frau als Sklaven. Wir erfahren noch, daß der Soldat ein geschickter Stellmacher war. Er wird also die alte Frau gut ernährt haben. Aber wir hören auch, daß die Soldaten über diesen Richterspruch murren. Und dieses Murren, diese Unzufriedenheit, diese innere Gefahr drohen dem Weltreich und dem Kaiser überall. Eine ganze Legion muß er entlassen. Er redet sie in endlosen Strafpredigten mit »Bürger« an, nicht mit »Soldaten«.

Die Majestät speiste oft im offenen Zelt der Legionäre und ließ sich die gleichen Speisen reichen, die seine Krieger essen mußten. Seinen besten Leibwachen gab Alexander silberne Schilde! Er selber aber zeigte, daß er wie ein gewöhnlicher Soldat leben konnte. Angeblich empfand der Kaiser niemals Furcht vor seinen Legionären. »Ein Soldat ist ungefährlich, wenn er gut gekleidet, gut bewaffnet und gut untergebracht ist, wenn er einen vollen Magen hat und bare Münze in seinem Geldgürtel«, pflegte er zu sagen.

Aber waren die Soldaten wirklich so ungefährlich? Der englische Historiker Gibbon sagt in seinem berühmten Werk über

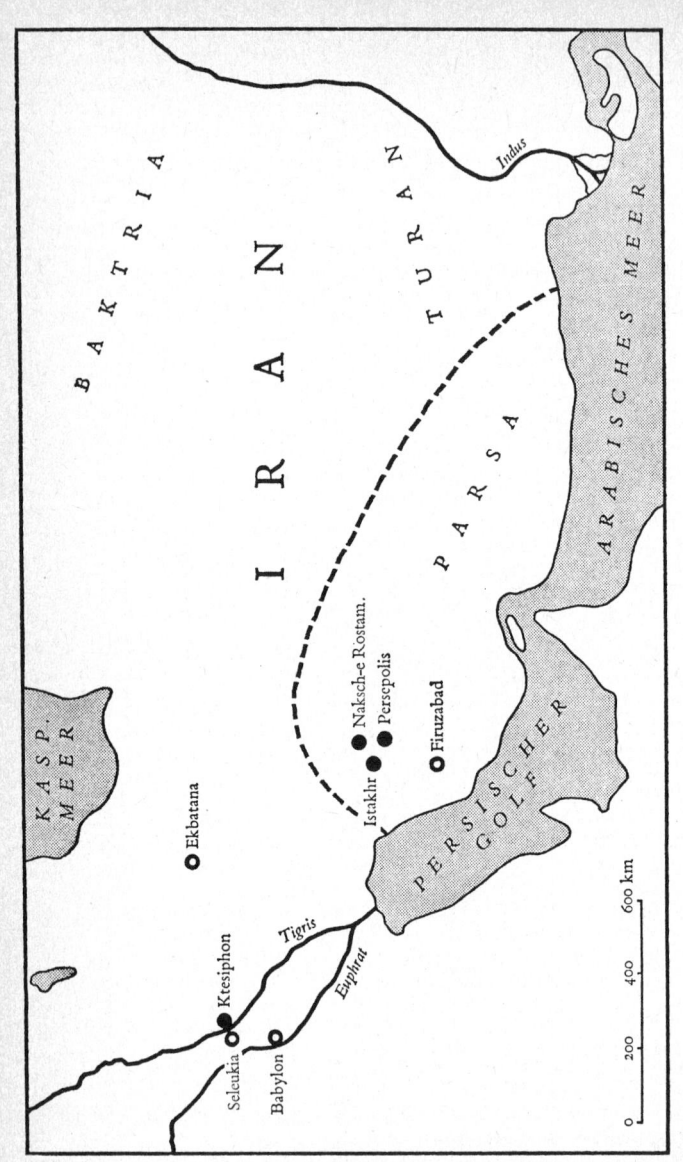

BAKTRIA

I R A N

TURAN

PARSA

Indus

ARABISCHES MEER

KASP. MEER

◎ Ekbatana

● Naksch-e Rostam.
● Persepolis
● Istakhr
◎ Firuzabad

PERSISCHER GOLF

Tigris

● Ktesiphon
◎ Seleukia
◎ Babylon

Euphrat

600 km
400
200
0

den Untergang des Römischen Reiches etwas sehr Wahres: »Von der Regierung des Augustus bis zur Zeit des Alexander Severus hatte Rom seine Feinde im eigenen Fleisch: die Tyrannen und die Soldaten.«

Fast im gleichen Augenblick, als Severus Alexander Kaiser von Rom wurde, erlebte das weitentfernte Hochland von Iran wohl eine der entscheidensten Stunden seiner interessanten Geschichte. Was dort in Asien zwischen Mesopotamien und Indien, zwischen Kaspischem Meer und Persischem Golf vor sich ging, wurde von den Römern nie so recht erkannt. Obgleich schon damals China mit Iran Seidenhandel trieb und sogar römische Gesandte und Kaufleute gelegentlich nach China kamen, lag das Hochplateau der Parther für Rom »am Rande der Welt«.

Bald aber sollte die Erde neben diesem Rom ein zweites Weltreich erleben. Rom sollte nicht für alle Zeiten Alleinherrscherin sein. Ein zweites Auge sollte das Gesicht der Erde erhalten, das Perserreich der Sassaniden.

Parsa – das ist der heutige Name Persien – war einst nur eine kleine Provinz. Und Medien war ein mächtiges Reich! Im Jahre 550 v. Chr. stürzte ein kühner Sohn der kleinen Provinz Parsa den Großkönig des medischen Reiches, eroberte die Hauptstadt Irans, Ekbatana, und machte sich selbst zum König der Könige. Diese Herrlichkeit des Königsgeschlechtes des Kyros – es ist das Geschlecht der Achämeniden – währte etwa 220 Jahre, also bis zu dem Tage, da Alexander der Große im Jahre 330 v. Chr. durch die Entscheidungsschlacht bei Gaugamela in der Ebene des Tigris das Perserreich eroberte.

Als auch die Nachfolger Alexanders, die makedonischen Herrscher der Seleukiden, verdrängt waren, kam nochmals ein nicht-

Linke Seite:

550 v. Chr. stürzte Kyros aus der alten Kernprovinz Irans, aus Parsa, den Großkönig des medischen Reiches, eroberte die Hauptstadt Irans, Ekbatana, und begründete die Herrschaft der Achämeniden. In Persepolis befinden sich die großartigen Palastruinen und Gräber der Achämenidenkönige. Dieses Geschlecht hielt sich, bis Alexander der Große 330 v. Chr. das Perserreich eroberte. 500 Jahre lang herrschte dann das [nichtpersische] parthische Geschlecht der Arsakiden. Danach – 226 n. Chr. – wurde Iran wieder von Parsa aus erobert. Ardaschir begründete die Herrschaft der Sassaniden. Istakhr – oder Stakhr – war der Stammsitz dieser Sassaniden. Ktesiphon wurde ihre neue Hauptstadt. Hier residierten die mächtigen Könige Ardaschir und Schapur.

Der Gott des Lichtes ist Ahura Mazda. Er macht den Perser Ardaschir zum König. Felsrelief bei Persepolis, Iran. Ardaschir erhob die alte Lehre des Zarathustra zur Staatsreligion.

persisches Königsgeschlecht auf den Thron von Iran. Es war das parthische Geschlecht der Arsakiden, vom Steppen- und Reitervolk der Parner aus dem Gebiet des Aralsees in Mittelasien. Diese Arsakiden herrschten 500 Jahre lang.

Danach, 226 n. Chr., geschah eigentlich genau das gleiche, was sich 550 v. Chr. ereignet hatte. Wieder brachte die kleine Provinz Parsa einen kühnen jungen Mann hervor, die Welt zu erobern. Wieder stürzte ein Jüngling aus Parsa den Großkönig. Wieder eroberte ein Perser das Reich. Wieder begründete er ein neues Königsgeschlecht.

Zweimal also wurde Iran von der kleinen Provinz Parsa aus erobert, 550 v. Chr. durch Kyros und 226 n. Chr. durch Ardaschir. Beide Fürsten gehörten dem Herzen Irans an, der alten Provinz Parsa, die heute Fars heißt und die noch jetzt den ursprünglichsten Teil Irans bildet. Hier, in der Wiege der damals schon über 700 Jahre lang toten persischen Welteroberer Kyros, Darius und Xerxes, lebte noch die alte Tradition. Hier erinnerte man sich noch an die große Zeit der Achämeniden und an ihren ganze Völker bewegenden Versuch, Griechenland und damit Europa zu erobern. Hier träumte man noch von Weltbeherrschung und von einem Weltreich, wie es die Erde nie erlebt hatte.

Wie so viele Welteroberer kam Ardaschir aus kleinen Verhältnissen. Und wie so oft in der Geschichte wies man später haargenau nach, daß er fürstlichen Geschlechts sei. Unsere wichtigste Quelle ist der arabische Historiker Abu Jafar Mohamed Tabari, der um 950 eine Geschichte der Menschheit von der Schöpfung bis zu seiner Zeit schrieb.

Ardaschir entsproß der Verbindung eines einfachen Soldaten mit der Frau eines Färbers. Der Färber hieß Babec und der Soldat Sassan. Von Sassan behaupten manche, er sei ein hoher Würdenträger im Tempel der Anahita zu Istakhr – oder Stakhr – gewesen. Dieser Ort war die Hauptstadt der Provinz Parsa. Von dem gewöhnlichen Soldaten – oder von dem Tempelpriester Sassan – stammt also der Name des Herrschergeschlechtes der Sassaniden. Selbstverständlich verklärten die persischen Dichter und Chronisten sehr bald die Herkunft des Ardaschir. Sie wiesen nach, daß er einem alten Zweig der Perserkönige angehöre, ja, daß er ein Nachfahre jener weltberühmten Großkönige Kyros, Darius und Xerxes sei. Zeit und Schicksal, so erzählten sie, hätten dieses alte königliche Geschlecht im Laufe der Jahrhunderte wieder zu gewöhnlichen Bürgern erniedrigt.

Ardaschir also berief sich auf seine Abstammung. Er hielt sich

Das war einst die Burg des Perserkönigs Ardaschir. Er regierte von 226–241 n. Chr. und begründete das mächtige Weltreich der Sassaniden in Iran. Es ging erst 651 unter.

für den allein rechtmäßigen Erben der alten Monarchie. Er revoltierte gegen seinen älteren Bruder Schapur und machte sich selbstherrlich zum König von Parsa. Er wollte sein persisches Volk von der Unterdrückung der Parther befreien. Er wollte das alte persische Geschlecht wieder auf Irans Thron bringen, das Geschlecht, das Alexander der Große weggefegt hatte. In drei Schlachten wurden die Parther besiegt. Im letzten großen Ringen, im Jahre 227 n. Chr., wurde der parthische Großkönig Artabanus V. getötet; nur in Armenien konnten sich seine Nachkommen noch halten. Ardaschir nannte sich von nun an – wie seine Vorfahren und sein Vorgänger – König der Könige.

Wie einst nach dem Sieg des Kyros über das medische Reich, war die Herrschaft wieder an die Landschaft Parsa, an das wahre Herz Irans, gefallen. Jetzt besann man sich auch wieder auf die alte Religion des Zarathustra [Zoroaster]. Seit Jahrhunderten glaubten die Iraner an Gott Ahura Mazda, an den Teufel Ahriman und an den Propheten Zarathustra. Aber viele Feueraltäre waren zusammengestürzt, die Flammen erloschen, und die Ma-

gier, die Priester, hatten keine Macht. Ardaschir erhob den
»Mazdaismus« zur Staatsreligion. Er setzte die Magier wieder in
ihre Priesterämter ein und ließ die heilige Schrift der Avesta neu
sammeln und übersetzen. Jeder andere Glaube wurde verboten.
Fremde Tempel und Götter wurden gestürzt, Juden und Christen verfolgt. Auch Zweifler aus den Reihen der Perser verschon-
te man nicht.

Das Reich wurde straff zusammengefaßt und organisiert. Feu-
dalherren konnten sich als Statthalter der einzelnen Reichsteile
halten, aber die vielen Könige wurden abgeschafft. Ardaschir
sagte: »Es gibt keine Macht ohne Heer, kein Heer ohne Geld,
kein Geld ohne Ackerbau, keinen Ackerbau ohne Gerechtigkeit.« Der König wußte auch, daß Thron und Altar untrennbar
sind und daß ein Herrscher ohne Religion ein Tyrann sein muß.
So schuf er nicht nur ein neues Reich – er begründete eine
Weltmacht!

Die Entstehung dieses Neuperserreiches ist das geschichtlich
wichtigste Ereignis des 3. Jahrhunderts n. Chr. Rom war nun
nicht mehr die einzige Weltmacht. Jetzt hatte Rom einen mächti-

*In einsamer Steppe auf dem Hochland von Iran. Feueraltäre für den Gott
des Lichtes Ahura Mazda. Sein Prophet wurde Zarathustra. Der »Mazdaismus« kennt keine Kulthäuser oder Tempel.*

gen Rivalen, das Perserreich der Sassaniden. Dieses Reich der Perser stand bald geistig zwischen zwei Fronten: Im Westen suchte es sich des siegreichen Christentums zu erwehren, im Osten widerstand es dem Anprall des Buddhismus. König Ardaschir regierte von 223 bis 241 n. Chr., sein ebenfalls bedeutender Nachfolger Schapur [Sapor] I. von 241 bis 271. Diese beiden Könige festigten das Reich, griffen nach Westen wie nach Osten aus und wetteiferten mit der Weltmacht Rom in jeder Beziehung.

Die Auswirkungen der großen Kultur des persischen Sassanidenreiches strahlen bis in unser Mittelalter. Von den Sassaniden haben wir Rittertum und Adel, Turnier und Zweikampf zu Pferd mit der Lanze, höfische Tracht und Zeremoniell, Lehnswesen und Staatskirche übernommen. Die Weltepoche der Sassaniden währte bis zum Sieg der Araber, bis zum Sieg des Islam im Jahre 651, als Iran ein Teil des Kalifenreiches wurde.

Aber zurück zu Ardaschir. Es war klar, daß der macht- und ruhmhungrige König bald auf Roms Widerstand stoßen mußte. Er erklärte sich zum Erben des altpersischen Großreiches und forderte alle Gebiete Asiens von den Römern zurück. Gleich fiel er auch in das römische Mesopotamien und Syrien ein; seine Reiter stießen bis Kleinasien vor – eine Kampfansage und eine Frechheit, wie sie Rom noch nicht erlebt hatte.

Severus Alexander sandte dem Perser einen Brief. Er ermahnte ihn, nicht in fremde Länder einzufallen und nicht zu versuchen, Asien in Aufruhr zu bringen. Es sei gefährlich, einen Krieg zu entfesseln, schrieb der friedfertige, »unblutige« römische Jüngling. Krieg mit Rom sei etwas ganz anderes als Krieg gegen barbarische Horden. Alexander erinnerte den Perser auch an die Siege des Augustus, des Trajan und des Septimius Severus.

Ardaschir antwortete. Er schickte eine Gesandtschaft nach Antiochia in Syrien. 400 Perser, stattliche Männer mit goldenen Waffen, standen da eines Tages vor dem Kaiser. Sie überbrachten die Antwort des »Königs der Könige«: Rom solle Syrien und alle Besitzungen in Asien aufgeben und den Persern ihr altes Reich, das mächtige Reich, das einst Griechenland angriff, überlassen.

Diese arrogante Botschaft quittierte der Kaiser mit der sofortigen Festnahme der Perser. Sie wurden als Kriegsgefangene behandelt.

Unselbständig, aber gründlich wie immer leitete der junge Severus Alexander seine Gegenmaßnahmen ein. In den Jahren 231 bis 232 sehen wir ihn mit seiner Mutter in Antiochia. Hier überwinterte er und versuchte noch einmal auf diplomatischem

Wege, den Krieg zu verhindern. Und hier zeigte sich wieder einmal Roms größte Gefahr. Die Soldaten machten sich einen gemütlichen Winter. Sie besuchten Frauenbäder, tranken und gingen allen Vergnügungen nach. Sie gaben zu erkennen, was sie vom »Weiberregiment«, von der Herrschaft der Mutter hinter dem Rücken des Sohnes, hielten. Alexander ließ die unordentlichsten seiner Soldaten verhaften und in Ketten legen. Eine Meuterei drohte auszubrechen. Im Tribunal hielt der junge Kaiser vor den angeklagten wie vor den nicht verhafteten Soldaten eine seiner berühmten langen Reden: »Wenn unsere Disziplin versagt, werden wir unseren guten römischen Namen und unser römisches Weltreich verlieren. Römische Soldaten, eure Kameraden, meine Soldaten, führen ein lasterhaftes Leben. Sie trinken, sie treiben sich in Bädern herum, sie benehmen sich wie die Griechen.« Die Soldaten murrten. Dann schrien sie. »Ihr sollt im Kampf brüllen«, rief der Kaiser, »nicht vor eurer Majestät! Ihr sollt eure Kraft vor den Germanen und Persern beweisen, nicht vor mir. Wenn ihr die römischen Gesetze verachtet, seid ihr nicht wert, römische Bürger genannt zu werden!«

Auch in anderen Teilen der Welt flammte hier und da Meuterei unter den römischen Truppen auf. Das waren keine guten Vorzeichen für die großen Auseinandersetzungen, die Rom jetzt zu bestehen hatte.

Im Jahre 232 zogen drei römische Heere nach Mesopotamien gegen Ardaschir: Das eine Heer marschierte durch Armenien, das zweite durch Nordmesopotamien, das dritte, von Alexander

König Ardaschirs Palast muß einst so ausgesehen haben. Nahe Firuzabad befinden sich die Ruinen. Unser Photo zeigt eine genaue Rekonstruktion.

selbst geführt, zog südlich des Euphrat gegen die Perser. Das erste Heer hatte anfangs Erfolge und drang plündernd bis Medien vor, erlitt aber beim Rückzug auf den schlechten Bergstraßen und durch Kälte große Verluste. Das durch Mesopotamien ziehende zweite Heer hatte kaum die sumpfigen Ebenen von Babylonien erreicht, da wurde es von den zahlenmäßig überlegenen Persern und ihren gefährlichen Reiterscharen auseinandergejagt. Sehr viele Römer fielen. Alexanders Heeressäule, vom Kaiser unentschlossen und zu langsam geführt, litt unter Krankheiten und Entkräftung.

Der ganze strategische Plan war von vornherein zum Scheitern verurteilt. Es war höchst unklug, ein großes Heer so zu zersplittern: Die drei Heeressäulen marschierten viel zu weit voneinander entfernt und konnten einander nie unterstützen. So war der Ausgang dieses großen Aufeinanderpralls klar: Die Perser siegten. Aber dennoch gelang es ihnen vorläufig nicht, Mesopotamien zu behalten. Auch sie hatten Verluste erlitten, so daß Ardaschir seine Angriffe bis auf weiteres einstellte. Die Römer konnten ihre verlassenen Grenzkastelle wieder besetzen. Friede wurde nicht geschlossen. Alexander, der sich in Rom eines großen Sieges rühmte, hatte diesen Feldzug keineswegs gewonnen. Seine Verluste waren viel zu hoch.

Nun erst geriet er, geriet Rom in die allergrößte Gefahr: Sie drohte von Norden, von den Germanen.

SEVERUS ALEXANDER
Die Schicksalsbarrikade

Mitteleuropas Kultur wäre heute ganz anders, wenn es keinen
Limes gegeben hätte. Wahrscheinlich wäre dann schon vor vielen
hundert Jahren ein geeintes Europa entstanden. Und fast ganz
Kontinentaleuropa würde romanische Sprachen sprechen.

Der Verfasser.

Im Jahre 83 n. Chr. faßte Kaiser Domitian einen Entschluß, der
für Europas Geschichte bis auf den heutigen Tag von größter
Bedeutung wurde. Um der Grenzfestung Mainz ein sicheres
Vorfeld zu schaffen, um den Germanen für alle Zeiten Halt zu
gebieten und die römischen Eroberungen in Gallien und im
südwestlichen Germanenland zu schützen, ließ Domitian einen
Grenzwall bauen, den Limes.

Dieser Limes hat Weltgeschichte gemacht. Durch ihn wurde
weitgehend germanische Lebensart von römischer Kultur getrennt. Während Frankreich als Teil Galliens von 50 v. Chr. bis
476 n. Chr. – über 500 Jahre lang – römische Provinz war,
römische Kultur übernahm, vor allem die Sprache, und so zu
einem einheitlichen Volk wurde, blieb durch den Limes die
deutsche Sprache fast unberührt, blieben die Stammesverschie-
denheiten der Völker Germaniens erhalten, wurde die germanische Welt von der römischen abgesondert. So formte der Limes
Deutschlands Glück und Unglück. Er ist die Schicksalsbarrikade
Europas.

Limes ist in seiner Grundbedeutung ein unbegehbarer Grenz-
streifen, also etwa Fels, Fluß, Steinhaufen. Darüber hinaus bezeichnete man mit Limes einen Weg zwischen zwei Grundstük-
ken. Der Limes war also ursprünglich ein schmaler Rain, die
Grenze zwischen zwei Äckern oder Ansiedlungen. Limes bedeutete dann einfach Grenzweg. Auch der Streifen unbesiedelten
Ödlandes an der germanischen Grenze hieß deshalb Limes. Neu
ist seit Domitian, daß der Limes nicht mehr Ödland bleibt,
sondern eine befestigte Linie wird. Für die Soldaten des Grenz-
schutzes wurde zunächst eine Schneise in den Wald gehauen. So
hatte man einen Patrouillenpfad.

Die Idee des befestigten Limes paßt gut in das Ende des 1. Jahr-

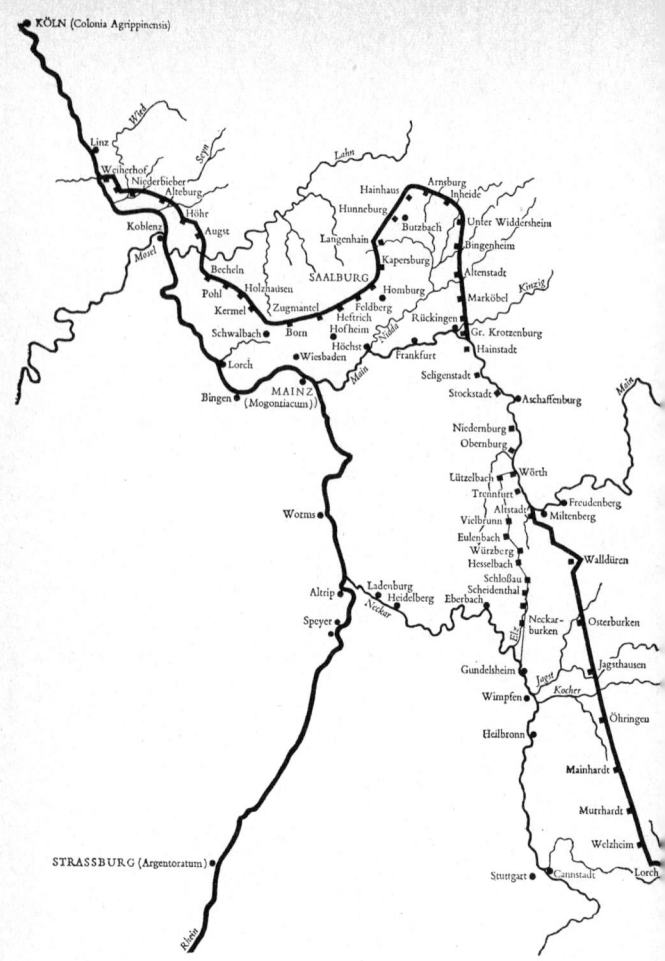

KÖLN (Colonia Agrippinensis)

Linz
Weiherhof
Niederbieber
Alteburg
Koblenz
Höhr
Augst
Bechein
Pohl
Holzhausen
Kermel
Zugmantel
Schwalbach
Born
Lorch
Bingen

MAINZ
(Moguntiacum)

Saalburg
Feldberg
Heftrich
Hofheim
Höchst
Wiesbaden
Frankfurt

Hainhaus
Hunneburg
Langenhain
Kapersburg
Homburg
Rückingen
Butzbach
Inheide
Arnsburg
Unter Widdersheim
Bingenheim
Altenstadt
Marköbel
Gr. Krotzenburg
Hainstadt

Seligenstadt
Stockstadt
Aschaffenburg
Niederburg
Obernburg
Lützelbach
Wörth
Trennfurt
Altstadt
Vielbrunn
Eulenbach
Würzberg
Hesselbach
Schloßau
Scheidenthal
Eberbach
Neckar-burken
Freudenberg
Miltenberg
Walldüren
Osterburken
Jagsthausen
Gundelsheim
Wimpfen
Jagst
Kocher
Heilbronn
Öhringen
Mainhardt
Murrhardt
Welzheim
Stuttgart
Cannstadt
Lorch

Worms
Ladenburg
Heidelberg
Altrip
Neckar
Speyer

STRASSBURG (Argentoratum)

Das ist der Limes, das gewaltige Bollwerk römischer Kaiser gegen den Ansturm der Germanen. 550 Kilometer lang zieht sich diese Palisaden- und Steinmauer, erbaut zwischen 83 und 138 n. Chr., vom Rhein bis zur Donau. Es war eine riesige Anlage mit Türmen, Kastellen und Heeresstraßen. Es ist ein Stück Geschichte, das unter Ackerfeldern und dem Moos der Wälder allmählich ins Nichts versinkt.

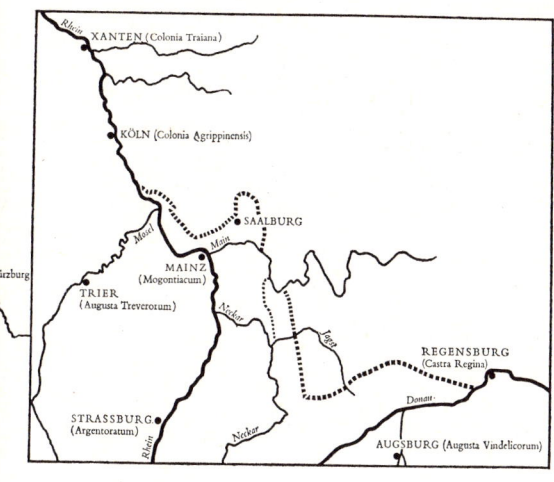

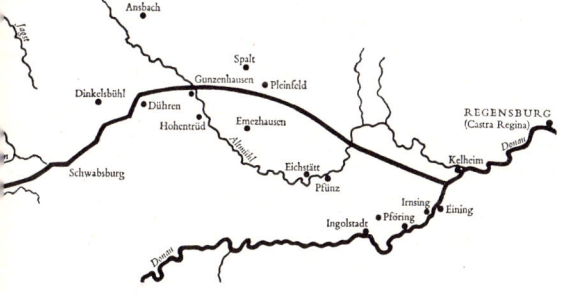

hunderts n. Chr. Das Römische Reich sehnte sich nach Sicherheit. Auf vielen Gebieten des geistigen Schaffens der antiken Welt zeigten sich Verfall und Rückgang. Damals begann die Gesellschaft zu erstarren. Im 2. Jahrhundert n. Chr. wird das Erlahmen des geistigen Lebens noch deutlicher, und im 3. Jahrhundert erleben wir den Niedergang der antiken Kultur.

Über die Ursache des Verfalls und des Untergangs des Römischen Reiches ist seit Edward Gibbon unendlich viel geschrieben worden. Es ist – wie der berühmte Althistoriker Ernst Kornemann sagte – »das Problem der Probleme«. Es wurde immer und immer wieder neu formuliert und neu gelöst. Der Wahrheit kommt man wohl am nächsten, wenn man den Niedergang der antiken Welt in vielen und sehr verschiedenen Ursachen zu erkennen sucht. Denn dieser Verfall vollzog sich auf politischem, auf sozialem, auf wirtschaftlichem und vor allem auf geistigem Gebiet. Unter den politischen Feinden waren es schließlich die Germanen, die in ihrem Kampf um Rom der Karte Europas ein völlig neues Gesicht gaben.

Es gab aber einmal eine Stunde, da Rom den weltgeschichtlich hochbedeutenden Versuch unternahm, immer weiter nach Norden zu stoßen und alle Länder der Germanen in das römische Weltreich einzubeziehen, wie es wohl schon Cäsar geplant hatte. Man muß daran denken, daß im Jahre 6 n. Chr. Germanien zwischen Rhein und Elbe eine römische Provinz war, was unsere Geschichtsbücher gern verschweigen. Damals übernahm P. Quinctilius Varus, ein Verwandter des Augustus, die Verwaltung des Landes.

Die Befreiungstat des Arminius im Jahre 9 n. Chr. hat dem Ringen der Römer um den Besitz von ganz Germanien früh ein Ende gesetzt. Arminius war »ohne Zweifel der Befreier Germaniens«, wie der römische Historiker Tacitus mit erstaunlicher Objektivität zugibt. Die drei Legionen des Varus wurden in der »Schlacht im Teutoburger Wald« vernichtet. Varus selber fiel. Allerdings hat die Schlacht niemals dort stattgefunden, wo heute das Hermannsdenkmal steht – bei Detmold. Nicht in der näheren und auch nicht in der weiteren Umgebung des Osning starben die Legionäre des Kaisers Augustus unter den Schwertstreichen der Cherusker und ihrer Verbündeten – es nahmen auch andere germanische Stämme teil. Der römische Feldherr Varus wurde in einem Wald- und Sumpfgelände aus dem Hinterhalt überfallen und vernichtet, nicht in einem Gebirge, und die modernste Forschung hat auf vielen komplizierten Wegen ermittelt, daß der Schauplatz der Schlacht viel westlicher zu suchen ist, etwa an der oberen oder mittleren Lippe oder irgendwo in der Umgegend von Hamm.

Auch hieß Arminius mit seinem germanischen Namen niemals Hermann. Bekanntlich war Arminius der Sohn des Cheruskerfürsten Segimer. Mit seinem Bruder Flavus trat er in römische Kriegsdienste. Er wurde dort zum »Freund des römischen Volkes« ernannt, »amicus populi Romani«. Nach seiner Rückkehr vermählte sich der junge germanische Fürst mit Thusnelda, der Tochter des Cheruskers Segestes – gegen den Willen des Brautvaters.

Die Annahme, Arminius sei die lateinische Form von Hermann, ist unhaltbar. Eine überzeugende Erklärung des Namens Arminius hat man bis heute nicht gefunden. Es ist jedenfalls ein römischer Name, den Arminius als römischer Offizier führte, wie sein Bruder ebenfalls als römischer Offizier Flavus, der Blonde, hieß. Eine unsichere These meint, Arminius habe sich bei Kämpfen der Römer in Armenien ausgezeichnet und sei danach benannt worden. Bei Strabo lautet die Namensform »Armenios«. Die Gelehrten, die der Ansicht sind, Arminius sei der Siegfried der Nibelungensage, berufen sich darauf, daß sein germanischer Name wohl mit »Segi« zusammengesetzt gewesen sei, wie bei seinem Vater Segimer oder bei seinem Schwiegervater Segestes.

Rund 80 Jahre später, nachdem Arminius, der Häuptling eines kleinen germanischen Stammes, ein Weltreich angegriffen hatte – 88 oder 89 n. Chr. –, begann Kaiser Domitian mit dem Bau des Limes. Wie der Chinese Schi-huang-ti, der Schöpfer der langen Erdaufschüttung, die später zur großen »Chinesischen Mauer« wurde, war Domitian Diktator und Despot. Keinen Widerspruch zu dulden, das war sein Prinzip. Er war aber auch ein hervorragender Organisator und Verwalter. Er sah ganz deutlich die vielfältigen Gefahren und Probleme der Nordgrenze des Römischen Reiches und legte deshalb den Limes an.

Kaiser Hadrian – 117 bis 138 n. Chr. – verstärkte durch einen Palisadenzaun, durch Wall und Graben den Limes. Unter Antoninus Pius, dem Nachfolger Hadrians, wurde der Limes vorverlegt und weiter verstärkt. Er verlief jetzt in schnurgerader Linie, ohne Rücksicht auf die Geländeverhältnisse. 550 Kilometer weit, vom Rhein bei Hönningen und Rhein-Brohl bis zur Donau bei Regensburg, reicht diese römische Barrikade, die Europa spaltete und eigentlich die tiefere Ursache so vieler Kriege war. Keine der anderen Limesanlagen, die von den Römern in gefährdeten Grenzprovinzen errichtet wurden, so in Britannien, Afrika, Syrien, Rumänien, hat geschichtlich eine solche Bedeutung erlangt wie der Limes an der germanischen Grenze.

An der Nordgrenze des Römischen Reiches begann im Jahre 213 n. Chr. der große Sturm. Am Mittelrhein und an der oberen Donau, also im Vorgelände von Obergermanien und in Rätien, kamen die Westgermanen und ihre Brüder, die Ostgermanen, in Bewegung. Hier trafen sie auf Feinde, die sich Alemannen nannten.

Der Name setzt sich aus »alle« und »Mannen« zusammen. Es handelt sich also um einen Männerverband. Einige Stämme hatten sich um das in diese Gegend gewanderte Volk der Semnonen geschart. Jetzt erschienen sie zum erstenmal unter dem Namen Alemannen. Sie schlossen mit den Chatten ein Bündnis – jenem seßhaften Volk nördlich des Mains, das Domitian soviel zu schaffen machte – und überschritten gemeinsam im Jahre 213 die Grenze des Römischen Reiches.

Rom ließ dort im Norden seiner Welt, in Rätien und in Noricum, die Straßen verbessern. Es bereitete sich gründlich vor. Im Jahre 213 wurden die Alemannen vom römischen Kaiser Caracalla in der Gegend von Miltenberg am Rhein besiegt. An Stelle der morsch gewordenen Palisaden entstand am rätischen Limes nördlich der Donau fortan eine zwei bis drei Meter hohe, über

Ein Limesturm mit Brüstung, Palisade und Feuerfackel. Rekonstruktion nach einem Relief auf der Trajanssäule.

Schulunterricht an der Mosel um 190 n. Chr. Im Unterbau der konstanti-nischen Stadtmauern von Neumagen fand man dieses erstaunliche Grab-denkmal.

einen Meter starke Steinmauer, die sogenannte Teufelsmauer, ein imponierendes Bollwerk von 166 Kilometer Länge. Sonst war der Limes ein Erdwall mit einem großen Spitzgraben nach der germanischen Seite zu. Vor dem Spitzgraben war noch ein kleiner Graben angelegt, und in diesen waren die Pfähle, die Palisaden, eingerammt. Sie waren drei bis vier Meter lang und etwa 30 Zentimeter stark. Die ganze Anlage war immerhin 20 Meter breit.

Heute sind uns diese Fakten bekannt. Von dem Pulver-Berg bei Sayn können wir die Palisaden in einer 40 Meter langen Rekonstruktion bewundern. Aber diese Palisaden haben der Limes-Forschung ziemlich viel Sorgen gemacht. Überall stieß man auf den kleinen Graben, der so schmal war, daß er einem anstürmenden Feind gar kein Hindernis bieten konnte. Darum begriff man nicht, welchen Zweck diese vorderste Vertiefung haben sollte. In ihr fand man Steine, Holzkohle, Eisennägel und Schieferstücke. Auch das konnte man sich nicht erklären. Schließlich entdeckte man in einem Sumpf im Odenwald Holzpalisaden, die der Sumpf – dieser beste Konservator! – glänzend erhalten hatte. Und plötzlich war alles klar: Der schmale vordere Graben war Fundament einer Meilen um Meilen durch Wälder, über Hügel und Hindernisse verlaufenden Wand aus Palisaden. Das Material, das sich in dem Graben befand, hatte zum Verkeilen und Festmachen der Palisaden gedient.

Der Limes bestand aber nicht nur aus Wall, Spitzgraben und Zaun. Er besaß auch Holztürme, von denen aus man gute Aussicht in das Vorland hatte. Mehr als 1000 Wachttürme dieser Art sind am Limes nachgewiesen. Von Turm zu Turm konnten sich die Posten verständigen. Tags wurden Zeichen durch Rauch gegeben. Mittels einer Klappe im Dach des Türmchens konnte man den Rauch in Abständen in die Luft ziehen lassen. Bei Nacht verständigte man sich durch Feuersignale. Um Freunde anzuzeigen, wurden Fackeln emporgehalten, brennend, aber ruhig; Feinde dagegen wurden durch Hinundherschwenken der Fackeln angezeigt, denn Krieg ist Bewegung. Das war also die »Telegraphie« der ersten Jahrhunderte n. Chr. Man konnte auch Hornrufe von Turm zu Turm erschallen lassen und so in der Stunde der Gefahr Kilometer um Kilometer alarmieren.

Dicht hinter dem Limes befanden sich in gewissen Abständen rechteckige Holz-Erdwerke, in denen Feldwachen untergebracht waren. Noch weiter im Hinterland lagen die großen Kastelle, wie Heddesdorf, Bendorf und Niederberg. Und schließlich war die Tiefenstellung noch durch das große berühmte Legionslager Mainz [Mogontiacum] gedeckt.

Im Befestigungswerk des Limes gab es aber auch Steintürme, deren genaues Aussehen wir aus den Darstellungen auf den Siegessäulen der Kaiser Trajan und Marc Aurel in Rom kennen. Ein solcher Steinturm ist auf dem Pulver-Berg bei Sayn dicht neben den Resten eines echten Römerturmes rekonstruiert worden. Man kann dort auf die kleine Balustrade steigen und die wunderschöne Aussicht über das Brexbachtal, über Sayn hinaus und weit bis nach Andernach genießen.

Es gibt, was gar nicht so bekannt ist, in Westdeutschland auch

Die Saalburg. Hier, in der Nähe von Bad Homburg, wurde zwischen 1898 und 1907 ein vollständiges römisches Kastell so wiederaufgebaut, wie es einst ausgesehen haben muß. Hierher wurde zur Zeit Hadrians die zweite Reiterkohorte gelegt. Sie bestand aus fünfhundert Mann, darunter hundertundzwanzig Berittene.

Das Haupttor der Saalburg. Vor dem Eingang steht die Statue des Kaisers Antoninus Pius. Dieses Tor hatte als einziges der vier Lagertore eine Mittelwand.

ein vollständig wiederaufgebautes römisches Kastell, das sich jeder ansehen kann und ansehen sollte, wie überhaupt der Limes, dessen Verlauf sich noch heute auf weite Strecken im Gelände verfolgen läßt, zu den bedeutendsten historischen Denkmälern in Deutschland gehört. Es ist die Saalburg in der Nähe von Bad Homburg. Der Name Saalburg ist jung und erst seit 1604 nachweisbar. Den alten römischen Namen dieses Kastells kennen wir nicht. Aber wir wissen, daß unter Kaiser Hadrian die zweite Reiterkohorte aus ihrem Standort Wiesbaden auf die Saalburg verlegt wurde. Das Kastell wurde in den Jahren 1898 bis 1907 wiederaufgebaut. Alle Gebäude und die Umfassungsmauern sind über den alten römischen Grundrissen errichtet. Man hat aber nur die Bauwerke rekonstruiert, die vermutlich ganz aus Stein bestanden. Und schließlich konnte der Plan nur verwirklicht werden, weil Professor Louis Jacobi den letzten deutschen Kaiser, Wilhelm II., für diese Idee zu interessieren und auch zu gewinnen verstand.

Im Jahre 232 n. Chr. fielen die Alemannen erneut in das Römische Reich ein. Sie überfluteten den Limes nicht nur an der Rheingrenze, sondern auch im nördlichen Teil der Provinz Rätien. Viele Provinzbewohner vergruben damals ihr Geld und ihre

357

Kostbarkeiten in Töpfen unter dem Boden; da sie nie mehr dazu kamen, ihre Schätze wieder zu heben, findet man nicht selten noch jetzt solche »Münzhorte«. Rom sandte schleunigst Truppen aus allen Teilen der Welt zu diesem gefährlichen Herd. Selbst Spanien mußte Soldaten entsenden, und Kaiser Severus Alexander jagte in endlosen Märschen mit seinen Legionen zum Limes. Aus dem Orient hatte man Bogenschützen und parthische Überläufer herangezogen, um den alemannischen Reiterscharen gewachsen zu sein. In großer Eile warfen die Römer bei Mainz eine Pontonbrücke über den Rhein. Die ersten Gefechte verliefen günstig.

Aber jetzt geschah etwas Furchtbares. Noch hatte man mit den entscheidenden Operationen nicht begonnen, da brachen hier und da im römischen Heer Meutereien aus. Um ihrer Herr zu werden, ließ der Kaiser einige Einheiten auflösen.

Natürlich war auch hier seine Mutter wieder im Feldlager. Sie kam auf den wahnsinnigen Gedanken, ausgerechnet jetzt den Sold der Soldaten zu kürzen. Sie war entweder zu geizig oder zu unbesonnen im Augenblick der Gefahr. Die junge Majestät aber wollte dem Kampf ausweichen. Unter dem Einfluß seiner Mutter begann Severus Alexander mit dem Feind zu verhandeln. Die Soldaten – wahrscheinlich waren es die pannonischen Einheiten – sahen das nicht ein. Wenn der Kaiser mit den Alemannen verhandelte, so bot er ihnen wahrscheinlich Geld an. Die Soldaten aber wollten das Geld lieber selber bekommen. Sie wollten also kämpfen, nicht verhandeln.

Große Gefahr lag in der Luft. Hatte nicht eine druidische Wahrsagerin gerade in dem Augenblick, als die Majestät in den Krieg zog, gerufen: »Geh, aber hoffe nicht auf einen Sieg, und verlasse dich nicht auf deine Soldaten!«

Wie immer nahm der Kaiser diese Vorzeichen und Drohungen nicht tragisch. Wie immer nahm er sein Abendessen im offenen Zelt ein. Danach, um die siebente Abendstunde, legte er sich ein wenig zur Ruhe. Das Zelt muß in der Nähe des heutigen Bretzenheim bei Mainz gestanden haben. Es war ein kühler Abend im März des Jahres 235 n. Chr.

»Was ist?« Erschreckt fuhr die Majestät hoch. »Bringst du mir Nachricht vom Feind?«

Ein römischer Soldat stand da, zitternd, wachsbleich. Er hatte sich einfach verirrt. Plötzlich stand er vor dem Bett des Kaisers. Und nun überkam ihn der Gedanke, daß es um ihn geschehen sei, wenn der Kaiser weiterleben würde. Da stürzte er hinaus, rief seine Kameraden heran, den Kaiser auf der Stelle zu töten. Mit ihren Waffen rasten die Männer ins Zelt und durchbohrten ihren wehrlosen Herrn mit Schwertern.

Immer hatte der junge Kaiser seiner Mutter gehorcht. Jetzt mußte sie mit ihm sterben. Sie hatte einen rechtschaffenen Sohn geboren, aber keinen Helden.

Die Tragik dieser Gestalt offenbart sich in dem, was die Mörder sahen, als die Majestät tot im Blut lag. Da standen noch die Schüsseln der Abendmahlzeit. Und darin fanden sie Reste der einfachen Rationen, genau der gleichen, die sie selber erhalten hatten. So war dieser unglückliche Kaiser gewesen.

Der gereizte Bär

>>Er rannte gegen die Wand, warf sich auf die Erde, schrie laut
zusammenhangloses Zeug, packte sein Schwert, als ob er hier
und sofort den Senat umbringen könnte. Er zerriß seine königlichen Gewänder, schlug die Palastdiener und hätte beinahe seinem jungen Sohn die Augen ausgerissen.<<

Julius Capitolinus, Die zwei Maximine, Kap. 17.

Maximinus war der Sohn eines Goten und einer Alanin. Er
wurde in einem thrakischen Dorf geboren. Seine Heimat war zu
jener Zeit kulturell noch tiefstehendes Land. Und so sehen wir in
ihm einen Emporkömmling, der vom äußersten Rande des Römischen Reiches plötzlich in den Brennpunkt der großen Welt
rückt. Nach Rom kam er allerdings als Kaiser nie. In die Geschichte ging dieser Cäsar als Maximinus Thrax ein.

Ein großer Kerl, wild, roh, überheblich, aber als Mann nicht
unschön, soll er täglich nicht weniger als eine kapitolinische
Amphore Wein getrunken haben. Das war ein Krug, dessen
Vorbild auf dem Kapitolinischen Hügel aufbewahrt wurde, so
wie das Standardmetermaß in den Gewölben der Bank von Paris.
26,2 Liter faßte so ein Gefäß. Dazu aß Maximinus täglich 40
Pfund Fleisch. Kein Gemüse! Das schätzte er nicht. Er konnte
mit einem Faustschlag einem Pferd die Zähne ausschlagen. Wegen seiner großen Körperkraft, wegen seiner Größe überhaupt,
hielt er sich für unsterblich. Im Theater aber wurde er verspottet,
ohne es zu merken. >>Wer nicht von *einem* umgebracht werden
kann, den töten viele<<, witzelte man dort.

Im Jahre 232 n. Chr. war er Befehlshaber der zweiten trajani-
schen Legion in Ägypten, während des Perserkrieges Gouverneur von Mesopotamien. Dann übertrug Kaiser Severus Alexander diesem ausgezeichneten und mutigen Offizier den Oberbefehl über alle Rekruten der römischen Armee am Rhein. Maximinus war also dort so etwas wie der Chef des Ausbildungswesens.
Er sorgte für Disziplin, aber er gab den Soldaten auch das Gefühl,
einer guten, männerwürdigen Sache zu dienen. Kein Hand-
werk, keine Kunst durften seine Legionäre betreiben. Nur die

Jagd war nach Ansicht dieses Generals etwas für den Mann im Felde.

Maximinus Thrax war so recht ein Feldherr nach dem Geschmack der Legionäre. Man darf sich deshalb nicht wundern, daß die gegen Severus Alexander meuternden Rekruten ihn zum Imperator machten. Als der Senat in Rom von dem neuen Kaiser hörte, beugte er sich vor der vollendeten Tatsache. Dabei gab es im Senat eine ziemlich heftige Opposition gegen diesen Emporkömmling.

Gleich am Anfang entging der Kaiser nur mit Mühe einem Anschlag seiner Zenturionen. Sie wollten ihn über den Rhein ins feindliche Germanenland locken, ihm dann den Rückweg abschneiden und ihn töten. Ein gewisser Magnus von konsularischem Rang soll der Anstifter zu diesem Mordversuch gewesen sein, ein Mann, der natürlich selber Kaiser werden wollte.

Aber Maximinus war wachsam und verurteilte – ohne Ankläger oder Richter zu befragen – die Verschwörer sofort zum Tode. 4000 Menschen mußten ihr Leben lassen. Ihr Eigentum wurde beschlagnahmt. So wollte der Bauer aus Thrakien seine Macht beweisen.

Maximinus überschritt den Rhein bei Mainz und drang tief in das Germanenland ein. Am Main und im heutigen Württemberg verbrannte er Dörfer, entführte Herden, machte Tausende von Gefangenen und plünderte und verwüstete alles, was Germanenhand geformt hatte. Seine orientalischen Bogenschützen und seine afrikanischen Speerwerfer, Syrier und Mauretanier, erschienen den Germanen damals wie unüberwindliche Teufel.

Und die Germanen? Der römische Historiker Tacitus hatte sie schon 100 Jahre vor jener Zeit geschildert: »Ihre Schilde sind schwarz, ihre Leiber bemalt. Finstere Nächte wählen sie zum Kampf. Schon durch den grauenvollen, düsteren Anblick eines solchen Gespensterzuges verbreiten sie Schrecken. Kein Feind hält den überraschenden, beinahe höllischen Anblick aus. Denn in allen Kämpfen erliegen zuerst – die Augen.«

In einem Sumpfgelände kam es zur Schlacht. Das muß etwa an der Grenze von Nordwürttemberg und Baden gewesen sein, ein Kampf der Römer und ihrer ausländischen Söldlinge gegen die Alemannen, dieselben Alemannen, die kurz vorher den Limes durchbrochen hatten. Immer kämpfte Maximinus in vorderster Linie; auch als Kaiser glaubte er, nichts Besseres tun zu können.

Jetzt, im Jahre 236 n. Chr., wurde die Gefahr noch einmal gebannt. Germanicus Maximus nannte sich die Majestät fortan.

*Kaiser Maximinus, ein unge-
bildeter Bauernsohn aus
Thrakien, regierte von 235
bis 238 n. Chr. In Mainz
wurde er zum Kaiser ausgerufen. Er war ein recht guter
Offizier.*

Die Reste damals errichteter neuer Limesfestungen beweisen,
daß der Frieden an Rhein und oberer Donau wiederhergestellt
war. Gleich machte auch Maximinus seinen Sohn zum Mitkaiser,
zum Cäsar. Dieser Sohn war außergewöhnlich schön. Im Win-
terquartier, in Sirmium an der Save bei Belgrad, wurde ein großes
Siegesfest gefeiert. Wir wissen, daß der Kaiser dann – in den
Jahren 236 und 237 n. Chr. – erfolgreich gegen Sarmaten und
Daker kämpfte. Und im Frühling 238 sehen wir ihn wieder in
Sirmium, wo er Hof hielt und die Abgesandten aus Rom und den
Provinzen empfing. Hier, in der weiten Ebene der Save, unter
Kriegern und Pferden, fühlte er sich zu Hause; nach Rom zog es
ihn nicht. Er plante jetzt, die Germanen bis zur Nordsee zu
unterwerfen.

Die Anhänger der vorher ausgelöschten Dynastie wurden von
Kaiser Maximinus ständig verfolgt. Er soll in seinen Racheme-
thoden sehr grausam gewesen sein, ließ Männer kreuzigen,
schlug ihnen die Schädel ein, warf sie wilden, ausgehungerten
Tieren vor. Vielleicht glaubte er, daß er als Mann niederer Herkunft den Thron nur durch Grausamkeit halten könne.

»Seine Herrschaft war im Prinzip furchtbarer als die irgendei-
nes Kaisers«, urteilt Jacob Burckhardt über ihn. Aus dem wahrscheinlich falschen Gefühl der eigenen Minderwertigkeit haßte
Maximinus die Senatoren und alle vornehmen Familien. Seine
Frau Cäcilia Paulina versuchte, diese gefährliche Charakterei-
genschaft ihres Mannes zu mildern. Aber sie starb bald. Und

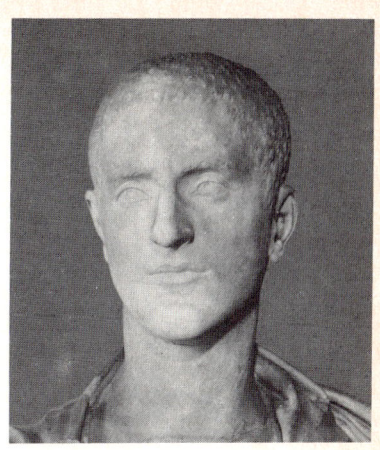

Der ungewöhnlich schöne Sohn des Maximinus war gemeinsam mit seinem Vater Kaiser von Rom und wurde gemeinsam mit ihm am 10. Mai 238 ermordet.

Maximinus haßte alles, was mit seinem Vorgänger, dem Kaiser Severus Alexander, zusammenhing. So sehr war dieser ihm verhaßt, daß er neue Christenverfolgungen befahl, wohl nur, weil Severus Alexander gegen die Christen duldsam war.

Da Hippolytus und der Kirchenvater Origenes wahrscheinlich freundschaftliche Beziehungen zur Mutter des Severus Alexander, Mammaea, unterhielten, gerieten sie jetzt in große Gefahr. Die Christen Pontianus und Hippolytus wurden nach Sardinien verbannt. Auch in Kappadokien und Pontus wurden Christen von dem dortigen Gouverneur Serenianus verfolgt.

Trotz dieser Geschehnisse rechnet man Kaiser Maximinus eigentlich nicht zu den wirklichen Christenverfolgern, denn er selber sorgte aus Gründen der Staatspolitik für das Weiterbestehen der Priesterschaft in den christlichen Gemeinden. Auch die Verfolgungen in Kappadokien und Pontus beruhten nicht auf kaiserlichem Befehl. Hier legte man den Christen die Verantwortung für ein Erdbeben zur Last!

Immer brauchte der Kaiser Geld. Das Weltreich war groß, der Feind an allen Landesgrenzen rührig, die Verteidigung kostspielig. Darum mußten auch die Steuern hoch sein. Und sie wurden mit harten Mitteln eingetrieben. Vermögende Familien hatten keinen ruhigen Tag, da sie ständig mit der Beschlagnahme ihres Besitzes rechnen mußten. Besonders hatte es der Kaiser auf wertvolle Weihegeschenke aus Gold oder Silber in den Tempeln abgesehen. Götterbilder, Ehrendenkmäler und Weihgaben aller

Kaiser Gordian II. saß nur einige Wochen im Jahre 238 n. Chr. mit seinem alten Vater auf dem Thron. Dann wurde er getötet.

Art ließ er unter irgendwelchen Vorwänden einschmelzen und zu Geld machen. Doch das gab böses Blut, und so kann man sich nicht wundern, daß junge vornehme Römer in Afrika den kaiserlichen Prokurator in Thysdrus – 175 Kilometer südöstlich von Karthago an der Meeresküste, beim heutigen El Djem – umbrachten, als dieser im Auftrag des Kaisers Vorbereitungen traf, ihre Landgüter zu enteignen.

Einen sehr alten und sehr verdienten Mann, den Prokonsul Gordianus, machten sie zum Kaiser. Gordianus wollte nicht. Aber sie hängten ihm einfach den Purpur um. Der Alte schrie, warf sich auf den Boden, beschwor seine »Glückbringer«, von ihm abzulassen. Sie zwangen ihn mit dem Schwert. Er mußte Kaiser werden, ob er wollte oder nicht. 80 Jahre alt war dieser Herr im Jahre 238.

Er hatte einen steifen Gang, war sehr reich, interessiert an Literatur, schlief jedoch meist beim Essen ein. Schließlich gewöhnte er sich an den Gedanken, seine alten Tage als Kaiser zu beenden. Er zog in das nordafrikanische Karthago, zusammen mit seinem Sohn, den man gleich zum Mitkaiser gemacht hatte. Der Senat in Rom bestätigte die beiden Gordiane, setzte Kaiser Maximinus ab, und das Volk der Welthauptstadt feierte den »Sturz des Tyrannen« in wilden Tumulten. Viele Anhänger des thrakischen Bauernkaisers wurden bei diesen Unruhen getötet.

Unter den Getreuen des Maximinus in Afrika gab es einen

Balbinus und Pupienus wurden nach dem Tode Gordians I. und Gordians II. als gemeinsame Kaiser vom Senat 238 n. Chr. gewählt. Balbinus übernahm die zivile Verwaltung, Pupienus das Oberkommando der Armee. Nur wenige Tage funktionierte das Doppelregiment. Dann wurden die Kaiser eifersüchtig. Nach drei Monate langer Regierung wurden sie ermordet.

Mann namens Capelianus. Er war Gouverneur von Numidien und begann jetzt, seine Provinz gegen Gordianus aufzuwiegeln. Der alte Gordianus entsandte seinen Sohn, um Ordnung zu schaffen. In einer wilden Schlacht wurde der junge – zum Schluß verzweifelnde – Gordianus getötet. Vater Gordianus nahm sich darauf das Leben.

Als die schreckliche Kunde vom Tode der Gordiane nach Rom kam, als man die Rache des Maximinus fürchten mußte, wählte der Senat schnell aus den eigenen Reihen zwei Kaiser: Clodius Pupienus Maximus und Caelius Calvinus Balbinus. Diese beiden sollten absolut gleichberechtigt sein und mit Hilfe eines Komitees von 20 Senatoren die Verteidigung Italiens gegen den gefürchteten und entrechteten Kaiser Maximinus organisieren. Volk und Soldaten erhoben noch schnell den Enkel des Gordianus, den späteren Gordianus III., auf den Kaiserthron. Mit drei Kaisern glaubte sich Rom stark genug gegen den vierten, der dort oben im Norden, an Germaniens Grenzen, lauerte.

Dieser vierte Kaiser gebärdete sich unterdessen wie ein gereiz-

So lagen sie beim Essen, weil sie Sitzen für ungesund oder unbequem hielten. Und so liegen der römische Kaiser Balbinus und seine Gattin auf ihrem eigenen Sarkophag auch im Tode.

ter Bär. Er konnte das alles nicht fassen, verzehrte sich in einem Wutanfall, rannte gegen die Wand, warf sich auf die Erde, brüllte, schlug die Palastdiener, wollte seinem Sohn die Augen ausreißen und betrank sich schließlich sinnlos. Dann – wieder nüchtern – sammelte er seine Armee – wir wissen, daß viele germanische Überläufer dabei waren – und zog mit Kavallerie und einem mächtigen Troß über die Alpen nach Italien. Als die germanischen Reiter der Vorhut nach Emona kamen, dem heutigen Laibach, fanden sie alles verlassen und gespensterhaft leer. Man war hungrig. Aber man fand nichts Eßbares vor. 500 Wölfe hatten kurz vorher in Rudeln diese Stadt besucht, gefährliche Vorboten des Hungers.

Und so erging es nun den Truppen des Maximinus in jeder Stadt. Rom hatte ihnen den schrecklichsten Feind, den lautlos nagenden Hunger, entgegengeworfen. Erst Aquileia leistete Widerstand. Alle Versuche des Maximinus, die Feste zu nehmen, scheiterten. Die Bürger von Aquileia wußten, daß ihre Stadt zur Viehweide bestimmt war, wenn sie eingenommen wurde. Sie verteidigten sich mit allen Mitteln. Schließlich griff die zweite parthische Legion des Kaisers ein. Sie nahm zwar nicht die Stadt.

Aber in ihrem Hunger, ihrer Müdigkeit und Verzweiflung ermordete sie den eigenen Herrn, den Kaiser Maximinus, und dessen ungewöhnlich schönen Sohn.

Einen Monat nach dem Tode dieser gewaltigen Majestät brachte die Prätorianergarde die beiden Senatskaiser um, den Pupienus und den Balbinus, die miteinander in Streit geraten waren. Jetzt wurde ein Dreizehnjähriger zum alleinigen Herrscher des Reiches ernannt.

Die Soldaten, das Volk und auch der Senat begrüßten die Wahl, denn dieser dritte Gordianus war ein Enkel des ehrwürdigen Greises, dem das Schicksal so böse mitgespielt hatte. Im Grunde aber bedeutete das Kind Gordianus einen Sieg der Soldateska, die die Kaiserwahl wieder eigenmächtig in die Hand genommen hatte. Mit der Ernennung des Pupienus und des Balbinus hatte der Senat nämlich zum letztenmal bei der Kaiserbestellung mitentschieden. Von nun an war diese Körperschaft tot. 800 Jahre lang hatte sie die Weltgeschichte mitbestimmt. Nun trat sie endgültig in das Dunkel. Sie hatte abgewirtschaftet und lebte nur noch als Schatten.

Der deutsche Historiker Ernst Kornemann hat diese bedeutende Stunde Roms treffend skizziert: »Mit dem Senat wurde die aristokratische Grundform des Römerstaates beseitigt. Unter dem offenen Säbelregiment blieb keine Stätte mehr für ein hohes wirtschaftliches und geistiges Leben. Es war, als ob ein Sturmwind über das Reich hinweggefegt wäre oder als ob eine große Wasserflut, vergleichbar der Sintflut der Völkerlegenden, sich darüber ergossen hätte. Alles Schöne und Gute in Natur und Lebewelt war beseitigt. Zurück blieb nur noch das kahle Land.«

Das berühmte Sechs-Kaiser-Jahr 238 brachte aber noch ein anderes hochbedeutsames weltgeschichtliches Ereignis. In diesem Jahr überschritten die Goten die Grenze des Römerreiches an der Donaumündung.

»Er – Gordian III. – war ein fröhlicher Jüngling, schön, gewinnend, bei allen beliebt, lustig in seinem Leben, bedeutend in seinen Briefen. Es gab nichts, was ihn zum Herrschen ungeeignet gemacht hätte – außer vielleicht seiner Jugend.«

Julius Capitolinus, Die drei Gordiane, Kap. 31.

Seit dem 1. Oktober 226 n. Chr. gab es eine neue, zweite Weltmacht: das Perserreich der Sassaniden. Die ersten beiden Sassanidenkönige, Ardaschir und Schapur, hatten im Osten eine Macht errichtet, mit der man rechnen mußte. Vater Ardaschir und Sohn Schapur regierten ein halbes Jahrhundert lang. Sie sorgten dafür, daß Asien wieder mächtig an die Tür Europas pochte. Sie waren ungemein fähige Könige und führten eine neue Weltepoche herauf, die bis 651 n. Chr. währte.

Im Todesjahr des Maximinus Thrax – 238 n. Chr. – stand Rom wieder zwischen zwei furchtbaren Gefahren: Im Norden drohten die germanischen Völker, vom Osten her die Perser. Vater Ardaschir starb 239. Sein Sohn Schapur lehrte von nun an die Welt, daß Asien unaufhaltsam nach Westen drängt, wenn es nicht mit Gewalt aufgehalten wird. Vater Ardaschir hatte schon Nisibis und Carrhae erobert. Der Sohn griff jetzt nach dem römischen Mesopotamien und den syrischen Provinzen Roms. Sogar Antiochia und der Orontes kamen in Gefahr.

Fast stimmt es wehmütig, wie Rom jetzt seinen 13jährigen Knaben-Kaiser dieser gefährlich drohenden östlichen Lawine entgegenschickt. Aus den Spinngeweben der Hofintrigen, aus der Erziehung seiner wankelmütigen und beeinflußbaren Mutter, aus dem Ränkespiel der Palasteunuchen hatte sich dieser Knabe Gordian mutig und mit großem Geschick herausgewunden. Wir sehen in ihm das seltene Bild eines Schülers, der in unverbrüchlicher Treue zu seinem Lehrer hält. Und wir erkennen in diesem Lehrer einen Menschen, der wie Seneca hoch über seiner Zeit stand. Dieser Lehrer der Rhetorik hieß Timesitheus.

Der junge Prinz Gordian hatte die Tochter seines Lehrers geheiratet, ein schönes Mädchen mit einem noch schöneren Namen: Furia Sabinia Tranquillina. Als Kaiser erhob Gordian sei-

Der berühmte Philosoph Plotin aus Lykopolis in Ägypten, »der letzte antike Mensch«, begleitete Gordian auf seinem Feldzug gegen Persien [242–243]. In Rom hatte der Philosoph regen Gedankenaustausch mit dem Kaiser und seiner Gemahlin. Der Plan, für Plotin eine Philosophenstadt zu gründen, »Platons Staat«, wurde nach der Ermordung des Kaisers aufgegeben. Plotin glaubte an einen Schöpfer alles Bestehenden.

nen Lehrer zu den höchsten Staatsämtern. Auch der Senat verlieh ihm ehrenvolle Titel: »Vater des Fürsten, Schützer des Staats«. Aber Timesitheus blieb trotz seiner Machtstellung dem Kaiser gegenüber stets loyal.

Und dann sehen wir die beiden, den Schüler und den Lehrer, in Eilmärschen nach Osten ziehen. Timesitheus erweist sich als überaus fähiger Heerführer. Und der junge Gordian ist ein heller Kopf. Wir kennen einen Brief, den er dem Timesitheus schrieb. Da heißt es: »Wehe dem Herrscher, vor dem man nicht die Wahrheit zu sprechen wagt. Da sich ein König nicht unter das Volk mischen kann, muß er hinnehmen, was man ihm erzählt, oder erlauschen, was die Mehrheit so zusammenträgt.«

Auf dem Wege nach Asien nehmen die Römer noch Truppen von der Donauarmee mit. Sogleich versuchen germanische Scharen, vor allem die Karpen, in die Lücken an der Grenze einzudringen. Aber Timesitheus kämpft. Er beruhigt die Grenze, er eilt mit seinem Kaiser weiter nach Osten, er befreit Syrien von den Persern. Eine entscheidende Schlacht bei Resaina gibt den Römern ganz Mesopotamien zurück.

Noch ein dritter hochinteressanter Mann befand sich damals in der Armee der Römer: der Philosoph Plotinos. Dieser in Ägypten geborene Mann ist wohl der letzte antike Geist, der in sich und in seiner Philosophie das gesamte Denken des Altertums

*Sarkophag eines Philosophen aus dem 3. Jahrh. n. Chr. Wahrscheinlich
lehrt hier Plotin die Kaiserin Salonina.*

umfaßte. Ihm war aber nicht das Denken die Hauptsache, er
mühte sich bereits um die Seele, und sein Leben war im Grunde
dem ewigen Suchen nach dem einen unsichtbaren Gott gewidmet. Deshalb zog er mit nach Osten, als Forscher, um Kenntnisse
zu sammeln. Er wollte Indien sehen und vor allem die Philosophie der Perser, der Inder und des ferneren Ostens begreifen.
Darum vertraute er sich seinem Kaiser und dem Timesitheus an,
der die ganze Expedition glänzend organisiert hatte.

Nachts tritt Timesitheus unerkannt an die Wachen heran. Er
fragt nach ihrem Befinden. Er geht durch die Zelte, in denen die
Legionäre schlafen. Er ist überall, und er befehligt doch eine
Armee weit von der Heimat entfernt. So glänzend ist sie organisiert, wie die Welt es noch nie erlebt hat. »Und weil er den Kaiser
und den Staat so liebte, wurde er von allen verehrt«, sagt die
Chronik.

Nach Osten! Das war der Traum dieses nebelhaft aus der
Historie herausragenden Mannes. Weiter wollte Timesitheus
ziehen, weiter auf den Spuren Alexanders des Großen bis zum
Indus und vielleicht sogar bis nach China. Aber plötzlich wurde
er von einer Grippe befallen und starb. Der Verdacht einer
Vergiftung war nicht von der Hand zu weisen. Man flüsterte

Gordian III. und sein Mörder Philippus Arabs. Kaiser Philippus 244–249, gelang es, die Soldaten gegen den jungen Gordian aufzuwiegeln, bis schließlich Gordian getötet wurde.

auch von einer Magenkrankheit. Die Ärzte gaben ihm ein Abführmittel. Es war sein Tod! Ein Araber hatte die Ärzte bestochen. Und er, der Araber, rückte an die Stelle des glänzenden Heerführers.

Julius Philippus hieß der Fünfundvierzigjährige. Er war der Sohn eines arabischen oder syrischen Scheichs aus der düsteren Landschaft Trachonitis im Ostjordanland. Sofort begann er, die Soldaten gegen den jungen Gordian aufzuwiegeln, indem er das Verpflegungswesen sabotierte. Gordian war diesem Mann nicht gewachsen. Man muß sich den Araber vorstellen, diesen Philippus: ein ungeschlachteter Kerl, von niederer Geburt, arrogant und rücksichtslos! Jacob Burckhardt sagt wahrscheinlich mit Recht: »Man tut Philipp zu große Ehre an, wenn man ihn für einen arabischen Scheich hält; er war aus dem verrufenen Stamme der südlichen Syrier östlich vom Jordan.« Gordian versuchte, sich gegen Philippus zu halten, dann wenigstens mit ihm auszukommen, schließlich unter ihm zu dulden. Er wurde getötet.

Die Stelle, wo Gordian III. ermordet wurde, ist bekannt. Denn hier, zwischen Circesium und Dura Europos, ganz nahe beim

Zusammenfluß des Euphrat mit dem kleinen Chaboras, errichtete man dem Jüngling ein Denkmal, das heute noch dort steht. Die sterblichen Überreste des Neunzehnjährigen ließ Philippus nach Rom bringen und meldete dem Senat, Gordian sei einer Krankheit zum Opfer gefallen.

Plotin gelang es, nach dem Ende des Feldzuges Antiochia zu erreichen, von wo aus er nach Rom kam.

Nachdem Afrikaner und Syrier auf dem Thron Roms gesessen hatten, herrschte nun also ein Araber über das römische Weltreich. Philippus Arabs schloß mit den Persern gegen Gebietsabtretung Frieden und übertrug seinem Bruder Priscus die weitere Verteidigung der Ostgrenzen. Das war dringend nötig, denn er selber mußte wieder an die Nordgrenze eilen. Im Herbst 246 n. Chr. kämpfte er in Dakien erfolgreich gegen die Karpen und legte sich schließlich den Siegestitel Carpicus Maximus zu. Dakien war noch einmal gehalten. Nahe beim heutigen Schebah, südlich von Damaskus, gründete er die Stadt Philippopolis und verlieh ihr die Rechte einer Kolonie; von ihren Prachtbauten, die nach dem Vorbild der Paläste, Theater, Tempel und Thermen Roms errichtet wurden, sind noch gewaltige Ruinen erhalten. Auch das thrakische Philippopolis, das Philipp von Makedonien, der Vater Alexanders des Großen, gegründet hatte, wurde zur Kolonie erhoben.

Während sich das große römische Weltreich am Rande und im Kern aufzulösen begann, während überall an den Grenzen neue Kaiser von den Soldaten gewählt wurden, während das Imperium zerfiel, feierte Philippus im Jahre 248 in Rom ein glänzendes Fest. Es war das 1000jährige Jubiläum der Stadtgründung Roms. Zehn Jahrhunderte waren vergangen, seit Romulus mit einigen Schäfern sein dürftiges Lager am Tiberufer befestigte.

Eigentlich wäre der 21. April 247 n. Chr. der große Feiertag gewesen. Aber Philippus verschob das Fest um ein Jahr auf den 21. April 248. Es wurde mit großer Pracht begangen. Fremde durften nicht dabei sein, und kein Sklave durfte sich blicken lassen. Chöre von 27 Knaben und 27 Mädchen der vornehmsten Familien flehten die Götter um Segen an. Spiele im Circus Maximus! Drei Nächte lang wurde am Tiberufer den Göttern geopfert. Lampions, Fackeln, Tänze und Musik auf dem Marsfeld! Der römische Historiker Julius Capitolinus erzählt uns, was Rom dem Volk in diesen Tagen zu bieten hatte. Der Jüngling Gordian hatte für einen Triumphzug vorgesorgt, den er in Rom abhalten wollte, um seine und seines Lehrers Siege über die

Perser zu feiern. Gordian war tot. Aber seine Tiere waren da, Tausende von wilden Tieren, die ein anderer Kaiser jetzt dem Volk vorführte oder töten ließ. Da werden genannt: 10 Elche, 10 Tiger, 10 Hyänen, 10 wilde Löwen, 10 Giraffen, 6 Nilpferde, 1 Rhinozeros, 20 wilde Esel, 30 zahme Leoparden, 60 zahme Löwen, mitten in der Aufzählung »1000 Paar kaiserliche Gladiatoren«, 40 wilde Pferde und viele andere »Bestien«. All das sollte mit viel Blut ein neues Jahrhundert glanzvoller Geschichte heraufführen.

Aber herauf dämmerten nur der Untergang, die Auflösung, der Verfall. Während Philippus in Rom feierte, näherten sich die ersten Franken dem Rhein, überschritten Goten, Karpen und Vandalen die Donau, fielen die äthiopischen Blemyer in Ägypten ein. Schon begannen an vielen Orten die Gutsbesitzer in den Provinzen ihre Sklaven und Pächter zu bewaffnen, als Akt der Selbsthilfe, weil die Regierung keinen militärischen Schutz vor den eindringenden Barbaren mehr bot.

Die pannonischen Legionen revoltierten. In Mösien wüteten die Goten. Hier, im Donaugebiet, riefen die Legionäre einen gewissen Pacatianus zum Gegenkaiser aus. Im Orient krönte sich ein anderer Römer, Iotapianus. Ein dritter Prätendent war plötzlich in Syrien da, Uranius Antoninus. Philippus verlor sein Selbstvertrauen und bot dem Senat seine Abdankung an. Aber die Senatoren schwiegen. So sandte er seinen fähigsten General, Decius, gegen Pacatianus. Pacatianus und Iotapianus werden von ihren eigenen Legionären erschlagen. Und nun wird Decius von den Soldaten gekrönt. Er will die Würde nicht annehmen, dieses zweifelhafte Geschenk, das nun immer zum gewaltsamen Ende führt. Aber die Legionäre bedrohen ihn mit dem Tode. Da legt er den Purpur um, zieht gegen Philippus und besiegt ihn 249 bei Verona. Der letzte Orientale auf dem römischen Kaiserthron war gefallen.

Wieder wird das römische Weltreich durch furchtbare Einfälle der Goten an der Donau erschüttert. Kein anderes germanisches Volk hat in solchem Maße die Geschichte der Völkerwanderungszeit bestimmt wie die Goten. Wo lag die Urheimat dieses rätselhaft verwegenen Volkes? Was bedeutet sein Name?

Die Goten wurden von den Römern Gothi oder Guttones genannt. Der römische Historiker Tacitus nennt sie Gothones. Nach Plinius saßen sie an der Küste der Ostsee und am Frischen Haff. Er betont ausdrücklich, daß die Gothones ein germanisches Volk waren. Die Goten selber nannten sich Gutans oder

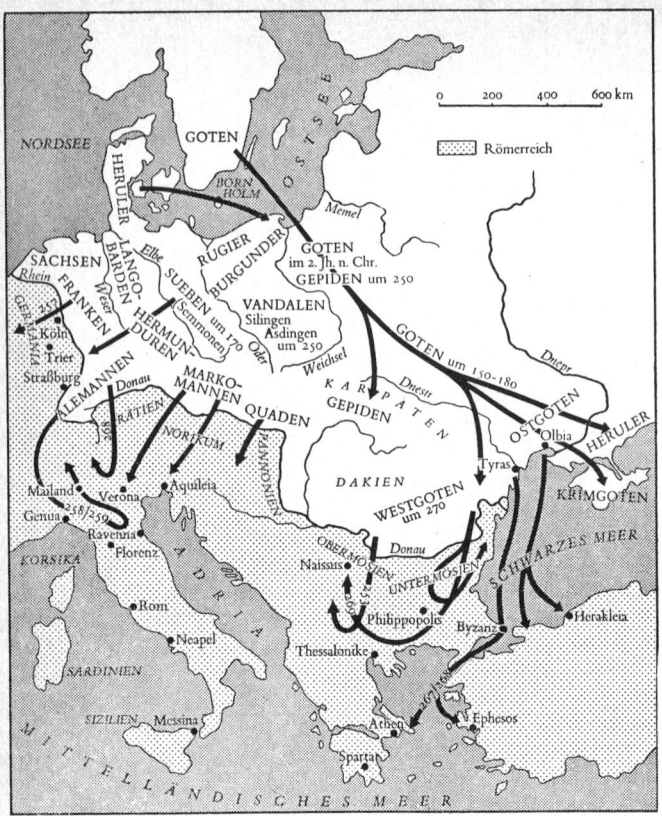

Die Goten kamen teils von der Insel Gotland, teils aus Öster- und Västergötland in Südschweden, wo sich ihr Name erhalten hat. Sie stießen in mächtigen Zügen wie eine Naturgewalt bis an das Schwarze Meer, nach Kleinasien und nach Athen vor.

Gutos. Im Land bezeichneten sie sich als Gutthiuda. Der Name setzt sich aus »gut« und »Thiuda« [Volk] zusammen. Wahrscheinlich kamen sie teils von der Insel Gotland, teils als Öster- und Västergötland in Südschweden, wo sich ihr Name erhalten hat. Dann siedelten sie an der Weichselmündung und drangen nach Osteuropa vor. Am Anfang des 3. Jahrhunderts stehen sie – gleichzeitig mit dem Auftreten der Alemannen im Westen – als

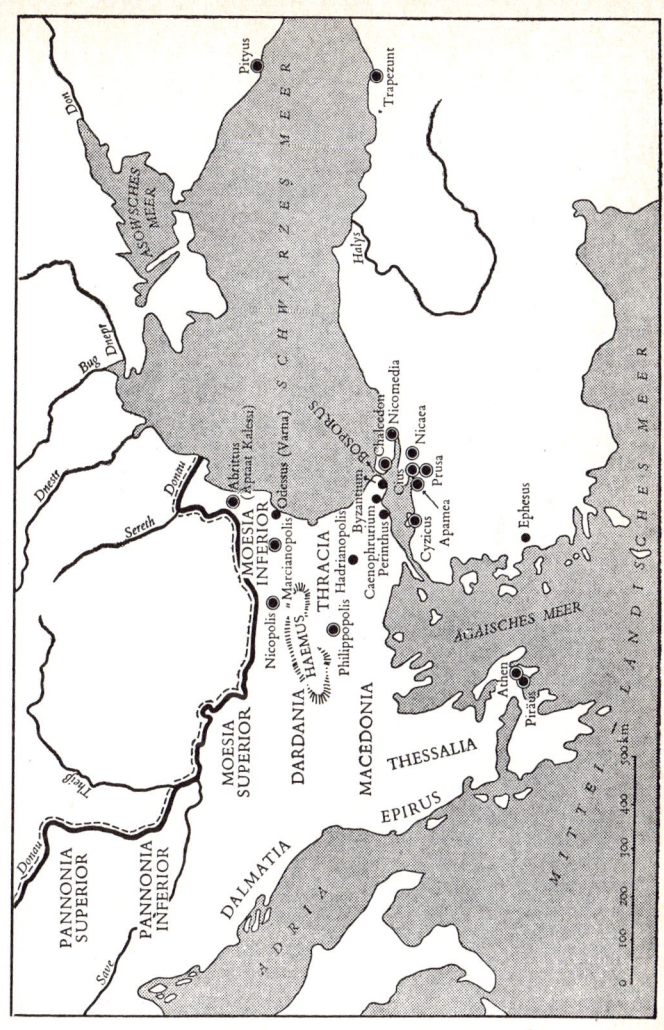

In der Regierungszeit des Kaisers Philippus Arabs [244–249] bedrohten die Goten Dakien und belagerten in Moesia die Hauptstadt Marcianopolis. Kaiser Decius erlitt durch den Gotenkönig Kniva eine schwere Niederlage. Dann eroberten die Goten Philippopolis. Im Kampf gegen sie verlor Decius 251 Sieg und Leben. Alle auf dieser Karte angegebenen Orte wurden von den Goten belagert, erobert, geplündert, zerstört.

Kaiser Decius, 249–251, ist der erste Kaiser Roms, der im Barbarenland vom Feinde – von Goten – erschlagen wurde. Er fiel im Kampf. Sehr wahrscheinlich hatte ihn sein Feldherr Trebonianus Gallus verraten.

ein mächtiges Volk an den Küsten des Schwarzen Meeres. In der Regierungszeit des Kaisers Philippus Arabs [244 bis 249] bedrohen sie Dakien und belagern in Mösien die Hauptstadt Marcianopolis. Vor Decius weichen sie im Jahre 250 bei Nicopolis zurück, vernichten aber unter Führung des Königs Kniva das ganze römische Heer und plündern die Stadt Philippopolis am Haemusgebirge. Ohne an den Rückzug zu denken, überschwemmt das Gotenvolk ganz Makedonien, dringt südlich bis zu den Thermopylen vor, weicht nach Norden aus und vernichtet in Mösien bei dem Ort Abrittus – heute Aptaat-Kalessi in der Dobrudscha – den größten Teil des römischen Heeres.

Gleich am Anfang dieser Schlacht wurde der Sohn des Kaisers – er hieß Herennius Etruscus – durch einen Pfeilschuß getötet. Kaiser Decius selber wurde in einen Sumpf gelockt und von den Goten niedergemacht. Das geschah im Juni des Jahres 251 n. Chr.

Die Angriffe der Goten, die so plötzlich aus dem Dunkel der Geschichte auftauchen, erscheinen wie unaufhaltsame Naturereignisse. Die Goten breiten sich am Schwarzen Meer aus, erobern den Bosporus und gründen eine Seemacht. 253 segeln sie mit vielen flachen Schiffen nach Pityus und nehmen die Stadt. Sie erobern Trapezunt und rauben dort eine Flotte. 258 kehren sie in ihre Niederlassungen am Asowschen Meer zurück.

Aber sie haben keine Ruhe. 259 ziehen sie gegen den thrakischen Bosporus. Sie erobern Chalcedon, Nicomedia, Nicaea, Prusa, Apamea und Cius. Auf einem dritten mächtigen Zuge mit 500 Schiffen zerstören sie Cyzicus, fahren durch das Ägäische Meer und landen bei Athen im Piräus. Von dort greifen sie bis nach Epirus. Von der Südspitze des Peloponnes bis nach Thessalien wird alles von ihnen verheert und geplündert. Müde ziehen sie in mächtigem Troß zu Lande an die Donau zurück. Ein Teil aber plündert weiter zu Schiff die Küsten von Kleinasien, zerstört den weltberühmten Dianatempel zu Ephesus und tritt dann erst die Reise in die Heimat an.

Ein Kaiser löste den anderen ab, und jeder wurde ermordet. Man kann sich nur wundern, daß im 3. Jahrhundert n. Chr. der kaiserliche Purpur trotzdem so begehrt war. Dolch oder Gift – das waren die »natürlichen Todesursachen« jeder Majestät.

Der Verfasser.

Es ist immer ein schlimmes Zeichen, wenn das Staatsoberhaupt einer Weltmacht im Kriege sein Leben lassen muß.

Decius war der erste römische Kaiser, der den Heldentod auf dem Schlachtfeld fand. Weit entfernt von Rom fiel er. Nicht einmal sein Leichnam konnte geborgen werden. Aber dieser Tod war sinnlos. Er konnte den Sieg der Goten nicht verhindern. Dort im Osten, an der Donau, war nun eine furchtbare Wunde aufgerissen. Sie blutete. Und sie war nur durch römisches Blut zu stillen.

Wer jetzt die hoffnungslose Lage dort meisterte, wer die Bresche in der Reichsverteidigung wieder schloß, wer Rom und das römische Weltreich noch einmal rettete, dem warf die Stadt am Tiber nur allzugern alle Ehren und den Kaisertitel in den Schoß.

Vibius Trebonianus Gallus war Statthalter von Untermösien [Moesia inferior], dem Lande südlich der unteren Donau. Er also stand dort auf dem Felde, wo die Ehre Roms gerettet werden mußte, wo der Tod des Kaisers Decius zu rächen war. Das Land an der Donau war verwüstet. Die Goten hatten die noch lebende Bevölkerung Thrakiens in Gefangenschaft geschleppt. Sie hatten geplündert, sie hatten gemordet, sie hatten alles, was ihnen wertvoll erschien, mitgenommen.

Und Gallus?

Er stammte aus altem etruskischem Geschlecht. Er war wohl verschlagen, aber dieser Lage nicht gewachsen. Die Reste der römischen Donauarmee riefen ihn zum Kaiser aus. Rom applaudierte. Und Gallus überließ den Goten eine ungeheure Beute. Er mußte jetzt zusehen, wie hohe römische Offiziere und Würdenträger in die Kriegsgefangenschaft der Barbaren geführt wurden. Er mußte den Goten freien Abzug gewähren. Ja, er versprach ihnen sogar außerordentlich hohe jährliche Tribute in Gold.

Rom hatte sich im Laufe der Jahrhunderte daran gewöhnt, solche Tribute zu empfangen, doch Gold in dieser Höhe alljährlich an die Feinde, die Barbaren, auszuschütten – das war völlig neu. Und so murrte man in Rom. Die vornehme Gesellschaft am Tiber verachtete Gallus. Man spottete über den Mann der unwürdigen Zugeständnisse.

Um dem eigenen Bild in dieser verächtlichen Lage etwas Glanz zu erborgen, machte Kaiser Gallus den zweiten Sohn des gefallenen Decius, den noch lebenden Hostilianus, zu seinem Mitregenten. Aber Hostilianus starb. Er, der letzte Decier, starb an der Pest, die damals in ganz Osteuropa und wenig später in Kleinasien zu wüten begann.

Wie ein böses Feuer züngelte sofort das Gerücht durch Rom, Gallus habe den Sohn des Helden-Kaisers Decius ermordet. Ja, man wußte gleich noch viel mehr. Stand nicht Gallus in der Reserve, als Kaiser Decius gegen die Goten kämpfte? Und wenn er hinter den Reihen des Kaisers Decius aufgestellt war, warum hatte er dann nichts zur Rettung seines Herrn unternommen? Ohne diesen Gallus, so flüsterte man jetzt in den Gassen der Tiberstadt, wäre Decius nie gefallen. Man war davon überzeugt, Gallus habe seinen Kaiser verraten.

Gallus reiste sofort nach Rom. Er benahm sich dem Senat gegenüber sehr ehrerbietig, lachte aber allen bösen Gerüchten ins Gesicht. Er lachte, er trank, er amüsierte sich in der Hauptstadt des so bedrohten Weltreiches.

In Untermösien hatte inzwischen Aemilius Aemilianus den Oberbefehl übernommen. Er sammelte noch einmal die müden römischen Truppen, griff die Barbaren an und trieb die Goten hinter die Donau zurück. Natürlich riefen die Soldaten diesen Retter in der Not sofort zum Kaiser aus. Und dann sehen wir, wie Aemilianus in Eilmärschen nach Italien jagt, um dort den Kaiser Gallus zu überraschen und zu beseitigen.

Sicherlich gab Gallus seine weinfrohen Tage am Tiber nur ungern für das blutige Treffen mit dem heranrückenden Aemilianus her. Er zog seinem Rivalen bis in die Ebene von Spoleto entgegen. Hier standen sich die Heere der beiden kaiserlichen Gegner in Sichtweite gegenüber. Gallus konnte nicht verhindern, daß seine Soldaten Vergleiche anstellten. Ihr Herr hatte den Frieden an der Donau mit römischem Gold erkauft. Er hatte ihre besten Offiziere dem furchtbaren Schicksal gotischer Gefangenschaft überlassen müssen. Aemilianus aber hatte gesiegt. Er hatte den Sturm der Goten aufgehalten. Und jetzt erfuhren sie noch,

daß dieser Aemilianus alle Deserteure belohnen wollte, die auf seine Seite hinüberwechselten. Da ermordeten die Legionäre Gallus und – wie das jetzt immer zu geschehen pflegte – auch gleich noch seinen Sohn Volusianus.

Damit war der Bürgerkrieg entschieden. Der Senat bestätigte den Aemilianus als Kaiser. »Herkules, der Sieger« und »Mars, der Rächer«, das waren die Ehrentitel, in deren Glanz sich der verblendete Aemilianus vier Monate lang sonnte. Wir fanden diese Ruhmesnamen auf den Münzen der damaligen Zeit, von denen uns viele erhalten sind. Denn nur in der Stunde der Gefahr vergräbt man sein Geld. Darum stammen unsere vollständigsten Münzsammlungen aus den gefährlichsten Zeiten der Menschheit.

Der unglückliche Gallus hatte noch vor dem Tode seinen General Valerianus entsandt, um schnell aus Gallien und Germanien Legionen zur Verstärkung heranzuholen. Valerianus war ein durch und durch vornehmer Mann, gehorsam und treu. Er kam zu spät, um seinen Herrn zu retten. Vielleicht aber konnte er ihn noch rächen. Damals war Treue unter den Römern etwas sehr Seltenes.

Die Truppen des Aemilianus benahmen sich jetzt genauso, wie sich die Legionäre des Gallus verhalten hatten. Auch sie zogen Vergleiche. Auch sie blickten neugierig aus ihrem Lager, aus der Ebene von Spoleto, in die Welt hinaus. Auch sie erkannten im herannahenden Gegner den besseren Mann. Auch sie wußten sofort, daß das Heer, das sich da heranwälzte, stärker war als ihre eigenen Reihen. An einem heißen, sonnigen Augusttag des Jahres 253 n. Chr. ermordeten sie ihre Majestät, die nur vier Monate regiert hatte. Und gleich riefen die Truppen von Germanien und Gallien in Rätien den Konsul P. Licinius Valerianus zum Kaiser aus. Es war ganz ungewöhnlich in jener Zeit, daß ein Römer Kaiser wurde, ohne seine Hand mit Blut zu beflecken. Diesmal stand hinter dem neuen Augustus nicht nur der Senat, sondern die ganze römische Welt.

Kaiser Valerianus ist eine der tragischsten Gestalten der römischen Geschichte überhaupt. Was ihm widerfahren sollte, hatte noch nie ein Herrscher Roms erduldet. Er war 60 Jahre alt, als er den Purpur anzog. Er nannte sich selber einen Feind der Tyrannen. Er war ein sehr gelehrter Herr, ein weiser und erfahrener Fürst. Er war ein guter Menschenkenner, der tüchtige Offiziere, wie Claudius, Aurelian und Probus, die späteren Reichsretter, in ihrer Laufbahn förderte. Aber er hatte, wie so mancher rechtschaffene Mann, eine einzige Schwäche: Er liebte seinen Sohn und war blind für dessen merkwürdig geniale Haltlosigkeit. So sah er es nur zu gern, daß der Senat seinem Idol den gleichen Kaisertitel verlieh und den Jungen zum Augustus machte. Der Name dieses Mitregenten, einer der eigenartigsten Gestalten der römischen Geschichte, eines Don Carlos der Antike, war P. Licinius Egnatius Gallienus.

Vater und Sohn traten ein trauriges Erbe an. An allen Grenzen war das Römische Reich bedroht. Man muß sich vorstellen, daß die Germanen die gefährlichsten und angriffslustigsten Gegner der damaligen Welt waren und die Perser die mächtigsten und verschlagensten. Gegen diese beiden Feinde mußte sich Rom jetzt verteidigen. Der eine Feind, Persien, war wie Rom eine Weltmacht. Und die Germanen waren dabei, zum ersten Male in ihrer Geschichte nördlich des Schwarzen Meeres einen Reichsgründungsversuch zu wagen. Sie waren die Brandungswellen der großen Völkerwanderung, die schließlich ganz Italien überfluten sollten. Fränkische Scharen drangen damals plündernd durch Gallien, sogar schon bis Spanien und bald darauf [257] über Gibraltar bis Nordafrika vor.

In dieser verzweifelten Lage des Jahres 254 nahm Kaiser Valerianus eine Reichsteilung vor. Er, der Vater, ging nach Osten und machte Antiochia in Syrien zu seiner Residenz, dem Sohn übertrug er die Verteidigung des Westens.

Dies war ein hochwichtiger Entschluß. Zum ersten Male

wurde die größere Bedeutung des Ostens vor aller Welt offenbart. Der führende Kaiser, der Vater, ging in den griechischen Osten, der Sohn-Kaiser, der abhängige, blieb im lateinischen Westen. Damit teilte sich zum ersten Male das Reich. Damit hob sich der Vorhang zwischen »Bühne« im Osten und »Zuschauer« im Westen. Damit senkte sich zum ersten Male die gewichtigere Waagschale der östlichen Reichshälfte, während Roms Bedeutung so leicht geworden war, daß es allmählich aufhörte, Mittelpunkt der Weltgeschichte zu sein.

In dem Augenblick, als Vater und Sohn sich trennten, als Valerianus und Gallienus Abschied nahmen, um sich nie mehr wiederzusehen, in dem Augenblick, als die Barbaren – man kann diese Goten und Boraner auch Piraten nennen – vom Schwarzen Meer her Küsten und Länder verwüsteten, erkannte Persiens großer Mann seine Stunde. König Schapur war gewiß seit Darius I. Irans bedeutendster Herrscher. Und nun begann er, Weltgeschichte zu spielen.

Das war Roms Kaiser Valerian. Sein furchtbares Schicksal erschütterte die Welt 260 n. Chr. Die Geldwechsler starrten entsetzt auf die Münzen, auf denen das Haupt des gefangenen alten Kaisers zu sehen war. Persiens König Schapur behandelte Valerian bis an dessen Lebensende wie einen Sklaven.

Der Verfasser.

Die Stadt Bagdad im Irak ist zum Teil aus Steinen erbaut, die man 38 Kilometer entfernt am Tigrisufer fand. Dort stand die mächtige Ruine eines Palastes mit riesiger gewölbter Empfangshalle. Dort lagen die Trümmer einer untergegangenen Siedlung, und es war bequem, das Baumaterial so gut und kostenlos zu beziehen.

Die alte Ruinenstadt hat eine viel großartigere Geschichte als das moderne Bagdad. Hier in Ktesiphon residierten die Herrscher der Parther im Winter. Und hier – in Ktesiphon – saß der mächtige König Schapur I. auf seinem Thron. Er war der zweite große Staatenlenker der Sassaniden-Dynastie. Er hatte den Wunderpalast erbaut. Er wollte den Traum seines Vaters Ardaschir, »die ganze Erde« zu beherrschen, endlich wahrmachen. Er war ungewöhnlich energisch, sehr zielbewußt, ein glänzender Organisator. Diese universale Reichsidee zu verwirklichen, das Königreich, das über ganz Asien und ganz Europa thronte, die Menschheit dieser Erde ein für allemal an Persiens Weltherrschaft zu gewöhnen, konnte das nur Traum bleiben? War es nur Traum, wenn man diesem herrlichen Ziel so nah war?

Schapur I. war wie sein Vater ein eifriger Feueranbeter; seine Priester, die Magier, beherrschten mit den großen Machtmitteln der Staatsreligion das starre Ritual, beherrschten Schuld und Sühne, Orakelwesen und Zauberkunst. Von den Türmen auf den Hügeln stieg Opferrauch zum Himmel. Dem unsichtbaren Gott, Ahura Mazda, lag ein gewaltiges sichtbares Imperium zu Füßen, und der Geist seines Propheten Zarathustra feierte im Neuperserreich seine große Auferstehung. Streng und unnachgiebig war Persiens König Schapur. Aber er war auch tolerant. Denn zu seiner Zeit verbreitete eine der eigenartigsten Gestalten der Religionsgeschichte, der Babylonier Mani, die geheimnisumwobene

Lehre »vom Licht und vom Dunkel«. An einem Sonntag, am 20. März des Jahres 242 n. Chr., wurde die erste Predigt der Manichäer gehalten. Unter dem Schutz von König Schapur verkündete an diesem Tag zu Ktesiphon, der Haupstadt des Weltreiches, der junge Mani seine erstaunliche Weisheit.

30 Jahre später wurde Mani hingerichtet. Schicksal eines Religionsstifters! Seine Lehre hatte sich aber über die ganze damalige Welt verbreitet, war den Römern bekannt und wurde bis zu den Inseln Britanniens weitergegeben. Sie wurde zu einer der großen Gefahren des Christentums. Und im Kampf gegen das Christentum ging sie auch wieder unter.

Licht und Dunkel sind in dieser Lehre zwei ewige Wesen. Einst waren sie getrennt. Aber das Dunkel schlich sich in das Licht hinein wie die Schlange in das Paradies, und damit gab es zum ersten Male auch Böses auf der Welt. Manis Lehre ist eigentlich ein vom Christentum abgeirrter Glaube, eine eigentümliche Vermischung altpersischer, hellenistischer und christlicher Ideen. Es gibt in Manis Glauben Propheten, die das Licht ausgesandt hat: Adam, Noah, Abraham sind solche Propheten, Buddha und Zarathustra. Mani selber gehörte dazu, und vor allem Jesus, der nach Manis Worten »in Judäa erschien«. Christus war »der letzte Prophet vor Mani«, und Mani selber betrachtete sich als »größten Propheten und Apostel Jesu Christi«. Wir wissen das aus den Schriften des heiligen Augustinus. Eine genauere Kenntnis von der engen Verwandtschaft der manichäischen Lehre mit dem Christentum haben wir aber erst seit den modernen Funden in Turfan [in der chinesischen Provinz Sinkiang] und in Ägypten – Funde, die alte manichäische Inschriften zutage förderten. Mani schrieb übrigens in Aramäisch, also in der Sprache, die Christus sprach.

Schapur brachte dem jungen religiösen Fanatiker Mani großes Verständnis entgegen. Er gab ihm die Erlaubnis, seine Lehre durch Mission im ganzen Reich zu verbreiten. Nachdem Schapur versucht hatte, den christlichen Glauben, der überall in der damaligen Welt aufflackerte, auszulöschen, untersagte er eines Tages den Magiern, Christen zu verfolgen. Er wollte jeden im weiten persischen Reich nach seiner Art selig werden lassen. Die Magier durften den altiranischen Gott Ahura Mazda und seinen Propheten Zarathustra verkünden, die Manichäer das Licht und dessen Propheten, die Juden ihren Gott Jahve, die Christen Christus, die Schamanen ihre animistischen Gegenstände und Zaubergeister und die Brahmanen ihre riesige Götterzahl. Alle

Gläubigen aller Religionen sollten unbehelligt und in Frieden ihren verschiedenen Ideen und Kulten nachgehen.

Dabei suchte König Schapur das religiöse Lebenswerk seines Vaters noch weiter auszubauen und zu vollenden. Ardaschir hatte durch einen hohen kirchlichen Beamten [Tansar] die verschiedenen Texte der heiligen Avesta sammeln lassen und gab sie als autorisierte kanonische Schrift heraus. Sein Sohn Schapur nahm in diese Sammlung wissenschaftliche Schriften auf, medizinische, astronomische und metaphysische Werke der Inder, der Griechen und anderer Völker. So universal gebildet und weitherzig war dieser persische König.

Es ist überhaupt erstaunlich, wie ungeheuer reich und lebendig der Strom religiöser Gedanken um das Jahr 250 n. Chr. floß. Fünf große welterobernde Ideen warben um die Herzen der Menschen in Europa und in Asien: der jüdisch-christliche Glaube im Westen, die Ahura Mazda-Religion und Manis Lehre in Persien, der aufstrebende Buddhismus in Indien – mit seiner großen kulturellen Blüte in der afghanischen Provinz Gandhara – und, alle vier beeinflussend, die griechische Philosophie, die in ihrer Vermischung mit orientalischem Gedankengut Hellenismus genannt wurde. Vom Christentum und vom Buddhismus bedrängt, hatte Gott Ahura Mazda im neuen Perserreich der Sassaniden Widerstandskraft, Feuer, Macht und neues Leben gewonnen, wahrscheinlich gerade deswegen, weil alle Religionen auf Zarathustras alten Gott einstürmten.

Wenn sich Ardaschir noch damit begnügt hatte, Herr von Iran zu sein, so bezeichnete sich sein Sohn jetzt als Großkönig des Iran und aller anderen Länder. Persisch lautet das: »Shahansha i Eran u Aneran« – wörtlich: »Großkönig von Iran und Nicht-Iran«. Schapur war sehr unternehmungslustig, sehr verschlagen und sehr grausam. Aber er besaß auch einen Harem. Und hier – das werden wir im folgenden noch sehen – lag seine große Verwundbarkeit, seine eigentliche Schwäche und seine einzige Gefährdung.

Wer Weltherrscher werden wollte, mußte sich damals mit Rom beschäftigen. Genauer gesagt, man mußte Rom besiegen und aus Asien verdrängen. Als guter Stratege wußte Schapur, daß er zu diesem Zweck seine rechte Flanke frei machen mußte. Und dort, in seiner rechten Flanke, lag Armenien. Im Jahre 252 n. Chr. besetzte der Perser dieses rauhe Gebirgsland. Hier hatte sich 30 Jahre lang der König Chosroes gegen alle inneren und äußeren Angriffe erfolgreich verteidigt. Schließlich gelang es

Schapur, diesen tüchtigen König durch Meuchelmörder umbringen zu lassen. Der Sohn des Chosroes, König Tiridates, war noch ein Kind. Wie so oft in der Geschichte, wurde auch dieses Königtum von innen gestürzt. Es gab wohl in Armenien eine fürstliche Partei gegen Tiridates. Dieses mußte Zuflucht bei den Römern suchen, während die übrigen Mitglieder des königlichen Hauses sich mit Artavasdes an der Spitze nur allzugern den Persern unterwarfen.

Gewiß lebte die damalige Welt nicht nur in der Angst des Herrn, das heißt, in der Angst vor König Schapur. Man war auch geblendet von den lodernden Feuern des neu aufgeflackerten Glaubens der Iraner an den Propheten Zarathustra und seinen Gott Ahura Mazda. Überhaupt hatte sich dieses neupersische Weltreich der Sassaniden nicht nur auf den Schultern der zwei genialen Staatsmänner erhoben – des Vaters Ardaschir und des Sohnes Schapur –, sondern auch auf den mächtigen Flügeln der Religion des Ahura Mazda und der Lehre des Wunderpropheten Mani.

Der Fall von Armenien riß eine gefährliche Bresche in Roms östliche Verteidigung. Schapur griff Mesopotamien an. Er zog verwüstend durch Syrien, belagerte eine Zeitlang Antiochia und überrannte Kappadokien. Die Stadt Tyana wurde genommen, Caesarea bedrängt.

Roms Kaiser, Valerian, war dieser Lage kaum gewachsen. Er war ein alter Mann, über sechzig. Und der persische Schlag kam genau in dem Augenblick, als die Goten und Boraner ihre Angriffe und Raubfahrten zu Wasser und zu Lande vom Schwarzen Meer her erneuerten. Gewiß, die römische Majestät muß einige Male gegen die Perser siegreich gewesen sein, denn noch aus dem Jahre 259 n. Chr. fand man Münzen mit Inschriften, die den Sieg über die Parther – das sind die Perser – und die Befriedung des Orients feierten: »Victoria Parthica« und »Restitutor Orientis«. Aber schließlich geriet Valerian in eine furchtbare Seelenstimmung des Zauderns, der Ängste und der Ungewißheit.

Man lebte damals in einer Zeit, in der jeder römische General mit militärischen Erfolgen nach dem kaiserlichen Purpur griff. Diktatormacht war – und ist es noch heute – ein Rauschmittel, das den kurzen Herrschertraum träumen ließ, einen Traum, der in jener Zeit allerdings mit unbedingter Sicherheit das Leben kostete. Kaiser Valerian wagte nur ungern, einem seiner Generäle große Expeditionstruppen zu unterstellen: Weitreichende Vollmachten zu erteilen war gefährlich. Valerian hatte zwar einen gewissen Successianus gegen die Boraner eingesetzt und diesen zum Präfekten, also zum Oberbefehlshaber, der Prätorianer gemacht. Er hatte einen gewissen Felix nach Byzanz entsandt und ließ diese Stadt für die Verteidigung vorbereiten. Das aber war für die entschlossenen Goten kein Hindernis. Überhaupt scheint es, als ob jetzt alle Maßnahmen des interessanten alten Mannes das Gift des Zauderns und der Schwäche in sich getragen hätten.

Valerian verließ seine Residenz Antiochia, kam bis Kappadokien, kehrte auf schlechte Nachrichten hin plötzlich wieder um und wählte schließlich Samosata, eine Festung am oberen Euphrat, zum Hauptquartier. Von hier aus wollte er, gestützt durch die außerordentlich standhafte Feste Edessa, den Persern widerstehen.

König Schapur ließ seinen Sohn Hormizd gegen den Euphrat marschieren. Bei Dura Europos gelang den Persern der Durchbruch. Diese Karawanenstadt am mittleren Euphrat, eine der größten Ausgrabungsstätten der antiken Welt, wird seit 1928 von der Französischen Akademie und der Yale-Universität dem Tageslicht zurückgegeben. Hart an der Nordostseite, an steilem Fels entlang, floß der Euphrat. Hoch oben grüßte eine Akropolis, eine Burg. Steinerne Festungsmauern und Türme, ein rechtwinkliges Straßennetz, ein römisches Gericht, Paläste für Beamte, das alles kann man aus den Ruinen erkennen. Ein Teil der Stadt muß durch Unterwaschung des Euphrat in die Tiefe gestürzt sein. Aber auf Wänden fand man eingeritzt Reiter in persischer Tracht. Die Ausgrabungen beweisen, wie hart die Perser hier belagerten und wie verzweifelt die Stadt sich wehrte. Die unterirdischen Stollen der Angreifer bekämpften die Verteidiger durch Gegenstollen; ganze Gefechte tobten unter der Erde. Die Gebeine der Soldaten mit ihren Geldbeuteln und Münzen aus dem Jahre 255 n. Chr. hat man gefunden.

In dieser furchtbaren Not sandte der Himmel den Römern eine Plage, die das Unglück und die Gefahr unvorstellbar machte: die Pest. Sie wütete in den Reihen der Legionen des Kaisers Valerian. Die alte Majestät brütete Tag und Nacht, womit wohl Rom den Himmel gekränkt habe, während die Soldaten, wie von unsichtbarer Hand erwürgt, zu Tausenden umfielen. In seiner großen Not faßte der alte Mann keinen anderen Gedanken, als seine Wut an den Christen auszulassen. Er brauchte Schuldige an diesem traurigen Schicksal. Ihm lag daran, den Himmel zu versöhnen, die alten italischen Götter umzustimmen und den Blick der

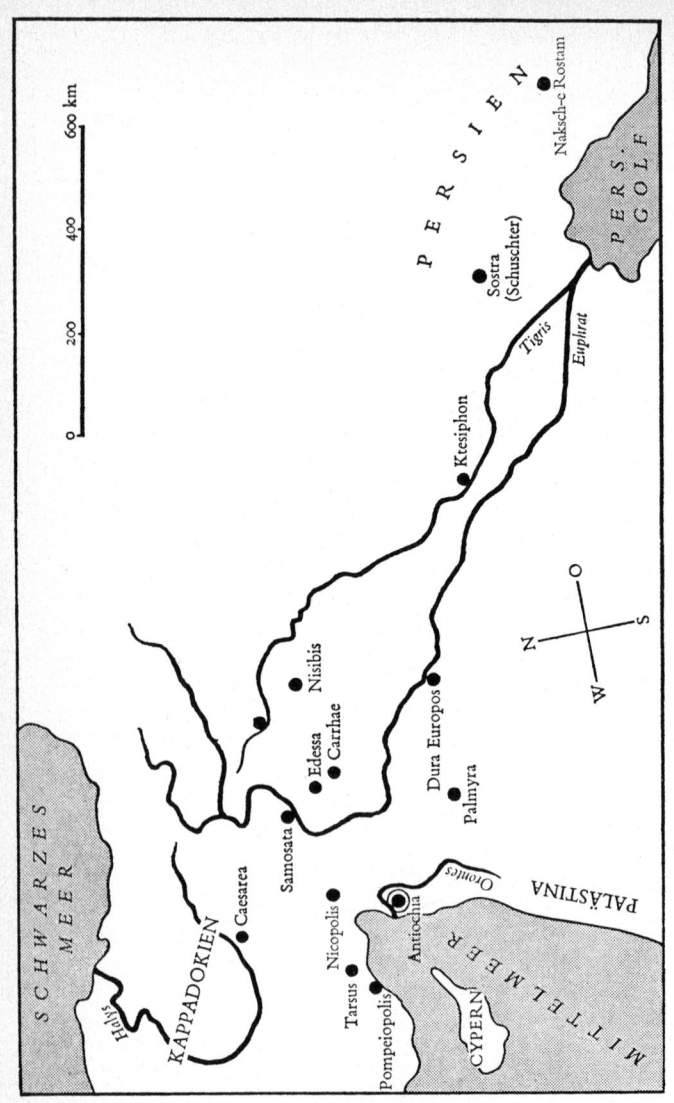

Valerian verließ seine Residenz Antiochia, kam bis Kappadokien, kehrte aber auf schlechte Nachrichten hin plötzlich wieder um und wählte schließlich Samosata, eine Festung am oberen Euphrat, zum Hauptquar-

Römer vom brennenden Osten auf die bösen Christen abzulenken.

Die Christen beteten für das Leben und das Wohl des Kaisers. Aber sie beteten zu ihrem Gott. Der Bischof Cyprian sagte damals, vom römischen Statthalter der Provinz Afrika strengstens verhört: »Ich bin Christ. Ich kenne keinen anderen Gott als den einen wahren Gott. Diesem Gott dienen wir Christen. Ihn flehen wir an bei Tag und Nacht für uns, für alle Menschen und für die Erhaltung des Kaisers.« Doch die Köpfe dieser aufrechten Männer fielen. Zahllose Christen wurden hingerichtet. In der Katakombe des Praetextatus wurde der christliche Bischof Roms erschlagen. Er zelebrierte gerade am Altar die Messe und harrte aus bis zum letzten Augenblick. Der Diakon Laurentius wurde gemartert, bis der Tod ihn erlöste. In Karthago wurde Cyprian zum Tode durch das Schwert verurteilt. In Spanien mußte Bischof Fructuosus als Märtyrer sterben. »Wenn man die Götter nicht mehr verehrt und dem Antlitz des Kaisers den frommen Gruß verweigert!« rief ihm der römische Richter zu. Ja, wenn man Roms Götter nicht mehr verehrte, so glaubte der verzweifelte Valerian, dann sandten sie die Pest, dann sandten sie die Pest und die Perser. Dem wankelmütigen alten Mann gelang es, die Christen überall furchtbar zu treffen – aber die Perser aufzuhalten, das gelang ihm nicht.

Im Jahre 260 n. Chr. erschien Schapur vor Edessa. Wie immer hielt sich diese Stadt mit außerordentlicher Tapferkeit. Jetzt entschloß sich Valerian zu kämpfen. Geschwächt durch den Schwarzen Tod, mit murrenden, hungrigen Soldaten in schlechter Stimmung, mutlos und zerschlagen ging sein Heer in den Kampf. Es war bald in allen Reihen bekannt, daß selbst die Majestät alle Hoffnung verloren hatte.

Im letzten Augenblick machte Valerian einen verzweifelten Versuch: Er bot den Persern Verhandlungen an und suchte sie durch eine phantastische Summe Goldes zum Frieden zu bewegen. Aber der gerissene Schapur besaß einen glänzenden Nach-

tier. Von hier aus wollte er, gestützt auf die außerordentlich standhafte Feste Edessa, den Persern widerstehen. Bei Dura Europos gelang den Persern der Durchbruch. [Seit 1928 finden dort Ausgrabungen statt.] In Naksch-e Rostam ist das Bild des gefangenen römischen Kaisers Valerian, wie er in Fesseln vor dem Perserkönig Schapur kniet, der auf einem Pferd sitzt, für alle Zeiten in den Fels gehauen. Valerian mußte in Gefangenschaft sterben.

richtendienst. Er wußte genau, wie trostlos es im Lager des Valerian aussah.

Erst lehnte Schapur alle Verhandlungen ab. Schließlich ließ er sich zu einer Konferenz »überreden«. Er verlangte nur, daß Kaiser Valerian persönlich erscheinen solle. Der ahnungslose Valerian kam – und wurde gefangengenommen. Es war ein hinterlistiger, infamer Bruch des Völkerrechts. Doch darum kümmerte sich Schapur nicht.

Ein römischer Kaiser in Barbarenhand, gefangen, versklavt, ausgelöscht – aber lebendig! Das war das furchtbare Schicksal des Kaisers und des ganzen römischen Weltreichs!

Die Welt war damals hellhörig. Nachrichten jagten ohne Telegraph, ohne Telephon, ohne Flugzeug erstaunlich schnell von Land zu Land. Wie ein lähmender Hammerschlag traf die Kunde von der Gefangenschaft des Kaisers alle Armeen Roms, alle Provinzen ... In Rom verstummten die immer schreienden Schiffszieher am Tiber, hörte das Rollen der Wagenräder auf, das Rasseln der Karren in den gewundenen Gassen, das Fluchen der Maultiertreiber. Die Geldwechsler starrten entsetzt auf die Münzen, die das Haupt des alten Kaisers trugen. Die Kupferschmiede, die Schlangenbändiger und selbst die Bettler hielten den Atem an. Durch die 85 Kilometer, die die römischen Gassen ausmachten, ging das schrecklichste Gerücht, das Rom je zu flüstern wagte: »Der Kaiser ist gefangen!«

Und nun brach die persische Gefahr wie eine Sturmflut von Osten herein. Antiochia fiel. Ein vornehmer syrischer Bürger dieser Stadt, Mariades, wies den Truppen des Perserkönigs den Weg. Dieser Mann hatte in Antiochia öffentliche Gelder unterschlagen und war vom Rat der Stadt ausgestoßen worden. Jetzt wollte er sich an seiner Vaterstadt rächen. Er sorgte wahrscheinlich dafür, daß einige vornehme Antiochier heimlich verschwanden. Die Prägeanstalt der Stadt und die Schätze wurden in großer Hast in Sicherheit gebracht. Die Massen hatten keine Ahnung, daß Mariades sie verriet. Man saß im Theater. Man applaudierte. Da brach der mordende Schapur herein. Sofort steckten die Perser alles in Brand und verschonten nicht einmal das umliegende Land. Der Verräter Mariades wurde auf Befehl Schapurs lebendig verbrannt, wahrscheinlich, weil sein Verrat nicht vollkommen gewesen war und er es zugelassen hatte, daß das Gold und die Schätze vorher verschwanden.

Viele kleine Ortschaften, die Hauptstädte von Kilikien und Kappadokien, Tarsus und Caesarea, alles fiel den mordenden

Persern zum Opfer. In Paphlagonien, im nördlichen Kleinasien, erreichten die persischen Reiter die Küste des Schwarzen Meeres. In endlosen Zügen schleppten sich die Gefangenen über die Wüstenstraßen des Ostens. Einmal am Tage nur wurden sie wie Tiere zur Tränke getrieben. Der große Kaiserdamm – »Bend-i-Kaiser« bei Sostra [Schuschter] in Susiana – soll von diesen Gefangenen gebaut worden sein.

Schapur soll den Valerian bis an dessen Lebensende wie einen schlechten Sklaven behandelt haben. Er ließ ihn auch immer wieder im kaiserlichen Purpur und in Ketten spazierenführen, und jedesmal, wenn der Perserkönig sein Pferd bestieg, mußte sich der römische Kaiser auf den Bauch legen, und Schapur setzte seinen Fuß auf dessen Rücken. »Das heißt wirklich triumphieren«, lachte der Perser, »nicht nur Triumphe auf Mauern malen, wie es die Römer tun.« Roms Kaiser wurde bis an sein Lebensende so behandelt, und es scheint, daß er noch viele Jahre lebte. Als er endlich starb, wurde er auf Schapurs Befehl ausgestopft, rot angemalt und in einem Tempel »zur ewigen Schande Roms« aufgestellt.

Die Christen haben vielleicht Valerians Schicksal in der Gefangenschaft so düster wie möglich geschildert, weil der Kaiser sie so unnachsichtig verfolgt hat. So meinen einige Historiker, die Leiden des Valerian seien übertrieben dargestellt worden.

Sicher scheint mir eines: Der Perser Schapur wurde in den folgenden Jahren so sehr von den Römern und ihren Verbündeten bedrängt, daß er seinen Unmut an dem großen Gefangenen ausgelassen hat. Es ist außerdem bekannt, daß die Perser der damaligen Zeit ungemein grausam waren. Bei Naksch-e Rostam – in der Nähe der Ruinen von Persepolis – ist die Szene, wie der römische Kaiser in Fesseln vor dem Perserkönig Schapur kniet, der auf einem Pferd sitzt, für alle Zeiten in Fels gehauen. Das Relief ist gut erhalten und heute noch zu sehen.

Der persischen Sturmwelle war zunächst nichts gewachsen. Alles wurde von Schapurs Heeren gemordet und verbrannt. Die fliehenden Römer fanden sich zusammen und machten einen Feldherrn namens Callistus zu ihrem Anführer. Dieser Callistus – man nannte ihn Ballista – verband sich mit dem Generalquartiermeister der Römer, Macrianus. Er sammelte in kilikischen Häfen Schiffe, fuhr nach Soloi [Pompeiopolis], das von den Persern belagert wurde, tötete viele tausend Perser und machte wohl die wichtigste Eroberung dieser Zeit: Es gelang ihm, den Harem des Perserkönigs zu fangen.

Jetzt änderte sich das Verhalten des Welteroberers Schapur sofort. Der Verlust seiner Konkubinen wie seines gesamten Trosses scheint ihn unerwartet und bis ins Mark getroffen zu haben. In Eilmärschen zog er zurück in Richtung seiner Hauptstadt Ktesiphon. Als man ihn fragte, was er dort so eilig vorhabe, gab er vor, »ein Fest feiern zu müssen«.

In diesem ganzen Durcheinander hatte sich die Stadt Edessa immer gehalten, gegen die Zeit und gegen die Pest, gegen alle Anstürme der Perser. Jetzt mußte König Schapur auf seinem Rückzug durch das Vorfeld dieser Festung marschieren. Er kannte Edessa zu gut, um geschwächt und zermürbt den Kampf zu wagen. So erlebten die Bürger von Edessa den triumphalen Tag, an dem der Weltbeherrscher Schapur sich den freien Durchzug durch ihr Gebiet mit dem gesamten von den Römern erbeuteten Geld erkaufte.

Die wilde, unruhige, himmelstürmende Tatkraft des machthungrigen persischen Königs scheint damit erlahmt gewesen zu sein. Schapur fand schließlich in der Oase Palmyra und deren Herrschern Gegner, die ihm gewachsen waren oder ihn doch zügelten. Gegen Ende seiner Regierung war er zudem im Innern seines Landes so sehr beschäftigt, daß er an keinen Römerkrieg mehr denken konnte. Der schlachtenmüde König verbrachte den Rest seiner Tage mit der Durchführung großartiger Bauten.

Wer weiß, ob nicht auch Manis ausgleichende Philosophie diesen unruhigen persischen König gemildert und gedämpft hat. Vielleicht wollte Mani den christlichen, den persischen und den buddhistischen Glauben, diese die Welt teilenden Volksreligionen, zu höherer Einheit verbinden. Wer weiß, welche Himmelsmacht der große persische Herrscher am Ende seines Lebens und nach 30jähriger Regierung schließlich als die wahre Gottheit ansah!

Seine Münzen sprechen dafür, daß er dem altpersischen Ahura Mazda – das ist der Lichtgott Ormuzd – treu blieb. Ein ungemein kluges und hellwaches Gesicht sieht uns von diesen 1700 Jahre alten Münzen an, und da steht: »Anbeter des Ormuzd, trefflicher Schapur, König der Könige von Iran, himmlischer Keim der Götter.«

Rom hat diesen Kaiser nie verstanden. Er haßte seinen Vater. Er liebte sein Weib. Er reichte uns die Fackel des griechischen Geistes. *Der Verfasser.*

Gallienus war ein genialer Mensch und ein schlechter Sohn. Er saß in Rom und tat nichts, um seinen Vater Valerian aus der persischen Gefangenschaft zu befreien. Er schickte nicht einmal Gesandte zum Perserkönig, um die Freilassung seines Vaters zu erbitten oder um dessen Los zu lindern. Im Gegenteil, er freute sich, daß er diesen ernsten und strengen Herrn los war. Beim Triumphzug aus Anlaß der zehnjährigen Wiederkehr seiner Thronbesteigung ließ er Männer Perserkleidung anziehen, als wären sie gefangene Perser. Einige Komödianten bewegten sich durch ihre Reihen, als ob sie jemanden suchten. Wenn man sie über ihr Tun befragte, antworteten sie: »Wir suchen den Vater des Kaisers.«

Gallienus ist eine ganz eigentümliche Gestalt der römischen Geschichte. Er gab die christenfeindliche Politik seines Vaters sofort auf. Durch ein Toleranzedikt erhielten die Christengemeinden ihr beschlagnahmtes Eigentum zurück, ihre Kirchen, ihre Friedhöfe. Er wurde fast ein Freund der Christen. Darum haben die Anhänger des alten römischen Glaubens diesem Kaiser in der Erinnerung wenig gute Züge belassen. Von christlicher Seite wurde er dagegen mit all den Vorzügen geschildert, die er wohl auch wirklich besaß.

Während seiner Regierungszeit erlebte die griechisch-römische Welt ihre letzte kurze hellenistische Renaissance. Wie Hadrian war Kaiser Gallienus ein Bewunderer Athens, ein begeisterter Anhänger griechischer Kultur. Er reiste auch nach Griechenland und ließ sich in die Mysterien von Eleusis einweihen. Eleusis in Attika war die Hauptkultstätte der Göttin Demeter. Über die Art der ihr geweihten Geheimkulte mußten alle Teilnehmer Schweigen bewahren. Kein antiker Schriftsteller hat dieses Schweigen gebrochen! Daher sind die Riten dieser Mysterien so gut wie unbekannt. Gewisse dramatische Darstellungen hatten jedenfalls eine starke Erregung des religiösen Gefühls zur

Folge. Gallienus ließ sein Bild als Demeter auf Münzen setzen und zeigte sich so als weibliche Gottheit unter dem Namen Galliena. Das mag heute lächerlich erscheinen – doch die damalige Zeit stand dem Geheimnis der Göttin näher.

Gallienus war mit einer ungewöhnlich feinsinnigen und gebildeten Frau verheiratet, mit Cornelia Salonina. Sie war eine Griechin aus Bithynien. Nach ihrem Tode kam eine Münze zu ihrem Gedenken heraus: »Augusta in Pace« – die erste Kaiserprägung mit christlichem Text. War Salonina Christin?

Beide, der Kaiser und seine Gemahlin, verehrten den größten griechischen Philosophen der damaligen Zeit, Plotin. Dieser Schöpfer des Neuplatonismus war innerlich in gewissem Sinne Christ, ohne aber den Glauben angenommen zu haben. Der Neuplatonismus war die Wiedergeburt der alten Platonischen Ideen. Es war eine Zeit, in der die griechische Philosophie noch einmal auflebte, noch einmal ihre große menschliche Mission erkennen ließ und nun, in den furchtbaren Wirren jener Tage, ihre tiefe Sehnsucht zu Gott offenbarte. »Gottähnlich zu werden« bezeichnete Plotin als das Ziel des Menschen. Daß Plotin das Christentum gekannt hat, ist wohl nicht zu bezweifeln; sein Schüler Porphyrios verfaßte eine Schrift, die sich mit den Christen auseinandersetzte. Es scheint, daß die Menschen dieser Zeit, die an die alten römischen Götter glaubten und an die Mysterien und Religionen des Orients, von den Neugläubigen, den Christen, in mancher Hinsicht gar nicht so weit entfernt waren. Der alte Glaube wie das neue Christentum wurden durch die hellenistische Philosophie europäisiert. Gallienus beendete die Christenverfolgung nicht deswegen, weil er die Christen für ungefährlich hielt. Er meinte vielmehr, man könne diesen Glauben nicht mit dem Schwert, sondern nur mit dem Geist widerlegen.

Er wollte dem Christentum mit den Ideen des Plotin und dessen echter, rührender Gottsuche entgegentreten. Vielleicht war er darin von seiner Gattin Salonina beeinflußt. Sie begleitete ihn, wohin er ging, und war selber im Lager des Kaisers, als er den Todesstoß erhielt. Überall in der römischen Welt, in Athen, in Syrien und in Ägypten, wurden die besten Köpfe – auch Christen – vom Kaiser aufgefordert, die wertvollsten Ideen der alten klassischen Kultur zu fördern. Diesem Kaiser hat Europa zu verdanken, daß ein großer Teil des griechischen Geistes und des griechischen Lebensstils auf uns gekommen ist.

Dabei prasselte gerade in seiner Regierungszeit eine Katastrophe nach der anderen auf das schwergeprüfte römische Welt-

Kaiser Gallienus war der Sohn des Valerian. Sein Vater starb in persischer Gefangenschaft. Gallienus wollte dem Christentum mit den Ideen des Plotin und dessen echter Gottsuche entgegentreten. Der interessante, von seiner Zeit unverstandene Kaiser regierte 253–268 n. Chr.

reich. 262 n. Chr. wurden zahlreiche Städte in Kleinasien durch Erdbeben zerstört. Jahrelange Pestepidemien hielten furchtbare Ernte. Augustus war das Vorbild des Gallienus. Mit augusteischer Wachsamkeit, mit erstaunlicher Energie und Geschwindigkeit suchte er jeden Einbruch in das Römische Reich, jede Gefahr zu bannen. Zeitweilig aber war er – wie Eutropius berichtet – sonderbar passiv oder desinteressiert.

Sieben Jahre lang schlug er die Angriffe der Germanen am Rhein zurück. Es galt, die wilden Horden der Alemannen, Heruler und Goten aufzuhalten. Er mühte sich, die Donauländer, Gallien, Afrika und selbst Italien zu verteidigen. Bedrohte Städte ließ er befestigen; noch heute sieht man es den Gallienusmauern, etwa in Verona, deutlich an, wie eilig und dringlich ihre Erbauung war. Er wurde ständig von Usurpatoren beunruhigt. So viele Ehrgeizlinge trachteten damals nach der Kaiserwürde, daß die römische Geschichte sie unter dem Namen »Dreißig Tyrannen« zusammenfaßte.

Trotz aller Erfolge gegen Postumus mußte Gallienus schließlich doch zusehen, wie dieser Verräter Herr der gallischen Provinzen blieb. Als »unabhängiger Kaiser« residierte Postumus in Trier [Augusta Treverorum], errichtete dort herrliche Bauten, herrschte über Gallien, England und Spanien und tat – auf seinen Münzen –, als ob ihm die ganze Welt gehörte. Als der edle Gallienus ihn zum Zweikampf herausforderte, um das Blut vieler tausend Soldaten zu sparen, antwortete Postumus, er sei kein »Gladiator«! Schließlich wurde der Rebell in Mainz, das damals Mogontiacum hieß, von seinen eigenen Truppen erschlagen. Der Limes, dieses große Verteidigungssystem Hadrians, schien auf ewigen Frieden berechnet zu sein. Jetzt herrschte ewiger Krieg, und die Grenzbefestigung brach völlig zusammen.

Gallienus war der große Reorganisator des Heeres. Er schuf eine bewegliche, sofort verfügbare Reservearmee. Die jetzt wichtigste Waffe, die Kavallerie, besetzte er mit Dalmatiern, Mauren und Germanen. Diese »Fliegende Armee«, die zum raschen Einsatz in bedrohten Grenzgebieten des weiten Reiches bestimmt war, erhielt ihren Standort in Mailand. Sie war nun so beweglich, wie die neue Zeit es verlangte. Der Perserkrieg hatte gelehrt, daß Infanterie gegen die schnellen Reiter Irans nicht manövrierfähig war. Aber die Infanterie blieb natürlich das, was sie schon 2000 Jahre vorher und fast ebenso lange danach sein mußte: der Kern, die Kraft, die entscheidende Macht.

Gallienus ist der einzige Kaiser einer blutigen und stürmischen

So menschliche Züge trug Roms Skulptur zur Zeit des Kaisers Gallienus 253 – 268 n. Chr. Der Sarkophag, der diese römischen Ehegatten [links und rechts] noch im Tod vereinigt, stellt ihr stummes und inniges Gelöbnis ewiger Treue dar. In der Mitte die Schutzgöttin der Ehe.

Zeit, der das Zehnjahresfest seiner Thronbesteigung – im Herbst 263 – feiern konnte. Fünf Jahre später sehen wir diesen gejagten und geplagten Herrscher von der Donau nach Italien eilen, nachdem er die Goten und Heruler geschlagen hatte, die auf ihren Plünderungszügen bis nach Athen und Korinth gekommen waren. Jetzt belagerte er den abtrünnigen Reitergeneral Aureolus in Mailand.

Ungemein energisch, immer äußerst schnell und wachsam war dieser Kaiser. Und diese Wachsamkeit, diese blitzhafte Entschlußfähigkeit wurde auch sein Tod. Man meldet ihm das Heranrücken des in Mailand eingeschlossenen Aureolus. Es ist eine List. Draußen, vor dem Zelt der Majestät, lauern die Verschwörer. Der Kaiser stürzt hinaus, ohne Helm, ohne Panzer – und fällt, zu Tode getroffen.

Zwischen Christentum und alter Religion stehend, seinen Vater hassend und sein Weib liebend, eine Persönlichkeit ersten Ranges, ganz Individuum und gar nicht Schablone, so war Gallienus. Die damalige Zeit hat diesen Kaiser kaum verstanden. Seine Angehörigen wurden mit ihm hingeschlachtet. Er war sein Leben lang vom Unglück verfolgt. Und im Tode noch kannte das böse Schicksal für ihn kein Maß. Aber dieser hart bedrängte Verteidiger einer Welt in Auflösung reichte die Fackel des griechischen Geistes zu uns herüber. Er ist einer der Großen der römischen Geschichte, wenn wir auch nicht allzuviel von ihm wissen.

Es bleibt erstaunlich, daß dieser Herrscher Roms in der tragischen Zeit des Weltreichs, in all dem Durcheinander der Angriffe, der Niederlagen und des Verrats, Zeit fand, einen ganz ungewöhnlichen, fast modern anmutenden Plan zu fassen: Er wollte dem großen Plotin in Kampanien eine Siedlung nach dem Muster der Staatslehre Platons anlegen, wo alle Anhänger der Platonischen Philosophie sich zu edlem Tun und Schaffen zusammenfinden sollten. Dieses Platonopolis kündet wie ein stiller Stern den Ruhm der eigenartigen Majestät – auch wenn die Idealstadt niemals Wirklichkeit wurde.

Die Königin von Palmyra war vielleicht die größte Herrscherin der Antike. Sie regierte von 267 bis 272 n. Chr. Kaiser Aurelian besiegte sie. An goldener Kette führte man sie durch Rom.

Der Verfasser.

Einsam liegen in der syrischen Steppenwüste die Ruinen von Palmyra. Diese einst blühende Karawanenstadt ist heute ein Trümmerfeld des Todes. Wer hier durch die schweigenden Säulengänge, durch die zerbrochenen Tempel und Paläste, über tausendfach gestürzte Steine geht, erkennt sofort: Hier haben Jahrhunderte, wenn nicht Jahrtausende gebaut.

Auf halbem Wege zwischen Mittelmeer und Euphrat war Palmyra einst die große Zwischenstation zwischen der Kulturwelt des Persischen Golfes und den Metropolen des Mittelmeeres. Hier trafen sich die Karawanen aus der ganzen antiken Welt und dem Fernen Osten. Hier kamen auf den Rücken der Wüstenschiffe Waren aus Emesa am Orontes an, hier wurde kostbares Gut aus Dura Europos vom Euphrat abgeladen. Aus China, aus Indien, aus Persien, aus Südarabien türmten sich auf dem Markt von Palmyra Seidenballen, Weihrauchkerzen, Elfenbein, die Schätze einer Welt, die der Menschheit noch nicht bekannt war. Kostbare Juwelen und seltene Perlen wurden hier gehandelt.

Hochberühmt war diese Oase, denn sie war reich an Wasser, das in riesigen unterirdischen Behältern gesammelt wurde. An einer breiten, kilometerlangen Hauptstraße, die mit einem Triumphbogen begann, lag der große Sonnentempel, schimmerten 750 rosaweiße Säulen, von denen 150 noch heute stehen, im Sonnenlicht, hoben sich mächtige Bauten gegen den tiefblauen Himmel Syriens ab, ein wahres Festtreffen griechischer, römischer und orientalischer Architektur. Viele Archäologen haben gerade in den letzten Jahrzehnten in der »Märchenoase« gegraben. Immer neue Trümmer hat man freigelegt. Man hat den großen Tempel des Sonnengottes Baal-Schamin genau untersucht. Man hat hier einen Saal für religiöse Feste entdeckt und einen Altar. Das großartige Theater von Palmyra erstand erst in neuster Zeit aus den Ruinen.

Triumphbogen und Kolonnaden von Palmyra. Keine Stadt des Altertums hatte eine Hauptstraße von 1600 Metern wie Palmyra. Die Straße führte durch dieses Tor und war äußerst belebt.

Palmyra ist der griechische Name für »Ort der Dattelpalmen«. Vor der griechischen Zeit hieß die Oasenstadt Thadmor, und Tamar heißt hebräisch Dattel. Nur wuchsen in Palmyra niemals Dattelpalmen. Aber herrliche Gärten umgaben die Stadt, und ihre Blumenpracht war weltberühmt.

Wer Stunde um Stunde durch diese erstaunlich große Ruinenstätte wandert, kann nicht verstehen, wie ein so mächtiger Handelsplatz überhaupt zu nichts werden konnte. Palmyra hat Weltgeschichte gemacht. Es strebte einmal nach der Weltherrschaft, und die Hände, die nach der Krone der Erde zu greifen versuchten, waren die Hände einer zarten Frau.

Die Menschen von Palmyra sprachen und schrieben Aramäisch. Es waren Araber, die die Sprache von Christus redeten. Außerdem wurde als zweite Sprache Griechisch benutzt. Aber der Hochadel von Palmyra wie auch die Finanzgewaltigen gehörten sicher der arabischen Rasse an. Kaufmannsgeschlechter mit jahrhundertealter Tradition, Händler, die wahre Kolumbusse sein mußten, um ihre Wege bis nach China zu finden, die besten Bogenschützen und Panzerreiter der damaligen Zeit – das war die Macht und die Kraft der Oase. Wie reich diese Menschen waren, erkennt man an den »hohen Häusern«, den Türmen der Ewigkeit, die sie sich noch zu Lebzeiten als Gräber errichteten. Auf den Hügeln nahe der Stadt sieht man heute noch diese Türmchen mit ihren Grabanlagen.

Als Roms Kaiser Valerian in persische Gefangenschaft geriet und sein Sohn Gallienus das Reich überall bedroht sah, da rettete ein Araber die römische Welt. Dieser arabische Fürst von Palmyra hieß Septimius Odainathos. Er und seine Stadt hielten treu zu Rom. Und als er sogar einen Gegenkaiser des Gallienus auslöschte und die Perser aus Mesopotamien und Armenien vertrieb, übertrug der dankbare Gallienus dem Palmyrer den Schutz des Ostens. Es dauerte nicht lange, da war der Araberscheich Generalstatthalter des gesamten Orients. Odainathos und seine Wunderstadt Palmyra hatten eine Stellung erreicht, die einzigartig war. Praktisch war der Herr der Oase Imperator. Auf dieser erstaunlichen Höhe wurde der Araber im April des Jahres 267 n. Chr. ermordet. Vielleicht war er dem römischen Kaiser zu mächtig geworden, vielleicht hatte Rom diesen Mord angestiftet ... Nachfolger des ermordeten Herrn aller Wüstenwege wurde dessen Sohn Vaballathos. Aber dieser Prinz war viel zu jung und konnte noch nicht regieren. Daher übernahm seine Mutter, die Witwe des Odainathos, die Regierungsgeschäfte von Palmyra. Und so steht hier zum erstenmal in der Geschichte der Welt eine Frau arabischen Blutes an der Spitze eines riesigen Reiches. Es war die berühmte Zenobia.

Ihr Name ist griechisch. Der orientalische Name dieser Frau lautet Bath-Zabbai, also »Tochter des Zabbai«. Königin Zenobia führte ihre Abstammung auf die Herrscher Ägyptens zurück, auf die Dynastie der großen Kleopatra, die makedonischen Ursprungs war. Sie soll allerdings schöner als Kleopatra gewesen sein und von eigenartig übersteigerter Keuschheit. Nur um der Nachkommenschaft willen, so berichtet die Geschichte, gestattete sie ihrem königlichen Gemahl, sie allmonatlich einmal zu umarmen.

Zenobia hatte dunkle Haare, sehr weiße Zähne und schwarze, feurige Augen. Ihren fast männlichen Verstand hatte sie mit großem Fleiß geschult. Der berühmte Philosoph und Redner Cassius Longinus war ihr Lehrer. Er unterrichtete die schöne Zenobia in griechischer Sprache und in Literatur. Er kannte die Welt, denn er hatte schon in Athen gelehrt, und er selber war

Kopf einer vornehmen Dame aus Palmyra. Die führenden Familien der Karawanenstadt sprachen und schrieben syrisch-aramäisch. Wie diese Dame war auch Zenobia eine Araberin.

Schüler eines hochberühmten Ägypters. Auch darum war Ägypten in der Vorstellung des Lehrers wie seiner Schülerin eine absolut klare und maßgebende Größe. Dieser Lehrer wurde eines Tages der vertrauteste Berater der Königin der Welt.

Zenobia, vielseitig interessiert, ungewöhnlich intelligent, sprach fließend Syrisch, Aramäisch, Griechisch und Latein. Die erstaunlichen militärischen Erfolge ihres Gemahls beruhten nicht zuletzt auf dem Rat, dem Mut, der Entschlossenheit und Geistesgegenwart seiner Gefährtin. Man muß sich vorstellen, was es bedeutete, daß dieser arabische Fürst das mächtige persische Weltreich direkt unter den Toren der persischen Hauptstadt – Ktesiphon – angriff. Die damalige orientalische Welt bewunderte und verehrte das tapfere Paar. Und Rom sah zunächst in Odainathos und Zenobia die Rächer des gefangenen römischen Kaisers Valerian.

Wenn König Odainathos nicht seinen Staatsgeschäften in Palmyra nachging, wenn er nicht gerade auf einem Kriegszug war, pflegte er zu jagen. Wir erfahren, daß er Löwen und Panther erlegte. Es muß in der damaligen Zeit große Wälder in Syrien gegeben haben, in denen sogar Bären lebten. Zenobia begleitete ihren königlichen Gemahl auf diesen Jagden. Auch hierbei stand sie in ihrem Eifer und ihrem Mut dem Mann nicht nach. Sie hatte sich gegen Hitze und Kälte erstaunlich gut abgehärtet, reiste nie in geschlossenem Wagen, ritt vielmehr wie ein Legionär und marschierte oft viele Meilen an der Spitze ihrer Truppen. Nach dem Tode des Odainathos war Palmyra eine blühende Stadt, die ganz Syrien und einen großen Teil des Ostens beherrschte. Die Nachbarländer Arabien, Armenien und Persien fürchteten Zenobias Feindschaft und suchten ihre Gunst.

Aber der Zenobia war das alles nicht genug. Schwärmte nicht Longinus immer wieder von Ägypten? War Ägypten nicht die Krone der Kultur, die 5000jährige Perle der damaligen Welt? War Ägypten nicht die Kornkammer des ganzen Römischen Reiches? Und hatte ihr der große Oberfeldherr Zabdas nicht in vielen nächtlichen Unterhaltungen den besten Angriffsplan gegen dieses Land unterbreitet? Zenobia wollte Ägypten beherrschen, das Land der Pharaonen und ihrer eigenen vermeintlichen Ahnen. Sie wollte nicht ruhen, ehe sie diese herrliche Frucht für sich und ihren unmündigen Sohn gepflückt hatte. Also entsandte sie den Oberfeldherrn Zabdas mit einem mächtigen Heer an den Nil. Gleichzeitig griff sie Arabien an. Der Zeitpunkt war günstig. Gerade war Roms Präfekt Probus von Ägypten abwesend. Als er schleunigst zurückkehrte, war es zu spät. Die Palmyrer hatten Ägypten erobert, und Probus nahm sich das Leben.

In Rom war dem Kaiser Gallienus ein militärisch tüchtiger Mann gefolgt, ein Offizier aus Illyrien, Claudius II. Eineinhalb Jahre kämpfte er sehr erfolgreich für das Römische Reich, schlug die Alemannen am Gardasee, die Goten entscheidend bei Nisch. Seine Siege schufen die Voraussetzung für die Wiederherstellung des Reiches. Er starb aber im Jahre 270 an der Pest.

An seine Stelle trat Aurelian. Er hatte große Körperkräfte, war ein scharfer Rechner, ein glänzender, hochdisziplinierter Soldat. Er war außerordentlich mutig und führte jede militärische Operation äußerst exakt und mit großer Zähigkeit durch. Hatte er sich einmal entschlossen, ließ er von seinem Plan nicht mehr ab. Er war überhaupt die hervorragendste Gestalt unter Roms Offizieren in Illyrien. Im Gotenkrieg hatte er sich ausgezeichnet, und es war ganz klar, daß er jetzt Kaiser werden mußte. Dreierlei fehlte indessen der neuen Majestät: Liebenswürdigkeit, Takt und Sinn für geistige Dinge.

Was allerdings dieser Aurelian in seiner Regierungszeit erreichte, ist beispiellos. Er schloß zunächst einen Vertrag mit Zenobia, um seinen Rücken zu decken. Im Westen wollte er

selber regieren, das Ostreich überließ er der Herrschaft von
Zenobia und ihrem Sohn. Dann begann er aufzuräumen. Überall
war Roms Weltreich angenagt. Aurelian wehrte einen Einbruch
der Vandalen in Pannonien ab. Die Juthungen und Alemannen
bereiteten ihm eine schwere Niederlage bei Piacenza. Schon war
Rom bedroht. Aber Aurelian rettete die Situation und siegte
schließlich am Ticino. Immer reihte er besiegte Feinde in die
römische Armee ein – das war seine Methode. Er befestigte Rom
durch 6 Meter hohe, 4 Meter breite und über 18 Kilometer lange

*Die Stadtmauern von Rom wurden 271 n. Chr. von Kaiser Aurelian in
großer Eile gegen die Einfälle der Barbaren angelegt. Roms Legionäre
mußten das bedrohte Weltreich schützen, darum leisteten hier Kriegsgefangene und römische Handwerker Zwangsarbeit. Das Mauerwerk ist
über 18 Kilometer lang und wurde rücksichtslos durch Friedhöfe und
Häuserquartiere gelegt. Es schließt eine kleine Pyramide ein.*

Mauern, die noch heute eine Sehenswürdigkeit sind. Türme und 18 Tore hatte dieser mächtige Schutzwall. Er wurde von Nicht-soldaten und von Kriegsgefangenen gebaut, denn Roms Legio-näre hatten draußen in der Welt zu tun. Die Provinz Dakien gab die Majestät auf: Sie wurde den Goten überlassen. Und endlich hatte der Kaiser seine Hände frei für das große Spiel im Orient.

Der Zusammenprall eines so harten und glänzenden Soldaten mit der weltgewandten und ruhmsüchtigen Zenobia hielt die damalige Welt in Atem. Die Palmyrer saßen erfolgsfroh im er-oberten Ägypten und prägten in Alexandria Münzen, auf denen ihr König Vaballathos auf der einen und der Kaiser Aurelian auf der anderen Seite zu sehen waren. Es dauerte allerdings nicht lange, da wurden – vom 11. März 271 an – Münzen geschlagen, auf denen nur noch der Palmyrer zu sehen war. Und im Sommer 271 erhob sich Zenobia zur Augusta, also zur Kaiserin, und ihren Sohn zum Augustus. Palmyra hatte sich vom römischen Gesamt-reich losgelöst. Das war eine Kampfansage an Aurelian.

Aurelian war nicht der Mann, dieses Spiel zu dulden. Er brach mit Palmyra, stellte ein mächtiges Heer auf und entriß Zenobia Ägypten. Ende des Jahres 271 wälzte sich der mächtige Heeres-troß des Kaisers gen Osten. An der Grenze von Kappadokien leistete die Stadt Tyana Widerstand. Sie fiel. Der Kaiser behan-delte die Bürger außerordentlich milde. Die Mundpropaganda dieses Verhaltens öffnete ihm die meisten anderen Städte. Zeno-bia hoffte jetzt auf Unterstützung durch den König der Perser. Aber König Schapur war alt und keineswegs gewillt, der berühmten Königin zu Hilfe zu kommen.

Bei Antiochia kam es wiederum zum Kampf. Hier war Zeno-bia persönlich anwesend. Ihr Feldherrenglück versagte. Aurelian siegte gegen die überlegene palmyrische Kavallerie. So fiel Antio-chia in seine Hände, und wieder schonte der kluge Kaiser die Bevölkerung.

Die geschlagene Armee der Zenobia zog in verzweifelter Stim-mung über die endlosen Karawanenstraßen. Aurelian machte der Königin ein Friedensangebot. Er forderte sie auf, sich zu unter-werfen. Er wies auf die große Zahl der Gefallenen hin, die bei den Schlachten am Orontes ihr Leben lassen mußten. »Das waren ja nur Römer«, antwortete Zenobia und lieferte dem Kaiser bei Emesa noch einmal eine Schlacht. Nach blutigem Gefecht siegten die römischen Legionäre.

»Der Sonnengott von Emesa hat seine Heimat verlassen und Rom den Sieg geschenkt«, sagte Aurelian. Er machte diesen

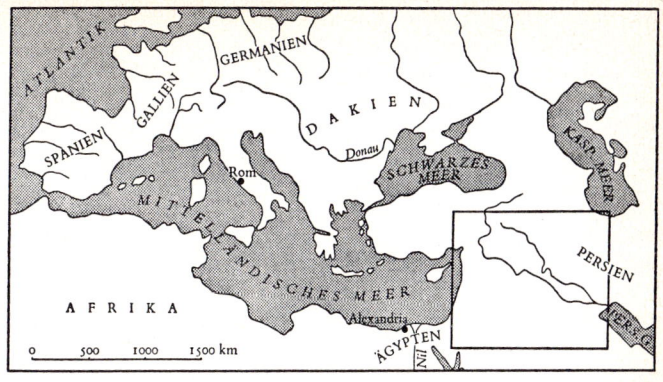

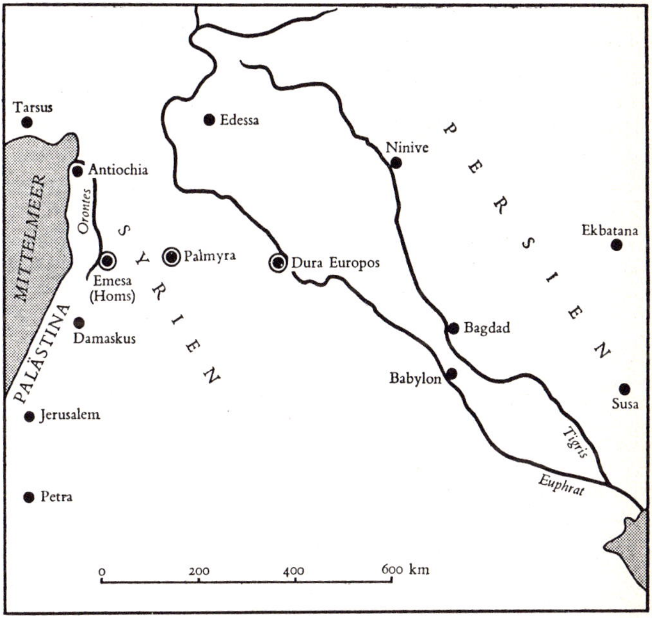

Zwischen den Metropolen des Mittelmeers und der Kulturwelt des Persischen Golfes war Palmyra einst die große Austauschstation. Unter der arabischen Königin Zenobia erreichte diese Oase ihre höchste Blüte. In Emesa wurde das Heer der Zenobia von dem römischen Kaiser Aurelian geschlagen. In Dura Europos geriet die Königin schließlich in Gefangenschaft, als sie über den Euphrat fliehen wollte.

orientalischen und von griechischer Kultur geläuterten Gott des Lichts zum Gott der Römer schlechthin. Am 25. Dezember 274 wurde auf dem Marsfeld in Rom der Sonnentempel geweiht. Nur mit solch einem allüberall gegenwärtigen Gott konnte man noch gegen den neuen Gott der Christenheit etwas ausrichten. Es war der Versuch eines heidnischen Monotheismus.

Aber Roms Soldaten waren todmüde. Erschöpft von der erbarmungslosen Sonne, zogen sie in Eilmärschen nach Palmyra. Die Wunderstadt war glänzend versorgt. Es war ein unheimlich schwieriges Unterfangen, sie zu belagern. Ewiger Wassermangel! Aurelian wurde durch Pfeilschuß verwundet. Doch dieser größte Offizier auf dem Kaiserthron seit Trajan gab seine Sache nicht auf. Und sie, Zenobia, wich ihrem zähen Gegner und dem besseren Rechner in diesem hungrigen Ringen, indem sie ihre Sache zu früh verloren sah. Sie glaubte zu erkennen, daß die Zeit dem Heer des Aurelian nichts anhaben könne, daß die römischen Legionäre weder durch Hunger noch durch Mutlosigkeit umzuwerfen seien. So floh sie auf schwankenden Rücken von Dromedaren in Richtung auf Dura Europos zum Euphrat. Sie wollte noch einmal Hilfe bei den Persern suchen, sie wollte diese Hilfe sofort erwirken – durch ihren persönlichen Charme und ihr glänzendes Auftreten. Aber römische Reiter setzten ihr nach. Schon war Zenobia am Euphrat. Schon stieg sie in das Boot, das sie zum anderen Ufer und in die ersehnte Freiheit bringen sollte. Da griffen die Römer die königliche Frau und ihren Sohn. Palmyra, durch die Flucht der Königin entmutigt, gab die Verteidigung auf. Als die syrische Königin vor Kaiser Aurelian geführt wurde und der Kaiser sie fragte, warum sie geglaubt habe, gegen die Herren Roms rebellieren zu können, antwortete sie sehr geschickt: Sie habe weder seine Vorgänger noch Männer, die sich sonst irgendwie des Thrones bemächtigten, als römische Kaiser ansehen können. »Nur du allein bist mein Besieger und mein Herr.«

Dieser anfängliche Mut verließ die gefangene Königin bald. Als sie vernahm, daß die Legionäre ihre Hinrichtung forderten, zitterte sie. Jetzt wurde sie schwach. Jetzt vergaß sie auch, daß eigentlich Kleopatra ihr Vorbild war, daß man als Königin eher sterben mußte als in schimpflicher Gefangenschaft leben. Jetzt verriet sie alle ihre Freunde, ihre Lehrer und Vertrauten und berief sich darauf, daß ihre Hartnäckigkeit und ihr Widerstand gegen Rom die Folge schlechter Ratgeber gewesen sei.

Der harte Aurelian ließ darauf die wichtigsten Ratgeber der

Königin enthaupten. Auch der berühmte Lehrer Longinus wurde ein Opfer der Angst und Verzweiflung dieser Frau, die noch kurz vorher eine der tapfersten weiblichen Gestalten der Weltgeschichte war. Longinus starb so, wie ein Philosoph sterben sollte. Er verhielt sich völlig ruhig, beklagte sich über nichts und tröstete seine Todesgefährten. Er bedauerte nur seine unglückliche Herrin und folgte völlig gelassen dem Scharfrichter.

Ein unermeßlich reicher Schatz fiel dem römischen Kaiser in die Hände: Gold, Silber, Seide, wertvolle Steine, Waffen, Pferde, Kamele. Alles, was die öffentlichen Gebäude und Tempel in den Kammern und Speichern der wohlhabendsten Oase der Welt bargen, wurde von den Römern erobert. Angeblich soll Aurelian Privateigentum geschont haben. Wieder übte er seine nun bereits sprichwörtliche Milde gegen die Bewohner der Stadt.

Der Sieger, der Mann, von dem jetzt ganz Asien sprach, Roms Kaiser Aurelian, hatte schon den Bosporus überschritten. Er war auf dem Heimweg. Da erfuhr er, daß die Palmyrer sich noch einmal gegen ihn erhoben. Und er kehrte um. Diesmal ließ er seine Wut mit wahrhaft asiatischer Grausamkeit an Männern, Frauen, Kindern, ja sogar an den Bauern aus, die in der Umgebung von Palmyra lebten. Er ließ alles zerstören, und als die Stadt in Trümmern lag, bedauerte er doch wieder sein Vernichtungswerk. Einigen überlebenden Palmyrern erlaubte er, die Stadt wieder aufzubauen. Aber diese Gnade war umsonst. Palmyra sollte nie mehr auferstehen. Seine Ruinen sollten 1700 Jahre lang liegen, wie wir sie heute sehen!

Fast hatte der Kaiser die römische Welt zurückerobert. Da erkennen wir eine interessante und eigentümliche Gestalt in Alexandria. Es ist der Großreeder und Papierfabrikant Firmus, ein Mann griechischer Herkunft. Dieser Firmus war aus Seleukia in Syrien nach Alexandria gekommen, hatte sich hier niedergelassen und mit der Fabrikation von Papyrus unheimliche Summen verdient. Von der Stadt Koptos aus betrieb er außerdem einen glänzend florierenden Seidenhandel mit China. Seine Schiffe durchfuhren regelmäßig den Indischen Ozean. Man bedenke: Firmus-Seide wurde damals auf Kamelrücken und auf Schiffen von einem Ende der Welt zum anderen getragen! Und die römischen Damen wie die römischen Frauen von Palmyra trugen Firmus-Kleider. Kaum hatte Firmus gehört, daß Aurelian nach seiner ersten Eroberung von Palmyra heimgezogen war, da tat er sich mit nubischen Wüstenstämmen zusammen, zettelte eine Revolution an und wollte Anfang 273 vom Papierkönig zum

Der große Tempel Gottes Bel. Hier, in Palmyra, herrschte die Königin Zenobia, bis Roms Kaiser Aurelian 273 der ganzen Herrlichkeit ein Ende machte. Bel ist der Baal unserer Bibel.

römischen Kaiser avancieren. Aurelians Legionen stellten auch hier die Ordnung wieder her, und der unternehmungslustige Papier- und Seidenkönig nahm sich das Leben.

Der Triumphzug des Kaisers durch Rom stellte alles in den Schatten, was die Ewige Stadt je erlebt hatte. 20 Elefanten, 4 Königstiger, 200 der seltensten Tiere der ganzen damaligen Welt, 1600 Gladiatoren, alles zog zu den grausamen Vergnügungen im Amphitheater. Die Feldzeichen vieler besiegter Völker, die Reichtümer ganz Asiens, Gesandte aus Äthiopien, Arabien, Persien, Indien und sogar China, ein endloser Zug von Gefangenen, darunter Goten, Vandalen, Sarmaten, Alemannen, Franken, Gallier, Syrier und Ägypter. Dann folgte die herrliche Garderobe der gefangenen Königin Zenobia. Und schließlich das kostbarste Beutestück selber, die Königin des Ostens. Ein Sklave trug die Goldkette, die um ihren Hals geschmiedet war. Unter der gewaltigen Last ihrer Juwelen schien die schöne Frau zusammenzubrechen. Sie mußte ihrem eigenen prunkvollen Kampfwagen zu Fuß vorangehen. Es war derselbe Wagen, in dem sie als Siegerin in Rom einfahren wollte.

Aurelians Triumphwagen wurde von vier Hirschen gezogen, einer Beute aus dem Gotenkrieg. Als dieser erstaunliche Zug sich Stunden um Stunden durch die Straßen Roms bewegte, erfaßte die Menge zuerst sprachlose Verwunderung. Schließlich jubelten die Römer. Und dann wurden sie doch wieder still und tuschelten mit bebenden Herzen. Denn im Beutezug befand sich auch der gefangene Senator und Kaiser Tetricus, der Mann, der sich selbstherrlich zum Herrscher Galliens gemacht hatte und dessen Anwesenheit sich Aurelian für diesen Tag sicherte. Noch nie war ein römischer Senator als Gefangener im Triumphzug durch Rom marschiert. Aber der Kaiser war ihm gnädig und gab ihm einen Verwaltungsposten in Unteritalien.

Kaiser Aurelian soll Zenobia später mit größter Nachsicht behandelt haben. Er schenkte ihr eine Villa in Tivoli. Die einst so stolze und mutige syrische Königin führte dann als Gattin eines römischen Senators das Leben einer braven Frau. Ihre Töchter heirateten in vornehme römische Familien ein. Nachkommen der Königin sollen noch bis zum 5. Jahrhundert in Rom gelebt haben.

»Diocletian war ein schlauer Charakter, begabt mit Scharfblick und durchschauendem Verstand. Er suchte die Erbitterung wegen seiner harten Maßnahmen auf andere abzuwälzen. Sein Greisenalter verlebte er als Privatmann auf seinem Landsitz bei Salonae. Er zeigte seltene Seelengröße, da er als einziger unter allen seit Begründung des römischen Kaisertums von einer solchen Höhe freiwillig in den Stand und die bürgerlichen Verhältnisse eines Privatmannes zurücktrat.«

Eutropius, Römische Geschichte, Buch 9.

Der große Soldatenkaiser Aurelian hatte mit Erfolg gegen Goten und Vandalen gekämpft. Die Alemannen hatte er zum Stehen gebracht und Rom zur stärksten Festung der Welt gemacht. Er hatte das gallische Reich wieder mit Rom vereinigt, das palmyrische Reich zerstört und dessen Königin Zenobia gefangen. Erst zeigte er sie den Römern als Beutestück seines Triumphzuges. Dann setzte er sie in die Villa in Tibur – dem heutigen Tivoli – und verheiratete sie mit einem Senator. So bürgerlich, heißt es, endete die kleine schlanke Frau. Endete sie wirklich so? Gewiß nur, wenn eine gute Fee damals Geschichte gemacht hätte und nicht der unsentimentale Kaiser Aurelian. Ich glaube jedenfalls nicht an das reizende Tivoli und halte Zenobias Tod in Ketten für viel wahrscheinlicher und der Zeit angemessener.

Ihr Besieger war jetzt Herr und Stellvertreter Gottes auf Erden. Er stand einsam auf großer Höhe und näherte sich allmählich dem Bild der späteren christlichen Kaiser von Gottes Gnaden. Sein Gott aber war noch nicht der Gott der Christen. Es war der Sonnengott, der ihm den Sieg über Zenobia und damit die Herrschaft über die Welt geschenkt hatte. Dort, wo bisher Jupiter Capitolinus über dem römischen Pantheon gethront hatte, war jetzt der orientalische Sonnengott eingezogen, der Staatsgott, der höher als alle anderen Götter stand. Die Sonnenreligion des Aurelian mit ihrer Überhöhung *eines* Gottes zeigt die erstaunliche Entwicklung des antiken Geistes an. Dieser »Monotheismus« deutet schon auf die Möglichkeit der staatlichen Anerkennung des christlichen Gottes hin.

Über Marcus Aurelius Probus gibt uns die Geschichtsschreibung nur wenig Auskunft. Sonst würde er zu den großen Gestalten der Weltgeschichte gerechnet werden. Er brachte den Weinbau nach Deutschland und Ungarn und war ein sehr erfolgreicher Feldherr. 282 wurde er in Sirmium getötet.

Mit Aurelian begann die Reihe der großen Herrscher aus Illyrien, begann das Regieren nach orientalischem Muster, das »Gottgleichwerden« und das »Gottesgnadentum«. Nach allen Seiten der Welt griff Aurelian aus, nach Norden, nach Osten und Westen, nach dem Himmel und nach der Sonne. Dieser unvergleichliche Soldatenkaiser starb durch einen dummen Zufall, durch die Dummheit der Menschen – oder die Blindheit des Schicksals.

Ende 274 war er wieder nach Osten gezogen. Er wollte den Persern Mesopotamien entreißen und für Rom zurückerobern. Bei Caenophrurium – zwischen Perinthos und Byzanz – nahm das Drama im Herbst des Jahres 275 seinen Lauf. Der Mann, der das fast ohnmächtige Weltreich wieder aufgerichtet hatte, der einzige Mensch jener Zeit, der schöpferische Ideen besaß, starb durch die List seines unbedeutenden Privatsekretärs.

Dieser Sekretär, Eros mit Namen, hatte aus irgendeinem geringfügigen Grunde des Kaisers Unwillen erregt. In übergroßer Furcht vor dem Zorn des Aurelian fälschte Eros einen Brief, setzte in diesen Brief die Namen der tapfersten Krieger ein und täuschte so die Absicht des Kaisers vor, sie alle hinrichten zu lassen. Er zeigte den Brief den angeblich Bedrohten. In dieser »Lebensgefahr« entschlossen sich die Soldaten, den unbeugsamen Aurelian zu ermorden. Daß sie getäuscht wurden, erkannten sie erst, als die große Majestät tot war. Eros wurde hingerichtet.

Die Armee war so bestürzt, daß sie dieses Mal den neuen Kaiser nicht aus ihren eigenen Reihen wählte. Man trug die Wahl dem Senat an. Die längst vergangene Zeit der Senatsherrschaft schien wiederzukommen. Im September des Jahres 275 wurde der Senator Tacitus zum Kaiser gewählt. Solche Ehre war ein Todesurteil, denn welcher Kaiser starb damals aus natürlichen Gründen? Tacitus – der nichts mit dem Historiker zu tun hat – war 75 Jahre alt. Pflichtgemäß zog er gegen die Goten in Kleinasien, wurde aber schon im April 276 in Tyana ermordet.

Nun wählte die Ostarmee wieder einen Illyrier, M. Aurelius Probus, den fähigsten Offizier des römischen Heeres. Dieser Kaiser würde in der Reihe der ganz großen Herrscher stehen, wenn die Geschichte ihm nicht einen bösen Streich gespielt hätte. Durch eine Reihe harter Schläge gelang es ihm in kurzer Zeit, das Römische Reich wieder völlig herzustellen. Er befreite Gallien in einem Jahr von den Germanen, er schlug feindliche Angriffe an allen Grenzen des Reiches ab, am Rhein, an der Donau, in Oberägypten, er warf aufständische Bergvölker und Usurpatoren in den Provinzen nieder, er siedelte eine riesige Zahl von germanischen Gefangenen im Römischen Reich an, er tat besonders viel für seine Heimat Pannonien, er befaßte sich mit Bodenverbesserungen und brachte den Weinbau nach Deutschland und Ungarn. Gerade bereitete er einen Perserfeldzug vor – da wurde er in Sirmium getötet [282]. Er regierte ein Jahr länger als Aurelian, hatte genauso viel wie dieser Kaiser oder noch mehr geleistet, wurde auch wie Aurelian »Gott und Herr« genannt und ist uns doch so wenig bekannt, weil die Geschichtsschreibung uns nur dürftige Nachricht von ihm gibt.

Sein Nachfolger Carus und dessen Söhne Carinus im Westen und Numerianus im Osten sind nur flüchtige Erscheinungen in der römischen Kaisergeschichte. Alle drei starben, wie nicht anders zu erwarten, eines gewaltsamen Todes. Numerian hatte an einem erfolgreichen Perserfeldzug seines Vaters teilgenommen und führte die Armee aus dem eroberten Ktesiphon zurück. Die Heere erreichten Nicomedia im Herbst 284. Da wurde eine entsetzliche Entdeckung gemacht. Schon lange drang unerträglicher Geruch aus der Sänfte des Kaisers. Jetzt stellte man fest, daß darin ein verfaulender Körper lag, daß die Majestät tot war, daß man einen Leichnam durch Asien trug. Mörder war der Schwiegervater des Kaisers, Arrius Aper. Es sollte nicht lange dauern, bis er für seine Tat büßen würde.

Menschen sind komplizierte Wesen. Niemand ist mit einem oder wenigen Schlagworten zu erfassen. Darum ist die Geschichtsschreibung eine wahre Kunst, wenn sie auf wenig Raum viel und Richtiges aussagt. C. Aurelius Valerius Diocletianus war eine der kompliziertesten Gestalten der Weltgeschichte, ein Charakter mit unglaublich vielen Lichtern und Zwielichtern, kein gewöhnlicher Mensch und kein Universalgenie, kein Soldat, aber dafür einer der größten Organisatoren aller Zeiten, ein Mensch mit Schwächen und ein Kaiser, der einige verhängnisvolle Irrtümer begangen hat. Er steht am Ende einer Epoche, nicht am Anfang. Er ist der letzte große Heidenkaiser.

Vor seiner Wahl hieß er Diocles. Er stammte aus sehr kleinen Verhältnissen. Seine Heimat war Dalmatien und die Stadt seiner Geburt, wie man meint, Salonae, weil er dort später seinen großen Palast baute. Man kennt nicht genau das Jahr seiner Geburt, aber zur Zeit seiner Abdankung, im Jahre 305 n. Chr., zeigen seine Münzbilder einen Siebzigjährigen. Er könnte also 235 geboren sein.

Am 17. November 284 wurde er in Nicomedia in Bithynien von den Truppen zum Kaiser ausgerufen. Er hielt eine Ansprache an das Heer und schwor, mit gezücktem Schwert zur Sonne aufblickend, einen heiligen Eid, er sei am Tode des Numerian unschuldig. Er machte eine blitzartige Bewegung – und durchbohrte mit dem Schwert sofort den neben ihm stehenden Schwiegervater seines Vorgängers, den Prätorianerpräfekten Arrius Aper.

Dieses Ereignis hat eine Pointe. Aper heißt lateinisch Eber. Man hatte dem Diocles einst prophezeit: »Du wirst Kaiser werden, wenn du einen Eber tötest.« Und jetzt – jetzt lag der Eber tot in seinem Blut. So hatte sich die Prophezeiung erfüllt – nicht unwichtig in jener Zeit des dunklen Aberglaubens, der Zaubersprüche und Mysterienformeln. Die Soldaten staunten. So etwas gefiel ihnen. Die neue Majestät war offenbar von schnellem Entschluß. Und die Götter waren auf seiner Seite.

Aber Diocletian besaß nicht den wagenden, großmütigen Geist eines Helden, der Gefahr und Ruhm sucht, der Ränke verabscheut, der kühne Männer seinesgleichen herausfordert. Seine Fähigkeiten waren eher praktisch als glänzend. Der Engländer Gibbon zeichnet ihn treffend und meint, Diocletians starker Charakter sei durch Erfahrung und Studium der Menschheit noch geschult worden. Er sei eine gute Mischung von Großzügigkeit und Sparsamkeit gewesen, von Milde und Härte, von vollkommener Verstellung unter dem Deckmantel militärischer Gradheit. Er sei beharrlich gewesen und doch wendig, und er habe vor allem die große Kunst beherrscht, die eigenen Leidenschaften wie die anderer den Zielen seines Ehrgeizes unterzuord-

Kaiser Diocletian, 284 – 305, war ein erstaunliches Organisationsgenie. 20 Jahre lang beherrschte er die Welt und setzte sich dann in seinem Palast zu Salonae [Jugoslawien] zur Ruhe. Es gibt nur sehr wenige Skulpturen dieses ungewöhnlichen Charakters der Weltgeschichte.

nen. Alle seine Vorhaben wußte er stets mit den ausgesuchtesten Vorwänden der Gerechtigkeit und öffentlichen Notwendigkeit zu begründen. H. Mattingly schildert die Wirkung eines solchen Menschen auf seine Zeitgenossen: Er sei das Objekt tiefster Bewunderung gewesen. Aber man konnte ihn eben nicht ohne Unbehagen und Mißtrauen bewundern!

Diocletian umgab sich mit kaiserlichem Pomp und ließ keinen Zweifel darüber, daß er sich als das Werkzeug Gottes auf Erden fühlte. Das Gottesgnadentum der Majestät, der übernatürlich heilige Charakter des kaiserlichen Amtes, orientalisches Hofzeremoniell und Kaiserkult als unmittelbare Verehrung des höchsten irdischen Herrschers und Vertreters Gottes auf Erden, das war die religiöse Atmosphäre der Diocletianischen Monarchie. Die Reform der kaiserlichen Zentralgewalt entsprach wohl auch dem Verlangen der Zeit nach der furchtbaren Reichskrise des 3. Jahrhunderts. »Wenn es noch eine Rettung für das Römische Reich gab – das war der allgemeine Glaube des Volkes –, so mußte sie von oben kommen«, sagte Rostovtzeff.

Im Staatskleid von Seide und Gold, geschmückt mit einem perlenbesetzten Diadem, mit Perlen und Edelsteinen sogar an den Schuhen, hielt Diocletian Hof in Nicomedia – dem heutigen Ismid unweit von Istanbul –, oder er ließ sich auf seinen fast ununterbrochenen Reisen durch Asien und Europa wie ein Gott verehren. Der Kaiser des Römischen Reiches war unnahbar geworden. Der übernatürliche Lichtglanz, den man nun in der Majestät vermutete, wurde jetzt hin und wieder als Lichtscheibe, als »Nimbus«, dargestellt. Im »Sacrum Palatium« saß der Kaiser in feierlicher Abgeschiedenheit. Wer den Herrn der Welt sehen wollte, mußte – von Kammerherren und Eunuchen bis zum Allerheiligsten weitergereicht – vor der Majestät niederfallen und sie wie eine Gottheit anreden. Kniefall und Küssen eines Zipfels des Kaiserpurpurs, das war die Empfangsetikette. Diese Proskynese nach altpersischer Königssitte wurde auch von den Verwandten des Kaisers verlangt. Die gewöhnliche Anrede und der Titel des Kaisers waren jetzt »Herr« [Dominus], nicht mehr »Erster Bürger« [Princeps], wie sich einst Augustus bezeichnet hatte. Die freien Bürger waren jetzt »Untertanen«. Aus der Verfassung des Prinzipats war das Dominat geworden.

Diocletian hatte nur eine Tochter, Valeria, aber er hatte keinen Sohn. Er erkannte, daß das Weltreich viel zu groß war, um von einem Mann allein regiert zu werden. Im Hochsommer 285 machte er darum seinen Kriegskameraden Maximianus zum Cäsar und sandte ihn nach Gallien. Bald darauf proklamierte er ihn in Anerkennung seiner in Gallien vollbrachten Taten zum Augustus, zum Mitkaiser.

Damit gab es zwei Kaiser: Maximian im Westen und Diocletian im Osten. Beide galten als »Brüder« – ein Ehrenverhältnis, durch das Diocletian seinen Mitkaiser auf die gleiche Ebene erhob. Aber Diocletian selber behielt doch die erste Stelle, die Oberleitung, im Reich. Er hatte für sich den Osten gewählt, denn hier waren die schwierigeren diplomatischen und militärischen Aufgaben zu lösen. Hier war die Grenze gegen das Sassanidenreich zu halten. Hier lag die größte wirtschaftliche Kraft. Hier ruhte das Schwergewicht.

In Nicomedia hatte Diocletian den Thron bestiegen. Dies wurde die Residenz, die er mit herrlichen Bauten schmückte. Und hier sollte er einst seinen Abschied vom Purpur nehmen. Der Redner Libanios nannte Nicomedia eine Generation später »die schönste Metropole der Welt«. Rom, die verspielte, triumphgewohnte und doch grausame Stadt der Kampfarenen, der großartigen Bäder und Theater, mußte in den Schatten treten. Die Lichtseite des Weltreiches lag jetzt im Orient.

Kaiser Maximian hat sich nur selten in Rom aufgehalten. Er residierte in Mediolanum, dem heutigen Mailand, das der bedrohten Nordgrenze näher war, und diese Stadt begann damals

Rom an Bedeutung zu übertreffen. Die Zweierherrschaft der Kaiser Diocletian und Maximian funktionierte ausgezeichnet. Sie währte sieben Jahre lang und war überaus erfolgreich. Der vorsichtige und kluge Diocletian rief selbst die Götter zu Hilfe, um sein neues Herrschaftssystem zu heiligen und zu verewigen. Im Schutze des höchsten Gottes, des Jupiter Optimus Maximus, regierte Diocletian von nun an unter dem religiösen Titel »Jovius«. Sein Mitkaiser Maximian erhielt den Titel »Herculius«. Auch Herkules war Gott, und so wie Herkules im Himmel der starke Gehilfe des Jupiter war, so sollte auf Erden das heilige kaiserliche Paar zusammenarbeiten.

Eine Welt von Feinden wurde von den beiden Kaisern besiegt: Burgunder, Alemannen, Franken, Sarmaten, Goten, Araber. Sie alle hatten auch nach den Siegen des Claudius, des Aurelian und des Probus keine Ruhe gegeben.

In Mailand trafen sich die beiden Herrscher, deren Verständigung damals – ohne Telephon und Telegraph – über weite Entfernungen von einem Kontinent zum anderen glänzend funktionierte. Auf winterlich verschneiten Straßen waren sie über die Alpen gezogen. Begeistert wurden sie damals von den Mailändern empfangen, doch die guten Bürger wußten nicht, was sie mit ihnen anfangen sollten, denn sie hatten ihr Zeremoniell immer nur für einen Kaiser eingeübt!

Als Diocletian erkannte, daß auch zwei Kaiser den ständigen Bedrohungen von außen und den gewaltigen Verwaltungsaufgaben im Reiche nicht gewachsen waren, gründete er 293 seine berühmte Tetrarchie, die Viererherrschaft. Jeder der beiden Kaiser im Osten wie im Westen erhielt einen »Hilfskaiser«. Der Titel des Hauptkaisers blieb Augustus, und der Titel des Hilfskaisers lautete Cäsar. Beide neuen Cäsaren waren vorher die Gardepräfekten ihrer Kaiser gewesen, zuverlässige Leute, die Diocletian geschickt wie immer gewählt hatte.

Constantius wurde der Cäsar des Maximian, sollte in Gallien herrschen und saß in Trier, dem damaligen Augusta Treverorum. Damit wurde auch Trier Kaiserresidenz und eine der wichtigsten und schönsten Städte des Westens. Galerius wurde der Cäsar des Diocletian und verwaltete das ganze Gebiet südlich der Donau vom Inn bis zum Schwarzen Meer. Er residierte in Sirmium [Mitrovitza] an der unteren Save. Um das Band zwischen diesen vier Kaisern noch fester zu knüpfen, wurden die Cäsaren durch ihre Oberkaiser adoptiert. Sie sollten nach 20 Jahren ihre Augusti beerben, denn die Hauptkaiser sollten die Möglichkeit haben, abzudanken, also lebend vom Thron zu steigen und nicht durch Ermordung herunterzustürzen. Doch damit nicht genug: Die Unterkaiser mußten sich scheiden lassen und die Töchter ihrer hohen Gönner heiraten. Im sogenannten Tetrarchen-Monument am Markusplatz in Venedig zeigen sich die »Vierherrscher« noch heute dem Betrachter als einträchtige Gruppe von vier Porphyrstatuen.

Diocletian selber behielt die überragende Stellung, ließ sich als Gründer des ewigen Friedens feiern, war als Kaiser unbesiegbar und wurde demzufolge Invictus genannt.

Nur selten in der Geschichte der Menschheit hat sich eine so künstliche Idee so großartig bewährt. Immer Hand in Hand und in steter Folge verwalteten, wachten und siegten die Kaiser in den vier Ecken der Welt. Carausius, ein General und Statthalter Britanniens, der sich der ganzen Insel bemächtigte und zum Kaiser ausrufen ließ, wurde in Boulogne blockiert und besiegt. Britannien wurde für das Römische Reich zurückerobert.

Ein großer Sieg über die Alemannen, Siege an der Donau, Siege über die Perser, Erfolge in Afrika, Niederwerfung einer Revolution in Ägypten, Ausdehnung der römischen Herrschaft im Osten über den Tigris, Anlage von Limesbefestigungen, das ist die erfolgreiche römische Geschichte der Jahre 295 bis 305.

In jenen Jahren entstand auch das Wunderwerk der damaligen Welt, die herrlichen Thermen des Diocletian in Rom. Unter den 800 Bädern der Stadt übertrafen diese Thermen alle anderen an Pracht und Größe. Selbst die Caracalla-Thermen reichten da nicht mehr heran. Aus dem Mittelsaal der Baderäume mit ihren hohen Kreuzgewölben und Säulenfassaden machte Michelangelo seine Kirche Santa Maria degli Angeli. Auf dem übrigen Ruinenfeld erhebt sich heute Italiens Nationalmuseum.

Planen, Ordnen, Organisieren und Bauen, das alles gehörte zum Wesen des Diocletian. Der Kaiser schuf Waffenfabriken in Antiochia, Edessa, Damaskus, wahrscheinlich auch in Irenopolis [Kilikien] und Caesarea [Kappadokien]. Woll- und Leinenwebereien wurden von ihm angelegt. Purpurfärbereien entstanden. Straßen wurden durch das Weltreich gebaut, Grenzschutzanlagen errichtet. In den vier Residenzen, in Nicomedia, Sirmium, Mailand und Trier, entstanden Prunkbauten und Paläste. Triers felsenhaft düstere Römerruinen künden noch heute von jener Zeit. In Karthago, in Antiochia, überall wurde der Bauwille der unnahbaren Majestät sichtbar. In Daphne [Syrien] entstanden zwei Paläste, fünf Bäder, ein Stadion und ein Höhenheiligtum der Hekate. Der Tempel des Apollo zu Milet wurde ausgebaut, eine Badeanlage in Alexandria spendete Erholung von der Hitze.

Aber das ist nicht alles. Kaiser Diocletian war ein so fanatischer Verwalter, daß er die größte Zwangsherrschaft der Antike ins Leben rief. Immer mehr Beamte wurden eingesetzt. Die Stadtsenate, die einzelnen Staatsfunktionäre verloren all ihre Selbstherrlichkeit und Macht. Immer gab es jemand, dem man gehorchen mußte. Die Beamtenhierarchie wuchs in erschreckender Weise. Eine allmächtige Bürokratie hatte alle Verwaltungsangelegenheiten eines ungeheuren Staatswesens zu erledigen. Jede Selbstverwaltung wurde aufgehoben, und Aufsichtsorgane kontrollierten Aufsichtsorgane. Das System war einfach und brutal. Selbst die Beamten der Zentralregierung waren Diener und Sklaven des Staates. Die Provinzen des Reiches wurden neu eingeteilt und in großen Verwaltungsbezirken – Diözesen – zusammengefaßt.

Alle diese Maßnahmen erfolgten aber nicht aus Cäsarenwahn, nicht aus der Dämonie der Herrschsucht, nicht aus dem Willen zum Reglementieren – all das entsprang nicht der Besessenheit eines Monomanen, der mit vertausendfachten Fingern bis in die letzten Kammern der Verwaltung griff, um sich selber in jeder Lebensäußerung des Riesenreiches bestätigt zu finden.

Nach den Katastrophen des 3. Jahrhunderts mußte endlich etwas geschehen, waren Reformen dringend notwendig, mußte das Römische Reich ein für allemal gegen innere und äußere Gefahren gesichert werden. Es gab ja längst keine »alten Römer« mehr. Und wo die alte Gesinnung fehlt, kann nur noch das Schema, ein Apparat helfen. Hier war es der Staatsapparat des »Römlings« Diocletian. Anders war das Reich nicht mehr zu retten.

Die Stimmungen der Völker bewegen sich wie Wellen. Auf Kriegsstimmung, die schnell ermüdet, folgt Friedensstimmung von längerer Dauer. Darum ist die vielgepriesene Friedensliebe sonst schnell erregbarer Nationen meist nur eine Ermüdungserscheinung und nicht ein Zeichen »guten Volkscharakters«. Nach dem Sieg des Cäsar über Pompejus, nach dem blutigen Jahrhundert der Bürgerkriege trat Cäsarenmüdigkeit ein, eine Friedensstimmung, die eigentlich die Römer nie wieder verließ.

Als die Schlacht bei Actium 31 v. Chr. geschlagen, als Ägypten im Jahre 30 erobert war, rüstete Augustus ab. Er dezimierte die Armee um fast die Hälfte, so daß nur 28 Legionen übrigblieben. Sie wurden an die Grenzen gelegt, ohne daß im Innern eine Reservearmee da war. Daß diese Wehrlosmachung gefährlich war, bewies die »Hermannschlacht«, bei der Varus drei Legionen im Jahre 9 n. Chr. verlor. Der große Staatsmann Augustus, der Schöpfer des Prinzipats, war eben auch der heidnische Vater des Weltfriedensideals. Davon zeugt noch heute die berühmte Ara Pacis Augusti, der Friedensaltar des Augustus in Rom. Und diese romantische Stimmung eines augusteischen Zeitalters, dieses Hochziel ewigen Friedens, dieses Licht, das dem Heiland der Christenheit vorausging, wirkte von nun an von Kaiser zu Kaiser fort. Wenn auch Trajan, dieser letzte große cäsarische Offizier Roms, gegen die Daker und Parther offensiv vorging – ein Plan, den schon Cäsar hatte und dessen Ausführung nur die Todesstöße der Iden des März 44 vereitelten –, so war doch Roms neue Weltpolitik grundsätzlich immer defensiv.

Nach Augustus gab es noch eine zweite »Abschwörung des Cäsarismus«, eine Abkehr vom Militarismus, wie wir sagen würden. Es war die Politik Kaiser Hadrians, dieses hochsensiblen Griechenlandverehrers mit dem Philosophenbart, der »Graeculus« – »der kleine Grieche« genannt wurde. Als Kaiser gab er 117 die Eroberungspolitik seines Vorgängers Trajan auf, war ganz erfüllt von der Idee der Pax Augustea und wollte als Friedenskaiser mit der Weisheit des Hellenentums nur »ruhmvoller Knecht« für Staat und Volk sein.

So wurde noch einmal nach Augustus das Reich durch Entmilitarisierung geschwächt. Dabei war Rom von Völkern umgeben, deren kultureller Wertsinn noch kaum geschult war, von Völkern niederer Zivilisation, die in der Morgenstimmung ihrer Kraft nur darauf warteten, das reiche Römische Reich zu überfallen. Das 3. Jahrhundert n. Chr. wurde für Rom deshalb so gefährlich, weil jetzt eine Bildungsflucht einsetzte, weil man sich jetzt nach Mysterienreligionen sehnte, weil die romantische Idee des augusteischen Friedens jetzt »Friede auf Erden« werden sollte, zur gleichen Zeit aber Germanen allüberall im Norden, unbeeinflußt von solchen friedlichen Idealen, ihre unheimlichen Teutoburgen anlegten, mit ihrer urwüchsigen Kraft und ihrem erschreckenden Kriegsgeschrei anstürmten und weil vom Jahre 226 an der seit Alexander schlafende Orient im wiedererstandenen Perserreich der Sassaniden mächtig erwachte.

Die römischen Legionen an den Grenzen sahen jetzt recht unrömisch aus, denn die Auffüllung der Mannschaften erfolgte längst nicht mehr aus Italien, sondern aus den Grenzländern. Die glanzvolle römische Kultur hatte sich bis zu den Grenzen vorgearbeitet, und man begann dort auch im Feldlager »bequem« zu leben. Das Grenzheer war auf eine Art Grenzwehr heruntergekommen. Die Uhr hatte längst zwölf geschlagen. Es war höchste, allerhöchste Zeit, als Diocletian zur Verstärkung dieser Grenztruppen eine rasch bewegliche Feldarmee schuf, eine Reservearmee im Innern.

Solche gewaltige Anstrengung und Neuauffraffung zur Reichsverteidigung, solche Vergrößerung des Heeres, der mächtige, allgegenwärtige Beamtenapparat, die erweiterte, viel kostspieligere Hofhaltung, die Bauten ohne Zahl, das alles waren Aufwendungen, die eine Steuerreform notwendig machten. Jedes Jahr setzte der Kaiser die Höhe der Steuerzahlungen für das laufende Jahr fest. Niemand wußte vorher, was er an Steuern im nächsten Jahr zu entrichten hatte. Eingeschätzt wurden die Abgaben nach »iugum« und »caput«. Das »iugum« war ein Joch, eine Landeinheit [0,25 ha], und das »caput« war das Haupt, der Mensch, der das »iugum« bearbeitete. Weibliche Arbeitskräfte galten als »halbes caput«.

Die Besteuerung, die »jugatio«, berechnete außer der Zahl der Joche und der Häupter auch die Zahl der Tiere. Alles das hatte man zu deklarieren. Der Bauer war für sein Land und »seine Häupter« verantwortlich. Er war verpflichtet, die angesetzten Steuern zu entrichten. Um die ganze Sache dem Staat bequemer zu machen, wurde er auf Gedeih und Verderb an seine Scholle gefesselt. Seine Bewegungsfreiheit war damit aufgehoben.

Die Städte mußten das Geld und die Manufakturwaren aufbringen, die der Staat brauchte. Eine Gruppe reicher Bürger, die »curiales«, waren als Ratsherren für die Städte verantwortlich; sie hafteten mit ihrem Vermögen für pünktliche Bezahlung der Steuerschuld ihrer Mitbürger. Auch die Ratsherren, die sich daher begreiflicherweise oft von ihrem Amt drückten, besaßen keine Bewegungsfreiheit mehr. Und ihre Verantwortlichkeit vererbte sich auf ihre Kinder. Für Handwerker und Ladenbesitzer waren ebenfalls Zwangsinnungen [Korporationen] und entsprechende Steuern festgesetzt, und ein Heer von Staatsbeamten arbeitete unentwegt, die Versuche der Steuerpächter zu unterbinden, Staatskasse und Steuerzahler gründlich zu betrügen.

So waren Bauern, Handwerker und Geschäftsleute total versklavt. Die Wirtschaft wurde lahmgelegt. Alles Leben war an rücksichtslose Staatsmethoden gekettet. Die Funktionäre wurden immer mächtiger und hatten doch ihrerseits Angst. Die Unehrlichkeit blühte. Diocletian hatte durch seine allseitige Kontrolle, durch riesige Bauprogramme, durch ständigen Geldbedarf für diese Projekte, für Verwaltung und Heer und durch die so gründliche Besteuerung eine allgemeine Resignation erzielt. Man mußte schweigen, gehorchen, zahlen! Nur die Stadt Rom blieb steuerfrei, das einzige und letzte Privileg der alten Metropole.

Man hat – unter dem Einfluß der alten christlichen Literatur – die Maßnahmen des Heidenkaisers Diocletian sehr negativ und hart beurteilt. Aber es gab damals weder fehlerlose Marktforschung noch eine ausgebildete Wirtschaftswissenschaft, und die Soziologie war zu jener Zeit noch gar nicht erfunden. Die nahe Vergangenheit hatte bewiesen, daß der Reichsverfall ohne Organisation der wirtschaftlichen und finanziellen Kräfte nicht aufzuhalten, daß die militärische Sicherung ohne große allgemeine Opfer nicht durchzuführen war. Diocletian löste die Aufgabe durch seinen »Zwangsstaat«, durch »Kriegswirtschaft«, wie man modern sagen würde. Sein oberstes Ziel war die Heeresversorgung.

Daß Diocletians Planwirtschaft sehr viele Mängel besaß, weiß man heute. Um so erstaunlicher ist es, daß unser Jahrhundert bei genauer Kenntnis der Geschichte all das noch einmal wiederholte und dann bestürzt das Versagen solcher Methoden feststellte. Auch Höchstpreise wurden damals ausprobiert. Im Jahre 301 setzte der Kaiser alle Warenpreise, Arbeitslöhne und Gehälter einheitlich für das ganze Reichsgebiet fest. Dadurch sollten Überforderungen des kaiserlichen Hofes und der kaiserlichen Armee verhindert werden. Wer die Höchstpreise überschritt, wurde hingerichtet. Dieses System hatte auf die Dauer keinen Erfolg, obwohl vorher eine Währungsstabilisierung auf Goldbasis durchgeführt worden war. Die Waren verschwanden von den Märkten, der Schwarzhandel blühte, und das Blut floß. »Aus Furcht brachte man nichts Verkäufliches mehr auf den Markt, und die Teuerung nahm in weit schlimmerem Grade zu«, schreibt der Christ Lactantius in seiner Schrift ›De mortibus persecutorum‹ – ›Wie die Verfolger starben‹.

Der Höchstpreistarif des Diocletian wurde 301 als Edikt erlassen, im ganzen Reiche bekanntgegeben, in Steine eingemeißelt. Einige dieser Steine sind uns erhalten. Da steht vor uns die entschwundene Alltäglichkeit auf, und die römische Welt wird wieder lebendig, wenn wir von den Waren hören, deren Preise festgesetzt wurden.

Eine sehr reichhaltige Tafel kannten die Römer der damaligen Zeit. Mit Staunen lesen wir, was alles gekauft und gegessen

wurde. Gans, Rebhuhn und wilde Taube, Haustaube, Hasel-
huhn, Ente, Pfau waren selbstverständliche Gerichte der Wohl-
habenden. Sperlinge, Drosseln, Stieglitze, Siebenschläfer und
Wachteln galten schon damals als Leckerbissen. Stare, so scheint
es, waren nicht sehr beliebt. Man konnte übrigens »einzeln gefüt-
terte« – wir würden sagen »gemästete« – Turteltauben kaufen.
Als Gemüse wurden Möhren, Artischocken, Spargel und Oliven
gegessen, dazu die meisten uns bekannten Gemüsearten. Und
natürlich gab es sehr viel Obst. Wir hören von Rosenäpfeln, von
Feigen aus Syrien, von Datteln, Pfirsichen, Kirschen, Aprikosen
und Zuckermelonen. Mandeln gab es und Walnüsse, » Felsenfi-
sche« und ägyptischen Wein.

Die Maximaltarifsteine, deren Texte teils in lateinischer Fas-
sung, teils auch in griechischer Übersetzung, teils in beiden
Sprachen eingemeißelt waren und von denen immer wieder Frag-
mente in den ehemaligen römischen Provinzen gefunden wer-
den, liefern uns einen ganzen Leitfaden des damaligen Reisens.
Es gab Schlafwagen, Lastwagen. Luxuswagen. Achse, Nabe,
Radspeiche, Sitzbank auf dem Wagen sowie Fußschuhe für
Pferde wurden angefertigt. Die Pferde besaßen keine genagelten
Hufeisen. Wir erfahren von Staubdecken für die Sänften, von
Kapuzenmänteln, von einfachen Spangenkleidern, kurzen Pele-
rinen, engen Unterkleidern aus Hasenhaaren. Schafleder für
Hüte und Mützen wurde gehandelt, Leinentücher, überhaupt
Bettwäsche. Überzüge für Matratzen und Kopfkissen werden
genannt, Schreibrohre und Tinte, safranfarbig verarbeitetes Per-
gament.

Interessant sind auch einige Handwerke und Berufe: Da gibt es
Arbeiter der Marmor-Fußboden- und -Wand-Inkrustationen,
Mosaikbearbeiter, Polierer; ferner Tierärzte, Schafscherer, Bar-
biere, Näher, Schneider, Angestellte in Bädern, Lehrer, Rechts-
anwälte.

Für die wirtschaftsgeschichtliche Forschung ist das Höchst-
preisgesetz Diocletians die wichtigste und umfassendste Urkun-
de, die aus der Antike erhalten ist. Wie lange das Gesetz Geltung
hatte, wissen wir nicht. Es wurde wohl spätestens bei der Abdankung des Diocletian im Jahre 305 aufgehoben. Aus den tausend
verschiedenen Angaben auf den Steinen läßt sich nicht nur das
Leben der damaligen Zeit ablesen, man erkennt auch, daß dieses
Leben in allen Kleinigkeiten reglementiert wurde. Gleichschal-
tung – das war die Parole der damaligen Zeit. Und diese Gleich-
schaltung forderte allgemeine Vereinfachung des Lebens im Un-

tertanen- und Zwangsstaat, wenn auch immer noch zwischen Sklave [Servus] und hörigem Bauern [Colonus] oder Zwangskorporierten unterschieden wurde.

Kaiser Diocletian glaubte nur an den alten Römergott, an Jupiter, und dessen bewährte Allmacht. Daneben erkannte er noch Mithras an, den Gott aus Iran, nicht weil dieser Gott aus dem Osten stammte, sondern weil die Legionäre ihn unter allen Göttern am liebsten anbeteten. Der Kaiser verlangte von seinen Untertanen unbedingten Gehorsam – »adoratio«, wie man es lateinisch nannte.

Da Diocletian sah, daß die alte römische Welt unter dem Einfluß der Christen zusammenbrach, begann er – wohl angestiftet von Galerius – im Jahre 303 die Anhänger Christi zu verfolgen. Diese Christenverfolgung des Diocletian hat eine Vorgeschichte. Zuerst mißglückte dem Kaiser ein Opfer. Der Cäsar Galerius war dabei, und der unglückliche Ausgang dieser Opferschau wurde auf den geheimen Einfluß der Christen zurückgeführt. Darauf wurde allen Palastdienern und -dienerinnen befohlen, den Göttern Roms zu opfern. Wer sich weigerte, wurde durch Schläge bestraft.

Es muß dabei zutage gekommen sein, daß selbst der Palast von christlichem Geist »unterwühlt« war, und so beschloß der Kaiser eine »Reinigung« des Heeres. Diese Reinigung wurde auch auf die Beamten ausgedehnt. Ein allgemeiner Opferzwang im Heer und in den Ämtern führte dazu, daß zahllose Nichtopfernde entlassen wurden.

Der um 250 n. Chr. in der römischen Provinz Afrika geborene Lactantius, der 301 zum Christentum übertrat, hat uns in seinem schon genannten Werk ›Wie die Verfolger starben‹ die Schrecken der Christenverfolgung und die Strafgerichte Gottes gegen die Verfolger geschildert.

Im Grunde war Diocletian zu klug, um Christenverfolgungen großen Stiles anzuordnen. Aber im Religionskampf zieht ein Übel immer das andere nach, und so begann am frühen Morgen des 23. Februar 303 das gefährliche Vorgehen gegen die Christen.

Ganz in der Nähe, in Sichtweite des kaiserlichen Palastes in Nicomedia, lag eine christliche Basilika. Hier konnte man vom Palast aus sehen, wie die Christen täglich zum Gottesdienst gingen, eine friedliche Gemeinde, die aber erstaunlich schnell wuchs.

In der Frühe des genannten Tages wurden die Türen des

Römische Soldaten ziehen gegen eine Stadt. Mosaik in der Sta. Maria Maggiore aus dem 4. Jahrhundert.

Gotteshauses aufgerissen und »das Bildnis Gottes« gesucht. Heilige Schriften wurden verbrannt, die Befehlshaber, die Hauptleute, die Soldaten des Kaisers plünderten, raubten, stürzten alles durcheinander. Diocletians Prätorianer rückten in Reih und Glied mit Beilen und Brechwerkzeugen an und machten das hochragende Heiligtum in wenigen Stunden dem Erdboden gleich. Den Christen, die sich der ersten Reinigung zum Trotz in ihren Stellungen in Heer und Verwaltung gehalten hatten, wurde jetzt Freiheitsverlust angedroht. Aber Blut sollte noch nicht vergossen werden. Das Reinigungsedikt galt für das ganze Reich.

Ein Christ riß mit großem Mut den Anschlag in Nicomedia ab, zerriß ihn in kleine Stücke und rief spöttisch, da seien »nur Siege über Goten und Sarmaten angeschlagen«. Der Täter wurde von Diocletian und Maximian wegen Majestätsbeleidigung zum Tode auf dem Scheiterhaufen verurteilt. Das »römische Martyrologium« berichtet darüber. Die Kaiser hätten befohlen, keine Art von Martern unversucht zu lassen. Diese habe der Mann aber mit solcher Heiterkeit des Geistes und des Antlitzes ertragen, daß man ihm nicht die geringste Betrübnis anmerken konnte. Er wurde – wie Lactantius erzählt – »regelrecht geröstet, alles unter wunderbarer Geduld, und zuletzt zu Asche verbrannt«.

Kurz darauf wurde der Palast des Kaisers in Nicomedia angezündet. Beinahe wären die beiden alten Kaiser dabei selber lebendig verbrannt worden. Diocletian befahl, sofort die ganze Dienerschaft zu foltern.

Nach Verlauf von 15 Tagen flammte der Palast aufs neue auf. Galerius verdächtigte gleich die Christen. Nach Lactantius hatte Galerius »abermals selber das Feuer legen lassen«. Die Schilderung des Christen Lactantius ist sehr ausführlich, dramatisch und kämpferisch-lebendig. Wir haben aber keinen Grund, ihm im großen und ganzen zu mißtrauen, denn er war ja Zeuge jener Vorgänge. Daß Galerius der eigentliche Anstifter der Verfolgungen war, bestätigt uns auch der christliche Historiker Eusebius.

Diocletian war in einer schwierigen Lage. Sogar seine Gattin, Prisca, und seine Tochter, Valeria, waren von den neuen christlichen Ideen überzeugt. Beide waren insgeheim Christinnen. Sie wurden jetzt zum Opfern gezwungen. Die Palastdienerschaft, die noch nicht opfern wollte, wurde unter Anwendung ausgeklügelter Martern hingerichtet. Der Bischof von Nicomedia, Anthimos, starb als Märtyrer. Überhaupt wurde jeder Christ in dieser Stadt als überführter Brandstifter behandelt, wenn er nur den Henkern des Kaisers in die Hände fiel. Für Prozesse gab es keine Zeit; ohne Urteil, ohne Recht wurde geschlachtet. Der Kämmerer des Diocletian, Petrus, starb an den Folgen der Folter. Der Bekenner Donatus saß sechs Jahre im dunklen Kerker und wurde während dieser Zeit nicht weniger als neunmal gefoltert. Er blieb seinem Glauben treu und kam schließlich lebend heraus. Hohe Hofbeamte, Dorotheus und Gorgonius, die sich den Christenverfolgungen widersetzten, wurden auf das grausamste getötet. Tausende von Märtyrern folgten. Zu den berühmtesten Märtyrern gehören der heilige Sebastian und die heilige Agnes in Rom, die heilige Lucia in Syrakus, die heilige Katharina in Alexandria, die heilige Barbara in Nicomedia. In Tyrus, in Ägypten, in Saragossa, in Trier starben Christen und wurden »mit der Krone des Martertums gekrönt«. Wenn die Christen die Opfer ihres Glaubens beigesetzt hatten, ließ man sie ausgraben und ins Meer werfen, damit nicht die Verehrung dieser Toten der christlichen Religion neue Gläubige zuführte.

In manchen Gegenden des Weltreichs fanden die Christen offene oder heimliche Gnade bei den Beamten, die diese Blutarbeit nicht mit ansehen wollten. In Gallien und Britannien, wo Constantius regierte, wurden nur die Kirchen niedergerissen, den Christen selbst tat man nichts. In einigen Provinzen kam es zu grotesken Szenen. Die Statthalter ließen die Christen vor die Götzenaltäre zerren. Hatte man sie endlich dort, so wurden sie sofort freigelassen mit der Erklärung, sie hätten geopfert. Um dies zu verhindern, bekannten sich die Christen mit lautem

Geschrei zu ihrem Glauben. Anderer Staatsbeamte waren dafür um so grausamer. Man erfand noch nie gekannte Martern und Todesarten. Eine kleine Stadt in Phrygien, vielleicht Eumenia, bekannte sich geschlossen zum Christentum. Sie wurde von Legionären umstellt und mit allen Einwohnern verbrannt. Dann gab es Statthalter, die alles versuchten, um an Christen nur nicht die Todesstrafe zu vollziehen, nicht aus Milde – sondern aus Grausamkeit. Diese Statthalter brüsteten sich damit, daß sie keinen Christen getötet hätten. Ihr Ehrgeiz war es, den Widerstand der Gläubigen zu brechen. So berichtet Lactantius, der Statthalter von Bithynien sei so stolz gewesen, als hätte er einen ganzen barbarischen Volksstamm besiegt, nur weil ein Christ nach erstaunlichem zweijährigem Widerstand schließlich doch zusammenbrach! Zu den menschlichen Statthaltern gehörten auch die, die die Christen schnell und möglichst schmerzlos hinrichten ließen. Aber sonst, besonders im Osten, im Herrschaftsbereich des Galerius, wütete die »Hexenjagd« in einem Maß, wie das Römische Reich es noch nie erlebt hatte. Wahrlich, das untergehende Heidentum, die alten Götter Roms, sie schreckten vor keiner Grausamkeit zurück, um ihre Herrschaft so teuer wie möglich zu verkaufen – Auge um Auge, Zahn um Zahn. Unter großen Schmerzen und Qualen siegte das Christentum, nicht wie ein Jubellied am Sonntag.

Man darf aber auch die andere Seite nicht vergessen, die Bereitschaft der frühen Christen, die Opferwilligkeit, ja das Hindrängen zum Märtyrertod. Es gab Gläubige, besonders Frauen, die geradezu den Henker bestürmten, sie hinzurichten, da sie Christen seien. Andere stürzten sich in die Arenen vor die wilden Tiere. Wieder andere zwangen die Statthalter, auf sie und ihren Glauben aufmerksam zu werden.

Niemals versuchten die Christen, gemeinsam durch eine Revolution ihren Verfolgern zu entgehen. Sie beugten sich der heidnischen Obrigkeit, sie gaben dem Kaiser, was des Kaisers ist. Aber sie bewiesen auch ungeheuren Mut im Ertragen. In einer grandiosen Nachfolge Christi siegten sie nicht durch Kämpfen, sondern durch Erdulden. Ihre Fähigkeit, Schmerzen zu ertragen, übersteigt alles vorstellbare Maß und kann in seiner Grauenhaftigkeit hier nicht geschildert werden. Diese Mittler zwischen Christus und uns, die durch ihren Tod dem Christentum zum Sieg verhalfen, die das Evangelium nicht verstummen ließen und die mittelbar dadurch alle christlichen Ideale, also die meisten unserer Vorstellungen und damit den größten Teil der westlichen

Kultur, an uns weitergereicht haben, gehörten eben einer anderen Zeit an als der zynischen, zweifelnden, oft so feigen, in der wir leben. Sie verharrten hartnäckig bis in den Tod auf ihrem Standpunkt, weil sie fest daran glaubten, daß sie nach ihrem letzten Atemzug sofort die ewige Seligkeit erlangen würden. Dieser Glaube an den jenseitigen Vorteil kann aber das Verdienst der Opferbereitschaft nicht schmälern. Viel wunderbarer erscheint es doch, daß so starker Glaube überhaupt möglich war. Wie titanenhaft war das Wirken Christi! Wie ungeheuer groß der anfängliche Antrieb! Wie erstaunlich die geistige Macht! Nur so wird klar, warum das Christentum seine Zukunftsfahrt in alle Zeiten antreten konnte.

Kaiser Diocletian hatte anfänglich das Wüten gegen die Christen in Nicomedia gezügelt. Er wollte die Sache in der Hand behalten. In einem zweiten Edikt wurde deshalb auch nur die Gefangennahme der christlichen Kleriker befohlen. Man hat immer wieder den Eindruck, daß Diocletian selber auf Mäßigung bedacht war. Und man muß versuchen, auch ihm gerecht zu werden. Nennen wir ihn einen Heiden, so haben wir ihn schon halb verurteilt. Er war auch nicht »abergläubisch« – er glaubte fest an Roms Götter, die Götter, die Rom groß gemacht hatten. Sie waren die älteren Gottheiten, und darauf beriefen sich die Römer und die Römlinge, die Römer sein wollten. Der Afrikaner Arnobius antwortete darauf – mitten in den Verfolgungen des Jahres 305 – in sieben Büchern mit Geist, Kraft und Mut: »Auch eure Sache war neu, als sie begann. Der Wert einer Religion ist aber nicht nach der Zeit, sondern nach der Gottheit zu beurteilen, und es kommt nicht darauf an, an welchem Tage man zu verehren beginnt, sondern wen. Ist irgend etwas älter als Er? Wem verdankt die Ewigkeit das, was sie zur Ewigkeit macht? Daß die unendlichen Zeiten sich entfalten, geschieht dies nicht aus Seiner ununterbrochenen Fortdauer? Aber eure Götter waren Menschen. Denn wo es Hochzeiten, Ehen, Kindbett, Ammen, Handwerke, Gebrechlichkeiten gibt, wo der Zustand der Freiheit und der Sklaverei herrscht, wo Wunden, Schläge, Blut, Liebschaften, Sehnsucht und Wollust sind, wo sich alle Gemütsbewegungen aus Unstetigkeit entwickeln, dort kann nichts Göttliches sein.«

Diocletian dachte ganz anders. Der hochgewachsene hagere Mann mit dem weißen Gesicht und der kräftigen Nase war zutiefst im alten Glauben verwurzelt. Er verehrte die alte Religion, er lauschte ängstlich auf die Zeichen der Götter, er schaute neugierig, fast zitternd in die Eingeweide der geschlachteten Tiere, um nur ja den Willen des Himmels zu erkennen. Wirklich hassen konnte er nur die persische Sekte der Manichäer, also die Anhänger des Religionsstifters Mani. Diese Männer ließ Diocletian mit ihren Schriften verbrennen, hinrichten oder zu Zwangsarbeit in den Bergwerken verurteilen, weil er in ihnen nicht nur religiöse Fanatiker, sondern außenpolitische Feinde sah, Anhänger und Agenten des Perserkönigs. Nach seinem Glauben barg die Ausbreitung der manichäischen Religion die Gefahr in sich, daß die Götter der Perser und damit auch sein persischer Feind an Macht gewinnen würden. Jupiter allein war Diocletians Gott und der Schutzgott des Reiches. Er glaubte fest daran, daß Jupiter ihn groß gemacht hatte. Darum wollte er die alten Gottesdienste schützen.

Diocletian war kein ekstatischer Mensch, kein Mann der Himmelssehnsucht, alles andere als ein Schwärmer. Ihn, den Rechner und Organisator, ließ das Christentum kalt. Neue Götter, vor allem ein unbegreiflicher fremder Gott, das schien ihm viel zu gefährlich, das konnte die Rache des altrömischen Himmels zur Folge haben. Unerschütterlich war Diocletians Glaube an eine ewige römische Kultur, an die lateinische Sprache, an die Weltsendung des Römertums. Er ist der einzige Kaiser der Spätantike, der noch einen römischen Staatsgedanken durchsetzen wollte. Der griechisch-byzantinische Staat im Osten war der Gegenschlag auf diesen letzten wahren Propheten des Romanismus.

Im Jahre der Christenverfolgungen erschien der alternde Dalmatiner schließlich mit Maximian in Rom und feierte das 20jährige Regierungsjubiläum. Die Majestät war gehetzt, seelenkrank. Dieser krankhafte Zustand verschlimmerte sich. Ein Jahr später erlitt Diocletian auf der Reise nach Nicomedia einen Nervenzusammenbruch.

Was eigentlich passiert war, weiß man nicht genau. Der Kaiser erlitt einen Anfall, vielleicht einen Schlag, und am 13. Dezember 304 betete man für die Majestät und glaubte, es gehe zu Ende. Es scheint, als ob die Geisteskräfte des Kaisers damals in Mitleidenschaft gezogen worden seien. Nur noch ein Schatten seiner selbst, gesundheitlich ganz heruntergekommen, sah man ihn am 1. März 305 in der Öffentlichkeit. Zwei Monate später, am 1. Mai 305, dankten er und sein Mitkaiser feierlich ab. Maximians Rücktritt erfolgte in Mailand. Diocletian trat unweit von Nicomedia, am Fuße eines Hügels, vor das Heer, mit dem er so manche

Schlacht gewonnen hatte. Mit Tränen in den Augen erklärte er, er sei alt, krank und ruhebedürftig.

Die beiden Cäsaren Constantius und Galerius rückten nun an die Stelle der Hauptkaiser. Eine zweite Viererherrschaft begann, die zweite Tetrarchie.

20 Jahre lang hatte Diocletian die Welt beherrscht. 20 Jahre lang hatte er das Weltreich verteidigt und schließlich eine riesige und unheimliche Verwaltung geschaffen. Jetzt zog sich der große wunderliche Planer in seine Heimat, nach Salonae in Dalmatien, zurück – nach 20 Jahren, wie er es einst in seinem Tetrarchensystem geplant hatte. Jetzt wollte er nur noch Kohl anbauen.

Ruhe, völlige Ruhe wollte der Alte haben. Und er wollte sie genießen. Deshalb hatte er vorsorglich einen ungeheuren Palast bauen lassen – gründlich und ordentlich, wie er war, in der strengen Form eines römischen Lagers. Eigentlich war Diocletians Palast Kastell, Landhaus und Stadt zugleich. In einer Festung wollte der Soldatenkaiser leben, weil ihm seine persönliche Sicherheit am Herzen lag. Es saßen ja am Hof manche heimliche Christen, und den Christen traute er noch immer nicht.

Die Ost- und Westseite des Palastes war 215 Meter lang. Das Ganze bildete ein ungleichseitiges Viereck, ein Trapezoid. Die mächtigen Mauern, die den Bau von Norden, Osten und Westen umgaben, waren 2,10 Meter dick. Im Südtrakt waren sie 24 Meter hoch! Die Südseite des Palastes schaute auf das Meer und war 181 Meter lang.

Neun Meter über dem Boden lag hier, in die Meeresfront eingebaut, eine mit Säulen geschmückte Wandelhalle. Sie bestand aus 24 Arkaden. Dort wandelte der alte Kaiser, beunruhigenden Erinnerungen und schweren Gedanken nachgehend, Tag um Tag

Die Residenz Kaiser Diocletians bei Split [Salonae] ist der größte – teilweise noch erhaltene – Palastbau der Antike. Hierher zog sich Diocletian 305 nach 20jähriger Regierung zurück.

auf und ab. Er sah auf das Meer hinaus. Unten schlug dumpf die Brandung gegen das Gemäuer seiner Riesenfestung.

Mit dem Alter war die Majestät immer vorsichtiger, immer fuchshafter, immer mißtrauischer geworden. Durch einen unterirdischen Gang konnte Diocletian im Falle der Gefahr jeden Augenblick zur See fliehen.

Die Wohnfeste bei Salonae war so gewaltig, daß sich an sie im Mittelalter eine ganze Stadt anlehnte und in sie einnistete, die Stadt Spalato, das heutige Split in Jugoslawien. Innerhalb des alten Palastes befanden sich 1926 noch 278 Häuser mit 3200 Einwohnern. Wer heute Diocletians mächtigen Ruhesitz am Meer besucht, kann über den erstaunlichen Bauwillen dieses Herrschers nur staunen.

Die Wohnräume der Majestät im südlichen Trakt enthielten alles, was solch ein emeritierter Weltherrscher brauchte, ein Triclinium – das war der Speisessal –, die Cubicula – die Schlafgemächer –, die Nymphäen – Hallen mit Bassin, Brunnen und Statuen –, Bibliotheken und Bäder – alles, was römische und hellenistische Bau- und Wohnkultur ersonnen hatten.

In den Räumen längs der Innenseite der Mauern befanden sich zu ebener Erde Magazine, Speicher, Wohnungen für die Sklaven, Ställe und Backstuben. Im Obergeschoß lagen die Wohnungen für die Offiziere und für das Gefolge. Der Kaiser hatte nämlich seinen ganzen Hof mitgenommen.

Drei große Eingangstore führten in den Palast. Das gegen Salonae gekehrte Haupttor ist die berühmte Porta Aurea, viereinhalb Meter hoch und über vier Meter breit. Bei den Ausgrabungen von 1904 bis 1910 wurde festgestellt, daß das Tor noch fast drei Meter in die Tiefe reicht.

Diocletian hatte innerhalb des Palastes einen Jupitertempel anlegen lassen, denn der altrömische Gott sollte ihm immer nahe sein.

Ein Aquädukt von acht Kilometer Länge führte teils hoch über der Erde, teils unterirdisch dem Palast das Frischwasser des Flusses Jader zu. 670 Meter dieser Wasserleitung liefen über Bögen, deren Pfeiler sich bis zu 16,5 Meter hoch reckten. Als 1878/79 die Wasserleitung wiederhergestellt wurde, konnte ein Drittel der ursprünglichen Länge fast ohne Reparatur benutzt werden. Ja, das Wasser war dem alten Kaiser wichtig, denn seine ganze Liebe galt doch den Gemüsekulturen, diesem Trost seiner letzten Jahre.

Freie und Sklaven, griechische Meister und griechische Handwerker, einheimische Maurer und die Steinträger der Gegend haben an diesem Bau gearbeitet. Die Mauersteine wurden aus umliegenden Steinbrüchen herangeschafft. Das Material für die Säulen des Palastes aber kam aus Marmorbrüchen Ägyptens: Rosengranit und Porphyr, grauer, roter und weißer Marmor. Auch ägyptische Kolossalplastiken wurden auf Schiffen über das Meer gebracht, um den Palast zu verschönern.

Einmal noch wurde der Kaiser aus seiner Ruhe gestört, jagte er nach Carnuntum an der Donau zu einer Konferenz, um Galerius zu helfen, Ordnung in der Regierung herzustellen. Das Ersuchen, er solle nochmals die Kaiserwürde annehmen, lehnte er ab. Doch dann sah er sein großes System stürzen, dann erlebte er, wie man seine Gemahlin und seine Tochter verfolgte, dann erfuhr er, daß sie auf dem Wege zu ihm elend umgebracht worden seien.

Sein Geist hatte sich verfinstert. Er rannte durch die Hallen seines gewaltigen Palastes und rief Namen, die niemand verstand. Er konnte nicht begreifen, daß der Riesenbau seines Reiches, die Verwaltung auf Ewigkeit, so schnell zusammenbrach. Er starb – eine fast unglaubliche Ausnahme in der Kette der Kaiser, die samt und sonders ermordet wurden –, er starb ganz allein.

In seinem Riesenpalast bei Salonae hatte Diocletian für sich ein Mausoleum bauen lassen, ein Oktogon, umschlossen von 24 Säulen. In der Mitte unter der Zentralkuppel befand sich wahrscheinlich der dunkelrote Porphyrsarkophag des mächtigen Erhalters altrömischen Geistes. Der kaiserliche Sarg war mit einem Purpurbehang bedeckt. Wenn die Strahlen der untergehenden Sonne durch das einzige halbovale Fensterchen darauf fielen, färbte sich das düstere Halbdunkel rotgold. Hier wollte der Kaiser in Ruhe und in Ewigkeit schlafen. Aber er lag nur über ein Jahrhundert lang in seinem Grab. Dann wurde er mitsamt dem Sarkophag geraubt.

Und im Tode noch rächte sich das Christentum an ihm. Der Kaiser, der die römische Welt und Roms Götter retten wollte und der in seinem Mausoleum unter dem Schutz dieser römischen Götter schlafen wollte, wurde als Toter besiegt: Seine letzte Ruhestätte wurde in eine christliche Kirche verwandelt, die Kathedrale von Spalato.

»Um die Stunde der Mittagszeit, als sich der Tag schon neigte, habe er, so sagte der Kaiser, mit eigenen Augen oben am Himmel über der Sonne das Siegeszeichen des Kreuzes, aus Licht gebildet, gesehen und dabei die Worte: ›In diesem Zeichen wirst du siegen.‹ «   *Eusebius, Vita des Constantin, 1, 28.*

In dem größten Palast der damaligen Welt, in Salonae, saß der alte Kaiser Diocletian, legte herrliche Gemüsebeete an und betrachtete aus der Ferne die unruhige Welt, die ihm so viel Arbeit gemacht hatte. Glaubte er, daß sein Vier-Kaiser-System wirklich Bestand haben würde? Ahnte er den Zusammenbruch seiner Ordnung? Oder hielt er das Fachwerk seiner riesigen Verwaltung für unzerstörbar?

Sein großer Kollege Maximian hatte wie er den Purpur abgelegt. So hatten es die beiden obersten Herren des Weltreiches vereinbart. Aber Maximian war zur Zeit der Doppelabdankung noch immer am Regieren interessiert. Er hatte wohl auch die bessere Gesundheit. Er liebte das Pläneschmieden, das Spiel mit Ländern, Heeren und Widersachern. Er brauchte tätiges Leben. Nichtstun, Erholung und »Ruhe in Ehren« waren ihm ein Greuel. Wir werden noch sehen, ob ein solcher Mann lange im freiwilligen Exil verharren kann.

Wieder gab es vier Herrscher, zwei Oberkaiser – die Augusti – und zwei Hilfskaiser – die Cäsaren. Das war also wieder eine Tetrarchie, das System des Diocletian.

Die beiden Augusti, Constantius im Westen und Galerius im Osten, waren allerdings sehr verschiedene Charaktere.

Constantius war der ältere, ein Mann von Erziehung und Haltung, obgleich seine illyrischen Eltern keine bekannten Namen trugen. Aber dieser Constantius hatte Geschmack. Er war großzügig. Er liebte gute Weine und gutes Leben, und ihm gefielen schöne Mädchen. Als junger, ausgezeichneter General bekleidete er ein hohes Amt in Illyrien, im heutigen Jugoslawien. Wir wissen nicht, ob der General seine Geliebte, die junge Flavia Helena, hierher nach Naissus [Nisch] mitbrachte oder ob er sie in dieser römischen Festung am Ufer der Nissava kennenlernte.

Sie war jedenfalls die Tochter eines Schankwirts, und ihm, dem intelligenten Illyrier, der selber niedrigen Standes war, gefiel das Mädchen gut. Er heiratete seine Helena zwar nicht, doch das Konkubinat bedeutete für Helena keine Herabsetzung, denn Statthalter und Offiziere durften damals nach dem römischen Gesetz kein »iustum matrimonium« mit einheimischen Frauen eingehen. Constantius war Heide, und Helena war Heidin. Aber das Kind, das in Naissus in der Wiege lag, sollte einst der erste christliche Kaiser der Welt werden.

Helena ist jene wahrhaft beseelte Frau, die später durch ihren Sohn zum Christentum fand, die viele Kirchen erbaute, auch die Geburtskirche in Bethlehem gründete, die das Kreuz Christi wiederentdeckte und die heiliggesprochen wurde. Als Constantius von Kaiser Diocletian in die Tetrarchie hereingenommen wurde, mußte er seine Geliebte Helena verstoßen und die Tocher seines Oberkaisers Maximian, Theodora, heiraten. Von dieser rechtmäßigen Gattin hatte Constantius zwei Söhne und drei Töchter. Constantin, das erste Kind des Constantius, sozusagen außerhalb der himmlischen Staatsordnung geboren, mußte von den Eltern und Stiefgeschwistern abgesondert unter fremder Zucht aufwachsen. Der kleine Constantin konnte also nicht schon früh vom Vater christenfreundlich beeinflußt werden. Doch der Vater hatte ein sicheres Gefühl für die religiösen Strömungen seiner Zeit. Er hatte den Christen bewiesen, daß auch ein Heide noch duldsam sein kann. Auch er mußte im Zuge der Christenverfolgung des Diocletian viele Kirchen niederreißen. Aber er ließ keine Todesurteile gegen Gläubige vollstrecken. Er war wirklich Heide, Verehrer des Sonnengottes und glaubte daher an einen Gott, neigte also zum Monotheismus wie Seneca, Epiktet, Marc Aurel, Apollonios von Tyana und Plotin. Sein Sohn liebte es später, ihn als ersten christlichen Kaiser hinzustellen. »Nur mein Vater hat Werke der Milde geübt und mit bewundernswerter Frömmigkeit in allen seinen Taten den Gottheiland angerufen.« Es ist bemerkenswert, daß Constantius einer seiner Töchter den Namen Anastasia gab, einen Namen, der damals nur unter Juden und Christen üblich war. Auch soll er christliche Priester an seinen Hof gezogen haben.

Man hat in modernster Zeit wieder eine Skulptur des Antlitzes dieses Kaisers in England gefunden. Ja, Constantius mit dem Beinamen Chlorus – der Bleiche – eroberte für Rom Britannien zurück. Er war die Themse hinaufgefahren, er stand selber in London. In England ist er auch gestorben, in Eboracum [York],

Constantius Chlorus, geboren in Illyrien, wurde von Kaiser Diocletian zum Cäsar des Westens ernannt. Von der später heiliggesprochenen Helena, Erbauerin vieler christlicher Kirchen, hatte Constantius den Sohn Constantin. Constantius war ein fähiger Feldherr und ein großzügiger Herrscher. Als Sieger in Britannien starb er 306 in York.

der gleichen Stadt, in der einst Kaiser Septimius Severus sein Leben beendet hatte.

Kaiser Galerius war ganz anders geartet. Er war hart und gnadenlos. Nicht immer bedacht, hat er sich oft verrechnet. Aber er war unglaublich ehrgeizig, rücksichtsloser Verfolger der Christen in den Jahren 303 und 304. Er ist der Cäsar, der Diocletian von der Notwendigkeit der Christenverfolgung überzeugte. So selbstsicher wie er die Christen verfolgt hatte, so bedenkenlos faßte er jetzt seine Aufgabe als Augustus und Mitglied der Tetrarchie an. Er fühlte sich als Führer dieses Kaisergremiums, als Nachfolger Diocletians. Er glaubte, der Erste unter den vier Kaisern zu sein. Und diese Rolle spielte er einfach, ohne Constantius zu fragen, seinen westlichen Partner, der älter war und dem daher eigentlich die leitende Stellung unter den Kaisern zustand.

Argwöhnisch beobachteten die beiden Augusti einander, der bleiche Constantius in Gallien und der robuste Galerius im Osten, im Donauland. Die Lage ist gespannt, weil die neuen Hilfskaiser, Severus und Daia, blind ergebene Werkzeuge des Galerius sind. In dieser von vier Kaisern regierten Welt herrscht somit Galerius allein. Was Galerius nicht paßt, kann Constantius nicht tun. Und immer überwachen die beiden Vertrauten des Galerius – Severus und Daia – jede Bewegung des Constantius.

Constantius steckt völlig in der Zwangsjacke, denn am Hofe seines unerklärten Feindes, des Galerius, sitzt sein Sohn Constantin. Man muß sich das vorstellen: Der junge Constantin wuchs im Orient auf, entfernt vom Vater, entfernt von seiner Mutter, Helena, ging durch eine harte Schule, erhielt seine militärische Ausbildung unter Diocletian. Er spürte den Brennpunkt der Weltpolitik, in Nicomedia, dort im Palast des großen Weltformers und Organisators Diocletian, spürte er den heißen aufregenden Atem der Geschichte. Ein Fremder, Sohn einer »tetrarchiefremden« Frau, ein immer scharf Beobachteter, erlebte er den glücklichen Tag seiner Beförderung zum »tribunus primi ordinis«. Sicherlich sah der scharfe Beobachter Diocletian zeitweilig in dem blonden hochgewachsenen schönen Jungen seinen Nachfolger. Aber es durfte nicht sein. Tetrarchie war kein Erbkaisertum. Die Oberkaiser durften ihre Cäsares nicht aus dem Kreise der Verwandten wählen. Und so erlebte der Junge wieder manche Zurücksetzung, manchen harten Schlag. Er stand dabei, wie Diocletian abdankte und Daia – nicht ihn! – zum Cäsar machte.

Und jetzt muß er den Oberkaiser Galerius begleiten. Wieder ist er unter scharfer Aufsicht. Wie eine Geisel wird er mit unsichtbaren Fesseln am Hofe des Galerius gehalten. Der argwöhnische Galerius besitzt durch dieses lebende Pfand die Sicherheit, daß der Vater, der andere Oberkaiser, Constantius, keinen ihm feindlichen Schritt wagen wird. Gewiß, der ehrgeizige tapfere Junge nimmt eine hohe Stellung am Hof des Galerius ein. Er ist erfolgreicher General in den Grenzkämpfen an der Donau gegen die Sarmaten. Aber niemals darf er sich aus dem wachsamen Gesichtskreis seines Herrn oder aus den Augen der Späher der Majestät hinausbewegen.

Constantius bereitet indessen einen Kriegszug gegen die Picten und Scoten – das sind die späteren Schotten – in Britannien vor. Und nun erleben wir einen äußerst interessanten Augenblick der Weltgeschichte. Constantius sendet Boten zu Galerius und fordert seinen Kaiser-Kollegen einfach auf, ihm den Sohn für seinen Kriegszug zu Hilfe zu senden. Galerius ist in einer peinlichen Lage. Halten kann er den Sohn nicht mehr. Das wäre offene Feindschaft. Und den Wunsch des Constantius erfüllen, das bedeutet Handlungsfreiheit für Vater und Sohn. Der in Schwierigkeiten immer gefährliche Galerius wählt einen dritten Weg: Er schickt Constantin auf die weite Reise, scheint aber den Severus beauftragt zu haben, den Jungen auf dem Ritt zum Vater abzufangen und festzuhalten. Constantin mußte nämlich durch die Gebiete reisen, die unter der Herrschaft des Cäsars Severus standen. Nur so begreift man, warum Constantin heimlich wie ein Verbrecher von Poststation zu Poststation flieht und immer seine erschöpften Pferde tötet, damit seine Verfolger die Tiere nicht benutzen können.

Endlich findet die langerwartete Begegnung zwischen Vater und Sohn statt – in Boulogne, am Meer, vor der Überfahrt nach Britannien. Constantin kämpft an der Seite seines Vaters gegen die britischen Stämme. Bei den Soldaten – es sind vor allem Germanen – ist der Junge sehr beliebt, und der verbündete Alemannenfürst Crocus – oder Erocus – sieht in ihm schon den künftigen Augustus. Das ist auch der Wunsch des Vaters, der schon lange kränkelt und jetzt in Eboracum stirbt. Das barbarische Heer der Römer erklärt Constantin sofort zum Kaiser. Es war der 25. Juli 306.

Wieder macht sich eine Gesandtschaft auf den langen Weg zu

Die Porta Nigra in Trier ist das gewaltigste Stadttor, das die Römer je erbauten. Es war Teil großer Stadtbefestigungen, die im 4. Jahrhundert angelegt wurden. Constantius Chlorus wie sein Sohn Constantin residierten in Trier. Es ist möglich, daß Constantin das Tor erbaute.

Galerius. Man meldet ihm, was sich in Britannien zugetragen hat, und bittet um Zustimmung. Sehr schlau reagiert Galerius. Er macht den ihm ergebenen Severus zum Augustus, zum Oberkaiser, und erkennt Constantin als Kaiser an, allerdings nur als Cäsar, also Herrscher geringeren Ranges.

Constantin gab sich damit zufrieden. Er besaß, wie sein bester moderner Biograph, Joseph Vogt, hervorhebt, »die glückbringende Gabe, warten zu können«. Der Tod seines Vaters hatte den Alemannen und Franken neuen Mut gemacht. Aber Constantin schlug sofort zu. Er griff ihre Könige Ascarius und Ragaisus an, warf sie in den dunklen Kerker des Amphitheaters von Trier und ließ sie dort in der Arena durch Tierhetzen töten. Er reorganisierte die Rheinflotte und baute eine Brücke über den Rhein bei Köln.

Unterdessen saß der Altkaiser Maximian, der sich gleichzeitig mit Diocletian von den Regierungsgeschäften zurückgezogen hatte, unruhig auf seinem Landsitz in Lukanien in Unteritalien. Er konnte es nicht fassen, daß man den Sohn des Constantius zum Kaiser ausgerufen hatte, daß Galerius den jungen Herrscher als Cäsar bestätigte, daß ein illegitimer Sprößling diese hohe Würde erhielt, während seinem Sohn das Glück versagt blieb. Sein Sohn, Maxentius, saß in der Nähe von Rom, und der Vater in Unteritalien ärgerte sich, schmiedete Pläne, ging dunklen Gedanken nach.

Severus, dem Italien unterstand, war in Rom denkbar unbeliebt. Rom war schon durch Maximian aus der Weltpolitik ausgeschaltet worden. Maximian residierte in Mailand, nicht in Rom. Diocletian regierte immer fern von Rom, und als er nach Rom kam, machten Stadt und Volk auf ihn einen schlechten Eindruck. Jetzt wollte Severus gar Roms Garde auflösen, wollte Italien hart besteuern. Die Römer waren maßlos erbittert. War Rom nicht Kaiserstadt? Hatte nicht Rom das Weltreich groß gemacht? Und nun, im nächsten Jahr, sollte eine neue Jahrhundertfeier der Gründung Roms stattfinden. Rom wollte zu diesem Fest wieder stolz das Haupt erheben, wollte wieder Kaiserstadt sein. Die Gardetruppen dachten also nicht daran, sich einfach abkommandieren zu lassen. Sie blieben, wo sie waren. Sie rebellierten. Maxentius war gerade da und wurde zum Kaiser ausgerufen. Damit wurde Rom zum letztenmal Kaiserstadt.

Aber jetzt machte Galerius nicht mehr mit. Er hatte eine Kaiserausrufung im Falle des Constantin widerwillig geduldet. Dieses Mal beschloß er, Härte zu zeigen. Maxentius war sein

Ein römischer Arzt sitzt hier vor seinem Instrumentenschrank. Sarko-phagrelief, 3. Jahrhundert n. Chr.

Schwiegersohn. Er haßte den lauen, unsoldatischen, dafür aber um so anmaßenderen Mann seiner Tochter aus erster Ehe ohne-hin. So befahl er Severus, gegen Maxentius zu ziehen. Vater Maximian und Sohn Maxentius arbeiteten jedoch geschickt zu-sammen. Es gelang ihnen durch eine List, den Severus zu fangen, und schließlich – als Kaiser Galerius selber gegen Maxentius zu Felde zog – wurde Severus ermordet.

Vieles, was damals geschah, war höchst merkwürdig. Im Rän-kespiel der Kaiser schien jeder Schachzug recht. Altkaiser Maxi-mian gewann Constantin für sich und seinen Sohn, indem er ihm seine Tochter Fausta zur Frau gab. Diese Fausta war noch gar nicht im heiratsfähigen Alter. Aber offenbar liebte Constantin sie

sehr. Er war mit ihr schon seit frühester Jugend verlobt. Jetzt
erklärte der alte unruhige Maximian ihn einfach zum Augustus
und ließ sich von seinem neuen Schwiegersohn ebenfalls als
Augustus anerkennen. Maximian und Constantin waren einig
und ließen schöne Festreden über sich ergehen. Trotzdem war
Maximian nicht ganz froh, denn auch sein Sohn in Rom trug ja
den Purpur. So reiste er schnell in die Tiberstadt und riß, angesichts der aufmarschierten Legionen, das kaiserliche Gewand
von den Schultern seines Sohnes herunter. Roms Legionäre waren aber auf der Seite des Sohnes, ihres Kaisers, nicht auf der Seite
des Maximian, der doch immer in Mailand regiert hatte. Der Alte
hatte sich verrechnet. Er war der Schwächere. Er mußte fliehen
und suchte Schutz bei seinem Schwiegersohn, Constantin.

Die Tetrarchie war zerstört, das großartige künstliche Gebäude des Diocletian zusammengebrochen. Denn das war natürlich
nicht vorgesehen, daß die emeritierten Kaiser wieder aus der
Versenkung auftauchten, um ihren Machthunger zu stillen. Nur
noch ein Gott konnte helfen. In dieser verworrenen Lage rief
Kaiser Galerius Gott Jupiter selber zu Hilfe. »Jovius«, der pen-
sionierte Alte von Salonae, der schon fast vergessene Kaiser
Diocletian, wurde im Jahre 308 zu einer Konferenz nach Carnuntum geladen. Diese wichtigste römische Feste an der Donaufront lag auf dem Boden der heutigen Marktgemeinde Petronell
und Bad Deutsch-Altenburg, 42 Kilometer ostwärts von Wien.
Der Privatmann Diocletian reiste also aus seinem prunkvollen
Palast an die Donau und führte den Vorsitz bei dem berühmten
Kaiserkongreß. Maximian war da und Galerius. Aber es gelang
nicht, Diocletian von seinen Gemüsebeeten wieder an den sor-
genvollen Tisch der Weltverwaltung zu locken.

Wer heute durch die Ruinenstätten von Carnuntum wandert,
wer die Grundsteine der schönsten Paläste und Häuser sieht, wer
die Umrisse des Militärlagers erkennt, wer im zivilen oder militärischen Amphitheater steht und die Stille der einst tobenden
Ovale auf sich wirken läßt, wer die vielen Grabsteine liest, die
von der Liebe der Eltern und der Kinder erzählen, wer schließlich im modernsten Museum Österreichs zur römischen Geschichte, im Museum Carnuntinum, vor dem Mithrasaltar des
Jahres 308 verweilt, dem erscheint plötzlich die römische Zeit
gespensterhaft nahe. Hier auf dem Altarstein sind die Namen des
Kaiser Diocletian, des Maximian, des Galerius und des Licinius
eingemeißelt. Vor diesem Stein an diesem Ort stand die greise
Majestät. Hier in Carnuntum sagte Diocletian in der Hitze der

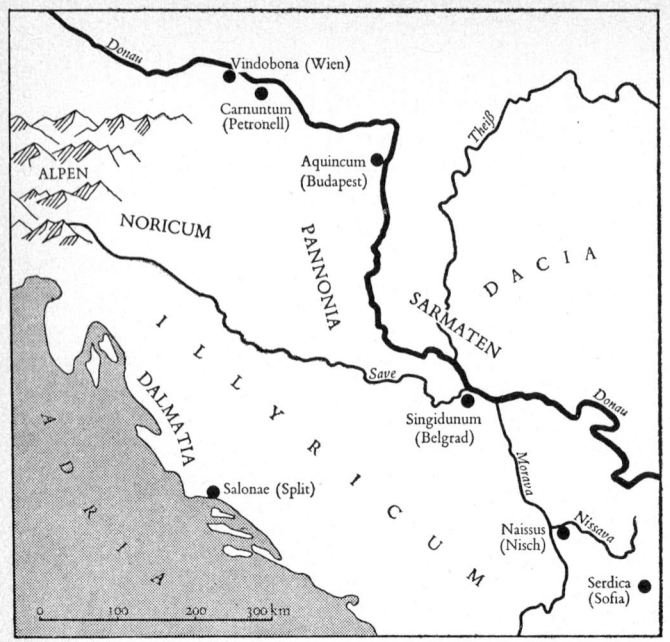

In Salonae, dem heutigen Split in Jugoslawien, ließ Kaiser Diocletian um das Jahr 300 n. Chr. einen großartigen Palast errichten. Dorthin zog er sich nach seiner Abdankung im Jahre 305 endgültig zurück. In Carnuntum, der wichtigsten römischen Feste an der Donaufront [bei Petronell und Deutsch-Altenburg] fand im Jahre 308 n. Chr. der berühmte Drei-Kaiser-Kongreß statt: Anwesend waren Diocletian, Maximian und Galerius. In Naissus, dem heutigen Nisch, wurde Constantin der Große geboren.

Debatten: »Wenn ihr wie ich euren Kohl im fernen Salonae anbauen würdet, dann wäre euch wohler.« Hier mußte Maximian versprechen, daß er sich wieder von der Politik zurückziehen würde. Hier setzten die hohen Herren – für den ermordeten Severus – den Licinius ein, gleich als Augustus, und hier wurde Maxentius, der Rebell von Rom, zum Staatsfeind erklärt. Von Carnuntum sagte Mommsen: »Die Wiener haben ein Pompeji vor ihrer Tür, aber sie wissen es nicht zu nutzen.« Heute kennen sie ihren Schatz. Eine ganze Welt liegt dort ausgegraben vor unseren Augen: Kultbilder und Weihealtäre, Statuen und Statuetten, tanzende Mänaden und starre Torsos, Münzen, Schalen, Krüge, Urnen, Glasbecher, Glasflaschen, Löffel, Pinzetten, ärztliche Instrumente. Hier spürt man, wie viele römische Kaiser fern von ihrer Heimat weltentscheidend wirkten, wie sie mit aller ihrer Kraft die Donaugrenze verteidigten; hier begreift man, wie unermeßlich stark und weit in einstiges Barbarenland hinein Roms Bauwille und Roms Kultur reichten! Und hier erkennt man, daß es selbst für einen alten ruhebedürftigen Kaiser wie Diocletian keine Entfernungen gab!

Der alte Fuchs hatte in einer zusammenbrechenden Welt noch einmal sein durchdringendes Verwaltungsgenie zur Geltung gebracht. Er hatte »die Ordnung« wiederhergestellt. Aber auf den Kongreßliegen von Carnuntum fehlten einige Männer. Es waren die ehrgeizigen Herrscher, die die Welt noch umformen oder erzittern lassen wollten.

Wieder gab es Eifersucht. Selbstverständlich waren Constantin und Daia damit nicht einverstanden, daß Licinius so plötzlich zum Augustus befördert wurde. Constantin fühlte sich degradiert. Beide, Constantin wie Daia, verlangten volle Augustustitel. Und wieder konnte der alte unruhige Maximian das Exil nicht ertragen. Er versuchte, seine Tochter Fausta gegen ihren Mann aufzuwiegeln, und stiftete die Truppe seines Schwiegersohnes zur Revolte an. Er wurde gefangen und schließlich hingerichtet.

Jetzt riß sich Constantin von diesem ganzen verworrenen System los. Er erklärte, er stamme von Kaiser Claudius II. ab, der den Beinamen Gothicus, Besieger der Goten, trug. Er nahm den alten unbesiegbaren Sonnengott, den »Sol Invictus« des Kaisers Aurelian, zum Schutzgott seiner neuen Dynastie, der zweiten flavischen Dynastie. Er machte sich einfach zum Enkel und Nachfolger eines berühmten Kaisergeschlechts und großer Namen. Seine Feindschaft gegen Maxentius trat jetzt offen zutage. Er nannte ihn einen Tyrannen und bemühte sich, die Christen in Rom und in ganz Italien für sich zu gewinnen.

Maxentius suchte seinerseits nach einem Grund, um gegen Constantin Krieg zu führen. Er entdeckte plötzlich seine Liebe zu dem toten Vater und erklärte, Constantin habe ihn grundlos ermordet. Dann begann er, die Standbilder des Constantin in Rom umstürzen zu lassen. Das war eine Kriegserklärung.

Constantin hob Truppen in Germanien, Gallien und Britannien aus und zog mit ihnen über die Alpen. Maxentius saß mit

Die Prätorianer bildeten die Garde der römischen Kaiser. Sie dienten 16 Jahre, erhielten dreifachen Sold, durften prunkvolle Rüstungen mit Gold und hohem Federbusch tragen, beeinflußten viele Thronwechsel und ließen sich ihre Gunst durch hohe Schenkungen erkaufen. Die Stärke der Prätorianer betrug im allgemeinen 10 Kohorten. Jede Kohorte hatte 500 Mann, seit Septimius Severus rund 1000. Im Jahre 312 löste Constantin die Prätorianergarde auf.

einer viel größeren Armee in Rom. Er hatte dort herrliche Bauten errichtet, einen Zirkus vor der Stadt, vor San Sebastiano, das »Urbis fanum« – den »Tempel der Roma« – und seine berühmte »Basilica Nova«. Die Basilika war das mächtigste gedeckte Bauwerk des Altertums. Sie war nach dem Vorbild der großen Bädersäle in den Thermen erbaut worden und bestand aus einer Halle mit Kreuzgewölben. Die römische Basilika diente als gesellschaftliche oder geschäftliche Versammlungsstätte und beherbergte auch das Tribunal, das Gericht. Später beeinflußten diese Bauten die christlichen Basiliken, also die ersten Kirchen der Christenheit, und die Maxentius-Basilika war Michelangelos Vorbild für den Dom von St. Peter.

Die Stadt Rom bereitete, wie schon gesagt, für das Jahr 313 ihr großes Jubiläumsfest vor. Königin und Mittelpunkt der Welt wollte Rom wieder werden. Doch dazu brauchte es einen siegreichen Kaiser mit einem klingenden Namen. Rom sah zuerst in Maxentius seine große Chance. Aber die Römer erkannten bald, daß ihr neues Idol ein harter, ein lasterhafter und eigensüchtiger Tyrann war.

Constantin stand mit 90 000 Mann Infanterie und 8000 Mann Kavallerie vor Rom. Maxentius hatte 170 000 zu Fuß und 18 000 Reiter. Er beschloß, sich in Rom zu verschanzen. Er riß die Tiberbrücke ab. Er wollte alle Angriffe des Constantin in der uneinnehmbaren Metropole der Welt parieren. Er blieb also in der Stadt, er opferte, er las in den Sibyllinischen Büchern. Sibylla ist ein uralter Name, von den Ostgriechen in Kleinasien stammend, und die Sibyllen waren prophetische Frauen, Priesterinnen des Apollo, deren ekstatische Voraussagen Vergil in seiner ›Äneis‹ beschreibt. Aus solchen heidnischen Prophezeiungen las Maxentius heraus, daß er die Angreifer Roms zurückwerfen müsse. Er hatte eine Schiffsbrücke über den Tiber gebaut, zusammengekettet aus zwei Teilen, so daß man sie nötigenfalls sofort abbrechen konnte. Mit seinem Heer überschritt er nun die Brücke. Die Schlacht fand jenseits des Tiber am Pons Mulvius statt.

Constantin schickte zuerst die Kavallerie in den Kampf. In guter Ordnung faßte seine Infanterie nach. Etwas bis dahin noch nicht Gekanntes beseelte seine Legionäre, etwas Neues, Unwiderstehliches. Sie waren im Mut wie in der Begeisterung den Männern des Maxentius weit überlegen. Die Truppen des Maxentius schlugen sich schlecht. Sie wollten ihren Tyrannen los sein. So gerieten ihre Reihen ins Wanken. Das Heer floh über die

Brücke zurück zur Stadt. Die Brücke brach, Maxentius stürzte in den Tiber und ertrank.

Als die Nachricht vom Tode des Maxentius durch die Gassen von Rom geflüstert wurde, wagte niemand, Freude zu zeigen, denn man zweifelte an der Wahrheit dieser Meldung. Der griechische Historiker Zosimus, der um 425 schrieb, schildert uns die Stimmung ganz genau. Erst als man das Haupt des Maxentius auf einer Lanze sah, brach der Freudentaumel los.

Constantin tötete einige Anhänger des geschlagenen Kaisers. Der Senat weihte ihm die Bauten des Maxentius und erhob ihn zum obersten Augustus der Welt. Der Kaiser hielt seinen triumphalen Einzug in Rom. Am 29. Oktober des Jahres 312 zog er als Befreier der Stadt und als Friedensbringer mit seinem Heer über die Via Flaminia durch die Porta Triumphalis in Rom ein. Diesen Triumphbogen, den sogenannten Constantinsbogen, hatte Maxentius eigentlich für sich begonnen. Er wurde erst 315, also drei Jahre nach dem Triumph, fertiggestellt.

Ein Triumph in Rom war bisher immer mit dem Gang zum Kapitol verbunden gewesen: Der triumphierende Kaiser mußte dem höchsten Gott opfern. Constantin verzichtete auf diesen Gang zum Kapitol, er opferte den heidnischen Göttern nicht. Das war ungewöhnlich, denn die ganze Heidenwelt erwartete natürlich diesen Opfergang, zumal Constantin zum erstenmal Rom betrat. Besonders der im Römerglauben tief verwurzelte Senat sah einer Bestätigung der alten Götter mit Genugtuung entgegen. Constantin mied den Kapitolinischen Tempel. Etwas Außerordentliches mußte vor der Schlacht an der Mulvischen Brücke in ihm vorgegangen sein. So schien es wenigstens. Und so will es die Legende.

Die Wissenschaft hat darüber viele Werke verfaßt. Gerade neuerdings glaubt man, dem Geheimnis sehr nahe zu sein. Daß sich so viele Theologen und Historiker unserer Gegenwart mit dem religiösen Erlebnis des Constantin befassen, ist verständlich, denn wir sind Kinder einer Zeit, die arm an Glauben ist, arm an großen religiösen Erfahrungen, hungrig nach der Offenbarung, arm an inneren Erkenntnissen. Die Vision ist unserem Zeitalter der Hast, der Logik und des Zweifelns fast gänzlich versagt. Constantins geistige Umkehr aber war – nach dem Wirken Christi und nach der Bekehrung des Paulus – der folgenreichste religionspsychologische Vorgang der Weltgeschichte überhaupt.

Im Jahre 312, noch vor der Schlacht an der Mulvischen Brücke, kam diesem Illyrer und römischen Kaiser als erstem den Herrschern der Welt die Allmacht des Christengottes zum Bewußtsein. Eusebius, der fähigste und fruchtbarste Autor des christlichen Römischen Reiches, Zeitgenosse und Günstling des Constantin, schildert uns die Vision seines Kaisers. Auch Lactantius, der ebenfalls damals lebte, erzählt uns – von Eusebius abweichend – von dem Traum der Majestät, der die religiöse Offenbarung enthielt.

Constantin sah eine Lichterscheinung, Sonne und Kreuz zu einem Zeichen vereint am Himmel. Im Schlaf wurde er aufgefordert, das himmlische Zeichen auf die Schilde seiner Soldaten zu setzen. Dieser Eingebung folgte Constantin und ließ seine Männer unter jenem heiligen Zeichen kämpfen. Er befahl, den griechischen Buchstaben X in die Schilde seiner Soldaten einzuschneiden. Das ist unser CH des Namens Christus. Am rechten Kreuzbalken oben fügte Constantin den Haken an, durch den der Buchstabe R des Christusnamens ausgedrückt wird. Das war das Monogramm Christi: ☧

Der Triumphbogen für Constantin aus weißem Marmor wurde vom römischen Senat 312 n. Chr. beschlossen. Er sollte an Constantins Sieg über Maxentius am Pons Mulvius erinnern. Im Jubiläumsjahr der zehnjährigen kaiserlichen Regierung – 315 n. Chr. – war das bedeutende Monument fertig. Constantin wird in den Inschriften der »Begründer des Friedens« genannt.

Die Erscheinung wird uns auch durch die Nachbildung des Kreuzes mit den beiden Anfangsbuchstaben Christi – dem griechischen Chi und Rho – auf dem Kriegshelm des Constantin deutlich.

Dieser Helm des Kaisers ist uns bildlich erhalten. Er wurde nur wenige Jahre nach der Schlacht am Pons Mulvius auf Münzen dargestellt. Die Schlacht fand im Jahre 312 statt. Das Silbermedaillon von Ticinum wurde drei Jahre später geprägt. Es zeigt am Ende des Federkamms des kaiserlichen Helms das Monogramm ☧. Hier steht also im liegenden Chi das griechische Rho. Wieder sind es die beiden Anfangsbuchstaben des Namens Christus. Ein solches frühes Zeichen Christi befindet sich in der Staatlichen Münzsammlung zu München.

Ist das, was Constantin sah, nun Wahrheit oder Legende? Hatte Constantin wirklich diese Vision? War sie echt, oder ist sie erdichtet?

Unsere wichtigste Quelle, die ›Vita Constantini‹ des Eusebius, ist noch heute heftig umstritten. Eusebius war ein großer Gelehrter seiner Zeit. Er trieb biblische Studien an der Theologischen Schule von Caesarea in Palästina. Diese Schule hatte ein gewisser Pamphilius gegründet, und deshalb erhielt Eusebius den Beinamen Pamphili. Die Schule besaß eine der berühmtesten Bibliotheken der damaligen Zeit, die Bibliothek des Kirchenvaters Origenes. Origenes war während der Christenverfolgungen des Kaisers Decius gemartert worden und starb 254 an den Folgen der Tortur.

Eusebius verfaßte viele bedeutende Werke. Seine ›Vita des Constantin‹ ist eine wahre Hymne auf den Sieg des Christentums. »Wahrhaft« ist sie, weil die moderne Wissenschaft immer mehr zu der Überzeugung kommt, daß alle wesentlichen Angaben des Eusebius echt sind.

Es gibt aber eine Reihe von Forschern, die zu beweisen versuchen, daß Eusebius die ›Vita Constantini‹ nicht geschrieben hat. Hätte es, so meinen sie, im 4. Jahrhundert ein solches Werk gegeben, so wäre es von den Schrifstellern jener Zeit erwähnt oder benutzt worden. Da aber kein Schriftsteller des 4. Jahrhunderts diese Biographie des Eusebius erwähnt, so will man aus dem Stillschweigen auf eine spätere christliche Fälschung schließen. Besonders der Belgier Henri Grégoire vertritt diesen Standpunkt mit viel Gelehrsamkeit und Scharfsinn.

Nun war Eusebius aber ein frommer Mann, und seine Wahrheitsliebe gehörte zu seinem Christentum. Er schrieb über eine

Zeit, in der er selber lebte. Und er berichtet von einem Mann, den er persönlich sehr gut kannte. Von seiner großen Vision, vom Kreuz am Himmel, hatte Constantin dem Eusebius mündlich erzählt. Nach den Worten des frommen Mannes, der zwischen 260 und 340 n. Chr. lebte, rief Constantin vor der Schlacht gegen Maxentius an der Mulvischen Brücke Gott an. Er flehte, Gott möge ihm offenbaren, wer ER sei. Während der Kaiser so betete, erschien ihm ein Gotteszeichen. Hoch am Himmel, über der Sonne, sah er das Siegeszeichen des Kreuzes. Es war aus Licht gebildet, und dabei sah er die Worte: » In diesem Zeichen wirst du siegen« – »In hoc signo vinces«.

Daß Constantin von dieser Vision erzählt hat, kann nicht bezweifelt werden und wird von der Wissenschaft allgemein angenommen. Die Echtheit der Vision ist dagegen eine Frage der Auffassung. Eine Vision kann immer nur subjektiv echt sein, also immer nur für den oder die Empfänger. Voraussetzung dafür ist die Bereitschaft. Wie das Bild der Vision und die subjektive Vorstellung zusammenhängen, wie das eine aus dem anderen entsteht und wie das andere, das Übersinnliche, das, was wir göttliche Kraft nennen, mitwirkt, das freilich wird immer ein Geheimnis bleiben. Wesentlich ist hier nicht, ob die Vision »echt« war. Wesentlich ist, ob Constantin eine solche Vision erwartete, ob er sich in Bereitschaft befand, ob er das Zeichen des wahren, des einzigen Gottes sehen wollte. Entscheidend ist, daß Constantin von diesem Erlebnis erzählte und daß er selber daran glaubte. Es ist interessant, daß die moderne Wissenschaft zu dem Ergebnis kommt, daß die Vision »echt« war und nicht erfunden. Die Echtheit der Vision ist nämlich wahrscheinlicher als die Unechtheit, und der Gelehrte Heinz Kraft führt sehr einleuchtend aus, daß die Erdichtung von Visionen nicht zu der Persönlichkeit des Constantin paßt. »Die Vision ist glänzend bezeugt, und Constantins Christentum nach 312 läßt sich nicht ernsthaft bestreiten.« Der berühmte klassische Historiker Kornemann sagt: »Daß damals der Christengott vor die Seele des größten und mächstigsten Mannes der Zeit getreten ist und zu einem persönlichen Erlebnis wurde, ist die entscheidende und heute nicht mehr wegzuleugnende Tatsache.«

Überhaupt ist die Ansicht von Jacob Burckhardt, der den Kaiser nur für einen gescheiten Zweckpolitiker hielt und für einen genialen, unreligiösen und ehrgeizigen Menschen, heute vollkommen überholt. Der Schweizer Geschichtsforscher, Kunsthistoriker und Philosoph sah in Constantin leider nur einen Mann, der das Heilige aus zweiter Hand kannte oder als Aberglaube und der das Christentum zu rein politischen Zwecken ausnutzte. Der Belgier Henri Grégoire beurteilt die Kreuzvision als nachträgliche gänzlich wertlose Tendenzlegende.

Daß der Bericht von der Vision legendenhaft überliefert wurde, daß das Erlebnis der Vision wie eine plötzliche Bekehrung wirkt, wie ein Wunder, ja fast wie ein Märchen, liegt daran, daß man der persönlichen geistigen Entwicklung des Constantin zu wenig Beachtung geschenkt hat. Das Sendungsbewußtsein des Kaisers, seine »zunehmende Verchristlichung und sein Erwählungsglaube« [Heinz Kraft], führten Constantin nicht plötzlich, sondern in einer logischen Folge zum Christentum. Kein Sprung, keine Bekehrung, sondern eine stufenweise und langsame Entwicklung hatte sich in Constantin vollzogen. Er war schließlich von seiner Sendung zutiefst erfüllt. Er mußte einen starken inneren Halt haben. Anders ist sein Entschluß zum Kampf gegen Maxentius nicht zu erklären. Denn äußerlich stand es schlecht für ihn im Jahre 312. Rom galt als uneinnehmbar. Sein Gegner hatte die größere Streitmacht. Die Erfahrungen, in vielen Germanenkriegen gesammelt, konnten hier, vor der modernsten Festung der Welt, in einer Belagerung nicht angewandt werden. Außerdem hatten die heidnischen Propheten, die »haruspices«, der Majestät geraten, den Kampf nicht zu beginnen.

So trieb ihn nur sein Sendungsbewußtsein voran. Und darum stellte er das entscheidende Ringen seines Lebens unter das Zeichen des unsichtbaren Gottes. Darum wandte er sich immer mehr Christus zu, dem Mittler Gottes, dessen Anhänger und dessen Ideen kein Kaiser vor ihm mit Erfolg ausgelöscht hatte.

Constantin kannte das alles. Er hatte am Hof des Diocletian und Galerius die Nutzlosigkeit der Christenverfolgungen erfahren. Als junger Mensch, wohl immer mit den Christen sympatisierend, haßte er den Diocletian wie den Galerius. Und was hatte er alles gesehen, heimlich gesehen, ohne es je zu verraten! Man hat auf einem Mauerstein des Diocletianpalastes in Split eine hochinteressante Entdeckung gemacht. Da war ein Fisch eingemeißelt, ein delphinartiges Wesen. Alles deutet darauf hin, daß hier ein Mensch in großer Hast – vielleicht in Angst – das Zeichen hinterlassen hat. Die Bildfläche war gegen die innere Wand gekehrt, damit sie nicht gesehen werden konnte. Nun war der Fisch – meist wurde er wie ein Delphin dargestellt – das Sinnbild Christi, weil im griechischen Ausdruck für Fisch, »ICHTHYS«, die Anfangsbuchstaben von »Jesus Christus Theu Yios Soter«

So reiste man um 300 n. Chr. Man saß bequem, und die Pferde waren schnell. Zwischen den beiden Gespannen sind spielende Kinder. Relief auf einem antiken Sarkophag.

enthalten sind. Aus dem Griechischen übersetzt heißt das: »Jesus Christus, Gottes Sohn, der Erlöser.« Niemals werden wir wissen, wer beim Palastbau in Salonae heimlich in großer Herzensnot seine Liebe zu Christus bezeugte. Solch unerlaubtes Christentum sah der junge Constantin, der hier am Hofe erzogen wurde, immer wieder, und so wird er sich früh Gedanken gemacht haben. Dazu kommt der Einfluß seines duldsamen Vaters, dazu kommt die Kenntnis von jenem tragischen Tod des Galerius. Dieser christenfeindliche Kaiser starb unter furchtbaren Schmerzen an Krebs. In seiner Todesangst glaubte er, der Gott der Christen habe ihm die schwere Krankheit gesandt. Und so erließ der brutale Christenverfolger am 30. April 311, kurz bevor er starb, ein Toleranzedikt für die Gläubigen.

Alles das konnte nicht ohne Einfluß bleiben. Und schließlich drängten ja auch die Zeit und die damalige geistige Entwicklung zur Entscheidung. Constantin hatte selber einen klaren inneren Weg zurückgelegt. Sehr behutsam tastete er sich vor. Er hatte an Jupiter, Herakles und Apollo geglaubt. Er hatte dann zum unsichtbaren Sonnengott gefunden, zu dem Einen, unbesiegbaren, zu einer dem Christentum schon viel näher stehenden Religion. Und er sah schließlich diesen unsichtbaren Sonnengott als Gott der Christenheit. Darum war sein Gotteszeichen vielleicht auch ein Kreuz ohne Spitze, also ein T, auf dem die Sonne steht: ☦. Der Christusname aber wird von Constantin noch nicht öffentlich gebraucht. So weit war man noch nicht. Heidnisch war der Senat. Und heidnisch war ja die weit größere Zahl der Bevölkerung des Weltreiches. So heißt es auch in der Inschrift auf dem Constantinsbogen, dem Triumphbogen des Kaisers: »Auf Eingebung der Gottheit.« Der Bildschmuck ist noch auf den Sonnengott abgestimmt. Der Text spricht schon von der »Gottheit«, woraus man deutlich die Zwischenstufe zwischen Sonnenreligion und Christentum erkennt.

Constantin glaubte wohl im Herzen fest daran, daß er dem Christengott seinen Sieg verdankte. Und so schenkte er den Palast der Kaiserin Fausta, den Lateran, dem Papst als bischöfliche Residenz. Ein Papsttum gibt es nach der römischen Gemeindetradition seit Petrus, über dessen Grab sich der St.-Peters-Dom erhebt, 324 von Constantin begonnen. Constantin ließ auch die Lateran-Basilika bauen, »Mutter und Haupt aller christlichen Kirchen«. Und schließlich gab er in Afrika den christlichen Gemeinden ihre Güter zurück und befreite die kirchlichen Würdenträger von den Steuern.

Der Mann, der zum erstenmal in der Geschichte Christentum und Krone verband, wurde der Bahnbrecher eines neuen Weltzeitalters.

»Er allein hatte unter den römischen Kaisern Gott, den höchsten Herrn, mit außerordentlicher Frömmigkeit verehrt, er allein mit Freimut die Lehre Christi verkündet, er allein seine Kirche verherrlicht wie nie einer seit Menschengedenken, er allein jeden Irrtum der Vielgötterei ausgerottet und alle Arten von Götzendienst abgeschafft.« *Eusebius, Vita des Constantin, IV, 75.*

Constantins Vision war ein entscheidender Augenblick der Weltgeschichte. Es war der Augenblick, in dem das Zeichen des Kreuzes der Kultur des Abendlandes übergeben wurde. Daß der Wandel der Götter und Symbole langsam und sorgfältig gelenkt erfolgte, beweist nur Constantins außerordentlich guten Instinkt für das, was das römische Weltreich ertrug und aufzunehmen bereit war. Wir haben das Kreuz. Darum ist es uns selbstverständlich. Was es aber für den Kaiser der heidnischen Welt bedeutete, innerlich und dann auch durch die Tat zu diesem Zeichen einer anderen Religion zu finden, das können wir heute kaum noch ermessen.

Alle Angriffe auf unseren Hauptzeugen Eusebius sind an mangelnden Beweisen mehr oder weniger zusammengebrochen. Was den darstellenden Text der Schrift angeht, so ist kein durchschlagender Einwand gegen Eusebius als Verfasser vorgebracht worden. Das sagt der große Constantin-Forscher Vogt nach vielen Jahren intensivster Arbeit. Die rührende, fast einfältige Gradheit, die Unmittelbarkeit, der jubilierende Ton des Eusebius, das alles muß man verstehen: Eusebius war Zeitgenosse, Freund des Kaisers, man möchte sagen Augenzeuge. Darum erzählt er so lebendig.

Die moderne Quellenkritik hat wieder zu Eusebius zurückgefunden und den Kaiser Constantin als christlichen Herrscher erkannt. Die meisten heutigen Forscher halten Constantins Hinwendung zum Christentum für echt und historisch. Dazu gehören Alföldi, de' Cavalieri, Baynes, Palanque und Vogt. Es gibt aber außer diesen modernen Forschern noch einen ganz unbestechlichen Zeugen für die Echtheit des christlichen Glaubens des Kaisers. Das ist Constantins Neffe Julianus Apostata, der

Constantin der Große, der erste christliche Kaiser der Welt. Der Mann, der zum erstenmal in der Geschichte Christentum und Krone verband, wurde der Bahnbrecher eines neuen Weltzeitalters. Neuerdings hat die Wissenschaft viel zum Verständnis dieses Kaisers beigetragen.

Abtrünnige. Diese eigenartige Gestalt auf dem römischen Kaiserthron [361–363 n. Chr.] wurde streng christlich-asketisch erzogen, gab dann aber den Christenglauben auf und versuchte, dem Heidentum im Weltreich wieder zum Siege zu verhelfen. Julian kann nun wirklich nicht wie Eusebius als Lobredner Constantins bezeichnet werden, denn er haßte seinen Oheim zutiefst. In seinen feindlichen Äußerungen gegen Constantin betont er immer wieder, daß dieser zum Christengott übergetreten sei und den Sonnengott verlassen habe.

Kaiser Constantin war von seiner wunderbaren Vision zutiefst erschüttert. Er berief die Priester zu sich, die die Lehre Gottes verkündeten, und fragte sie, was denn das für ein Gott sei und was das Zeichen zu bedeuten habe. Sie sagten, das sei Gott, »der eingeborene Sohn des alleinigen Gottes«. Das Zeichen sei das Sinnbild der Unsterblichkeit und des Sieges, den jener einst über den Tod errungen habe, als er auf die Erde herniedergestiegen sei. Sie setzten ihm auch die Art seines Wirkens unter den Menschen auseinander.

Wie alt war die Majestät, die so tiefe Fragen stellte und die so schwerwiegende, die ganze Kultur Europas bestimmende Antworten erhielt? Das Geburtsjahr Constantins ist umstritten. Joseph Vogt nimmt das Jahr 285 an. Dann war Constantin nur 27 Jahre alt, als er das Zeichen sah, ein junger Mann, der ein titanenhaftes geistiges Ziel vor Augen hatte und an dieses Ziel bis zur

Stunde seines Todes in immer fester werdendem Glauben heranwuchs.

Nach dem Sieg über Maxentius habe, so erzählt Eusebius, Kaiser Constantin mit allem Freimut den Römern die Kunde von dem Sohn Gottes gebracht. Und alle Völker, »die bis zum Ozean gegen Sonnenuntergang wohnten, erfreuten sich im Gefühl ihrer Erlösung in fröhlichen Festversammlungen. Sie wurden nicht müde, den siegreichen Helden, den frommen Diener Gottes, den Wohltäter in Lobgesängen zu preisen.« In Constantin sei dem ganzen Menschengeschlecht durch Gottes Gnade ein Heil widerfahren.

Es gab jetzt noch drei Kaiser im römischen Weltreich: den großen Constantin, Licinius und Maximinus Daia. Um Licinius stärker an sich zu fesseln, suchte Constantin zwischen sich und diesem Kaiser eine feste Beziehung herzustellen. Im Februar des Jahres 313 fand in Mailand eine prunkvolle Hochzeit statt. Kaiser Constantin gab seine Stiefschwester Constantia dem Licinius zur Gemahlin. Licinius war damals Herrscher der Donau- und Balkanländer. So bedeutend seine Macht auch war, Constantia konnte diese Ehe gewiß nicht als großes Glück empfinden. Licinius zwang Constantia, einen Sohn zu adoptieren, den er von einer Sklavin hatte, denn er selber konnte wohl auf Nachkommen nicht mehr hoffen. Es war eine politische Heirat. Constantin wollte es so. Und Constantia – als gehorsame Römerin! – tat, was der Stiefbruder befahl.

In Mailand vereinbarten die beiden Kaiser allgemeine Religionsfreiheit. Im Rahmen solcher Freiheit sollte auch das Christentum überall gestattet sein. Die Kaiser bekannten sich zu der Religion der »Summa Divinitas«, der »höchsten Gottheit«. Immer wird von der höchsten Gottheit gesprochen, denn den Gott der Christenheit zu nennen, dazu war es noch zu früh. Nach der Mailänder Vereinbarung sollten auch die christlichen Güter und und Versammlungsstätten zurückgegeben und die einzelnen Christengemeinden anerkannt werden. Jeder sollte in Zukunft nach der Religion leben, für die er sich entschieden hatte. Die Religionsfreiheit kam natürlich in erster Linie den Christen zugute. Um den Licinius für dieses Ideal zu gewinnen, um ihm die Durchführung der neuen Religionspolitik in weitestem Rahmen zu ermöglichen, um ihn dem Christentum noch geneigter zu machen, versprach Constantin ihm Gebietserweiterung auf Kosten des damals im Osten herrschenden Maximinus Daia.

Daia mußte die Mailänder Abmachung als Bedrohung ansehen. Er beschloß, dem Licinius durch einen Angriff auf die Balkanprovinzen zuvorzukommen. Constantin würde seinem Partner Licinius nicht helfen können, denn er kämpfte gerade jetzt gegen die Rheinfranken. Sympathisch war dieser Daia nicht. Wir sehen in ihm den brutalen Typ des Illyriers, einen Mann, der aus kleinsten Verhältnissen zur Macht und damit zum Wahn gekommen ist, wollüstig, den Weibern und dem Wein ergeben, abergläubisch, politisch wie militärisch eine Null. Dafür aber hatte er in der Schärfe seiner Christenverfolgung Kaiser Diocletian weit in den Schatten gestellt, Diocletian, der auch in seinen Straf- und Vernichtungsmaßnahmen so gefährlich war, weil er so glänzend organisierte. Maximinus Daia glaubte, der absoluteste aller absoluten Herrscher zu sein, nahm, was ihm gefiel, und erkannte niemals irgendein Recht von Privatleuten an. Nun, im Winter 312/13, wollte er mit seiner sinnlosen Verschwendungssucht die Soldaten Thrakiens und Illyriens vom sparsamen, fast geizigen Licinius abwenden. Irgendeine Rücksicht kannte dieser Kaiser nicht. Mit Peitschenhieben jagte er die Lasttiere über die schneebedeckten Gebirge Kleinasiens, seine Soldaten brachen zusammen, er hatte gewaltige Verluste. Er belagerte elf Tage lang Byzanz, eroberte die Feste, nahm Perinth und Heraklia und begann auf Adrianopel zu marschieren. Bei Tzirallum, unweit von Heraklia in Thrakien, kam es am 1. Mai 313 zur Schlacht.

Wieder beriefen sich die beiden kämpfenden Parteien auf verschiedene Götter. Es ist interessant, daß die Soldaten des Licinius vor der Schlacht zum »unbesiegbaren Sonnengott« beteten, noch nicht zum Gott der Christen. Aber die christliche Überlieferung berichtet von der Erscheinung eines Engels.

Die Soldaten des Maximinus Daia mußten sich auf die alten römischen Götter verlassen, auf Wahrsager und heidnische Orakel. Am 1. Mai 313 siegte Licinius mit dem kleineren Heer. Es siegte also auch hier der unsichtbare Gott, wenn dieser Gott auch noch nicht eindeutig der Gott der Christen war.

Maximinus ließ die Wahrsager, die ihm den Sieg vorausgesagt hatten, als Betrüger und Hochstapler hinrichten. Eusebius berichtet uns, wie schwer das Schicksal diesen Maximinus Daia strafte. Offenbar fiel er der Lepra oder der Syphilis zum Opfer. »Unaufhaltsam wurden seine innersten Eingeweide zerfressen ... Denn es hatte sich die ganze Masse seines Körpers infolge seiner Völlerei in einen unermeßlichen Fettklumpen verwandelt, der jetzt verfaulte.« In dieser großen Not, unter diesen Schmerzen, bekannte er Gott seine Schuld, ließ die Verfolgungen gegen

Angeblicher Sarkophag Helenas, der Mutter Constantins. Im Relief: der Triumph des Kaisers.

die Christen einstellen, gebot durch kaiserliche Verordnungen, daß ihre Kirchen wiederaufgebaut würden, und ersuchte sie, für ihn zu beten. Eusebius erzählt, Maximinus habe wahrlich Strafe verdient, er habe die Christen nicht nur durch Feuer, Schwert und Kreuz getötet, nicht nur den wilden Tieren vorgeworfen, sie nicht nur in das Meer gestürzt, er habe auch sehr viele Männer, Frauen und Kinder an einem Auge und an einem Fuß verstümmelt und dann in die Bergwerke geschickt, wo sie elendiglich hinsiechten. Aber schließlich erblindete Daia selber. Trotz großer Qualen blieb er am Leben. Er floh nach Kleinasien und starb im Herbst 313 in Tarsus. »Durch eigene Erfahrung habe ich den Gott der Christen als einzigen Gott erkannt«, sagte er. Licinius ließ die Frau des Maximinus in den Orontes stürzen, seinen achtjährigen Sohn und die siebenjährige Tochter umbringen.

Danach herrschten nur noch Kaiser Constantin im Westen und Kaiser Licinius im Osten. Das Vier-Kaiser-Gebäude des Diocletian war endgültig eingestürzt. Die verschwägerten Herrscher hätten jetzt ein neues Römisches Reich des Friedens und der religiösen Duldsamkeit aufbauen können.

Licinius hatte zuerst, beeindruckt von dem Mailänder Treffen mit Constantin, an die Statthalter der orientalischen Provinzen Aufrufe zur Glaubensfreiheit gesandt. Aber seine Duldsamkeit verwandelte sich allmählich in Christenhaß und Christenverfolgung.

Kaiser Constantin erkannte die Gefahr. Er wollte zwischen seiner Welt und der Welt des Licinius einen Zwischenstaat schaffen. So gab er einem gewissen Bassianus seine Stiefschwester Anastasia zur Frau, ließ ihn zum Cäsaren wählen und gab diesem neuen Cäsaren Italien und Illyrien.

Licinius war heimlich immer zu Streit und Händeln aufgelegt, unzuverlässig, nie sein Wort haltend, ewiger Rebell, ein Intrigant übelster Sorte. Er sorgte dafür, daß Senecio seinen Bruder, den Bassianus, anstiftete, Constantin zu ermorden. Constantin entdeckte die Verschwörung, ließ den Bassianus hinrichten und forderte von Licinius Auslieferung des Senecio. Licinius weigerte sich, und so kam es im Jahre 314 zum ersten Krieg zwischen den beiden Kaisern. In einer Schlacht bei Cibalae an der Save siegte Constantin am 8. Oktober 314. Eine zweite Schlacht in Thrakien endete unentschieden. Man schloß einen faulen Frieden. Jeder der Herrscher sollte sich auf seine Hälfte des Römischen Reiches beschränken, wobei Constantin der weitaus größere Teil des Römischen Reiches zufiel. Damit wurde die römische Welt zum erstenmal tatsächlich geteilt. Da standen sich nun zwei mächtige gesonderte Staaten gegenüber. Mißtrauisch beobachteten Ost und West einander. Keiner der beiden Herrscher durfte das Gebiet des anderen betreten.

Im Sommer 315 erschien Kaiser Constantin in Rom und feierte seine Dezennalien. Wieder unterließ die Majestät, den heidnischen Göttern zu opfern. Dafür fand eine Begegnung mit Papst Silvester statt, und wir müssen annehmen, daß hierbei die ersten Kirchenbauten in Rom besprochen wurden. Christen wurden jetzt mit hohen Ämtern betraut, von den Münzen verschwand das Bild des Sol Invictus, und der Sonntag wurde zum staatlichen Feiertag gemacht.

Die damalige Zeit des Umbruchs, die ganze Entwicklung, den himmelweiten Schritt vom Sonnengott zum Christengott erkennen wir in der Einrichtung des Sonntages. Denn der Sonntag ist die Brücke zwischen der Sonnengottreligion und dem Christentum. Der »Dies Solis« war immer der erste Tag der heidnischen Planetenwoche. Bei den Christen galt dieser Tag den Zusammenkünften der Gläubigen. Jetzt wurde der »Dies Solis« zum staatlichen Ruhetag erhoben, womit den Christen gedient war wie den Anbetern des Sonnengottes. Bis zu dieser Regelung war der erste Tag der Woche niemals Feiertag gewesen. Etwa um dieselbe Zeit begannen die Christen am Geburtstag des Sol Invictus, am 25. Dezember, die Geburt Christi zu feiern. So baute Constantin als ein Diener der großen religiösen Erkenntnisse seiner Zeit aus dem Heidentum und seinen Feiertagen eine christliche Welt.

Sein Gegner ging den anderen Weg. Im Jahre 321 begann

Die Basilika des Constantin war ein mächtiger Ziegelbau, der das Forum Romanum beherrschte. Dieses Werk eines unbekannten Baumeisters hat die Architektur Europas entscheidend beeinflußt.

Licinius, die Christen mit aller Macht zu verfolgen. Kirchen wurden niedergerissen, ihre Häupter zum Tode verurteilt, Gläubige in den Kerker geworfen. Eusebius berichtet: »Licinius war überzeugt, wir täten alles und suchten Gottes Huld nur für Constantin zu erlangen.« Manche Christen »mußten sogar eine ganz neue Todesart erleiden. Ihre Leiber wurden mit dem Schwert in viele Stücke zerhauen und nach dieser grausamen und schauderhaften Strafe in die Tiefen des Meeres geworfen, den Fischen zum Fraß.« Als die Goten 324 über die Donau in das Reich der Römer einbrachen, hätte Licinius sie zurückwerfen müssen. Aber er rührte sich nicht. So war Constantin gezwungen, die Grenzen des Ostreiches zu verletzen und durch das Gebiet des Licinius gegen die Goten zu ziehen, um das römische Weltreich zu verteidigen.

Jetzt kam es zum erbitterten letzten Ringen um die Alleinherrschaft in der römischen Welt. Licinius wandte sich wieder den heidnischen Göttern zu. Er versammelte Wahrsager, Propheten aus Ägypten, Giftmischer und Zauberer, Opferpriester und Weissager um sich, er opferte den heidnischen Göttern, er befragte sie über den Ausgang des Krieges. Die bunte Gruppe der Geisterseher erklärte in langen Sprüchen und klingenden Versen, in Orakeln und Gesängen, er, Licinius, werde siegen. Auch die Vogelschauer sahen im Flug der Vögel Glück für Licinius. Und die Eingeweidebeschauer deuteten dasselbe aus den Zuckungen der geschlachteten und geöffneten Tiere.

»Dieser Augenblick wird zeigen, wer von uns mit seinem Glauben in die Irre geht«, sagte Licinius. »Siegen unsere Götter, dann ziehen wir zum Kriege gegen alle Gottlosen aus.« Damit meinte er die Christen.

Constantin kämpfte wieder unter dem »heilbringenden Siegeszeichen«. Am 3. Juli 324 gewann er bei Adrianopolis eine große Schlacht gegen Licinius. Er war jetzt Herr Europas. Aber Byzanz wurde von Licinius besetzt. Constantin ließ die Stadt belagern. Licinius floh nach Asien und wurde schließlich bei Chrysopolis von Constantin geschlagen. Jetzt ergaben sich auch Byzanz und Chalcedon.

Licinius war, wie wir schon berichteten, mit Constantia, einer Stiefschwester des Constantin verheiratet. Diese bat jetzt den Bruder um Gnade für ihren Mann. Constantin erhörte seine Schwester und gestattete Licinius, unbehelligt und friedlich in Thessalonike zu leben.

Ein Leben ohne Ränke und Macht war aber dem Licinius nicht

möglich. Er begann, verräterische Verhandlungen mit den Donaubarbaren zu führen. Dieser Treuebruch endete damit, daß Constantin ihn nach Verurteilung durch den römischen Senat hinrichten ließ.

Der alleinige Herrscher der Welt, der erste christliche Kaiser der Erde, verkündete nun die Siegeskraft des Wunderzeichens. Er fühlte sich von Gott erwählt. Er beseitigte jetzt radikal alles, was die Christen in ihrem Glauben und in der Ausübung ihrer Religion noch hindern konnte, und bekannte sich als Vollstrecker des göttlichen Willens.

Hohe Staatsämter wurden nunmehr mit Christen besetzt, in Rom wurde ein Christ »Praefectus urbi«, Stadtpräfekt. Die christlichen Gemeinden erhielten kaiserliche Zuschüsse zum Bau und zur Wiederherstellung von Kirchen. Christliche Bischöfe von Rang sammelten sich um den Kaiser wie ein hoher Rat. Und der Kaiser begann, die kirchlichen Angelegenheiten zu ordnen und zu gestalten.

Die Christengemeinden waren durchaus nicht eines Sinnes. Viele theologische Schulen, zahlreiche Lehrmeinungen, Ansichten über Ansichten stießen aufeinander. Fragen, Zweifel, abweichende Meinungen, Sektiererei, all das verdüsterte und umnebelte die christliche Lehre. »Häresie«, das ist der drohende Begriff, der die damalige Zeit kennzeichnete. Dieses aus dem Griechischen stammende Wort bedeutete ursprünglich »das Gewählte« und wurde für »Abweichung von der Lehre« benutzt. Man lebte ja auch in einer Zeit, in der die Christen, »in Auseinandersetzung mit der antiken Philosophie, ihren Glauben zu einem Lehrsystem gestalteten« [Vogt].

Constantin wünschte nichts sehnlicher als die Einheitlichkeit der christlichen Kirche. Für ihn bedeutete das Wort »katholisch« diese ersehnte Einheit. Aber noch war es schlecht um sie bestellt, besonders im Osten. Mit Leidenschaft wurden die verschiedensten Ansichten verfochten. In Alexandria trat im Jahre 318 der Priester Arius mit einer neuen christliche Lehre hervor. Von seinem Bischof Alexander wurde er exkommuniziert, aber bei anderen Bischöfen des Ostens fand er Zustimmung und Hilfe. Er begann für seine Ansicht zu werben, und die östliche Christenheit wurde überall unruhig und erregt. Arius glaubte, daß Christus und Gott Vater zweierlei seien, also wesensähnlich, aber nicht wesenseins.

Um diesen Streit zu schlichten, berief Kaiser Constantin vom Mai bis zum Juli 325 die Bischöfe aus dem ganzen Reich in den kaiserlichen Palast von Nicaea in Bithynien. Er ordnete an, die »öffentliche Post« einzusetzen, damit alle Bischöfe anreisen konnten, und alle nötigen Lasttiere zur Verfügung zu stellen.

Da versammelten sich viele Diener Gottes, 320 Bischöfe, vorwiegend aus dem Osten des Reiches. Männer, die wohlweislich ihre Rede abzuwägen verstanden, waren da, andere, die sich durch strengen Lebenswandel und dauernde Standhaftigkeit auszeichneten, wieder andere, die durch Bescheidenheit berühmt geworden waren. Ehrwürdige Greise waren dort, junge Feuerköpfe der Christenheit, die erst vor kurzem in den göttlichen Dienst getreten waren. Der Kaiser redete in lateinischer Sprache, und es ist bezeichnend, daß seine Worte verdolmetscht werden mußten, so bunt war diese Versammlung. Er wurde schon besser verstanden, als er sich der griechischen Sprache bediente. Die einen überzeugte er, die anderen beschämte er, bis er schließlich erreichte, daß sie über alle strittigen Punkte einer Meinung waren. Man beschloß auf Wunsch des Kaisers, überall in der Christenheit an einem Tag das Osterfest zu feiern, »denn nur einen Tag unserer Befreiung, das ist der Tag seines hochheiligen Leidens, hat uns unser Heiland hinterlassen, und eins sollte nach seinem Willen seine katholische Kirche sein«.

Der wichtigste Beschluß der Synode war die Einigung im Streit, den Arius entfacht hatte. Der rechte Glauben der Christen wurde für alle Zukunft im ›Nicaenischen Glaubensbekenntnis‹ festgelegt.

In einem zweiten Konzil von Nicaea im Jahre 327 versuchte Constantin, Arius zu diesem Glaubensbekenntnis zu bekehren. Dabei stieß er auf den Widerstand des Bischofs Athanasios, und der Streit währte viele Jahre. Schließlich wurde Athanasios abgesetzt und nach Trier verbannt.

Zwischen den beiden Konzilen, also im Jahre 326, lud der christliche Kaiser Constantin eine schwere Schuld auf sein Gewissen. Aus einer Verbindung mit der Konkubine Mamertina hatte er seinen ältesten Sohn, Crispus, und in diesen verliebte sich Constantins Frau, Fausta. Als sie aber merkte, daß ihr Werben um Crispus auf taube Ohren stieß, als sie sich von dem kaum Zwanzigjährigen zurückgestoßen sah, kam sie in ihrer Enttäuschung und Verzweiflung auf einen entsetzlichen Gedanken: Sie verleumdete Crispus bei Constantin. Sie tat, als habe der Junge ihr Gewalt antun wollen. So jedenfalls könnte sich die Sache zugetragen haben. Aber man weiß es nicht genau. Unwillkürlich denkt man an König Philipp II. von Spanien und Don Carlos.

Man denkt an Peter den Großen und die Hinrichtung seines Sohnes Alexei. Burckhardt erinnert an Soliman den Prächtigen und dessen edlen Sohn Mustapha, der durch die Ränke der Roxolane unterging.

Constantin feierte gerade in Rom sein 20jähriges Regierungsjubiläum. Hatte Crispus seinen Vater an das Nahen dieser Vizennalien gemahnt, einen Zeitpunkt, an dem er nach dem Diocletianischen System den Thron hätte räumen müssen? War Fausta gegen den Stiefsohn eine Phädra? Drei eigene Söhne hatte sie mit Constantin, und es liegt nahe, daß sie ihren Stiefsohn verleumdete, um die Thronfolge für ihre eigenen Söhne zu sichern. Der sonst besonnene Kaiser geriet dieses Mal außer sich. Er ließ seinen Sohn Crispus zu Pola in Dalmatien hinrichten, ohne ihm Gelegenheit zu geben, den wahren Tatbestand zu erklären. Der junge Crispus hatte selber schon mit 14 Jahren geheiratet und war völlig unschuldig. Constantins Mutter, die fromme Helena, deckte den Betrug auf. Jetzt wurde Fausta getötet. In den Palastthermen ließ man sie ein Schwitzbad nehmen. Dann wurde so stark eingeheizt, daß sie erstickte. Constantin erließ nach dieser Tragödie ein Gesetz, das überall im Römischen Reich das Zusammenleben mit Konkubinen verbot. Offenbar empfand er Reue über seine eigene Sünde, offenbar fühlte er, daß er durch seine Untreue seine Gattin in den versuchten Ehebruch getrieben hatte.

In diese Zeit fällt auch das welthistorische Ereignis der Gründung Konstantinopels als Hauptstadt der Welt. Dieser Ort hatte bisher immer Byzanz geheißen und sollte von nun an den Namen des ersten christlichen Kaisers tragen. Constantin hatte vorher an andere Städte als Haupt der Welt gedacht, an Serdica [Sofia], an Saloniki, an Sirmium, ja sogar an Troja. Schließlich entschloß er sich aber für Byzanz, das in der Nähe der Verwaltungsmetropole seines Vorgängers Diocletian lag. Byzanz sollte ein christliches Rom werden, ein Rom des Ostens, und ganz ähnlich wie das alte Rom wurde auch die neue Stadt angelegt. Am 26. November 326 begann man mit den Bauarbeiten. Am 11. Mai 330 wurde Konstantinopel eingeweiht.

Constantin regelte seine Thronfolge. Er gab jedem seiner drei Söhne einen Teil des Reiches und dem Sohn seines Bruders den vierten. In der Osterwoche des Jahres 337 erkrankte der Herrscher der Welt. Er reiste schnell zu den Heilquellen von Drepanum. Er hatte die Stadt seiner Mutter zu Ehren in Helenopolis umbenannt. Aber sein Gesundheitszustand besserte sich nicht.

Von Todesahnungen erfüllt, ließ er sich nach Ancyrena bringen, eine Vorstadt von Nicomedia.

Erst in seiner Todesstunde empfing er die christliche Taufe durch den Bischof Eusebius von Nicomedia. Er wählte diesen Zeitpunkt in voller Absicht: So hatte er alle Sünden seines Lebens als Nichtchrist begangen, und so ging er völlig sündenfrei ins Jenseits.

Eigentlich wollte er sich im Jordan taufen lassen, »in den Fluten, in denen auch unser Erlöser uns zum Vorbild die Taufe empfing«, wie er sagte. »Dies ist der Augenblick, auf den ich schon längst gehofft habe, danach verlangend und mich sehnend, das Heil in Gott zu finden.« Am letzten Tage des Pfingstfestes 337 schloß der römische Kaiser für immer die Augen, der Mann, der Gottes Zeichen gesehen hatte und es dem Abendland als heiliges Vermächtnis übergab.

Der Leichnam des großen Constantin wurde im goldenen Sarg nach Konstantinopel gebracht und in dem schönsten und größten Saal des Kaiserpalastes hoch aufgebahrt. Ringsum brannten Kerzen auf goldenen Leuchtern. Da lag nun die Majestät, die nach der Taufe keinen Purpur mehr berühren wollte, mit dem Diadem geschmückt, regungslos im Taufgewand. Tag und Nacht standen die Totenwachen da. Leise traten die hohen Beamten, Würdenträger und Heerführer wie immer zur festgesetzten Stunde ein, fielen auf die Knie, huldigten der Majestät. Das Hofzeremoniell lief weiter ab, an unzerreißbarem Faden, unerschütterlich wie nach der Uhr, »für den einzigen unter den Sterblichen, der auch nach seinem Tode noch Kaiser war«.

Dann, als Constantius als einziger der Söhne in der trauernden Stadt eingetroffen war, wurde der Sarg in die Apostelkirche überführt. Es war die Kirche, die Constantin selber am Rande der neuen Weltmetropole, nahe der Mauer »zu einer unglaublichen Höhe« aufgebaut hatte. Das Dach dieser Kirche strahlte, so erzählt Eusebius, daß es schon aus der Ferne hell in den Sonnenstrahlen glänzte. In Verbindung mit dieser Kirche hatte Constantin sein Mausoleum erbauen lassen. Zwölf Gedenkstelen für die

hochinteressantes Beispiel der Aufnahme der Sonne in die christliche
Symbolik und ihrer Verwandlung. Unser Sonntag erinnert noch an den
alten syrischen Sonnenkult.

zwölf Apostel waren hier aufgerichtet. In die Mitte wurde der Sarkophag gerückt, so daß sechs Apostel zu jeder Seite wachten. Er, der Kaiser der Welt, wollte der dreizehnte Apostel sein, der dreizehnte Verkünder des wahren Glaubens. Und in unbesiegbar freudigem Glauben hoffte er, daß er als Toter noch den Namen eines Apostels erhalten würde.

Sein Körper war hier nicht einsam und vergessen. Er hatte angeordnet, daß man im Mausoleum Gottesdienste abhalten sollte. Er wollte die Gebete hören, die zu Ehren der Apostel, ganz nahe an seinem Sarg, gesprochen würden.

Er war unsagbar glücklich, denn er hatte sich zu dem einzigen wahren Glauben durchgerungen. Und er führte Millionen und aber Millionen von Menschen über den Tod hinaus zu dieser Religion. Er war unsagbar glücklich, denn er wußte, daß ihn das unsterbliche Leben erwartete, das unsterbliche Leben und das göttliche Licht.

Verzeichnis der römischen Herrscher von Marius bis Constantin

Literatur

I. Antike Quellen

AMMIAN ca. 332–400 n. Chr. Ammianus Marcellinus mit engl. Übersetzung von J. C. Rolfe, 3 Bde. 1935 und 1937, Loeb Classical Library. – APPIAN um 160 n. Chr. Appiani Historia Romana, Ausg. L. Mendelssohn und P. Viereck, Leipzig 1905 und 1939. – ARNOBIUS um 305 n. Chr. Adversus nationes, Ausg. von C. Marchesi, 2. Aufl. Turin 1953. – ARRIAN ca. 95–175 n. Chr. Arrian von Nikomedeia, Ausg. von A. G. Roos, 2 Bände 1907 und 1928. – AUGUSTUS 63 v. Chr. bis 14 n. Chr. Imperatoris Caesaris Augusti operum fragmenta, hrsg. von Henrica Malcovati, 3. Aufl. Turin 1948. – MARC AUREL 121–180 n. Chr. Marcus Aurelius mit engl. Übers. von C. R. Haines, Loeb Classical Library, London 1924. Übers. von W. Capelle, Stuttgart 1953. – AURELIUS VICTOR um 360 n. Chr. Sexti Aurelii Victoris Historia Romana cum notis integris Dominici Machanei, Eliae Vineti, Andreae Schotti, Jani Gruteri, Amsterdam 1733; oder: Ausg. von F. Pichlmayr, 1911. – CAESAR 100–44 v. Chr. C. Juli Caesaris Commentarii, De bello Gallico und De bello civili, hrsg. von A. Klotz, Leipzig 1950 und 1952. Alexandrinischer, Afrikanischer und Spanischer Krieg, mit engl. Übersetzung von A. S. Wag, London 1955, Loeb Classical Library. Guerre d'Afrique, Texte établi et traduit par A. Bouvet, Paris 1949; dazu A. Klotz, Gnomon 23, 1951, 40ff. – CICERO 106–43 v. Chr. M. Tulli Ciceronis scripta quae manserunt omnia, Leipzig 1923ff. The Correspondence of M. Tullius Cicero, arranged according to its chronological order, with a revision of the text, comment., and introduct. Essays by R. Y. Tyrrell and I. C. Purser, Dublin und London, Vol. I 1904, Vol. II 1906, Vol. III 1914, Vol. IV 1918, Vol. V 1915, Vol. VI 1899, Vol. VII 1901. – CASSIODOR ca. 487–583 n. Chr. Flavius Magnus Aurelius Cassiodorus: Orationes, Fragmente, hrsg. von L. Traube; Variae, hrsg. von Th. Mommsen, Monumenta Germaniae Historica, Auct. Antiquiss. XII, Berlin 1904; Chronica, hrsg. von Th. Mommsen, MGH A. A. XI, Berlin 1904; Historia ecclesiastica, hrsg. von W. Jacob-R. Hanslik, Wien 1952. – CASSIUS DIO ca. 155–235 n. Chr. Cassius Dio Cocceianus, Ausgabe von Ph. U. Boissevain, 4 Bde., 2. Aufl. Berlin 1955. – EUSEBIUS ca. 260–340 n. Chr. Eusebius von Caesarea, Ausg. der Historia ecclesiastica von E. Schwartz, 5. Aufl. Berlin 1955. – EUTROPIUS 364–378 n. Chr. Breviarium ab urbe condita, Ausg. von F. Rühl, Leipzig 1909. – HERODIAN im 3. Jahrh. n. Chr. Herodianus, Ausg. von K. Stavenhagen, Leipzig 1922. – HISTORIA AUGUSTA, vielleicht um 400 n. Chr. verfaßt. Scriptores Historiae Augustae, Ausg. von E. Hohl, 2 Bde., Leipzig 1927. – INSCHRIFTEN. Inscriptiones Graecae, Band I–XIV, Berlin 1890ff., und Corpus Inscriptionum Latinarum, Band I–XVI, Berlin 1893ff., hrsg. von der Preußischen Akademie der Wissenschaften. Cagnat, R.: Inscriptiones Graecae ad res Romanas pertinentes, 4 Bde. Paris 1901–1927. – JOSEPHUS ca. 37–100 n. Chr. Flavius Josephus, Gesamtausgabe von B. Niese, 7 Bände, 2. Aufl. Berlin 1955. – JULIAN 332–263 n. Chr. The Works of the Emperor Julian, mit engl. Übers. von Wilmer Cave Wright, 3 Bde., Loeb Classical Library, London-New York 1953. – LACTANTIUS ca. 250–ca. 318 n. Chr. Ausg. von S. Brandt, Corp. Script. Ecclesiast. Latin. XXVII, 2, Wien 1897. Außerdem Ausg. von I. Pesenti, Turin 1921. De mortibus persecutorum, Ausg. von I. Moreau, Paris 1954. – MALALAS 6. Jahrh. n. Chr. Chronographia, hrsg. von L. Dindorf, Corp. Script. Byzant., Band XV, Bonn 1831. A. Schenk Graf von Stauffenberg, Die röm. Kaisergeschichte bei Malalas, Stuttgart 1931 [kommentierte Teilausgabe des Malalas]. – NEPOS ca.

99–ca. 24 v. Chr. Cornelius Nepos, De viris illustribus, Ausgabe Halm, Leipzig 1871. Außerdem: Ausg. mit Kommentar von K. Nipperdey-K. Witte, 11. Aufl., Berlin 1913. Text und Übers. von W. Gerlach, 2. Aufl. München 1952. – OROSIUS, 5. Jahrh. n. Chr. Paulus Orosius, Historiae adversus paganos, Ausg. von C. Zangemeister, Leipzig 1889. – PETRON, 1. Jahrh. n. Chr. Cena Trimalchonis, Ausg. von H. Schmeck, 4. Aufl. Heidelberg 1954. Auch hrsg. von W. B. Sedgwick, 2. Aufl. Oxford 1950. – PLINIUS DER ÄLTERE 23–79 n. Chr. Gaius Plinius Secundus, Naturalis historia, Ausg. L. Jan, Leipzig 1854–65. 3. Ausg., C. Mayhoff 1892–1909. – PLINIUS DER JÜNGERE 62–ca. 113 n. Chr. Gaius Plinius Caecilius Secundus, Epistulae und Panegyricus, Ausg. M. Schuster, Leipzig 1933. – PLOTIN ca. 204–270 n. Chr. Schriften, übers. von R. Harder, Leipzig–Hamburg 1930–56. – PLUTARCH ca. 45–ca. 125 n. Chr. Plutarchi vitae parallelae, Ausg. C. Lindskog und K. Ziegler, Leipzig 1914–39. – PROKOP gest. 565 n. Chr. Proskop von Caesarea, Ausg. von Haury, 3 Bände, Leipzig 1905–1913. – RES GESTAE DIVI AUGUSTI, Monumentum Ancyranum, Ausg. Th. Mommsen, 2. Aufl. Berlin 1883. – SALLUST 86–ca. 35 v. Chr. Sallusti Catilina, Iugurtha, Fragmenta ampliora, hrsg. von A. W. Ahlberg-A. Kurfeys, 2. Aufl. Leipzig 1955. Appendix Sallustiana [epistulae, investivae], hrsg. von A. Kurfeys, 2 Bde., Leipzig 1950–55. – SENECA ca. 4–65 n. Chr. Divi Claudii Apokolokyntosis, Ausg. von C.F. Russo, 2. Aufl. Florenz 1955. – SUETON ca. 69–140 n. Chr. Gaius Suetonius Tranquillus, De vita caesarum, Große Ausg. von M. Ihm, Leipzig 1922. Außerdem Ausg. von J. C. Rolfe, Loeb Class. Libr. 1914. Übers. von A. Lambert, Zürich 1955. Neue Textausg. Sueton, hrsg. von I. Lana, Turin 1952. – TACITUS 55–120 n. Chr. Cornelii Taciti Annales, Ausg. von C.D. Fisher. Historiarum libri, Ausg. C.D. Fisher. Opera minora, hrsg. von H. Furneaux, Scriptorum classicorum bibliotheca Oxoniensis, London 1952. Oder: Historien und Annalen, hrsg. von C. Halm-G. Andresen-E. Koestermann, Leipzig 1950–1952. Germania, Agricola, Dialogus, hrsg. von denselben, Leipzig 1949. De origine et situ Germanorum, Torino 1949 [Corp. Script. Lat. Paravianum]. Die historischen Versuche, übers. von K. Büchner, Stuttgart 1955. – TERTULLIAN ca. 160–230 n. Chr. Tertullian, Apology, De Spectaculis, Minucius Felix, Octavius, mit engl. Übers. von T. R. Glover, Loeb Class. Libr., London 1953. Oder: Quintus Septimus Florens Tertullianus, Ges. Ausg., Wiener Corpus Scriptorum Ecclesiasticorum Latinorum, Bd. 20, 1890. Apologeticum, hrsg. u. übers. von C. Becker, München 1952. – XIPHILINOS 11. Jahrh. Text in der obengenannten Ausg. des Cassius Dio. Außerdem: Histoire Romaine écrite par Xiphilin, Zonare, Zosime, aus dem Griech. übers. von Cousin, Paris 1778. – ZONARAS 12. Jahrh. Textausg. von L. Dindorf, Leipzig 1868–75, und Th. Büttner-Wobst, Corp. Hist. Byzant. Band III, Bonn 1897. – ZOSIMOS um 500 n. Chr. Textausg. von L. Mendelssohn, Leipzig 1887.

II. Allgemeine Literatur

ALBERTINI, E.: L'empire romain, 3me édit., Paris 1938. – ALTHEIM, F.: Niedergang der Alten Welt, Bd. I u. II, Frankfurt a. M. 1952. – ders.: Literatur und Gesellschaft im ausgehenden Altertum, Halle 1948–50; dazu E. A. Thompson, Journ. Rom. Stud. XII, 1951, 204 f. – ders.: Gesicht von Abend und Morgen [Fischer Bücherei], Frankfurt a. M.-Hamburg 1955. – ders.: Die Soldatenkaiser, Frankfurt a. M. 1939. – ders.: Rom und der Hellenismus, Amsterdam-Leipzig. – BENGTSON, H.: Einführung in die alte Geschichte, 2. Aufl. München 1953. – ders.: Griechische Geschichte von den Anfängen bis in die römische Kaiserzeit, München 1950. – BERNHART, M.: Handbuch zur Münzkunde der römischen

Kaiserzeit, 2 Bde., Halle 1926. – BICKEL, E.: Geschichte der römischen Literatur, Heidelberg 1937. – THE CAMBRIDGE ANCIENT HISTORY, ed. by S. A. Cook, F. E. Adcock, M. P. Charlesworth. Bd. IV [The Persian Empire and the West], Cambridge 1939; Bd. IX [133–44 v. Chr.], Cambridge 1951; Bd. X [44 v. Chr.–70 n. Chr.], Cambridge 1952; Bd. XI [70 n. Chr.–192 n. Chr.], Cambridge 1936; Bd. XII [193 n. Chr.–324 n. Chr.], Cambridge 1939. – CARCOPIMO, J.: Das Alltagsleben im alten Rom zur Blütezeit des Kaisertums, aus dem Franz. übers. von L. Schaukel, Innsbruck-Wien 1949. – CUMONT, F.: Lux Perpetua, Paris 1949. – DAREMBERG, C., und SAGLIO, E.: Dictionnaire des antiquités grecques et romaines, 10 Bände, Paris 1877–1918. – DELBRÜCK, H.: Weltgeschichte, Teil I, Altertum, Berlin 1924. – DESSAU, H.: Geschichte der römischen Kaiserzeit, 2 Bände in 3 Teilen, Berlin 1924–30. – v. DOMASZEWSKI, A.: Geschichte der römischen Kaiser, 2 Bde., 3. Aufl. Leipzig 1922. – DUNBAR, F. L.: Rom. Sechshundert Bauwerke der Ewigen Stadt, Berlin 1943. – FRANK, T.: Economic history of Rome, 2nd edit., Baltimore 1927. – ders.: An economic survey of ancient Rome. I. Rome and Italy of the Republic. II. Egypt. III. Western provinces. IV. Eastern provinces. V. Rome and Italy of the empire, Baltimore 1933–1940. – FRIEDLÄNDER, L.: Darstellungen aus der Sittengeschichte Roms, hrsg. von G. Wissowa, 4 Bände, 9. u. 10. Aufl., Leipzig 1920–22. – GELZER, M.: Das Römertum als Kulturmacht, Histor. Zeitschr. 126, 1922. – GIBBON, E.: Decline and Fall of the Roman Empire, Everyman's Library, 434, six volumes, London 1954. – GLOTZ, G.: Histoire générale, Histoire romaine II–IV, Paris 1933–47. – GROEIG, E., und STEIN, A.: Prosopographia Imperii Romani, 4 Bde., Berlin 1933–52. – v. HARNACK, A.: Mission und Ausbreitung des Christentums in den ersten drei Jahrhunderten, 2 Bde., Leipzig 1924. – HOMO, L.: Les institutions politiques romaines, L'évolution de l'humanité, Bd. 18, Paris 1933. – ders.: L'empire Romain, Paris 1925. – ders.: La civilisation romaine, Paris 1930. – ders.: Les empereurs romains et le christianisme, Paris 1931. – ders.: Le haut empire [collection histoire générale, Glotz], Paris 1933. – ders.: Nouvelle histoire romaine, Paris 1941. – ders.: Le siècle d'or de l'empire romain, Paris 1947. – JEFFERSON LOANE, H.: Industry and Commerce of the city of Rome [50 B. C. to A. D. 200], Baltimore 1938. – KAHRSTEDT, U.: Geschichte den griechisch-römischen Altertums [Weltgeschichte in Einzeldarstellungen, Bd. II], München 1952. – ders.: Kulturgeschichte der römischen Kaiserzeit, München 1944. – KORNEMANN, E.: Römische Geschichte, 2 Bände, 3. Aufl., hrsg. v. H. Bengtson, Stuttgart 1954. – ders.: Weltgeschichte des Mittelmeer-Raumes, hrsg. v. H. Bengtson, 2 Bde., München 1949. – MATTINGLY, H., und SYDENHAM, E. A.: The roman imperial coinage, 5 Bde., London 1923–33. – MOMMSEN, TH.: Römische Geschichte, I–III, Leipzig 1854–56; V, 1885. – NIEBUHR, B. G.: Römische Geschichte I und II, Berlin 1811 und 1812; III, Berlin 1832. – NIESE, B., und HOHL, E.: Grundriß der römischen Geschichte nebst Quellenkunde, 5. Aufl., in ›Handbuch der Altertumswissenschaft‹, hrsg. von W. Otto, München 1923. – NORDEN, E.: Die römische Literatur, Leipzig 1954. – THE OXFORD CLASSICAL DICTIONARY, ed. by M. Cary, J. D. Denniston, J. Wight Duff, A. D. Nock, W. D. Ross, H. H. Scullard, Oxford 1953. – PARIBENI, R.: L'Italia imperiale, Storia d'Italia illustrata, 1938. – PARKER, H. M. D.: The Roman Legions, Oxford 1928. – PAULY, A., und WISSOWA, G.: Real-Encyclopädie der classischen Altertumswissenschaft, neue Bearbeitung, Stuttgart 1894 ff. – PIGANIOL, A.: Histoire de Rome, 3. Aufl. Paris 1949. – REALLEXIKON FÜR ANTIKE UND CHRISTENTUM, hrsg. von T. Klausner, Bd. I, 1950; Bd. II, 1954, sowie Lieferungen 17–19, 1955–56, Stuttgart. – RODENWALDT, G.: Die Kunst der Antike, Hellas und Rom [Propyläen-Verlag], Berlin 1927. – ROSTOVTZEFF, M.: Gesellschaft und Wirtschaft im römischen Kaiserreich, 2 Bde., Leipzig 1929. Engl. Original-Ausg.,

Oxford 1926. Ital. Übers. [Neufassung], Florenz 1946. – ders.: A History of the Ancient World, 2 Bde., Oxford 1926 und 1927. Deutsch: Geschichte der Alten Welt, 2 Bde., Leipzig 1941–42 [Neudruck Wiesbaden]. – DE RUGGIERO, E., und CARDINALE, G.: Dizionario epigrafico di antichità romane, Roma 1886 ff. – SALMON, E. T.: A history of the Roman world from 30 B. C. to A. D. 138, London 1944. – SCHANZ, M., und HOSIUS, C.: Geschichte der römischen Literatur, I–IV, München 1914–35. – SEECK, O.: Geschichte des Untergangs der antiken Welt, 6 Bde., Berlin 1920–21. – STEIN, A.: Der römische Ritterstand, München 1927. – TAEGER, F.: Das Altertum, 5. Aufl. Stuttgart 1953. – DE TILLEMONT, M.L.: Histoire des Empereurs, 3 Bde., Paris 1911 [Erstausgabe 6 Bände, Paris 1690–1738]. – VOGT, J.: Römische Geschichte, I Die Römische Republik [als Band VI der ›Geschichte der führenden Völker‹], Freiburg i. Br. 1932, 2. Aufl. 1951. – WAGENVOORT, H.: Roman Dynamism, Studies in ancient Roman Thought, Language and Custom, Oxford 1947.

III. Besondere Publikationen
Die Darstellungen, die in den unter Allgemeine Literatur genannten Reallexiken, Handbüchern und Universalgeschichten enthalten sind, werden hier nicht gesondert angeführt.

Marius und Sulla
BERVE, H.: Sulla, Neue Jahrb. f. Wiss. u. Jugendbild. VII, 1931, 673 ff. – CARCOPINO, J.: Sylla ou la monarchie manquée, Paris 1931. – v. DOMASZEWSKI: Bellum Marsicum, Sitzungsber. d. Wiener Akad. 201, I, 1924. – HILL, H.: Sulla's military Oligarchy, Proceedings of the Classical Association, XXVIII, 1931. – LANZANI, C.: Mario e Silla, Catania 1915. – ders.: L. Cornelio Sulla dittatore, Milano 1936. – LEVI, M. A.: Silla, Milano 1924. – PASSERINI, A.: Caio Mario come uomo politico, Athenaeum 1934. – REINACH, TH.: Mithradates Eupator, König von Pontos, Leipzig 1895. – ROBINSON, F. W.: Marius, Saturninus und Glaucia, Bonn 1912. – SCHUR, W.: Das Zeitalter des Marius und Sulla [Klio-Beiheft 46], Leipzig 1942.

Cicero
BOISSIER, G.: Cicéron et ses Amis, Paris 1865. – ders.: La Conjuration de Catilina, Paris 1905. – CARCOPINO, J.: Les secrets de la correspondance de Cicéron, 2 Bde., Paris 1947; dazu J. P. V. D. Balsdon, Journ. of Rom. Stud. XL, 1950, 134 f. – CARY, M.: Pompey's Compromise, Classical Review XXXIII, 1919, 109. – CIACERI, E.: Cicerone e i suoi tempi, 2 Bde., Milano, Roma, Napoli 1926, 1930, Bd. I in 2. Aufl. 1939. – COWELL, F. R.: Cicero and the Roman Republic, London 1948. – FRISCH, H.: Cicero's Fight for the Republic, Kopenhagen 1946. – HARDY, E. G.: The Catilinarian Conspiracy, Oxford 1924. – KLINGNER, F.: Ciceros Rede für den Schauspieler Roscius, München 1953; dazu Schmid, W., Gnomon 26, 1954, 317. – KROLL, W.: Die Kultur der Cic. Zeit, 2 Bände, Leipzig 1933. – SEEL, O.: Cicero, Stuttgart 1953; dazu John H. Collins, Gnomon 27, 1955, 279 ff. – VOGT, J.: Ciceros Glaube an Rom, Stuttgart 1935. – ZIELINSKI, TH.: Cicero im Wandel der Jahrhunderte, Leipzig 1929.

Pompejus
BOAK, A. E. R.: The extraordinary Commands from 80 to 48 B. C., Amer. Hist. Rev. XXIV, 1918–19, 14 ff. – GELZER, M.: Gn. Pompeius Strabo und der Aufstieg

seines Sohnes Magnus, Abh. Preuß. Akad., Phil.-hist. Kl. 1941, Nr. 14. – ders.: Das erste Konsulat des Pompeius und die Übertragung der großen Imperien, Abh. Preuß. Akad., Phil.-hist. Kl. 1943, Nr. 1. – ders.: Pompeius, München 1949; dazu F. E. Adcock, Journ. of Rom. Stud. XL, 1950, 134 ff. – GROEBE, P.: Zum Seeräuberkrieg des Pompeius Magnus, Klio X, 1910, 374 ff. – GUSE, F.: Die Feldzüge des dritten Mithridatischen Krieges in Pontus und Armenien, Klio XX, 1926, 332 ff. – MEYER, E.: Caesars Monarchie und das Principat des Pompeius, Stuttgart und Berlin 1922. – VAN OOTEGHEM, S. J.: Pompée le Grand, bâtisseur d'empire, Bruxelles 1954. – SCHULTEN, A.: Sertorius, Leipzig 1926.

Cäsar

COLLINS, J. H.: Caesar and the Corruption of Power, Historia IV, 1955, 445 ff. – COLOMB, G.: La bataille d'Alesia, Lons-le-Saunier 1950; dazu F. Miltner, Gnomon 23, 1951, 210. – GELZER, M.: Caesar, der Politiker und Staatsmann, 1943. – GUNDOLF, F.: Caesar, Geschichte seines Ruhmes, Berlin 1925. – HOLMES, T.R.: Caesar's Conquest of Gaul, Oxford 1911. – KLOTZ, A.: Caesarstudien, Leipzig 1910. – MOMMSEN, TH.: Die Rechtsfrage zwischen Cäsar und dem Senat, Ges. Schr. IV, Berlin 1906. – RAMBAUD, M.: L'art de la déformation historique dans les Commentaires de César, Paris 1953 [Annales de l'Université de Lyon]; dazu Collins, J.H., Gnomon 26, 1954, 527 ff. – STRASBURGER, H.: Caesars Eintritt in die Geschichte, München 1938. – SYME, R.: The Roman Revolution, Oxford 1951. – TAYLOR, L.R.: Party Politics in the Age of Caesar, Berkeley 1949. – WALSER, G.: Caesar und die Germanen, Historia, Einzelschriften, Heft 1, Wiesbaden 1956.

Marcus Antonius, Kleopatra, Augustus

ANDERSEN, H. A.: Cassius Dio und die Begründung des Principates, Berlin 1938. – BÉRANGER, J.: Recherches sur l'aspect idéologique du principat, Basel 1953; dazu Wickert, L.: Gnomon 26, 1954, 534 ff. – CARCOPINO, J.: Le mariage d'Octave et de Livie et la naissance de Drusus, Revue Historique CLXI, 1929, 225 ff. – McCARTHY, J. H.: Octavianus puer, Classical Philology XXVI, 1931, 362 ff. – GARDTHAUSEN, V.: Augustus und seine Zeit, 2 Teile in 6 Bänden, Leipzig 1891 bis 1904, mit Nachtrag 1916. – GRANT, M.: From Imperium to Auctoritas, 1946. – HAMMOND, M.: Hellenistic influences in the structure of the Augustan principate, Mem. Americ. Acad. Rome XVII, 1940. – HEINZE, R.: Die augusteische Kultur, Leipzig-Berlin 1933. – HOLMES, T.R.: The Architect of the Roman Empire, Oxford, I, 1928; II, 1931. – HOMO, L.: Auguste, Paris 1935. – HÖNN, K.: Augustus und seine Zeit, Wien 1953. – KLINGNER, F.: Tacitus über Augustus und Tiberius, München 1954; dazu Béranger, J., Gnomon 27, 1955, 436 ff. – KRENKKER, D., und SCHEDE, M.: Der Tempel in Ankara [Archäol. Institut d. Deutschen Reiches], Berlin und Leipzig 1936. – LEVI, M. A.: Ottaviano Capoparte, 2 Bde., Florenz 1933. – MAGDELAIN, A.: Auctoritas principis, Paris 1947. – OTTO, W., und BENGTSON, H.: Zur Geschichte des Niederganges des Ptolemäerreiches, München 1938. – v. PREMERSTEIN, A.: Vom Werden und Wesen des Prinzipats, München 1937. – REINHOLD, M.: Marcus Agrippa, New York 1933. – RODENWALDT, G.: Kunst um Augustus, Berlin 1942. – SCHMITTHENNER, W.: Oktavian und das Testament Caesars, München 1952. – SCHÖNBAUER, E.: Die Res gestae Divi Augusti in rechtsgeschichtlicher Beleuchtung, Wien 1946 [Sitz.-Ber. Akad. Wien, Phil.-hist. Kl. 224, 2]. – SEECK, O.: Kaiser Augustus, Bielefeld-Leipzig 1902. – STUDI in occasione del bimillenario Augusteo, Rom 1938. – VOLKMANN, H.: Kleopatra, München 1953. – WEBER, W.: Princeps I, Stuttgart 1936. – WEIGALL, A.: Cléopâtre, sa vie et son temps, Paris. – ders.: Marc-Antoine, sa vie et son temps.

Tiberius
BAKER, G. P.: Tiberius Caesar, London 1929. – CIACERI, E.: L'imperatore Tiberio
e i processi di lesa majestà. Processi politici e relazioni internazionali, Roma 1918,
249 ff. – ders.: Tiberio successore di Augusto, Milano 1934. – DREXLER, H.: Die
Germania des Tacitus, Gymnasium 59, 1952, 52 ff. – DÜRR, F.: Die Majestätsprozesse unter dem Kaiser Tiberius, Heilbronn 1880. – EHRENBERG, V., und JONAS,
A. H. M.: Documents illustrating the Reigns of Augustus and Tiberius, Oxford
1949. – KOESTERMANN, E.: Die Majestätsprozesse unter Tiberius, Historia IV,
1955, 72 ff. – MARAÑÓN, G.: Tiberius [aus dem Span. übers.], München 1952; dazu
M. Gelzer, Gnomon 26, 1954, 345. – MARSH, F. B.: The Reign of Tiberius, Oxford
1931. – MOMMSEN, TH.: Römisches Strafrecht, Das Staatsverbrechen, S. 537–594,
Leipzig 1899. – ROGERS, R. S.: Criminal trials and criminal Legislation under
Tiberius, Middletown 1955. – SCHOTT, W.: Die Kriminaljustiz unter dem Kaiser
Tiberius, Erlangen 1893. – ders.: Studien zur Geschichte des Kaisers Tiberius,
2 Bände, Bamberg 1904–1905. – SCOTT, K.: Tiberius' Refusal of the Title of
Augustus, Classical Philology XXVII, 1932, 43 ff. – VITTINGHOFF, F.: Der Staatsfeind in der römischen Kaiserzeit [Neue Deutsche Forschungen, Bd. 84], Berlin
1936. – WALKER, B.: The Annals of Tacitus, Manchester 1953, 82–110.

Caligula
BALSDON, J. P. V. D.: The Emperor Gaius [Caligula], Oxford 1934. – MAURER,
J. A.: A commentary on C. Suetonii Tranquilli vita C. Caligulae Caesaris, Chap-
ters 1–21, Philadelphia 1949. – UCELLI, G.: Le navi di Nemi, Rom 1952.

Claudius
BELL, H. J.: Jews and Christians in Egypt, London 1924. – The Acts of the PAGAN
MARTYRS, Acta Alexandrinorum, ed. by H. A. Musurillo, London 1954; dazu
W. Schubart, Gnomon 27, 1955, 212 f. – MOMIGLIANO, A.: L'opera dell'imperato-
re Claudio, Firenze 1932. – SCRAMUZZA, V. M.: The emperor Claudius, Cambrid-
ge [Mass.] 1940. – STÄHELIN, F.: Kaiser Claudius, Basel 1933. – SUHR, E. G.:
A Portrait of Claudius, American Journ. of Archaeology 59, 1955, 319 ff.

Nero
CHARLESWORTH, M. P.: Nero, some Aspects, Journ. of Rom. Stud. XL, 1950,
69 ff. – HENDERSON, B. W.: The life and principate of the emperor Nero, London
1903. – LEVI, M. A.: Nerone e i suoi tempi, Milano 1949; dazu Ernst Hohl,
Gnomon 23, 1951, 108 ff. – LIETZMANN, H.: Petrus und Paulus in Rom, Berlin
1927. – SCHUR, W.: Die Orientpolitik des Kaisers Nero, Klio-Beiheft 15, Leipzig
1923. – WEEGE, F.: Das goldene Haus des Nero, Jahrb. d. Archäol. Inst. XXVII,
1913, 127 ff.

Petronius
BAGNANI, G.: Arbiter of Elegance, Toronto 1954. – HERAEUS, W.: Zum 75. Ge-
burtstag, ausgew. und hrsg. von J. B. Hofmann, Die Sprache des Petronius und die
Glossen, Heidelberg 1937.

Seneca
BENOÎT, P.: Sénèque et St-Paul, Rev. Bibl. 53, 1946, 7–35. – DEISSNER, K.: Paulus
und Seneca, 1917. – GIANCOTTI, F.: Saggio sulle tragedie di Seneca, Roma-Napoli
1953; dazu Händel, P., Gnomon 27, 1955, 183 ff. – PAUL, A.: Untersuchungen zur
Eigenart von Senecas Phoenissen, Bonn 1953. – WALTZ, R.: La vie politique de
Sénèque, Paris 1909.

472

Galba, Otho, Vitellius
HENDERSON, B.W.: Civil War and Rebellion in the Roman Empire, 1908.
– HOHL, E.: Der Prätorianeraufstand unter Otho, Klio XXXII, 1939, 307ff.
– KLINGNER, F.: Die Geschichte des Kaisers Otho bei Tacitus, Leipzig 1940.
– PASSERINI, A.: Le due battaglie presso Betriacum, Studi di antichità classica
offerti a E. Ciaceri, 1940, 178ff. – ZANCAN, P.: La crisi del principato nell'anno 69
d.C., 1939.

Vespasian
BERSANETTI, G.M.: Vespasiano, Rom 1941. – GRAF, H.: Kaiser Vespasian, Unter-
suchungen zu Suetons Vita Divi Vespasiani, Stuttgart 1937. – HENDERSON, B.W.:
Five Roman Emperors [Vespasian-Traian], Cambridge 1927. – HOMO, L.: Vespa-
sien, l'empereur du bon sens, Paris 1949; dazu E. Hohl, Historia II, 1954, 474f.
– WEBER, W.: Josephus und Vespasian, Stuttgart 1921.

Titus
COMPANION to the study of Pompeii and Herculaneum, Rom 1938. – CONTE
CORTI, E.C.: Untergang und Auferstehung von Pompeji und Herculaneum,
7. Aufl., München 1951. – FURCHHEIM, F.: Bibliografia di Pompei, Ercolano
e Stabia, Neapel 1891. – MAJURI, A.: Pompeji, Novara 1953. – SCHEFOLD, K.:
Pompejanische Malerei, Basel 1952.

Domitian
CASE, S.J.: Josephus' anticipation of a Domitianic persecution, Journ. Bibl. Lit.
XLIV, 1925, 10. – GSELL, S.: Essai sur le règne de l'empereur Domitien, Paris 1894.
– HERZOG, R.: Urkunden zur Hochschulpolitik der röm. Kaiser, Vespasian und
Domitian, Sitz.-Ber. Preuß. Akad., 1935, Nr. 32, 967ff. – KÖSTLIN, E.: Die
Donaukriege Domitians, Tübingen 1910. – PATSCH, C.: Der Kampf um den
Donauraum unter Domitian und Trajan, Sitz.-Ber. Wiener Ak. 217, 1937, I. Abh.
– PICHLMAYR, F.: T. Flavius Domitianus, ein Beitrag zur röm. Kaisergeschichte,
Amberg 1889. – SYME, R.: The imperial finances under Domitian, Nerva and
Trajan, Journ. of Rom. Stud. XX, 1930, 55ff., sowie Sutherland, C.H.V., daselbst
XXV, 1935, 150ff.

Trajan
ALFÖLDI, A.: Zu den Schicksalen Siebenbürgens im Altertum, Budapest 1944
[Ostmitteleurop. Bibl., hrsg. von E. Lukanich, 54]. – CICHORIUS, C.: Die Reliefs
der Trajanssäule, 2 Bde., Berlin 1896–1900. – v. DOMASZEWSKI, A.: Die Daker-
kriege Traians auf den Reliefs der Säule, Philologus LXV, 1906, 321ff. – GARZET-
TI, A.: Nerva, Rom 1950; dazu H. Volkmann, Gnomon 24, 1952, 115f. – LEPPER,
F.A.: Trajan's Parthian War, Oxford 1948. – PARIBENI, R.: Optimus Princeps,
2 Bde., Messina 1926–27. – PARVAN, V.: Dacia, Cambridge 1928. – PETERSEN, E.:
Trajans dakische Kriege, 2 Bde., Leipzig 1899–1903. – WEBER, W.: Traian und
Hadrian, in ›Meister der Politik‹, 1, 2, Stuttgart 1923. – ders.: Rom, Herrschertum
und Reich im 2. Jahrh. n. Chr., Stuttgart 1937.

Hadrian
VON BUREN, A.W.: Recent Finds at Hadrians Tiburtine Villa, Amer. Journ. Arch.
59, 1955, 215ff. – DÜRR, J.: Die Reisen des Kaisers Hadrian, Wien 1881. – FRASER,
P.M.: Hadrian and Cyrene, Journ. of Rom. Stud. 1950. – GRAINDOR, P.: Athènes
sous Hadrien, Kairo 1934. – HENDERSON, B.W.: The Life and Principate of the
Emperor Hadrian, London 1923. – KÄHLER, H.: Hadrian und seine Villa bei

Tivoli, Berlin 1950; dazu R. Naumann, Gnomon 23, 1951, 216f. – OLIVER, J.H.: Documents concerning the emperor Hadrian, Hesperia X, 1941, 361 ff. – D'ORGE-VAL, B.: L'Empereur Hadrian, Paris 1950. – PERRET, L.: La titulature impériale d'Hadrien, Paris 1929. – PRINGSHEIM, F.: The Legal Policy and Reforms of Hadrian, Journ. Rom. Stud. XXIV, 1934, 141. – STRACK, P.L.: Untersuchungen zur röm. Reichsprägung des 2. Jahrh., 3 Bände, Stuttgart 1931–37. – WEBER, W.: Untersuch. z. Gesch. des Kaisers Hadrian, Leipzig 1907. – ders.: Römisches Herrschertum und Reich im 2. Jahrh. n. Chr., Stuttgart 1937.

Antoninus Pius
BRYANT, E.C.: The Reign of Antoninus Pius, Cambridge 1895. – DODD, C.H.: The cognomen of the Emperor Antoninus Pius, Numismatic Chronicle XI, 1911, 6ff. – HÜTTL, W.: Antoninus Pius, I. Prag 1936; II. 1933. – LACOUR-GAYET, G.: Antonin le Pieux et son Temps, Paris 1888. – SCHELL, F.: Untersuchungen zur Geschichte des Kaisers Pius, Hermes LXV, 1930, 177ff. – TOYNBEE, J.: Some »programme« coin-types of Antoninus Pius, Classical Review XXXIX, 1925, 170ff.

Marc Aurel
CARRATA THOMES, F.: Il regno di Marco Aurelio, Turin 1953. – DODD, C.H.: Chronology of the Eastern Campaigns of the Emperor Lucius Verus, Numismatic Chronicle XI, 1911, 209ff. – FARQUHARSON, A.S.L.: The Meditations of the Emperor Marcus, 2 Bde., 1945. – LAMBRECHTS, P.: L'Empereur Lucius Verus. Essai de réhabilitation, L'Antiquité classique III, 1934, 173ff. – MARTINAZZOLI, F.: La »Successio« di Marco Aurelio, Bari 1951; dazu D.A. Rees, Gnomon 24, 1952, 274ff. – MOMMSEN, TH.: Der Markomannenkrieg unter Kaiser Marcus, Ges. Schriften IV, 487ff. – NEUENSCHWANDER, H.R.: Marc Aurels Beziehungen zu Seneca und Poseidonios, Bern und Stuttgart 1951; dazu Leeman, A.D., Gnomon 24, 1952, 277ff. – VON PREMERSTEIN, A.: Untersuchungen zur Geschichte des Kaisers Marcus, Klio XI, 1911, 355; XII, 1912, 167; XIII, 1913, 70. – SEDGWICK, H.D.: Marcus Aurelius, a Biography, Yale Univ. Press 1921. – v. WILAMOWITZ-MOELLENDORFF, U.: Kaiser Marcus, Berlin 1931.

Commodus
CUMONT, F.: Jupiter summus exuperantissimus, Arch. f. Relig.-Wiss. IX, 1906, 323ff. – HOHL, E.: Kaiser Commodus und Herodian, Berlin 1954. – MOMMSEN, TH.: Perennis, Ges. Schriften IV, 514ff. – VON PREMERSTEIN, A.: Protest des Gymnasiarchen Appianos gegen seine Verurteilung durch Commodus, Philologus, Suppl. XVI, 1923, 2, 28. – ROSTOVTZEFF, M.: Commodus-Hercules in Britain, Journ. Rom. Stud. XIII, 1923, 91ff. – WEBER, W.: Probleme der Spätantike, Stuttgart 1930, 67ff. u. 87.

Pertinax und Julian
WERNER, R.: Der historische Wert der Pertinaxvita in den Scriptores Historiae Augustae, Klio XXVI, 1933, 283ff. Vgl. hierzu Barbieri, G., Stud. ital. fil. class. XIII, 1936, 183.

Septimius Severus
HASEBROEK, J.: Untersuchungen zur Geschichte des Kaisers Septimius Severus, Heidelberg 1921. – NEUGEBAUER, K.A.: Die Familie des Septimius Severus, Antike 12, 1936, 155ff. – PLATNAUER, M.: The Life and Reign of the Emperor Lucius Septimius Severus, Oxford 1918. – RÉVILLE, J.: La Religion à Rome sous

les Sévères, Paris 1886. – SCHULZ, O. TH.: Vom Prinzipat zum Dominat, Paderborn 1919.

Geta, Julia Domna, Caracalla

BICKERMANN, E.: Das Edikt des Kaisers Caracalla, P. Gießen 40, Berlin 1926. – KORNEMANN, E.: Große Frauen des Altertums [Julia Domna], 252 ff., Wiesbaden 1952. – REUSCH, W.: Der historische Wert der Caracallavita in den Scriptores Historiae Augustae, Klio-Beiheft XXIV, 1931. – SCHULZ, O. TH.: Der römische Kaiser Caracalla: Genie, Wahnsinn oder Verbrechen, Leipzig 1909. – WILLIAMS, M.G.: Studies in the Lives of Roman Empresses: I. Julia Domna, Amer. Journ. Archaeol. VI, 1902, 259 ff.

Elagabal

BASSET, H. J.: Macrinus and Diadumenianus, Diss., Michigan 1920. – BESNIER, M.: in Glotz, Histoire Romaine IV, 76–80. – BUTLER, O.F.: Studies in the Life of Elagabalus, Univ. of Michigan Studies, New York 1908. – HAY, J.S.: The amazing emperor Heliogabalus, London 1911. – HÖNN, K.: Quellenuntersuchungen zu den Viten des Heliogabalus und des Severus Alexander, Corpus der S.H.A., Berlin 1911. – KORNEMANN, E.: Große Frauen des Altertums [Julia Maesa und Julia Mamaea, 273 ff. u. 280 ff.], Wiesbaden 1952. – ROOS, A.G.: Herodian's Method of Composition, Journ. Rom. Stud. V, 1915, 191 ff. – SMITS, J.S.P.: De fontibus e quibus res a Heliogabalo et Alexandro Severo gestae colliguntur, Diss., Amsterdam 1908.

Severus Alexander

GORLICH, E.: Alexander Severus und der Ausgang des Principates, Aevum XI, 1937, 197 ff. – HOPKINS, R.V.N.: The Life of Alexander Severus, Cambridge Historical Essays XIV, 1907. – JARDÉ, A.: Etudes critiques sur la vie et le règne de Sévère Alexandre, Paris 1925. Vgl. dazu Göttinger Gelehrte Anzeigen, 1929, 504. – MACCHIORO, V.: L'Impero romano nell'età dei Severi, Riv. stor. ant. X, 1905–6, 201; XI, 1906–7, 285 u. 341. – VON SICKLE, C.E.: The terminal dates of the reign of Alexander Severus, Class. Philol. XXII, 1927, 315 ff. – THIELE, W.: De Severo Alexandro Imperatore, Berlin 1909. – WILLIAMS, M.G.: Studies in the Lives of Roman Empresses, Julia Mamaea, University of Michigan Studies, Human. Ser. I, 1904, 67.

Die Sassaniden

CHRISTENSEN, A.: Les gestes des rois dans les traditions de l'Iran antique, Paris 1936. – ders.: L'Iran sous les Sassanides, Kopenhagen-Paris, 2. Aufl. 1944. – ENSSLIN, W.: Die weltgeschichtliche Bedeutung der Kämpfe zwischen Rom und Persien, Neue Jahrb. f. Wissensch. und Jugendbild IV, 1928, 399. – HERZFELD, E.: Archaeological History of Iran, London 1935. – NÖLDEKE, TH.: Tabari. Geschichte der Perser und Araber zur Zeit der Sassaniden. Aus der arabischen Chronik des Tabari übersetzt, Leyden 1879. – PAGLIARO, A.: Notes on the History of the Sacred Fires of Zaroastrianism. Orient. Studies in Honour of C.E. Pavry, London 1933, 373 ff. – ROSTOVTZEFF, M.: Res gestae divi Saporis and Dura, Berytus VIII, 1943, 17 ff. – SARRE, FR., und HERZFELD, E.: Iranische Felsreliefs, Berlin 1920. – SCHAEDER, H.H.: Iranica, Abh. Gött. Gel. Ges. 1934, 10.

Varusschlacht und Limes

DRAGENDORFF, H.: Westdeutschland zur Römerzeit, 2. Aufl. Leipzig 1919. – FABRICIUS, E.: Die Entstehung der römischen Limesanlagen, Trier 1902. – HALLER,

I.: Der Eintritt der Germanen in die Geschichte, Berlin 1944. – HETTNER, F., v. SARWEY, O., FABRICIUS, E.: Der obergermanisch-rätische Limes des Römerreiches, 14 Bände, 1894–1938. – JACOBI, H.: Das Kastell Saalburg, Berlin 1937 [Limeswerk, 56. Lieferung]. – JOHN, W.: Die Örtlichkeit der Varusschlacht bei Tacitus, Göttingen 1950; dazu E. Hohl, Gnomon 23, 1951, 211. – JUDEICH, W.: Die Überlieferung der Varusschlacht, Rhein. Mus. 80, 1931, 301ff. – KOEPP, F.: Die Römer in Deutschland, 3. Aufl. Leipzig 1926. – ders.: Lichter und Irrlichter auf dem Wege zum Schlachtfeld des Varus, ›Westfalen‹ 13, 1937. – ders.: Varusschlacht und Aliso, Münster 1940. – KOLBE, W.: Forschungen über die Varusschlacht, Klio XXV, 1932, 141ff. – KORNEMANN, E.: Die neuesten Limesforschungen im Lichte der römischen Grenzpolitik, Klio VII, 1907, 73ff. – ders.: Die Varusschlacht, in ›Gestalten und Reiche‹, Wiesbaden 1943. – MOMMSEN, TH.: Der Begriff des Limes, Ges. Schr. V. [1885], 456ff. – NORDEN, E.: Altgermanien, Leipzig-Berlin 1934.

Maximinus Thrax
BERSANETTI, G. M.: Massimino il Trace e la rete stradale dell'impero romano, Atti III congr. nazionale di studi romani I, 1934, 590ff. – ders.: Studi su Massimino il Trace, Rivista Indo-Greco-Italica XVIII, 1934, 215ff. – ders.: Studi sull'imperatore Massimino, Epigraphica III, 1941, 5ff. – HOHL, E.: Maximini duo Juli Capitolini. Aus dem Corpus der sog. Historia Augusta herausgegeben und erläutert, Berlin 1949; dazu R. Nierhaus, Gnomon 23, 1951, 464f. – HOMO, L.: La grande crise de 238 ap. J.-C. et le problème de l'Histoire Auguste, Rev. Hist. CXXXI, 1919, 201ff., und CXXXII, 1919, 1ff. – VAN SICKLE, C. E.: A Hypothetical Chronology for the year of the Gordians, Class. Philol. XXII, 1927, 416ff., sowie XXIV, 1929, 285ff. – UHLHORN, G.: Maximinus Thrax, Realencyclop. für protest. Theol. XII, 456.

Philippus Arabs und Decius
FOUCART, P.: Les certificats de sacrifice pendant la persécution de Decius [250], Journ. des Savants, 1908, 169. – JENSEN, P. J.: Plotin, Kopenhagen 1948. – KNIPFING, J. R.: The Libelli of the Decian Persecution, Harv. Theol. Rev. XVI, 1923, 345 [gr. Text mit engl. Übers.]. – LIESERING, E.: Untersuchungen zur Christenverfolgung des Kaisers Decius, Würzburg 1933. – MANLEY, I. J.: Effects of the Germanic invasions on Gaul 234–284 A. D., Univ. of Calif. Publ. in History XVII, no. 2, 1934, 25. – RAPPOPORT, B.: Die Einfälle der Goten in das Römische Reich, Leipzig 1899. – SALISBURY, F. S.: The reign of Trajan Decius, Journ. Rom. Stud. XIV, 1924, 1ff. – SCHMIDT, L.: Geschichte der deutschen Stämme bis zum Ausg. der Völkerw. I. Die Ostgermanen, 2. Aufl. München 1934; II. Die Westgermanen, 2. Aufl. München 1938. – UHLHORN, G., und GÖRRES, F.: Philippus Arabs, Realencyclop. für protest. Theologie XV, 331.

Gallus und Aemilianus
ALFÖLDI, A.: Die Hauptereignisse im römischen Osten zwischen 253 und 260 im Spiegel der Münzprägungen, Berytus IV, 1937 [1938]. – MATTINGLY, H.: The Reign of Aemilian, Journ. of Rom. Stud. XXV, 1935, S. 55. – MOMMSEN, TH.: ›Weltreich der Caesaren‹ [Titel des Phaidon-Verlages!], Amsterdam 1955, S. 216–219 [über Gallus und Aemilianus]. – PROSOPOGRAPHIA Imperii Romani, Art. über Aemilianus, Bd. 1, no. 430.

Valerian
ALFÖLDI, A.: The reckoning of the regnal years and victories of Valerian and Gallienus, Journ. Rom. Stud. XXX, 1940. – ROSTOVTZEFF, M. I., BELLINGER,

A.R., BROWN, F.E., WELLES, C.B.: The excavations at Dura-Europos conducted by Yale Univ. and the French Acad. of Inscr. and Letters, Prelim. Report, 1935–36, Part III, New Haven 1952.

Gallienus
ALFÖLDI, A.: Der Usurpator Aureolus und die Kavallerie-Reform des Kaisers Gallienus, Zeitschr. f. Numismatik XXXVII, 1927, 198, und XXXVIII, 1928, 200. – ders.: Die Vorherrschaft der Pannonier im Römerreich und die Reaktion des Hellenentums unter Gallienus in 25 Jahren röm.-griech. Kommission, Frankfurt 1930. – HOMO, L.: L'empereur Gallien et la crise de l'empire romain au 3e siècle, Revue Hist. CXIII, 1913, 1 ff., 225 ff. – MANNI, E.: L'impero di Gallieno, Rom 1949; dazu Hohl, E., Gnomon 24, 1952, 116 f. – SCHLEIERMACHER, W.: Römische Archäologie am Rhein 1940–50, Historia II, 1953, 94 ff.

Zenobia und Aurelian
CLERMONT-GANNEAU, CH.: Odeinat et Vaballat, Rev. biblique XVII, 1920, 382 ff. – CREES, J.H.E.: The papyri and the chronology of the reign of the emperor Probus, Aegyptus I, 1920, 297 ff. – DAMERAU, P.: Kaiser Claudius II. Gothicus [Klio-Beiheft XX, 1934]. – DANNHÄUSER, E.: Untersuchungen zur Geschichte des Kaisers Probus, Jena 1909. – FÉVRIER, J.G.: Essai sur l'histoire politique et économique de Palmyre, Paris 1931. – FISHER, W.H.: The Augustan ›Vita Aureliani‹, Journ. Rom. Stud. XIX, 1929, 125 ff. – HOMO, L.: Essai sur le règne de l'empereur Aurélien [270–275], Paris 1904. – ders.: De Claudio Gothico Romanorum imperatore, Paris 1903. – JORGA, N.: Le Problème de l'abandon de la Dacie, Rev. hist. du Sud-Est Européen I, 1924, 37. – KORNEMANN, E.: Große Frauen des Altertums [Zenobia], 288 ff., Wiesbaden 1952. – RICHMOND, I.A.: The City-Wall of Imperial Rome, Oxford 1930. – SCHLUMBERGER, D.: La Palmyrène du Nord-Ouest, Paris 1951; dazu Kahrstedt, U., Gnomon 24, 1952, 446 ff. – SEYRIG, H.: Palmyra and the East, Journ. Rom. Stud., 1950, Parts I and II. – STARCKY, J.: Palmyre, Paris 1952; dazu Kahrstedt, U., Gnomon 24, 1952, 446 ff.

Diocletian
BULIĆ, F.: Kaiser Diokletians Palast in Split, Agram 1929. – BOTT, H.: Die Grundzüge der Diokletianischen Steuerverfassung, Frankfurt 1928. – DÖRNER, K.: Ein neuer Porträtkopf des Kaisers Diokletian, Die Antike, Band 17, Berlin 1941. – ENSSLIN, W.: Zur Ostpolitik des Kaisers Diokletian, Sitz.-Ber. Bayer. Akad. d. Wiss., Phil.-hist. Kl., München 1942. – HERAEUS, W.: Zum 75. Geburtstag, ausgew. u. hrsg. von J.B. Hofmann, Zum Edictum Diocletiani und Neue Studien zum Maximaltarif Diocletians, Heidelberg 1937. – HUNZINGER, A.W.: Die Diocletianische Staatsreform, Rostock 1899. – MELONI, P.: Il regno di Caro, Numeriano e Carino, Cagliari 1948. – MOMMSEN, TH., und BLÜMNER, H.: Der Maximaltarif des Diocletian, Berlin 1893. – NIEMANN, G.: Der Palast Diokletians in Spalato, Wien 1910. – SESTON, W.: Dioclétien et la tétrarchie, I, Paris 1946. – STADE, K.: Der Politiker Diokletian und die letzte große Christenverfolgung, Frankfurt 1926. – TAUBENSCHLAG, R.: Das römische Recht zur Zeit Diokletians, Krakau 1925. – WEILBACH, F.: Zur Rekonstruktion des Diocletians-Palastes in Bulićev Zbornik, Naučni prilozi posvećeni Franu Buliću, Zagreb-Split 1924.

Constantin
ALFÖLDI, A.: The Conversion of Constantine and Pagan Rome, Oxford 1948; dazu Straub, J., Gnomon 24, 1952, 117 ff. – ders.: On the foundation of Constantinople, Journ. Rom. Stud. XXXVII, 1947, 10 ff. – BURCKHARDT, J.: Die Zeit

477

Constantins des Großen, Leipzig 1880, 5. Aufl. Stuttgart 1929. – CARNUNTUM-Jahrbuch 1955 [Römische Forschungen in Niederösterreich, hrsg. v. E. Swoboda], Wien 1956. – DE' CAVALIERI, P.F.: Constantiniana, Città del Vaticano 1953; dazu Vogt, J., Gnomon 27, 1955, 44ff. – DELARUELLE, E.: La conversion de Constantin, Etat de la question, Bull. Lit. ecclés. 54, 1953, 80ff. – DÖRRIES, H.: Das Selbstzeugnis Kaiser Konstantins, Abh. der Gött. Akad. d. Wiss., 3. F., Nr. 34, 1954. – EICHHOLZ, D.E.: Constantius Chlorus' invasion of Britain, Journ. Rom. Stud. XLIII, 1953, 41ff. – FESTGABE zum Konstantins-Jubiläum 1913 für Antonio De Waal, Freiburg i.Br. 1913. Darin enthalten: Dölger, F.J., Die Taufe Konstantins und ihre Probleme, von Landmann, K., Konstantin der Große als Feldherr. Leufkens, J., Der Triumphbogen des Konstantin. Müller, A., Lactantius' De mortibus persecutorum. Pfättisch, J.M., Die Rede Konstantins an die Versammlung der Heiligen. Wittig, J., Das Toleranzreskript von Mailand 313. – FREND, W.H.C.: The Donatist church, a movement of protest in Roman North Africa, Oxford 1952; dazu v. Campenhausen, H., Gnomon 25, 1953, 194f. – GRÉGOIRE, H.: Les persécutions dans l'empire romain, Brüssel 1951; dazu v. Campenhausen, H., Gnomon 25, 1953, 464ff. – JANIN, R.: Constantinople-Byzantine, Paris 1950. – KÄHLER, H.: Konstantin 313, Jahrb. d. Deutsch. Arch. Inst., 67, Berlin 1953. – KRAFT, H.: Kaiser Konstantins religiöse Entwicklung, Tübingen 1955. – L'ORANGE, H.P.: Studien zur Geschichte des spätantiken Porträts [Institutet for sammenlignende Kulturforskning], Oslo 1933. – MONCEAUX, P.: Histoire littéraire de l'Afrique chrétienne 5, 1920, 147f. – MOREAU, J.: Zum Problem der Vita Constantini, Historia IV, 1955, 234ff. – NESSELHAUF, H.: Das Toleranzgesetz des Licinius, Hist. Jahrb., hrsg. v. J. Spörl, 74, München-Freiburg 1955. – PIGANIOL, A.: Histoire Romaine IV, 2e partie: L'empire chrétien, Paris 1947. – v. SCHOENEBECK, H.: Beiträge zur Religionspolitik des Maxentius und Constantin [Klio-Beiheft 43], Leipzig 1939. – SCHWARTZ, E.: Kaiser Constantin und die christliche Kirche, 2. Aufl. Leipzig-Berlin 1936. – STEIN, E.: Geschichte des spätrömischen Reiches I, Wien 1928. – STRAUB, J.: Konstantins Verzicht auf den Gang zum Kapitol, Historia IV, 1955, 297ff. – SWOBODA, E.: Carnuntum [Röm. Forschungen in Niederösterr.], 2. Aufl. Wien 1953. – VITTINGHOFF, F.: Eusebius als Verfasser der Vita Constantini, Rhein. Museum 96, 1953, 330ff. – VOGT, J.: Die Bedeutung des Jahres 312 für die Religionspolitik Konstantins des Großen, Zeitschr. f. Kirchengesch. 61, 1942, 187ff. – ders.: Constantin der Große und sein Jahrhundert, München 1949; dazu Ensslin, W., Gnomon 21, 1949, 328ff., sowie N.H. Baynes, Journ. Rom. Stud. XLI, 1951, 155ff. – ders.: Streitfragen um Konstantin den Großen, Mitteil. d. Deutsch. Arch. Inst., Röm. Abt., 58, München 1943. – ders.: Die Vita Constantini des Eusebius über den Konflikt zwischen Constantin und Licinius, Historia II, 1954, 463ff.

Die Beschaffung des Bildmaterials für die Taschenbuchausgabe besorgte freundlicherweise der Walter-Verlag.

Register

Kursiv gesetzte Seitenzahlen verweisen auf Abbildungen und Legenden

486